व्यंग्य संग्रह

पोजीशन सॉलिड है...

सुरेश आचार्य

व्यंग्य संग्रह

पोजीशन सॉलिड है...

सुरेश आचार्य

संपादक

लक्ष्मी पाण्डेय

अनुज्ञा

अनुज्ञा

प्रथम संस्करण : 2008
द्वितीय संस्करण : 2022

ISBN 978-93-90973-59-0

प्रकाशक

अनुज्ञा बुक्स

1/10206, लेन नं. 1E, वेस्ट गोरख पार्क, शाहदरा, दिल्ली-110 032
e-mail : anuugyabooks@gmail.com • salesanuugyabooks@gmail.com
फोन : 011-45506552, 7291920186, 9350809192 • www : anuugyabooks.com

शाखा कार्यालय : धर्मकाँटा चौक, राष्ट्रीय राजमार्ग 57,
एम.बी.बी.एल कॉलेज रोड, बैरिया, मुजफ्फरपुर-842 003 (बिहार)

शाखा कार्यालय : बी-1171, द्वितीय तल,
ग्रीन फील्ड्स कॉलोनी, फरीदाबाद-121010 (हरियाणा)

शाखा कार्यालय : 301, तृतीय तल, राधाकृष्ण अपार्टमेंट, साँई कॉलोनी,
स्टेशन रोड, चाईबासा, पश्चिमी सिंहभूम-833 201 (झारखंड)

मूल्य : 750 रुपये

आवरण

असरार अहमद, सागर

नई दिल्ली, भारत में मुद्रित

POSITION SOLID HAI : *SURESH ACHARYA*
Vyangya Sanghara *edited by* ***Dr. Laxmi Pandey***

अनुक्रम

निवेदन

हर देश अपने नागरिकों से बनता है। नागरिकों का चरित्र, उनके आचार-विचारों में देश की संस्कृति-सभ्यता प्रतिबिम्बित होती है। नागरिकों का चरित्र ही किसी देश की पहचान होती है। ऐसी स्थिति में नागरिकों का बड़ा दायित्व है कि वे नागरिक शास्त्र का पालन करें। नागरिक यानी केवल आम जनता नहीं है बल्कि वे खास लोग भी हैं जो नागरिकों के लिए शास्त्र का निर्माण करते हैं, उनसे नागरिक शास्त्रानुसार जीवनयापन की आशा करते हैं। इस शास्त्र के दायरे में शास्त्र के निर्माता भी आते हैं, अतः उन्हें भी इसका पालन करना चाहिए। विसंगति और विडम्बना का आरम्भ यहीं से होता है जब उपदेश और आदेश देने वाले यदि स्वयं उस शास्त्र का पालन न करें। और यहीं जन्म होता है व्यंग्य का।

2008 में जब सुरेश आचार्य के इस व्यंग्य संग्रह 'पोजीशन सॉलिड है' का प्रकाशन हुआ था, तब सम्पादकीय में मैंने जो लिखा और इस ग्रन्थ में जिन विसंगतियों पर व्यंग्य लिखे गए हैं। अत्यन्त निराशा और दुःख के साथ कहना पड़ता है कि वह सब कुछ आज भी प्रासंगिक है। अनुपात कम या ज्यादा हो सकता है। लेकिन कोई विषय सिरे से मिट गया हो, अप्रासंगिक हो गया हो ऐसा नहीं है। बेरोजगारी का स्वरूप पहले जो था, अब उसका एक त्रिशंकु की तरह अधर में लटका विसंगत स्वरूप है संविदा, गेस्ट और अस्थायित्व लिए हुए जाने क्या-क्या नाम, क्या-क्या रूप। इस अस्थायित्व में जीते युवाओं का मानसिक सन्तुलन खो बैठना, तनाव, कुंठा में जीना स्वाभाविक है। इस विद्रूप के बावजूद लाखों नौकरियों के विज्ञापन, वादों और आँकड़ों ने व्यंग्य को प्रासंगिक बनाए रखा है। सड़कें खूब बनी हैं लेकिन यह नहीं है कि गड्ढे खत्म हो गए हों, स्वच्छ पेय जल के बार-बार टूटते पाइपों की, बजबजाती नालियों के ऊपर से, आस-पास से निकासी उनके जलों का मेल कराती है, यह आम समस्या है। स्वच्छता अभियान, घर-घर शौचालय, रसोई गैस और हर भारतीय का बैंक अकाउंट ने भारत के विकास का नया नक्शा, नया मानचित्र तैयार किया है। धार्मिक भावनाएँ अपने विस्तार के लिए पूर्ववत हैं। वस्त्र-विन्यास, भोजन सामग्री, समलैंगिकता और लिव-इन-रिलेशनशिप पर बने कानूनों ने भारत की बौद्धिकता और आधुनिक समष्टिवादी सोच को दर्शाया है।

कुल मिलाकर कहने का अर्थ यह कि 2008 से यानी इस ग्रन्थ के प्रथम बार छपने से अब 2022 तक की यात्रा में भारत बदल गया, दुनिया बदल गई। अब भारत अन्तरराष्ट्रीय राजनीति में शेष दुनिया का एक अहम स्तम्भ है। राम जन्म भूमि के निर्माण, धारा 370 का कश्मीर से हटना, नोटबन्दी जैसे ऐतिहासिक निर्णय लेकर भारत ने अपनी वैश्विक छवि निर्मित की है। लेकिन अपने आस-पास देखती हूँ तो लगता है जैसे विकासशीलता के बावजूद सब कुछ ठहरा हुआ है। शिक्षा जगत में वाग्वीर बढ़े हैं, लेकिन शिक्षा का स्तर गिरा है। विषय बढ़े हैं ज्ञान कम हुआ है। कुछ अनैतिकताएँ-नैतिक मूल्यों की तरह व्यावहारिक हो गयी हैं। दुष्कर्म, हत्याएँ, आत्महत्याएँ बढ़ी हैं। न्याय पूर्व की तरह शिथिल और धीमी गति से चल रहा है। कहीं कुछ है जो बेचैन करता है। जब मंच से देश की उपलब्धियों को सुनते हैं, इंटरनेट-कम्प्यूटर के योगदान को सुनते हैं तो भय और

संकोच उत्पन्न होने लगता है कि आखिर हम यह क्यों नहीं देख पा रहे हैं। न जाने कौन-कौन लोग क्या-क्या कर रहे हैं और एक हम हैं अदने... तुच्छ, नाकाबिल...। हमारी आँखें और अनुभूतियाँ भी नाकाबिल हैं जो समष्टिगत विकास को देख नहीं पाती। लेकिन हाँ, विकास के तहों में छिपी विकृतियों को पकड़ लेती हैं।

विज्ञान और तकनीकी के क्षेत्र में भारत आसमान छू रहा है। लेकिन दलबदल, दिलबदल जैसे मामले तो निष्ठा त्याग, संयम, समर्पण जैसे मूल्यों से जुड़े हैं... बदलाव पर दृष्टि जाती है तो मूल्यों की परिवर्तित परिभाषा समझ में आती है। कहानी का आदि तो पता है अन्त नहीं... क्योंकि यह तो सृष्टि के अन्त तक चलती रहेगी। किरदार बदलेंगे, उनकी भाषा और शैली बदलेगी लेकिन मुद्दे तो रोटी-कपड़ा-मकान, आकांक्षाएँ-महत्वाकांक्षाओं के ही रहेंगे।

पहले व्यंग्य काव्य में वक्रोक्ति के रूप में आता था। वक्रोक्ति सिद्धान्त एक महत्वपूर्ण काव्यशास्त्रीय सिद्धान्त है। इसका एक औचित्य होता है। वक्रोक्ति, व्यंजना शक्ति पर आधारित है। आधुनिक काल में यह व्यंग्य गद्य की सभी विधाओं में एक भाव-एक रीति के रूप में व्याप्त हो गया। अब एक विधा के रूप में प्रतिष्ठित है। व्यंग्य के विस्तार का अर्थ है विद्रूपताओं और विसंगतियों का विस्तार। तात्पर्य यह कि धीरे-धीरे इसका क्षेत्र बढ़ रहा है। राष्ट्र के चहुँमुखी विकास के साथ व्यंग्य को नई-नई जमीनें नए-नए रूपों में मिल रही हैं। यानी व्यंग्य की 'पोजीशन सॉलिड है' इसलिए आचार्य जी का यह ग्रन्थ अपनी प्रासंगिकता बनाए हुए है। जो बातें पूर्व संस्करण के संपादकीय में लिख चुकी हूँ, उन्हें दोहराने का औचित्य नहीं है। वह आगे संलग्न है। व्यंग्य का कार्य है सचेत करना, सतर्क करना, आत्मावलोकन के लिए प्रेरित करना। यह ग्रन्थ अपने उद्‌देश्य में सफल हो, यही कामना है।

लक्ष्मी पाण्डेय

04.07.22

सम्पादकीय (पूर्व संस्करण)

डॉ. सुरेश आचार्य का प्रथम व्यंग्य संग्रह 'पूँछ हिलाने की संस्कृति' 1984 में प्रकाशित हुआ था। तत्पश्चात् एक लम्बे अन्तराल के बाद 2005 में विश्वविद्यालय प्रकाशन, सागर से 'उधर भी हैं : इधर भी हैं' व्यंग्य-संग्रह प्रकाशित हुआ और अब 2008 में यह 'पॉजीशन सॉलिड है' प्रकाशित हो रहा है।

भारतीय लोकतांत्रिक व्यवस्था में सत्ता की भूख और सम्पत्ति की लालसा ने मनुष्य को पाखंडी और निर्लज्ज बना दिया है। उच्च वर्ग के अहंकार और निम्न वर्ग की विवशता के साथ मध्यवर्ग का दोगलापन कुछ इस तरह उभरकर आया है कि सामाजिक विकृतियाँ, विसंगतियाँ, छद्म और पाखंड को बढ़ावा ही मिला है। अजीबोगरीब स्थिति है मनुष्य की, समाज और देश की, कि जो लोग सार्वजनिक रूप से मूल्यों की रक्षा का झंडा उठाए फिरते हैं, वही महत्वाकांक्षा, सुख और विलास की आकांक्षा की पूर्ति करते हुए नैतिक-अनैतिक, धर्म-अधर्म, सत्य-असत्य, अच्छे और बुरे का भेद भूल जाते हैं। ऐन-केन-प्रकारेण जो मन चाहता है वह मिलना चाहिए। लोग भारतीय सभ्यता और संस्कृति का ढोल पीटते हुए पश्चिमी तौर-तरीके अपनाते हैं। इसी असंगति से व्यंग्य का जन्म होता है। जितनी विद्रूपता, जितनी असंगति, जितना अन्याय, शोषण, छल, पाखंड होगा, व्यंग्य उतना ही धारदार और मारक होगा। सामाजिक चिन्ता के बिना व्यंग्य रचना सम्भव नहीं है, इस दृष्टि से व्यंग्यकार देश का सजग और सतर्क नागरिक है। वह 'जागते रहो' की आवाज लगाने वाला पहरेदार ही नहीं है बल्कि वह अज्ञान, आलस्य, कायरता और विरक्ति की नींद में सोए लोगों की आँखों में व्यंग्य रूपी उँगली डालकर उन्हें जगाता और बेचैन करता है। निराशा, दुःख, दीनता और अज्ञान में डूबा मनुष्य व्यंग्य से एक नयी ऊर्जा, नयी शक्ति और उत्साह प्राप्त करता है। उसे निराशा के अँधेरे में आशा की एक किरण दिखाई देती है।

व्यंग्यकार की चेतना-सम्पन्न दृष्टि का फलक विस्तृत होता है। इसका ज्वलन्त उदाहरण सुरेश आचार्य के व्यंग्य लेख हैं। जिनमें आचार्य जी की दृष्टि हर वर्ग के मनुष्यों पर, सामाजिक, राजनैतिक, आर्थिक और साँस्कृतिक स्थितियों पर घूमती दिखाई देती है। राजनीति ने समाज, संस्कृति, धर्म, अर्थ सबको अपनी गिरफ्त में ले लिया है अतः राजनीति के बहुरूपियेपन पर किए गए आचार्य जी के व्यंग्य अत्यन्त प्रखर और चुटीले हैं।

पोजीशन सॉलिड है, सुरेश आचार्य का तीसरा व्यंग्य-संग्रह है। शीर्षक से ही पता चलता है कि यह एक व्यंग्यात्मक कथन है, जो भले ही आचार्य जी ने राजनीति के स्वार्थी, बेईमान दलालों और मूर्ख नेताओं के लिए लिखा है जो वास्तविकता से अनजान रहकर, बेईमान, स्वार्थी दलालों के कहने पर 'पोजीशन सॉलिड है' का भ्रम पाले हुए अन्ततः अपनी कुर्सी गँवा बैठते हैं, मगर उनके इस कथन की ध्वनि उनके अनेक लेखों में भी सुनाई देती है। यह व्यंग्यात्मक कथन संसार और साँसारिक प्राणियों के जीवन पर भी करारा व्यंग्य है। कौन है इस संसार में जिसकी पोजीशन सॉलिड है और सॉलिड रहेगी? संसार और इसकी हर वस्तु नश्वर है। हर क्षण कुछ-न-कुछ घट-बढ़ होती रहती

है और किसी भी क्षण कुछ भी हो सकता है। हमारा पद और प्रतिष्ठा जा सकती है। हम कलंकित, पतित और पापी हो सकते हैं। दुर्घटना हो सकती है। बाढ़ या भूकम्प से सब कुछ नष्ट हो सकता है। हम बर्बाद हो सकते हैं या अचानक हमारी साँसें रुक सकती हैं और महाप्रलय होकर, खेल खत्म हो सकता है। कबीर, तुलसी, गालिब ने संसार और जीवन की नश्वरता का ज़िक्र बार-बार किया है। कबीर कहते हैं–

जो ऊग्या सो आँथवे, फूल्या सो कुमिलाइ।
जो चिणियाँ सो ढहि पड़ै, जो आया सो जाइ।।

अर्थात् इस नश्वर संसार में किसी की पोजीशन सॉलिड नहीं है। जो उदित हुआ है उसका अस्त होना, जो कुसुमित हुआ है उसका मुरझाना, जिसका निर्माण हुआ है उसका ढहना तय है। आए हैं तो जाना पड़ेगा। एक अदृश्य आशंका और भय के बीच मनुष्य का जीवन बीतता है ऐसे में 'पोजीशन सॉलिड है' कथन व्यंग्य का अच्छा उदाहरण प्रतीत होता है।

हमारे देश में अब गाँधी, नेहरू जैसे देश के नेता नहीं रहे, अब पार्टी के नेता हैं जो आत्मकेन्द्रित हैं। नाखुश और असन्तुष्ट होकर पार्टी बदलते हैं। स्वार्थ न सध पाएँ तो नीतियाँ और मूल्य बदलते रहते हैं। जिनकी न रातों का ठिकाना है और न बातों का। ऐसे दलबदलू, स्वार्थी नेताओं की प्रवृत्ति पर आचार्य जी की व्यंग्यात्मक टिप्पणियाँ बेधने वाली और गुदगुदाने वाली हैं। पहले दो व्यंग्य-संग्रहों–'पूँछ हिलाने की संस्कृति' और 'उधर भी हैं : इधर भी हैं' की तरह इस संग्रह में भी विभिन्न सामाजिक चिन्ताओं को उन्होंने अपने निबन्धों का विषय बनाया है जैसे शिक्षा, साहित्य, संस्कृति आदि लेकिन इन सब विषयों पर हावी राजनीति और राजनीतिज्ञ ही उनके व्यंग्य-बाण के निशाने पर ज्यादा रहे हैं। उन्होंने भारतीय पुलिस के सम्बन्ध में जनता की राय, बेईमानी, छल-कपट, क्षुद्रता, दोमुँहेपन और बहुरुपियेपन पर भी पर्याप्त व्यंग्यास्त्र चलाए हैं। सदा की तरह शेर-ओ-शायरी, दोहे, मुहावरे-लोकोक्तियों का यथास्थान प्रयोग कर उन्होंने अपने बुद्धि कौशल और संवेदनशील दृष्टि का परिचय दिया है। तथाकथित आधुनिकता जिसमें फूहड़पन और अश्लीलता के तत्व ज़्यादा होते हैं को रेखांकित करते हुए उन्होंने हमेशा की तरह स्त्रियों की जीवन-शैली और उनके गूढ़ रहस्यमय चरित्र को भी निशाना बनाया है।

सुरेश आचार्य अपनी बुलन्द आवाज और जोरदार ठहाकों के लिए, हाज़िर जवाबी और ठेठ बुन्देली में किए जाने वाले शास्त्रार्थ के लिए जाने जाते हैं। इसके साथ उनकी विद्वता, सामाजिक सहभागिता, परोपकारी और मिलनसार प्रवृत्ति, कर्मठता, शालीनता, उद्दंडता और निडरता आदि गुण तो प्रसिद्ध हैं ही। जितनी नफ़ासत से वे उर्दू बोलते हैं उतनी ही मिठास उनकी बुन्देली में है। आचार्य जी के हरफनमौला व्यक्तित्व के पीछे उनकी आत्मदृढ़ता और संघर्षशील प्रवृत्ति प्रभावी रही है। बचपन में गरीबी और भुखमरी उन्हें रुला नहीं सकी और बड़े होकर कर्तव्यों और दायित्वों का निर्वहन करते हुए बाहर राजनीति की महफिलें सजाकर उन्होंने भीतर के एकान्त को लतियाया। आचार्य जी मेरे परम मित्र हैं। बड़े आशावादी और ज़िन्दादिल इंसान हैं उन्हें लगता है, एक दिन सब ठीक होगा। संसार भटकता हुआ वापस अपने ढर्रे पर आ जाएगा, बस धैर्यपूर्वक संघर्ष करो, प्रयत्न करो, प्रतीक्षा करो। उनकी इस आशावादिता पर मैंने कहा–

"हिज्र की रात काटने वाले, क्या करेगा अगर सहर न हुई।"

तो उन्होंने पद्‌माकर कवि की ये पंक्तियाँ सुना दीं–

रे मन साहसी साहस राख सुसाहस सों सब जेर फिरेंगे।
त्यों पद्‌माकर या सुख में दुख त्यों दुख में सुख सेर फिरेंगे।
वैसे ही वेणु बजावत स्याम सुनाम हमारो हूं टेर फिरेंगे।
एक दिना नहि एक दिना कबहूँ फिर वे दिन फेर फिरेंगे।।

आचार्य जी का आत्मविश्वास और आत्मदृढ़ता काबिले तारीफ है। सहर हो न हो, हमारे विश्वास पर कोई खरा उतरे न उतरे लेकिन इस और ऐसे अविश्वास, सन्देह और निराशा के वातावरण में विश्वास बना रहना ही काफी है। इसी विश्वास के सहारे आचार्य जी जीवन के रूबरू खड़े होकर उसकी, समाज और देश की विसंगतियों को उभारते हैं, चिढ़ाते और चोट करते हैं। उनकी ईमानदार और सार्थक सोच ही उनके तेवरों को आक्रामक बनाती है और उनके व्यंग्य को जीवन्त, जबकि कबीर, तुलसी, गालिब जो आचार्य जी के अत्यन्त प्रिय पात्र हैं की तरह वे भी संसार, जीवन और साहित्य को नश्वर मानते हुए अक्सर कहते हैं कि–"मैं सप्ताह में एक बार जो लिखता हूँ वह अगला सप्ताह आने तक मर जाता है, या मेरा सुबह लिखा हुआ शाम तक मर जाता है, मुझे कोई भ्रान्ति नहीं है।" आचार्य जी की यह बात पूरी तरह ठीक नहीं हो सकती। माना सब कुछ नश्वर है लेकिन यह भी तो सत्य है कि बातों की मार, शब्दों के तीर आत्मा में चुभ जाते हैं तो जीवन-भर टीसते हैं। आचार्य जी जिस परिवेश या जिस समूह को हर सप्ताह अपने व्यंग्यास्त्र के निशाने पर लाते हैं, वह समूह या उस विद्रूप, विसंगति को उत्पन्न करने वाले उस परिवेश से सम्बन्धित लोगों का तिलमिलाना क्या इतनी शीघ्रता से, दिन-भर में, या सप्ताह-भर में समाप्त हो जाता होगा। नहीं, और इसका उत्तर 'नहीं' होने पर ही व्यंग्य की सार्थकता है। सच्चे व्यंग्यकार के दायित्व का निर्वाह करते हुए वे मनुष्य, समाज और देश की यथार्थ स्थिति पर मारक टिप्पणी करते हैं और उस स्थिति को सुधारने का उपाय भी सुझाते हैं। व्यंग्यकार समाज-सुधारक नहीं होता, वह दिशा-निर्देश देने वाला होता है। वह निन्दक या दोष निकालने वाले की भूमिका में भी होता है ताकि हम पतित होती हुई मूल्यवत्ता को पुनः स्वस्थ और आदर्श रूप में प्रतिष्ठित कर सकें। इस काँटों भरे मार्ग पर चलते हुए व्यंग्यकार को सदैव जनता के क्रोध, रोष का सामना करना पड़ता है। आचार्य जी भी अपनी लेखनी कथनी और करनी की वजह से चर्चा में बने रहते हैं लेकिन सबकी प्रतिक्रियाओं को ठहाके में बेफिक्री और बेपरवाह होकर उड़ाते हुए... साहिर लुधियानवी के शेर का ज़िक्र करते हुए–

"दुनिया ने तर्जुबात-ओ-हवादिस की शक्ल में,
जो कुछ मुझे दिया है वो लौटा रहा हूँ मैं।"

आचार्य जी के व्यंग्य लेखों का संकलन करना मेरे लिए सुखद अनुभव है, गौरव का विषय है। इन्हें पढ़ते हुए जितना आनंद आया उतना ज्ञानवर्धन भी हुआ। उनके व्यक्तित्व और विचारों की गहनता को जानने का अवसर मिला। धर्म और धार्मिक ग्रन्थों पर, संस्कृति, संस्कार और परम्पराओं पर अद्‌भुत तरीके से, घंटों लगातार बोलते हुए, वे अभिभूत और चमत्कृत कर देते हैं। उनके इस ज्ञान की झलक उनके व्यंग्य निबन्धों में दिखाई देती है।

अब यह संग्रह पाठकों की सेवा में सादर प्रस्तुत है। व्यंग्य पढ़ते हुए गम्भीरता वांछनीय है तभी व्यंग्य कर्म सार्थक होगा। यूँ तो हर व्यक्ति की अपनी दृष्टि है, अपनी सोच है, अपनी समझ है जिसके

साथ वह दुनिया को देखता, समझता और विचार व्यक्त करता है। सभी अपनी-अपनी तबियतों के अनुरूप, अनुसार पहचानते हैं। हम उदास हों तो दुनिया उदास लगती है और हम प्रसन्न हों तो हर ओर प्रसन्नता छाई नज़र आती है। नेकनीयती हो तो सब नेक लगते हैं और बदनीयती के साथ देखें तो सब कुछ बद और बदतर नज़र आता है। व्यंग्य लेखन का मामला जिस तरह व्यक्तिगत नहीं होता उसी तरह उसे पढ़ा भी जाना चाहिए। इसे समूह, समाज और परिवेश को दृष्टि में रखकर, निरपेक्ष भाव से गम्भीरतापूर्वक पढ़ा जाना चाहिए तभी यह अपनी सार्थकता सिद्ध करता है। सुधार की ओर प्रेरित करता है। आशा है पाठकगण इससे लाभान्वित होंगे और नयी दृष्टि, नयी दिशा प्राप्त करेंगे।

लक्ष्मी पाण्डेय

तुम सड़कों का क्या करोगे भैया

आदत बुरी चीज है। लत उससे भी बुरी। स्कूल के दिनों से ही मुझे नेताओं के भाषण लिखने की लत पड़ गई थी। इसके चलते क्या-क्या बर्दाश्त नहीं किया। जो नेता चुनाव जीतकर चले गए। उन्होंने मुझे लिफ्ट देना बन्द कर दिया। भोपाल-दिल्ली-लखनऊ-पटना में भाषण-लिखैयों की कोई कमी तो है नहीं। मारे-मारे फिरते हैं। चार पैग और एक लैग में रात-भर बैठे रहते हैं। जो नेता चुनाव हार गए। वे धर्म, अध्यात्म या समाजसेवा के क्षेत्र में चले गए। वे रावतपुरा सरकार या आशाराम बापू के चरणों में बैठकर भक्ति लाभ करने लगे। हे तात इन परिस्थितियों में मैं क्या करूँ। जब तक कोई भाषण न लिख मारूँ तब तक चैन नहीं मिलता। शाम होते-होते हाथ कलम से खेलने लगते हैं। मगर ठहरिए। दुनिया में नहीं जिसका कोई, उसका खुदा है। अल्लाह बड़ा कारसाज है। वही अन्धों को रास्ता दिखाता है। वही लंगड़ों से पहाड़ पार कराता है। कल रात बड़ी देर से सोया। नींद न आने से देर रात तक कलपता रहा कि हाय मैं क्या करूँ? किसका भाषण लिखूँ। किसकी न्यूज ड्राफ्ट कर दूँ कि वे सच्चे तारणहार हैं। दी ओनली भारत भाग्य-विधाता। लत भी कैसा लतियल बनाती है मालिक। मिर्जा गालिब याद आए कि वे तो सुबह से कान पर कलम रखकर लिखने निकल पड़ते थे। शेर अर्ज है–

अगर लिखवाए खत उनको, कोई तो हम से लिखवाए।
हुई सुबहा और हम कान पर रखकर कलम निकले।।

आखिर अल्ला मियाँ ने मेरी सुनी और सपने में मुझे रास्ता सुझाया। सच्ची! कहता हूँ सच कि झूठ की आदत नहीं मुझे। पहले एक रोशनी कौंध गई फिर आकाशवाणी सुनाई दी। बेटा सुरेश आचार्य रंज मत कर। घबड़ा मत। डर मत। मैं हिन्दुओं का भगवान, ईसाइयों का गाड और मुस्लिमों का खुदा हूँ। धर्म निरपेक्ष देशों में लोग मेरी दम पर ही पॉलिटिक्स करते हैं। कुर्सियों का वारा-न्यारा आदमी क्या खाकर करेगा? उठ और देख कि फिर मेरी कृपा से लालकृष्ण अडवानी भाजपा अध्यक्ष बनकर शोभायमान हैं। अब वे शीघ्र ही रथयात्रा करने के लिए पुलकायमान होंगे। इस तरह वे सड़कों से निकलेंगे तो यूपी, बिहार और एमपी की सड़कों का सामना करेंगे। तब उनके ज्ञान कपाट फटाफट बजने लगेंगे। वे रट लगाकर भाषण देंगे–कि हम चंद्रमा तक जाते मगर क्या करें। सड़कें नहीं हैं। हम हर हाथ को काम और हर पेट को रोटी देते पर क्या करें सड़कें नहीं हैं। हम बढ़िया अस्पतालें, अच्छे स्कूल खोलते पर क्या करें सड़कें नहीं हैं। हम सारे डाकुओं को मार डालते पर क्या करें सड़कें नहीं हैं। फिर वही गायब आवाज आई कि उठ और इन प्रदेशों की सरकारों के लिए एक भाषण लिख। इससे तेरी लुकलुकाहट मिट जाएगी और इन तीनों सरकारों का कीरा भी शान्त होगा। मुझे ठंड की रात में पसीना आ गया। फड़फड़ाकर उठा और सीधे लिखने बैठ गया। कबीर का स्मरण किया कि संसार गाय की तरह अन्धा है। जो मरे बछड़े की खाल चाटकर दूध देता है–

कबीरा यह जग आँधरा, जैसे अन्धी गाय।
बाछा था सो मरि गया, तऊ भी चाम चटाय।।

अतः जनता की अदालत में सच को हाजिर-नाजिर जानकर कहता हूँ कि सभी मुख्यमंत्री, मंत्री, नेता, विधायक, मेयर और सांसद इस भाषण को खुद का मानकर फटकार सकेंगे। जो यह भाषण देगा। इसे उसी का माना जाएगा। आज से मेरा इसके साथ कोई सम्बन्ध नहीं होगा। उसी तरह जैसे मान्या सोनिया गाँधी का श्रीमती मेनका गाँधी से कोई नाता नहीं है। मैं यह भाषण पाठकों के लिए अविकल रूप में प्रस्तुत करता हूँ–

प्यारे वोटर भाइयों और उनसे भी ज़्यादा प्यारी बहिनों! साल-भर बाद आपको देखकर मुझे अच्छा लग रहा है। आप सभी कितने स्वस्थ और सुन्दर नजर आ रहे हैं। इस स्वास्थ्य की वजह भी मैं जानता हूँ। हमारी सड़कें इतनी गड्ढेदार और ऊबड़-खाबड़ न होतीं तो आज आप सब पेट के मरीज होते। इन सड़कों पर धक्के और धचके खा-खाकर आपके पेट हल्के और मुलायम हो गए हैं। रेशम की थैली जैसे। आपका हाजमा सुधर गया है। कांस्टीपेशन गायब हो गया है। तो चेहरों पर तन्दुरुस्ती की रौनक क्यों न होगी! मैं इसके लिए आपको बधाई देता हूँ। प्यारी बहिनों तुम सब तो इस एक साल में इतनी सुन्दर लगने लगी हो कि मेरा मन तुम्हें गले लगाकर बधाई देने का है। मगर यह कार्य मैं किसी उपयुक्त शुभ अवसर के लिए छोड़ता हूँ। प्यारे भाइयों और उनसे ज्यादा प्यारी बहिनों, आप सबने सड़कें बनवाने की माँग की है। मुझे यह बात बुरी लगी है। हमारे यहाँ माँगना बहुत बुरा माना जाता है। कहा है–

माँगन मरन समान है, मति कोइ माँगो भीख।
माँगन तैं मरिबो भलो, यह सद्‌गुरु की सीख।।

माँगना मरने के समान है। कोई भीख न माँगे। माँगने से तो मर जाना अच्छा है। यही सद्‌गुरु की शिक्षा है। आप कहेंगे कि मैं भी हर बार वोट माँगने आ जाता हूँ। ऐसा नहीं है मेरे भाई। मैं पार्टी और देश के लिए वोट माँगता हूँ। वोट देने से खर्च नहीं होता। बल्कि चार पैसे मिल ही जाते हैं। आप खुद के लिए सड़क माँगते हैं। मैं देश के लिए वोट। खुद के लिए माँगना शर्म की बात है। देश के लिए माँगना गर्व की बात है। कहा है–

मरि जाऊँ माँगूँ नहीं, अपने तन के काज।
परमारथ के कारने, मोहि न आवै लाज।।

मैं तो मर जाऊँगा पर खुद के लिए कुछ न माँगूँगा। परोपकार के लिए माँगने में मुझे लज्जा नहीं आती। मैं मानता हूँ कि इन सड़कों पर गाड़ी चलाने से हमारे कुछ नौजवान भाई-बहिन लूले-लँगड़े हो गए हैं। मगर यह भी तो देखिए कि वे सभी विकलांग कोटे में नौकरी पाकर ठाठ कर रहे हैं कि नहीं। भैया ऐसे बेरोजगारी के जमाने में टूटी सड़कों की कृपा से उन्हें बैठे-बिठाए नौकरियाँ मिल गईं। सर्कसों में हमारे यहाँ के लड़के मौत के कुओं में मोटर साइकिलें चलाकर रुपया कमा रहे हैं और हमारे देश की जनसंख्या एक अरब हो चुकी है। सड़कें बनाने से जो थोड़ा-बहुत जनसंख्या नियंत्रण है। सो भी खत्म हो जाएगा। प्यारी बहनों तुम मेरी फिक्र न करो। मैं जानता हूँ कि तुम्हें मेरे आने की लौ लगी रहती है। सो जान लो कि मैं तो सड़कों से आता ही नहीं। सरकारी हवाई जहाज से आता हूँ। और बिल्कुल फ्री। कार या रेल से सफर करने से मेरा सिर दुखने लगता है। अब मुझे सड़कों की ज़रूरत नहीं है। आपको तो हमेशा ऊबड़-खाबड़ और गड्ढेदार सड़कों पर चलकर और सुन्दर होना है। बचे अपने प्यारे भाई। मेरा निवेदन है कि जब किसी को सड़कों की ज़रूरत नहीं है तो तुम फटे में टाँग काहे को डालते हो भैया। बताओ तुम सड़कों का क्या करोगे। और अन्त में

मैं अपने राजनैतिक विरोधियों से प्रार्थना करना चाहता हूँ कि भाई भोले-भाले लोगों को भड़काकर तुम्हें कुछ मिलने वाला नहीं है। भैया, तुम सड़कों का क्या करोगे। दुनिया नश्वर है। धोखा है। प्रपंच है। सोचो साथ क्या जाएगा। जो कुल, खानदान, पार्टी और गिरोह के लिए धोखे में आकर मर गया उसको मरघट में कोई काम नहीं आता। कबीर दास जी ने कहा है–

दुनिया के धोखे मरा, चला जो कुल की कान।
तब कुल किसका होएगा, जब लै धरहिं मसान।।

आप सब समझदार हैं। थोड़ा कहा बहुत समझेंगे। चलिए एक बार मेरे साथ जोर से बोलिए–जै हिन्द।

❒

का न करै अबला प्रबल, केहि जग काल न खाय

कक्का आगबबूला थे। उनकी एड़ी से लपट उठती तो चोटी से निकलती थी। बोलने में मुँह से धुआँ छूट रहा था। आँखें लाल गुड़हल का फूल हो रही थीं। मैं उनकी यह हालत देखकर घबड़ा गया। एक गिलास शीतल जल देकर कहा–प्रभु कृपया इसे ग्रहण कीजिए। क्रोध का परित्याग करके दास पर अनुग्रह कीजिए। वे थोड़ा शान्त हुए। मैंने डरते-डरते पूछा कक्का यह गर्जन-तर्जन किस पर और क्यों है। आप कृपाकर मुझसे सकल वृत्तान्त कहें। उन्होंने कहा–साले तुम लोगों की मत मारी गई है। हर चीज़ का तमाशा बनाते हो। हल्ला इतना मचाओगे कि आसमान सिर पर उठा लोगे। काम के न काज के। दुश्मन अनाज के। मैंने कहा यार कक्का तुम दूसरे की सुनते ही नहीं हो। अपनी-अपनी हाँकते रहते हो। वे बोले भैया इतना शोर मचाया। नारी सशक्तीकरण वर्ष का और हासिल आई शून्य। अबे यह फंडा ही गलत है। बेटा गोस्वामी तुलसीदास ने लिखा है–

काह न पावक जारि सक, का न समुद्र समाय।
का न करै अबला प्रबल, केहि जग काल न खाय।।

प्यारे आग किसे नहीं जला सकती, समुद्र में क्या नहीं डूब जाता, अबला नारी क्या नहीं कर सकती और मृत्यु किसे नहीं खा जाती। बेटा द्रौपदी अगर दुर्योधन को ताना न मारती कि अन्धों के अन्धे ही होते हैं तो महाभारत का युद्ध न होता। सीता ने अगर लक्ष्मण के निवेदन को मानकर लक्ष्मण रेखा पार न की होती तो लंकाकांड न होता। दुनिया में शुरू से बाई लोगों ने टंटे खड़े कर रखे हैं और तुम हो कि उन्हें ही सशक्त बनाने का अभियान चला रहे हो। लगता है घर-घर लोगों को पिटवाने की तैयारी कर रहे हो। मैंने कहा कक्का इसमें नई बात क्या है? क्या मुहल्लेवालों को काकी के गुस्से की जानकारी नहीं है। वे थोड़े हतप्रभ हो गए फिर सिर का गूमड़ सहलाते हुए बोले–यार बड़ी विभूचन है। तुम्हारे पं. अटल बिहारी वाजपेयी की अकल की बलिहारी है। ब्याहे न बरे गए मगर जब देखे तो सोत बररैंयें जगाते रहते हैं। बेटा औरतों की माया अपरम्पार है, बुजुर्ग कह गए हैं कि उनका कोई ठिकाना नहीं–

विद्या, बनिता, बनलता जे न गिनें कुल जात।
जो भी इनके निकट हो ताही सों लिपटात।।

ज्ञान, स्त्री और जंगल की लता, ये तीन कुल-जात नहीं गिनतीं, जो भी इनके निकट हो ये उसी से लिपट जाती हैं। अहिल्या और इन्द्र के सम्बन्ध को कौन नहीं जानता। वाल्मीकि रामायण में प्रसंग सुख के बाद अहिल्या इन्द्र से कहती है कि हे देवराज मैं आपके प्रेम से कृतार्थ हो गई। अब आप जल्द यहाँ से चले जाइए जिससे मेरे पति गौतम को कुछ मालूम न हो और हम दोनों बच जाएँ।

कृतार्थऽस्मि सुरश्रेष्ठ गच्छ शीघ्रमितिः प्रभो।
आत्मानं मां च देवेश सर्वथा रक्ष गौतमात्।।

यह अहिल्यावाद, कुन्तीवाद और द्रौपदीवाद तो अनादिकाल से चले आ रहे हैं। बेटा–चंद्रमा की

तरह चंद्रमुखियों के दोष भी उनके सुन्दर गुणों में छिप जाते हैं।

मैंने कहा कक्का–गुण-दोष की बात छोड़िए हम तो उन्हें बलवान बनाना चाहते हैं। वे अबला हैं। कमज़ोर हैं। उनका बड़ा शोषण हुआ है। कक्का बोले–मूरख इस तरह तेरी समझ में नहीं आएगा। चल तू एक सर्वे कर ले। पहले इन प्रश्नों का उत्तर दे फिर जितने ये भारत भाग्य विधाता बने बैठे हैं। मंत्री, अफसर, बाबू, वकील सबसे पूछकर उनके उत्तरों को परखकर जाँचकर देख ले। वे मुझसे पहला प्रश्न करते हुए बोले बताइए आपके पास कितने पैंट-शर्ट, सूट और जूते हैं?

मैंने कहा–होंगे पाँच-छह जोड़ी।

उन्होंने कहा–बहूरानी के पास कितने जोड़ी साड़ी-ब्लाउज हैं?

मैंने कहा–सौ-डेढ़ सौ तो पक्के होंगे।

उन्होंने कहा–तो सशक्तीकरण की ज़रूरत तुझे है या उन्हें।

फिर बोले–अच्छा बताइए आपके पास कितने तोला सोना है? मैंने कहा होगा डेढ़-दो तोले। वे बोले बहू के पास कितना होगा–मैंने कहा होगा डेढ़-दो सेर। कक्का बोले गधऊ तब सशक्तीकरण की ज़रूरत तुझे है या उन्हें।

अच्छा बताओ अचानक अट्ठाईस-उन्तीस तारीख को पाँच सौ रुपयों की जरूरत पड़ती है तो क्या करते हो? मैंने कहा–क्या करूँगा? उन्हीं से माँगता था। वे बोले तो सशक्तीकरण की ज़रूरत किसे है तुझे या उन्हें?

फिर बोले– इस देश में भोजन कौन बनाता है? मैंने कहा–महिलाएँ। कक्का बोले–मनचाहा बनाने और खाने वालों को सशक्तीकरण की जरूरत है या भिखमंगों की तरह हें-हें करके–आज तो भजिए खाने की इच्छा है। घिघियाकर कहने वालों को इसकी आवश्यकता है।

बच्चे अगर बहुएँ क्रोध में खाने में सल्फास मिला दें तो दाँत निपोरकर मूर्छा खाय पृथ्वी पर कौन गिरेगा। अबे जब अपने प्राण ही उनके हाथ में हैं। तब सशक्तीकरण की जरूरत हमें है या उन्हें? कक्का मुझे समझाने लगे। बच्चे एक बार भारत का शासन इन्दिरा गाँधी के हाथ में आया तो इन अटल जी समेत ये अधिकांश मंत्री बीस माह तक जेल में सड़ते रहे थे। आपातकाल लगाकर, संविधान द्वारा प्रदत्त अधिकार निरस्त करके सबको भीतर कर दिया था अम्मा ने। सशक्तीकरण की जरूरत भारतीय पुरुषों को है। अभी करुणानिधि की दुर्गति भूल गए प्यारे। जयललिता को सशक्त करके बुड्ढे को मरवा दोगे। द पुअर मैन ऑफ इंडिया। एक सर्वे यह भी हो जाए कि कमाने वाला खुद पर कितना खर्च करता है और परिवार पर कितना तो तुम्हारी आँखें कपाल पर चढ़ जाएँगी। फिर बेटा विद्वानों का कहना है कि मातृत्व की गारंटी है पितृत्व तो हाइपोथेसिस है परिकल्पना। समझे न। औरत नाराज हो जाए तो आदमी दूसरों के बच्चे पाल-पालकर मर जाए। कहा है–

तेल जरै बाती जरै, नाम दीया को होय।
लल्ला खेलें और के नाम पिया को होय।।

जब मैं चुप बैठा रहा तो कक्का फिर नाराज हो गए बोले–नहीं समझते तो मरो सालों। वे उठे और हनहनाते हुए बाहर निकल गए। मैं धड़ाम से बिस्तर पर जा गिरा और गालिब को याद करने लगा–

सुनके मेरी मर्ग बोले मर गया अच्छा हुआ।
क्या बुरा लगता था जिस दम सामने आ जाय था।।

❑

प्रेम-विशेषज्ञ उर्फ विष बाँधें चुनरिया के छोर

सारे बुन्देलखंड में प्रेम-विशेषज्ञ कार्यरत हैं। इनकी प्रतिभा अद्‌भुत होती है। प्रेम-विशेषज्ञ अर्थात् 'लव-स्पेशलिस्ट'। पूरे देश में इस क्षेत्र में कार्यरत लोगों को दो हिस्सों में बाँटा जा सकता है। वह भी मोटे तौर पर। पतले तौर पर बाँटने लगेंगे तो कई वैधानिक, सामाजिक और पारिवारिक समस्याएँ सामने खड़ी होकर मुँह बाने लगेंगी। आ-आ-कटकट और कटाकट की आवाजें निकालते हुए। ये दो प्रकार हैं प्रत्यक्ष प्रेम विशेषज्ञ और अप्रत्यक्ष प्रेम विशेषज्ञ। इन पर उम्र का बन्धन लागू नहीं होता। बेचन शर्मा 'उग्र' ने 'अपनी खबर' शीर्षक आत्मकथा में लिखा है कि बारह-तेरह वर्ष की उम्र में ही एक बीस-बाईस वर्ष की श्यामा रमणी से प्रेम करने लगे थे। मनोविज्ञान के विद्वान इसे 'काफ-लव' कहते हैं। जैसे गाय का बछड़ा थोड़ा बड़ा होते ही अपनी माँ और मौसियों से प्रेम-व्यवहार करते हुए लातें खाने लगता है।

प्रेम वन-वे भी होता है। टू-वे भी। तिगड्‌डों और चौराहों की तरह, पेंटागान यानी पंचगड्‌डों और हेक्सागान यानी महानगरीय छः गड्‌डों की तरह। ऐसे वीर इस धरा पर प्राप्त हो जाएँगे जो एक साथ पाँच-छह जगह प्रेम करते रहते हैं। बेचारों को कभी पता नहीं चल पाता कि उनकी इस व्यस्तता के चलते घर की बाई दस-बारह लोगों के साथ यही शुभ कार्य सम्पन्न करके धर देती हैं। और तुर्रा यह कि ऊपर से करवा-चौथ का चंदा चलनी में से देखती हैं।

अद्‌भुत रसिकता है यहाँ। मरने की धमकी मुहब्बत करने वालों का नेशनल-फंडा है। पूरे देश में शायद ही ऐसा कोई प्रेमी या पति निकले जिसे उसकी प्रेमिका या पत्नी ने एकाध बार मरने की धमकी न दी हो। आत्महत्या राष्ट्रीय अपराध है। यह एकमात्र अपराध है जो करने में असफल होने पर दंड मिलता है। हत्या करोगे तो फाँसी चढ़ोगे। आत्महत्या न कर पाए तो जेल जाओगे। यदि इन धमकियों पर ध्यान देने लगें तो पुलिस विभाग का काम बढ़ जाएगा। गम्भीर स्वभाव के पुलिस कर्मचारी हों तो उन्हें घर से ही केस बनाना पड़ेगा। घर की बाई को अरेस्ट करेंगे तो ज्ञान-कपाट ही टूटकर दूर जा गिरेंगे और ऐसी भड़ाभड़ मचेगी कि आधी रात को पूरा मुहल्ला दरवाजे पर इकट्‌ठा मिलेगा। यह समझाते हुए कि यार दरोगा छोड़ो। घर में चार बरतन होंगे तो भड़भड़ाएँगे जरूर। और अगर आज बाईसा ने तुम्हें एक-दो लाठी फटकार दीं तो कौन-सा आसमान टूट पड़ा। इसलिए विभाग इस लफड़े में नहीं पड़ता। दूर रहो यार प्रेमी और पागल से उलझना बेकार। दो पैसा मिलना नहीं और बदनामी का टोकरा सिर पर। बकने दो सालों को। प्रेमी और नेता एक समझो। जैसे वे धूर्त दस-दस बार आमरण-अनशन करके भी खीसें निपोरते हुए जिन्दा घूमते हैं। उसी तरह शहीदे-इश्क होते हैं। वन-वे ट्राफिक और कभी-कभी द्विपक्षीय में भी इश्क में मर जाने की चर्चा मिलती है। बाकायदा मरने की उतनी नहीं मिलती। जितनी मरने की धमकी की सूचना प्राप्त होती है।

बुन्देलखंड में विरहणी-आत्माएँ चुनरी में विष बाँधे घूमती हैं। यही नहीं वे इसकी घोषणा भी करती हैं। कोई डर नहीं। मैं कहता हूँ देश के विधि मंत्री महोदय क्या कर रहे हैं। प्रेमिकाएँ सावन-भादों की झड़ी से व्याकुल होकर गा रही हैं—रेडियो पर लोकगीत आता है।

बलम हम मर जैहें, विष बाँधें चुनरिया के छोर।
औरन से पिय हँस बोलत हो, हम से रहे मुख मोर।।
दिन नई चैन रात नहीं निंदिया, तारे गिनत भई भोर।
बलम हम मर जैहें, विष बाँधें चुनरिया के छोर।।

ओ-हो शी इज गोइंग टू डाइ। मैं घबरा गया। अरे कोई पुलिस को बुलाओ। रे। उस डैम इडियट लड़की को बचाओ। यार लोग हँसने लगे। कैसे मूरख हो यार। प्यार और पोलिटिक्स में गप्पें चलती हैं। डोंट टेक इट सीरियसली।

देखा नहीं अभी-अभी पं. अटल बिहारी वाजपेयी ने कितने आत्मविश्वास से कहा था कि भारतीय जनता पार्टी का कोई हिन्दू एजेंडा नहीं। न ही वह हिन्दूवादी पार्टी है। मैं धड़ाम से भूमि पर गिरा। सचमुच अटल जी जैसा सत्यवादी इस धरा-धाम पर दुर्लभ है जो कुछ कहते हैं। सत्य कहते हैं और सत्य के सिवाय कुछ नहीं कहते। पहले मैं समझता था सारी दुनिया के सत्यवादी सिर्फ अदालतों में गवाहियाँ देते हैं। गीता पर हाथ रखकर, ईश्वर को हाजिर-नाजिर जानकर सच बोलते हैं। पता नहीं कहाँ-कहाँ से सत्य बोलने वाले चले आते हैं। मौका आ जाए तो इलाज के लिए भी नहीं मिलते पर गवाही देने सदा तत्पर रहते हैं।

अटल जी ने मेरी गलतफहमी दूर कर दी। जब से उन्होंने यह घोषित किया है कि भाजपा का कोई हिन्दूवाद नहीं है। तब से मैं मुस्लिम लीग के नेताओं के बयान की प्रतीक्षा में हूँ कि मुस्लिम लीग का कोई मुस्लिम एजेंडा नहीं है।

कैसा परदा है कि चिलमन से लगे बैठे हैं।
साफ़ छिपते भी नहीं सामने आते भी नहीं।।

मैं निश्चिन्त हो गया। डोंट डिस्टर्ब द पोलिस। लड़की चुनरिया के छोर में कत्था बाँधकर घूमती है। फिक्र की बात नहीं है। शी विल नाट डाई। बुन्देलखंड के क्या कहने। उसका प्रेम मजेदार है। युद्ध मजेदार है। उसकी शान अद्‌भुत है–

फैली कहाँ न तेरी उजाली बुन्देलखंड।
हर दिल में तेरी दीद बहाली बुन्देलखंड।।
हर एक रात तेरी दीवाली बुन्देलखंड।
दुनिया में तेरी शान निराली बुन्देलखंड।।

❐

प से पिताजी : प से पुलिस

हैलमैट और हैल अर्थात् नर्क की एक ही राशि है। जिस तरह मुहब्बत और मूर्खता की एक राशि होती है। उसी तरह पिताजी और पुलिस की भी एक ही राशि होती है। मैं बचपन से ही बड़ा आज्ञाकारी टाइप का इंसान रहा हूँ। पिताजी ने कहा–बेटा अपने से बड़ों का सदैव आदर करना चाहिए। मैंने किया। और जवाब में अक्सर बड़ों की लात खाई। अम्मा ने कहा–बेटा अपने से छोटों से हमेशा स्नेह करना। मैंने किया और जवाब में छोटों से लात खाई। इस तरह के निरन्तर लतियाव से मैंने जहाँ एक ओर भारतीय मध्यवर्गीय स्वभाव की स्वार्थ-परायण सोच को भलीभाँति समझ लिया। वहीं दूसरी ओर धर्मदर्शन के इस मूल तत्व में मेरी आस्था दृढ़ होती रही कि–ब्रह्म सत्यं जगन्मिथ्या–अर्थात् ब्रह्म सत्य है। जबकि यह जगत जो है सो मिथ्या है। इससे एक व्यक्तिगत लाभ यह हुआ कि कभी बड़े और कभी छोटे मुझे ठगकर, छल-कपट या धूर्तता से कोई नुकसान पहुँचाकर कोई लाभ ले भागे या मेरे हिस्से की नकद राशि हड़प गए तो मुझे न कोई कष्ट हुआ न ही कोई अफसोस। क्योंकि हे पाठक प्रभुजी जब सारा संसार ही छल-प्रपंच है। मिथ्या है तो बैंक बैलेन्स भी मिथ्या है। साथ ही माननीय अथवा प्यारे ठगूलाल जी छलिया जो हैं। वे भी जो हैं सो मिथ्या ही हैं।

इसके विपरीत मेरे अनेक समकालीन वीरों ने अपने बड़ों को तबियत से लातें लगाईं और बदले में उनका खूब प्यार पाया। उन्होंने अपने छोटों को भी खूब लातें लगाईं और बदले में उनसे भरपूर आदर प्राप्त किया। इससे मेरी यह धारणा प्रबल हुई कि वह जो सूक्ति है कि–वीर भोग्या वसुन्धरा–सो सही है। इन महानुभावों ने वीरता-ही-वीरता प्रदर्शित की और कभी किसी आदर-फादर की परवाह नहीं की। मेरे एक परिचित जो एक हट्टे-कट्टे पुलिस अधिकारी थे और जिनका कार्यालय उन दिनों शनीचरी सागर में हुआ करता था। उनका यह दृढ़ विश्वास था कि स्त्रियाँ पिटने से प्रसन्न होती हैं। एतदर्थ वे अपनी पत्नी की नियमित पिटाई करते थे। इस समारोहपूर्वक किए गए सम्मान से प्रसन्न होकर उनकी पत्नी कमरे में घुसकर उसे भीतर से बन्द करके जोर-जोर से अपने पतिदेव की मुक्ति हेतु मंगलकामना करती थी–हे भगवान कबै ए आदमी की ठठरी बन्द है। सारे ने मार-मार के हड्डी-हड्डी टोर डारी। हे प्रभु साँचे होव तो जल्दी से राँड़ करो–इसके पश्चात् वे अपने पूज्य पिताजी का पुण्य स्मरण करने लगतीं।–सारो बाप आय कै बेरी। ए हरामी के गरे बाँदवे से अच्छौ होतौ कै हमैं कुँआ मैं पटक देतौ। एक बार साहब श्रीमान् अपनी पत्नी की पिटाई के लिए तत्पर हुए। ठीक उस वक़्त मैंने मौका-ए-वारदात पर पहुँचकर उनकी पत्नी की उन्हीं से रक्षा की। परिणाम यह हुआ कि वे रक्षाबन्धन पर मुझे राखी बाँधने लगीं। मैं मिठाई खाता और साहब पैंतरे बदलते रहते। एक बार वे अपने सात साला सपूत के साथ मिल गए। अस्पताल से पट्टी बँधवाकर लौट रहे थे। आँखों के नीचे गहरे नीले निशान। खोपड़ी में तीन टाँके। होंठ सूजे हुए। मुझे देखा तो रुक गए। बोले–आव बीड़ी पी लो। मैंने कहा–बीड़ी-फीड़ी छोड़िए। बताइए यह चाँदमारी किसने कर डाली। क्या हो गया। इस सहानुभूति से उनकी बड़ी-बड़ी आँखें डबडबा आईं। उन्होंने रूमाल निकालकर आँसू पोंछे। नाक साफ की और रोकर बोले–अरे कुछ नहीं यार। बाथरूम में पाँव फिसलने से गिर गया। उनकी उँगली पकड़कर खड़े उनके सात साला सपूत उर्फ सत्यवादी राजा हरिश्चंद्र अपने

पिता के इस मिथ्या भाषण से विचलित हो गए और बोले—नहीं मामा। पापा का पैर नहीं फिसला। दादा भैया ने उन्हें बाल्टियाँ-ही-बाल्टियाँ मारी हैं। फिर पापा की सन्दूक तोड़कर खूब सारे नोटों की गड्डियाँ निकालकर वे बाम्बे घूमने चले गए। मम्मी जी ने भी पापा को नहीं बचाया। बोलीं कुटन दे सारे के लच्छन कुटबे जोग हैं—

जैसे जहाँ के नद्दी-नाले, तैसे तहाँ के भरका।
जैसे जिनके बाप मताई, तैसे तिनके लरका।।

बालक के इस सत्य सम्भाषण ने मेरे ज्ञान कपाट खोल दिए कि हे प्यारे भाई यह दृश्यमान जगत जो है सो चूँकि मिथ्या है अतः यह मिथ्याचार से ही चलता है। इसलिए जो माता जी अपने हाथों में न्याय का तराजू पकड़े हैं। वे अपनी आँखों पर पट्टी बाँधे बराबर यह जताने का प्रयास करती रहती हैं कि अरे बाँगडू जब मैं कुछ देखती ही नहीं तो ठीक-ठीक कैसे तौलूँगी। मैंने अपनी आँखों पर पट्टी इसीलिए बाँध रखी है कि बेटा तुझे जो लेन-देन करना हो। जिस फरीक की जो सेवा करना हो सो कर ले बेटा और मुकदमा जीत ले। वरना कल फैसले के बाद रोता फिरेगा कि कोई और अपराध करता है तथा दंड किसी और को मिलता है। संसार में भगवान की इस विचित्र लीला को कौन समझ सकने योग्य है?

और करै अपराध कोऊ और पाय फल भोग।
अति विचित्र भगवन्त गति को जानें जग जोग।।

इसलिए हे पुत्र तू दुनियादारी ठीक से समझ ले। बेटू सकल भारतीय महिला समाज जानता है कि दारी से आशय दर-दर भटकने वाली से है। इसलिए वे आमतौर पर अपनी अनुपस्थित सहेलियों को वा दारी तो महाकुतिया है—कहकर सम्मानित करती देखी जाती हैं। इसमें महा जो है सो विशेषण है और खासतौर से गुणवाचक विशेषण है। महा नीतिकार भर्तृहरि जी महाराज का एक श्लोक है—

निन्दंतु नीति निपुणा यदि वास्तुवन्तु।
लक्ष्मी समाविशतु गच्छतु वा यथेष्टम।।
अथैव वा मरणमस्तु युगान्तरे वा।
न्यायात्पथः प्रविचलन्ति पदन्नधीराः।।

चाहे नीति-निपुण लोग निन्दा करें या प्रशंसा करें। अपार सम्पत्ति रहे या सब चली जाए। अभी तुरन्त मृत्यु हो जाए या निश्चल तन होकर खूब जिएँ मगर धीर व्यक्ति न्याय के मार्ग से डगमग नहीं होते। इसलिए जैसे ही पुलिस कप्तान साहब ने अपना डंडा उठाकर कहा हैलमैट। मैंने पहला काम यह किया कि घर लौटते समय तुरन्त एक हैलमैट खरीद कर उसे धारण किया। उसे पहने जब घर पहुँचा तो मेरा महा उपद्रवी पोता चारू जो घर पहुँचते ही मेरे सिर पर सवार होकर तांडव नृत्य करता है और बड़ा पौत्र चीना जो मुझे देखते ही नागा नृत्य करते हुए रोज नई-नई माँगें करता है—दोनों हैलमैट देखकर ही दूर भाग गए। मेरे लाख बुलाने पर भी मेरे पास नहीं आए। हैलमैट उतारने पर ही डरते-डरते मेरे निकट आए। हैलमैट बनाने वाले नहीं जानते कि उससे कितने लाभ हैं।

दूसरे दिन जब दफ्तर के लिए निकला तो उधारी वसूलने वाले रास्ते में खड़े हुए थे। मैं ठप्पे से उन्हें नमस्ते करते हुए निकल गया। वे कुछ भूले से-भ्रमित से मुँह बाए हुए देखते रह गए। आ हा—पुलिस कप्तान साहब हैलमैट का यह लाभ तो आपने भी न सोचा होगा। अरसा पहले एक

टेलीविजन विज्ञापन में दिखाते थे कि एक नारियल पर कोई सज्जन हथौड़ा मारकर उस नारियल के टुकड़े-टुकड़े कर डालते हैं। फिर दूसरे दृश्य में उसी नारियल को हैलमैट से ढँककर उस पर हथौड़ा मारकर दिखाते हैं और हा-हा उस नारियल का कुछ नहीं बिगड़ता। तो महानुभाव निवेदन है कि निर्णय है आपका क्योंकि आखिर नारियल है आपका। सूचनार्थ यह भी कहना है कि मनुष्य का सिर सप्त छिद्र नारियल ही है। तो भैया अपना नारियल बचाने के लिए हैलमैट जरूरी है।

❑

तू ईच्च मेरी चुड़ैल है

बचपन में अम्मा बताया करती थीं कि बेटा चुड़ैलों के पाँव उलटे होते हैं। अर्थ यह है कि उनकी एड़ियाँ सामने और पंजे पीछे की ओर होते हैं। चुड़ैलें ही क्यों जितने प्रकार के भूत होते हैं उन सबके पाँव पीछे होते हैं। एड़ियाँ सामने होती हैं। अब समझ में आता है कि प्रतीक रूप में यह बात अतीतजीवी होने का आशय स्पष्ट करती है। भूत अर्थात् अतीत। पास्ट या माज़ी जो था पर अब नहीं है। अब तो अम्मा खुद अतीत हो गई हैं। वरना मैं उन्हें बताता कि हे माता अब सारी चुड़ैलें सामने पाँव करके आ डटी हैं। मैं और आप इस जिन्दगी के बाद भूत हों या चुड़ैल। फिर इस दुनिया से कोई वस्तुपरक सम्बन्ध शेष नहीं रह जाता। लोग ऐश करें या भूखे मरें भूतों के लिए वे विचारणीय नहीं रह जाते। इस सिलसिले में हज़रत दाग का एक शेर पेश-ए-खिदमत है जिसका आशय यह है कि जब हम ही नहीं तो दुनिया में कोई मजे करे या विश्वासघात करे। इससे हमारा लेना-देना नहीं। सब मेरी बला से। अर्ज है–

दुनिया में कोई लुत्फ़ करे या जफ़ा करे।
जब मैं नहीं बला से मेरी कुछ हुआ करे।।

चुड़ैलें अतृप्त सुन्दरियाँ होती थीं। एक तरह से ये दमित कामनाएँ थीं। प्रेम की, वात्सल्य की, स्नेह की और ममता की। चुड़ैलों से मुझे डर नहीं लगता। मुझे उन पर दया आती है। वे पति के लिए, प्रेमी के लिए, पुत्र के लिए, पिता या भाई के लिए अथवा जेवरों और साड़ियों के लिए भटकती, फड़फड़ाती अतृप्त आत्माएँ लगती हैं। उनके बारे में पूरा बुन्देलखंड किंवदंतियों से भरा हुआ है। यह कि वे बहुत सुन्दर होती हैं। वे नकियाकर बोलती हैं। यदि कोई उनकी चोटी या पल्लू का कपड़ा छीनकर छिपा ले तो चुड़ैलें उसकी दासी हो जाती हैं। फिर वे प्रिया या पत्नी की तरह रहती हैं। खाना बनाती हैं। बरतन, कपड़े साफ करती हैं और यह भी कि अपने स्वामी के बच्चों की माँ भी बनती हैं। हाय अल्लाह मियाँ, इसे कहते हैं नसीब कि चाहे मर ही क्यों न जाओ सुन्दरी रोटी-कपड़ा-बरतन करना तुम्हारा अतीत था। तुम्हारा वर्तमान और भविष्य भी है। जैसे एक गहन कथालोक था अतीत। यही हाल भूतों का बताया जाता था। वे धन के ढेर की रखवाली करते थे। लोगों के सिरों पर चढ़कर बोलते थे और दारू-मुर्गे माँगते थे। ओझा, गुनी, तांत्रिक और मांत्रिक, सिद्ध, भैरव और कापालिक सब किसी-न-किसी भूत, प्रेत, पिशाच, खबीस, चुड़ैल, डंकिनी या शंखनी को पालते थे और उसी से अपने भक्तों का अतीत जान लिया करते थे। उसी के बूते पर तर माल उड़ाते थे। आदमी से बड़ा भूत कौन होगा भैया। आदमी मुरदों से क्या-क्या नहीं कमाता रहा है।

मुरदों पर केन्द्रित कहानियाँ, भूतों के बारे में लेख, चुड़ैलों पर कथाएँ लिखकर आदमी ने जिन्दगी चलाई है। अभी वही हाल है। एक फिल्म निर्माता हैं–शायद रामगोपाल वर्मा उन्होंने अपनी एक हारर फिल्म में चुड़ैल की भूमिका के लिए अभिनेत्री तलाश हेतु प्रतियोगिता आयोजित की। देश-भर की सुन्दरियाँ उनकी चुड़ैल बनने दौड़ीं। वे खुद चयनकर्ता थे। इसमें यह कमी है उसमें वह कमी है। सुन्दरियों के उस जमघट से आखिर उन्हें एक लड़की चुड़ैल की भूमिका हेतु फिट लगी। ज्यों

ही वह आई डायरेक्टर साहब उछल पड़े। वे आर्कमिडीज की तरह यूरेका-यूरेका तो नहीं चिल्लाए। मगर उसे देखते ही खड़े हो गए और प्रसन्नतापूर्वक हँसकर जोर से बोले–तू ईच्च मेरी चुड़ैल है। चयनित सुन्दरी पिजा के एक विज्ञापन में प्रफुल्लित होकर इस घटना को गौरव के साथ सुनाते हुए दुहराती है–उन्होंने कहा–तू ईच्च मेरी चुड़ैल है। देवियों और सज्जनों यहाँ मैं जबरन बीच में कूदते हुए निवेदन करना चाहता हूँ कि हम कहाँ आ गए यार। परियाँ चुड़ैल बनने घूम रही हैं। देवदूत भूतों का रोल कर रहे हैं। यानी ये क्या हो रहा है। सब कुछ उलटा-पुल्टा हो रहा है। जहाँ जो नहीं होना चाहिए। वहाँ वही हो रहा है। जहाँ जिसे नहीं होना चाहिए। वह ठीक वहीं है। आप कहिए कि ऐसा है तो ऐसा क्यों है? और वैसा है तो वैसा क्यों है? सच है कि जीवन में कुछ बातें फिर नहीं लौटतीं। मीर ने लिखा है–

पढ़ते फिरेंगे गलियों में इन रेख्तों को लोग
मुद्दत रहेंगी याद ये बातें हमारियाँ।
गुल ने हजार रंग सुखन सर किया वले
दिल से गई न बातें तेरी प्यारी प्यारियाँ।।

अर्थ यह कि जब मैं न रहूँगा तो मेरे इन शेरों को लोग गलियों में पढ़ते फिरेंगे। उन्हें मुद्दतों हमारी ये बातें याद रहेंगी। फूलों ने हजारों रंगों और खुशबुओं के साथ चर्चा की मगर दिल से तुम्हारी प्यारी-प्यारी बातें न गईं। इस पंक्ति का एक अर्थ और है फूलों के हजार प्रकार से समझाने के बावजूद मेरी प्यारी तेरी प्यारी बातें मेरे दिल से नहीं गईं। अन्त में यह कि भ्राजी हालाँकि कुछ चुड़ैलों से भी मेरे घनिष्ठ सम्बन्ध हैं किन्तु वे उतने घनिष्ठ नहीं हैं जितने आप सोचने लगे होंगे। अब वह दिन दूर नहीं जब प्रेमी अपनी प्रेमिका से कहेगा–तू ईच्च मेरी चुड़ैल है और उधर से उत्तर मिलेगा–तू ईच्च मेरा भूत है। तथास्तु।

❐

अटरियों पर बैठकर खीर खाते कौए

कौओं का जलवा है भाई। जहाँ देखिए—वहाँ काँव-काँव। कौआरोर मचा हुआ है तात। ऊपर से तुर्रा यह कि कोए कलहंसों की उपेक्षा करते हैं। धीरे से बोल देते हैं—और तो सब ठीक है मगर आजकल आपका रंग कुछ-कुछ धूसर लगता है। कौए सुखी होते हैं उन्हें अपना काला रंग दिखाई नहीं देता। सुन्दरियाँ कौओं पर ज्यादा भरोसा करती हैं। यों तो कबूतर सन्देश लाने-ले जाने का काम करते हैं मगर बदले में उन्हें कोई गिफ्ट नहीं मिलती। केवल कौए हैं जो वैल-पेड हैं। सुन्दरियाँ यह मानकर चलती हैं कि काँव-काँव सुन पड़ा है, तो वह प्रिय भी आकर मिलेगा। लोकोक्ति है कि अगर अटरिया पर यह कौआ बोलेगा तो तय समझिये कि वह कौआ आने वाला है। फिल्मवाले इसे भली-भाँति जानते हैं। पुराने गाने सुनिए तो आपके इस दासानुदास की बात ठीक-ठीक समझ में आने लगेगी। पुरानी फिल्मी हीरोइनें मटककर और अपनी छत से लटककर बाकायदे गाया करती थीं—

मोरी अटरिया पै कागा बोले। मोरा जियरा डोले।
हो कोई आ रहा है।

तो सवाल यह है कि जिस तरह आदमी-आदमी के आने की खबर देता है। उसी तरह कौए-कौए के आने की घोषणा करते हैं—काँव-काँव, हे सुन्दरी उठ तेरा कौआ आने वाला है। उठ और अपने कागभुशुंडि का स्वागत कर। सुन्दरियाँ अभिभूत हो जाती हैं। वे आपस में बात करती हैं—बाई जल्दी से ब्यूटी-पार्लर चली जा—तेरा कौआ आने वाला है। और उस वर्मा को मना कर दे। पन्द्रह-बीस दिन इस तरफ न आए। इस कौए को खीर खिला दे। वे चाँदी की कटोरी में कौए को खीर खिलाती हैं। उसे आश्वासन देती हैं—कागा तेरी सोने चोंच मढ़ा दैहों। मतलब यह कि ओ माई डियर कौए आई विल कवर योर बीक दैट मीन्स द बिल बाई गोल्ड। सुन्दरियों की कृपा से देश-भर में कौए सोने की चोंच मढ़वाकर मटकते हैं। कन्याओं के इर्द-गिर्द गम्भीर मुद्रा में मँडराते हैं। लड़कियाँ सब समझती हैं। वे कहती हैं—अंकल आज तो आपसे ही आइसक्रीम खाएँगे। गंजे सुनकर झेंप जाते हैं—हाँ-हाँ क्यों नहीं। कौए पावरफुल होते हैं। वे हरि के हाथ से माखन-रोटी ले भागते हैं। रसखान की नायिका हाथ मलते रह जाती हैं। काग के भाग कहा कहिए। हरि हाथ सौं लै गयो माखन रोटी। उस जमाने से जारी यह कार्यक्रम अब जोर पकड़ गया है। जहाँ माखन-रोटी होगी वहाँ कौओं का डायरेक्ट इंटरफियरेन्स होगा। सीधा हस्तक्षेप। आदमी मुँह बाए देखता रह जाता है। कौए माखन-रोटी खाते हैं इठलाते हैं। वे चाहे जितनी माखन-रोटी खाएँ। मगर उन्हें एग, लैग और पैग जरूर चाहिए। इसके चलते चाहे जो हो जाए। फिक्र नहीं। तुलसी ने लिखा है कि कौए को चाहे जितने प्रेम से पालें। वह कभी शाकाहारी नहीं होता।

बायस पालहिं अति अनुरागा। होंहि निरामिष कबहुँ कि कागा।।

वह चिकन का टेस्ट नहीं भूलता बाबू। होशियार कौए मक्खन का चिकन बनवा लेते हैं। वे 'नानवेज' का आर्डर करते हैं—एक बटरचिकन लाइए। तेज मक्खन मारके। वे आपस में काँव-काँव करते हैं। तेरी चिड़िया कैसी है। आजकल खूब उड़ रहा है। ऐश कर ऐश। कभी हमें मिलवा। तुरत-फुरत पंख

झाड़ के उड़ जाएँगे। एक जमाना था जब लोग कौओं को देखते ही पत्थर उठा लेते थे। कौए चतुर होते ही हैं। उधर आदमी के हाथ में पत्थर आया इधर ये हवा में पहुँच जाते थे। तब कहते थे–कि कौए सिर्फ पितृपक्ष में सम्मानित होते हैं। वे पुरखों के सन्देश 'काँव-काँव' की लैंग्वेज में सुनाते हैं। इसलिए उन्हें कागबलि के रूप में खीर-पूड़ी खिलाई जाती है। पितृपक्ष पूर्ण होते ही फिर वही पत्थर। कवि लोग दन्न दैनी कविता फटकार देते थे–

दिन दस आदरू पाय कै कर ले आप बखान।
जब तक काग सराध-पख तब लग तुव सनमान।।

अर्थ यह है कि हे कौए दस दिन का आदर पाकर तू जो काँव-काँव करके अपना गुणगान कर रहा है सो कर ले। मगर याद रख जब तक श्राद्धपक्ष है तब तक ही तेरा सम्मान है।

अब वे बातें पुरानी हो गई हैं। अब दिन जालिम हो गए हैं और रातें कातिलाना हो गई हैं। जहाँ देखिए वहाँ कौए जल्वाफरोज नजर आते हैं। केवल यही नहीं कि वे हैं बल्कि उनके कपड़े हंसों जैसे शुभ्र हैं। तुलसीदास ने पहचान लिया था। जो घोर कलिकाल में पैदा हुए हैं। जिनकी वेशभूषा हंसों जैसी है और काम कौआ के हैं। बचो-बचो। उनसे बचो।

जे जनमे कलिकाल कराला। करतब बायस वेषु मराला।।
चलत कुपन्थ वेद मग छाँड़े। कपट कलेवर कलिमल भांडे।।

अब दुनिया बदल गई है। सराध पख का अभूतपूर्व विस्तार हो गया है। कौए अब केवल श्राद्ध पक्ष के बन्दी नहीं हैं। वे बारह महीने चौबीस घंटे डटे हैं। हर अटरिया पर एक कौआ डट गया है। वह खीर खाता है। सुन्दरियों के कन्धों पर चोंच रखता है। चोंच सोने से मढ़ी है। लोग हंस समझकर उसके पास आते हैं और धोखा खा जाते हैं। हंस दाना दुनका चुनेगा। अब कौआ मोती खाएगा। कौए सचमुच मोती खा रहे हैं। अंगूर खा रहे हैं। कौए को फारसी में जाग कहते हैं। हे प्रभु पाठक जी आपकी सेवा में एक शेर प्रस्तुत करके मैं अपना स्थान ग्रहण करता हूँ–

जाग की चोंच में अंगूर, खुदा की कुदरत।
पहलुए हूर में लंगूर, खुदा की कुदरत।।

सच है अल्लाह मियाँ! आप दा ज्वाब नहीं।

❏

यूँ भी गुज़र गई मेरी यूँ भी गुज़र गई

हालाँकि यह काम अपराध विज्ञानियों और समाजशास्त्रियों का है किन्तु अपने प्यारे आर्यावर्त में हरफनमौला ही उपजते हैं। मास्टर दवाइयाँ लिख देते हैं और वकील साहब कविताएँ। पुलिस के बड़े अधिकारियों की कविताएँ सुनने वाले अनुशासित श्रोता भी देखे गए हैं जिनकी काव्य-साहित्य में कोई रुचि नहीं होती। साहब का काव्य-पाठ सुनते हुए वाह-वाह करते हैं। और मन में बच्चों के अंडरवेयर का रंग डिसाइड करते हैं। अतः हे भारत माता के लाल इस तरह के परोपकारी देश में यदि बदमाशों पर कुछ लिखता हूँ तो इसे अन्यथा मत लीजिए।

मोटे तौर पर यह मान लेना न्यायपूर्ण होगा कि मूर्ख आदमी बदमाशी नहीं कर सकता। बदमाशी के लिए अक्ल सबसे पहले चाहिए। सागर का जहाँ तक प्रश्न है–मुझे बात कहते हुए अत्यन्त हर्ष है कि इस बारे में प्रसिद्ध कवि श्री शिवकुमार श्रीवास्तव अपनी एक कविता में चिन्तन कर चुके हैं। उनके अनुसार–

रोजगार कुछ मिल न सका
औ, ऊब गए जब बैठे-बैठे
रंगदारी की ट्रेनिंग लेने-
लगे आजकल लुहरे जेठे।
मजबूरी में बेशर्मी है।
कुंठित मन की हठधर्मी है।
खिला रहे बस्ती में सट्टा;
मार रहे हैं चील-झपट्टा।
क्योंकि कहीं सम्मानजनक
कुछ कर पाने की
सारी कोशिश बाँझ रही है।

शिवकुमार जी की इस सूक्ष्म निरीक्षण-दक्षता पर कौन है जो वारी न जाएगा। मगर ठहरिए पाठक प्रभु इस महत्वपूर्ण उल्लेख के अवसर पर साकिन व मुहल्ला शनीचरी के साहित्यानुरागी कक्का नंदकिशोर होटलवालों का स्मरण न करूँ तो बात का मजा ही चला जाएगा। वर्षों पहले जब मैंने यह कविता उन्हें सुनाई तो वे कुटिलतापूर्वक मुस्कुराकर बोले–इनें कैसे मालूम। इस सिलसिले में श्री विट्ठलभाई पटेल की कुछ पंक्तियों का उल्लेख न करने पर मेरा कुम्भीपाक नरक में जाना तय है। कुम्भीपाक वह नरक है जहाँ कुम्भ अर्थात् घड़े में डालकर हम साहित्यकारों को पकाया जाएगा। वह इसलिए कि लिखने वालों की बख्शीश नहीं होगी। मैं थोड़ा माडर्न आदमी हूँ। इस प्रेशर-कुकर के जमाने में यह बात काबिले एतराज और ना काबिले बर्दाश्त है कि यार लोग मुझे घड़े-वड़े में डालकर पकाएँ। इसलिए माननीय विट्ठलभाई पटेल की पंक्तियों का उल्लेख सादर प्रस्तुत है। इस निवेदन के साथ कि जैसी मुझे याद हैं वैसी ये पंक्तियाँ लिख रहा हूँ। उनका कहना है–

आप युग के सूर तुलसी मीर गालिब हैं,
भूख पर चौपाई फाकों पर ग़ज़ल कहिए।
गीत लिखिए गन्दी बस्ती में पले बदमाश पर।
छन्द कहिए जीभ-जंघा-पेट के इतिहास पर।
बिन दवा के घुटती साँसों पर ग़ज़ल कहिए।

इन पंक्तियों को सुनकर मेरे एक मित्र ने कहा—काय खों कहिए। तुमोरों खों ग़ज़ल-फजल के सिवा और कौनऊँ काम नइयाँ। दिन-भर फालतू की बातों में लगे रैत हो। जा नईं कै दो पइसा कमाओ सो कामै आएँ। प्रियवर लेकिन लिखने वालों पर इससे कोई प्रभाव नहीं पड़ता। प्रसिद्ध कवि श्री सूर्यकान्त त्रिपाठी निराला एक बड़े शहर में कवि सम्मेलन की अध्यक्षता करने गए। शहर के एक बड़े व्यवसायी के आलीशान भवन में उन्हें ठहराया गया। भोजनोपरान्त मेजबान ने भक्तिभाव से निराला का परिचय अपने पुत्रों से कराया—पंडित जी, यह बड़ा बेटा है। गल्ले की आढ़त करता है। आपके आशीर्वाद से बड़ा नाम है। बड़ा काम है इसका। और यह मँझला है। इसने बजाजी सँभाल रखी है। रोज का लाखों का लेन-देन है। आपकी कृपा है। एक छोटा और है सो शाम को कवि सम्मेलन में देखिएगा। निराला जी ने पूछा अच्छा और वह काम क्या करता है? सेठ जी दुःखी होकर ठंडी साँस छोड़ते हुए बोले—ना पूछो महराज! वह तो बदमाश हो गया है। आवारा है दिन-भर मार कविताएँ लिखता रहता है। कुछ करता-धरता नहीं है।

यहाँ मेरा निवेदन है भ्राजी कि अब हमें मूल विषय पर आ जाना चाहिए। तो बन्धुओं मेरी राय में बदमाशों के मूल प्रकार तीन ही हैं। मिठबोला, मनघुन्ना और भड़भड़िया। इनमें मनघुन्ना को चुप्पा भी कह सकते हैं। चुप्पा परिपक्व बदमाश होता है। भड़भड़िया उसके सामने बच्चा ही कहा जाएगा। चुप्पा भयंकर बदमाश होता है। उसके पत्तों का पता नहीं चलता। वह सच्चा उस्ताद होता है। कुछ बोलता ही नहीं। गौं देकर चुपचाप बैठा रहता है। इसके विपरीत भड़भड़िया हल्ला मचाता है। दिन-रात बकर-बकर करता है। बोलता ज़्यादा है करता कम है। बाहर मिलने-जुलने वाले उसे देखते ही इधर-उधर हो जाते हैं। चलो भाई वे आ गए आल इंडिया रेडियो। घर में बच्चे इससे तंग रहते हैं। बुढ़ापा हो तो बहुएँ बड़बड़ाती हैं—पता नहीं कब जाएँगे। कान खा गए। मरें न माचा छोड़ें। माचा यानी खाट का सिरहाना। भड़भड़िए से कोई नहीं डरता। उससे सब छड़कते हैं। यह अक्सर खुद का नुकसान कर लेता है। इसे कोई समझा नहीं सकता। यकीन साहब का एक शेर है—

गिरेबां चाक करने से हमारे तुझको क्या नासेह!
हमारे हाथ जानें और हमारा पैरहन जाने।

भड़भड़िया अच्छा उपदेशक होता है। वैरी प्रेक्टिकल। यह नौजवानों को सन्देश देता है बयान साहब की तरह—

पियो शराब जवानो! कि मौसमे गुल है।
हमें भी याद वह अहदे शबाब आता है।।

अर्थ यह है कि जवानों खूब पियो। मौसम बहार का है। यौवन के बसन्त का जमाना हमें भी खूब याद आता है। मिठबोला भी कुछ इसी कोटि का प्राणी होता है। मगर उसका उदाहरण पंजाब-हरियाणा के उन किसानों में मिलेगा जो पड़ोसी के कर्मठ पुत्रों को निमंत्रित करके तब तक अफीम खिलाते हैं। जब तक वे लड़के खुद न माँगने लगें। जब वे माँगने लगते हैं तो उत्तर यह कि बेटा

हमने जिन्दगी-भर का ठेका नहीं लिया है। तब तक आदत इतनी पक्की हो जाती है कि लड़के फिर चाहे घर के बर्तन क्यों न बेचने लगें पर नशा जरूर करेंगे। बट सर मनघुन्ना इज मोस्ट डैंजरस फैलो। वह चुनाव लड़े तो भड़भड़िया अन्त तक इसी भ्रान्ति में रहता है कि टिकिट उसे ही मिलने वाला है जबकि मनघुन्ना या चुप्पा धीरे से टिकिट कबाड़ लेता है। पार्टियाँ उससे डरती हैं। वोटर उससे भयभीत रहते हैं। नेता उस पर भरोसा नहीं करते। उसे शौक लिये फिरता है। वह कभी यहाँ है, कभी वहाँ। मीर ने लिखा है–

कभू तो दैर में हूँ मैं, कभू हूँ काबे में।
कहाँ-कहाँ लिये फिरता है शौक उस दर का।।

समझ रहे हैं न भैये। तो यह विषय श्रीमान कालम के बस का नहीं। आलम का सब्जेक्ट है। चर्चा चलती रहेगी। अन्त में इन महानुभावों के कृपापात्र होकर जीवन गुजारने का जो सन्तोष फुगां साहब को है। सो मुझे भी है–

मुझसे जो पूछिए तो बहरहाल शुक्र है।
यूँ भी गुजर गई मेरी यूँ भी गुजर गई।।

❐

बड़े लगैया हैं, वे प्यारे जिनके बल को आर न पार

श्री अखलाक सागरी का एक प्रसिद्ध शेर है जो मुझे अत्यन्त प्रिय है। शेर को संस्कृत में श्लोक कह सकते हैं। इस दृष्टि से यह पियक्कड़ों का पुण्य श्लोक कहा जा सकता है। अर्ज किया है–

देख साकी तेरे मयकदे का कितना पहुँचा हुआ रिन्द हूँ मैं।
जितने आए हैं मय्यत में मेरी सब के सब ही लगाए हुए हैं।।

हे साधु पुरुषों अब प्रश्न यह उठता है कि वह पदार्थ क्या है,
जिसे कि इन महापुरुषों ने लगा रखा है और कब्रिस्तान के मार्ग पर हैं। पंडितों, इस लघु शंका का समाधान यह है कि दारू लगा रखी है। पुनः यह शंका बिन्दुवत आ जाती है कि जो पीने योग्य है। उसे लगाया क्यों गया है तो निवेदन है कि हे भ्राता दवा-दारू का जोड़ा है। दवा चोट वगैरह पर लगाई जाती है और दारू दिल पर। धीरे-धीरे यह प्रयोग रूढ़ हो गया। लोग दवा भी लगाने लगे और दारू भी। फिर लगा कि दवा की क्या जरूरत है। चोट चाहे तन पर लगे या मन पर दारू लगाओ रंज भगाओ। लोग इतनी लगाने लगे और इस तरह लगाने लगे कि–मैं कौन हूँ मैं कहाँ हूँ मुझे ये होश नहीं–गाते हुए दोस्तों के कन्धों पर डंगाडोली घर पहुँचने लगे। खाना खाते-खाते ढाबों पर शीर्षासन करने लगे या उस परमहंस पद को प्राप्त होने लगे जिसके बारे में लोक ने स्थापित कर रखा है–

इतनी गाढ़ी छान लंगूरा जितनी गाढ़ी कीच।
घर के जाने मर गए–आप नशे के बीच।।

अगर पियक्कड़ के घर में रोना-पीटना न मच जाए तो पियक्कड़ को धिक्कार है। उसके बाप-दादों पर लानत है और मदिरा-विक्रेता को भी धिक्कार है। मुफ्त की दारू पीने वाले भाग्यवान होते हैं और अपने पैसे की पीने वाले अभागे, इकड़ा और लड़ाकू। अरे मद है मस्ती है। बहार है यौवन है। मुद्रा है और मुर्ग है तो मातम क्यों करता है। इतना लगा कि सिर नाली में और टाँगें सड़क पर हों। जब तक बाप-दादों पर लदा है तब तक लगा ले बेटा। फिर कुनबा लादेगा तो धीरे-धीरे खुद ही लद जाएगा। सरकारें पियक्कड़ों से प्रेम करती हैं। सबसे ज्यादा रेवेन्यू वही देते हैं। सन्त तो अन्त-पन्त हैं। सारे सन्तों का खर्चा वीर पिवैया जी की दम से है। वे माताएँ धन्य हैं। जिनके सपूत शाम को हाथ-ठेलों पर लदे गन्नाटे के साथ घर पधारते हैं। वे आटो पर, ताँगों पर, रिक्शों पर और दोस्तों पर लदे आते हैं। बच्चे, पड़ोसी और राह चलते लोग यह परछन देखते हैं और आनंद लाभ करते हैं। परछन का अर्थ नववधू के गृहप्रवेश से है। बच्चे, बूढ़े और जवान नर-नारी सब जैसे नववधू के मुखदर्शन की जिज्ञासा के साथ ताक-झाँक करते हैं। वैसे ही उपस्थित जेंट्री इन सपूतों का मुख देखने के लिए मरी जाती है। इस जेंट्री की कमेंट्री साथ-साथ चलती है–देखौ तौ कैसो कुत्ता सो मौ निकर आओ है। हे-ही इज लुकिंग लाइक अ डाग। इवन स्टैंडिंग आन फोर। स्पलेंडिड। आनंददायक दृश्य है। माताएँ अपने सपूतों और पत्नियाँ अपने पतियों के कुकृत्यों पर हर्ष से अश्रुपात करने लगती हैं। बाप-भाई त्यौरियाँ और पैंतरे बदलते हैं। मगर भैया पर असर नहीं पड़ता। वे अधमुँदी आँखें खोलकर तारिफ करते हैं–वाह द्वारका क्या चीज पिलाई है। मजा आ गया। लगता है जैसे कोई छाती में जूता मार रहा है।

होशियार लोग खुद नहीं लगाते। दूसरों को लगवाते हैं। जब वे औंधे हो जाते हैं, तो ये कलाकार

खुद दूर हो जाते हैं। बल्कि हल्ला मचाने लगते हैं–वे डरे हैं फलाने। अंग विशेष में पदार्थ विशेष तो है नहीं पर सूअरों को निमंत्रण दे रहे हैं। किसी समय इस घटना विशेष पर ध्यान आकर्षित करते हुए श्री हरिवंशराय बच्चन ने लिखा था–

स्वयं नहीं पीता, औरों को,
किन्तु पिला देता हाला,
स्वयं नहीं छूता, औरों को,
पर पकड़ा देता प्याला,
पर उपदेश कुशल बहुतेरों
से मैंने यह सीखा है,
स्वयं नहीं जाता, औरों को
पहुँचा देता मधुशाला।

जैसा कि मैंने आरम्भ में निवेदन किया था और अन्त में जिसे दुहराने की मेरी हार्दिक इच्छा है कि प्रभु पाठक जी महाराज का नाम से जो मधुशाला पहुँचाता है। वही जो है सो आगे भी पहुँचाकर खुद वापिस लौटकर नहा-धोकर अपने घर चला जाता है।

यह एक बार मुँह लग जाए तो फिर बड़ी मुश्किल क्रियेट करती है। बड़े-बड़े सोहरा हजरात यह फरमाते पाए गए हैं कि छुटती नहीं है काफिर मुँह की लगी हुई। हाँ तो भ्राजी लगने-लगाने का जहाँ तक सवाल है। वहाँ बुजुर्ग ये फरमा गए हैं कि म्यां जब दिल लगा गधी से तो परी कोई चीज नहीं है। यह लगना वह है जो ऐसी लागी लगन : मीरा हो गई मगन–वह तो घड़ी-घड़ी हरिगुन गाने लगी। और एक बार लगने पर स्थिति जो है सो यह हो जाती है कि लागी नहीं छूटै रामा चाहे जिया जाए। लात तो खैर अवसर आने पर लगाई ही जाती है। मगर कई बार बात और ज्यादा जोर से लग जाती है। इसलिए कहा है–

जो बात का मारा न मरिहै।
वो लात का मारा का मरिहै।।

इसलिए जो सत्पुरुष हैं। वे-सई-संजा-मीन्स अर्ली ईवनिंग से लगाकर फुलाफुल्ल हो जाते हैं कि लो बेटा अब जो कुछ चाहो और जहाँ से चाहो सो उखाड़ लो। इस उखाड़-पछाड़ में अन्य किसी की रुचि हो या न हो किन्तु वैयाकरणों की रुचि केवल इसी कार्य में होती है। अपने इस अनुभव का उल्लेख करते हुए संस्कृत के प्रसिद्ध विद्वान महामहोपाध्याय डॉ. भागीरथ प्रसाद त्रिपाठी "वागीश शास्त्री" ने लिखा है कि आज के वैयाकरण तुलसी के संस्कृत शब्द बहुल पद्यों को पाणिनीय व्याकरण के हथौड़े से ठोक-पीटकर परखते हैं और जब देखते हैं कि अमुक शब्द पाणिनि की कसौटी पर खरा नहीं उतर रहा है। तब लक्ष्य और प्रयोग की मूर्धाभिषिक्तता को एक ओर रखकर–

मा धातु से प्रत्यय किए डियाँ डुलुक डौलाना।
और इस प्रकार सिद्ध हुए मियाँ मुलुक मौलाना।।

इसे कहते हैं कि जाते थे जापान-पहुँच गए चीन-समझ गए ना। मेरे एक परिचित जब शाम को लगाना शुरू करते थे। तो सुबह तक लगाते रहते थे। एक बार उन्होंने ऐसी लगाई कि सुबह हुई तो और सब कुछ था सिर्फ वे नहीं थे। मतलब यह कि लगी-लगी में इतने लग गए कि लग्गा ही लग गया। लग्गा वह बाँस है जो कपाल क्रिया के समय काम आता है। और यह बाँस जो है सो ठीक वही है जो वंश के समापन में अपनी भूमिका का निर्वाह करता है। अर्थ यह कि दि एंड। ❐

एक लोकतांत्रिक ट्रेजिडी का पटाक्षेप

मेरे एक परिचित निगम का चुनाव लड़े और हारे। हम दोनों गलतफहमी के शिकार थे। उन्हें लगता था कि पढ़ने-लिखने वालों के साथ रहने से लोग शरीफ समझकर वोट दे देंगे सो चुनाव जीतने में आसानी होगी। मुझे लगा कि उन्हें साहित्य से अनुराग हो गया है। चुनाव परिणाम आए तो हम दोनों की गलत फहमियाँ दूर हो गईं। दूसरे दिन सुबह उनसे मिलने पहुँचा। वे मैले अंडरवियर-बनियान पहने बिना मुँह धोए अघोरियों की तरह गुटका खाए उदास बैठे थे। मुझे देखा तो खौंखियाकर दौड़े। पीक थूककर बोले—तुम गुरू निकर जाव इतें से जल्दी। अपनो मुंडा पिनक रऔ है। समष्टि में इसका अर्थ है कि गुरुवर आप यहाँ से शीघ्र बहिर्गमन करें। मेरी खोपड़ी क्रोध से भन्ना रही है। इसके पश्चात् वे अज्ञात मतदाताओं की माता-बहिनों से खुद का घनिष्ठ सम्बन्ध स्थापित करने की घोषणाएँ करने लगे। जिनकी गूँज पूरे मुहल्ले में सुनाई दे रही थी। मैं फौरन बाहर आया क्योंकि लोकतंत्र के विश्व इतिहास में जीते हुए प्रत्याशियों ने किसी को नहीं मारा। जो भी पिटा है। वह हारने वालों से ही पिटा है। बाहर आकर मेरा मन रो उठा—हाय कल तक तो जो शुद्ध साहित्यिक हिन्दी में वार्ता करता था। उसे बुन्देली में रोना-कलपना पड़ रहा है। गाली-गलौज के मामले में बुन्देली के समक्ष तुम इतनी कमजोर और हीन क्यों लगती हो हिन्दी-माता। यह राष्ट्र तुम्हें कैसे एकमात्र सम्पर्क भाषा स्वीकार करेगा। गरियाने के लिए बुन्देली जैसी मल्टीमीडिया छवि कैसे बनाओगी। सच है बिना मदरटंग में रोए दिल का गुबार नहीं निकलता। इसलिए विवाह के पश्चात् विदा होने वालियाँ अपनी पूज्य माता जी के उल्लेख के साथ ही रोती हुई देखी जाती हैं।—अरी मोरी माता कहाँ कुआँ में दै पटको। अर्थात् ओ माई मदर तूने मुझे कैसे कुएँ में फेंक दिया। वोटर क्या है। डेमोक्रेसी की मदर ही हैं। ऐसे अवसरों पर मुझे कबीरदास जी याद आने लगते हैं। वे तुरन्त अपना मयूरपंख सम्हालते हुए आए और समझाने लगे—

कबिरा यह जग किछू नहीं, खिन खारा खिन मीठ।
काल्हि जो देखा मंडपै आज मसानै दीठ।।

अर्थात् यह संसार कुछ नहीं है। एक क्षण खारा है तो दूसरे ही क्षण मीठा है। कल जिसे विवाह मंडप में देखा था। आज उसे मरघट में देखा है। जय-जय सियाराम। हे पाठक भाइयों इससे ज्यादा और क्या लिखूँ। आगे आप खुद समझदार हैं। थोड़ा लिखा बहुत समझना जी। चुनाव की जीत मिथ्या है हार भी मिथ्या है। अरे नेता तू खुद मिथ्या है रे और तेरा वोटरों का यह सकल संसार भी मिथ्या ही है।

मैं बाहर आ गया था किन्तु भीतर पराजित प्रत्याशी महोदय जो गुरू-गम्भीर घोषणाएँ कर रहे थे। और जो जयकारे लगा रहे थे। वे दिग-दिगन्त में गुंजायमान थे। युद्ध की जो गुरु गर्जना वीर रस से प्रारम्भ हुई थी। अब उसके स्वर आरोह से अवरोह में आ गए थे। परन्तु अभी भी उसमें दुःख और क्लेश, खेद और करुणा की यथावत मौजूदगी थी। वीर रस से शुरू हुआ गौरवगान धीरे-धीरे करुण रस में परिवर्तित हो रहा था। इसके पश्चात् समझदारी की मन्द समीर चलने लगी। अरे हम खुद मूरख हते भैया। चार चोट्टों की गप्पों में आ गए। दस दिना के प्रचार में सीधों चार लाख कौ ठूँसा

लगौ। अरे बाप रे अब तो मरे बाप रे। अबै तो अस्सी-पचासी हजार की उधारी डरी है। बा को चुकै है। जीत जाते तौ निगम बारे चुकाउते। तब अध्यात्म शुरू हुआ–हे भगवान बचा लो। हमें ए करजा से उबारौ दीनानाथ। जौ करजा कैंसे चुक है। जोसई जोस में गुंडों से करजा लै लव है। अब इज्जत तुमाए हाथ है प्रभु। राम राम हे राम! सीताराम-सीताराम! वे दरवाजा खोलकर बाहर सड़क तक आ गए। मैं अभी तक वहीं खड़ा था। मुफ्त में तमाशा देखना सच्चे भारतीय कभी नहीं छोड़ते। भीतर जो साँस्कृतिक कार्यक्रम चल रहा था। उसको सुनकर बाहर एक छोटी-सी भीड़ पहले से इकट्ठी थी। चार छै हट्टे-कट्टे तरुण मजमा लगाने की मुद्रा में थे।

पराजित प्रत्याशी महोदय ने इन तरुणों को देखा तो बिलबिला गए जिमि छुअ गयऊ पाक बरतोरू–अर्थात् जैसे पका हुआ बालतोड़ किसी ने छू दिया हो। उन्होंने लड़कों से कहा–तुम कैसे ठाड़े इतै। फूटौ। चुनाव हरा कैं तमासौ देखबे आए हौ। तुम्हारी...। लड़कों में से जो सबसे ऊँचा और तगड़ा था। उसने लपककर प्रत्याशी महोदय का टेंटुआ पकड़ लिया और बोला–कक्का मौं बन्द। गारीं दैहौ तौ मौं में लकड़ियाँ ठाँस दै हैं। सीधी कलेजे तक चली जै है। किसने कहा था–चुनाव लड़ने के लिए। खुद लुकलुका रहे थे कि पार्षद बन जाएँ तो जौ सुभीतौ हो जैहै। फौन फ्री। बिजली फ्री। सब कुछ फ्री। लोगों ने तुम्हारा कर्ज खाया है? तुमसे डरते हैं? आप कभी किसी के काम नहीं आए। किसी की मदद नहीं की। हर आदमी के खिलाफ हमेशा बकबक करते हो। खुद की शक्ल देखी है आइने में। काम के न काज के दुश्मन अनाज के। नेता सनाके में आ गए। कल के छोकरे उन पर इतनी नजर रखते हैं। उन्हें लगा जैसे किसी ने भरे बाजार में निर्वस्त्र कर दिया है। वे क्रोध से उसे फिर ढकने का प्रयास करने लगे। लड़के ने तर्जनी हिलाकर उन्हें रोका–गाली दी तो फटकी-इज्जत उतर जाएगी। मुझे आल्हा की पंक्तियाँ सूझने लगीं–

पहली गाली पर न बोलूँ न दूजी पर करिहौं वार।
तीजी गाली के कढ़ते खन मुँह में धाँस देऊँ तलवार।।

अर्थ यह कि एक गाली पर न बोलूँगा। दूसरी गाली सुनकर भी वार नहीं करूँगा। पर तीसरी गाली निकाली तो तुरन्त मुँह में तलवार ठूँस दूँगा। लड़के का मुंडा अगर था तो वह सचमुच पिनक चुका था। यह स्थिति जो थी सचमुच अत्यन्त अलोकतांत्रिक थी। इसे समझते हुए नेता वीर रस से कूदे और वात्सल्य में प्रविष्ट हो गए। बोले तुम गलत समझ रहे हो। वे वीर योद्धा से वत्सल बुजुर्ग का रूप धारण कर रहे थे। लड़के भी तदनुरूप भूमिका में आ गए। यह कहते हुए कि छोड़ो कक्का चलौ चाय-माय पी लो। चाय की गोष्ठी में हार के कारणों पर विचार करते हुए इस लोकतांत्रिक ट्रेजिडी का पटापेक्ष हुआ। मुझे लगा लोकतंत्र ने बड़े-बड़े गर्दनकश अर्थात् घमंडियों को सीधा कर दिया। यह क्या कम है। बकौल हाली–

रावों के राज छीने, शाहों के ताज छीने।
गर्दनकशों को अक्सर नीचा दिखा के छोड़ा।।

❐

बिजली रहे : रहे न रहे : बिल जरूर दें

आचार्य चाणक्य का कथन है कि स्वार्थ सिद्ध होने के पश्चात् सेवक अपने स्वामी की परवाह नहीं करता। विवाहित पुत्र अपनी माता की परवाह नहीं करता। पुत्र होने के पश्चात् स्त्री अपने पति की परवाह नहीं करती तथा रोग मुक्त होते ही बीमार अपने चिकित्सक की परवाह नहीं करता। मूल श्लोक इस प्रकार है–

कृतार्थः स्वामिनं द्वेष्टि, कृतदारस्तु मातरम्।
जातापत्या पतिं द्वेष्टि, गतरोगश्चिकित्सकम्।।

इसलिए हे मध्यप्रदेश के मुख्यमंत्री महोदय, आपने बिजली की जो दरें आम उपभोक्ता के सिर पर दे मारी हैं। हमें उसकी कोई शिकायत नहीं। फरियाद नहीं, गिला नहीं। आप कोई पहले मुख्यमंत्री नहीं हैं जो ऐसा कर रहे हों। हम वोटर आपको चुनते ही इसलिए हैं कि आप सुखी रहें। हम अँधेरे में बैठे रहें किन्तु आप महानुभावों के ए.सी. खराब नहीं होना चाहिए। हजूर पूर्वज ऐसे कई जादू दिखा गए हैं जो काबिले तारीफ हैं। बिजली बिल्कुल न रहे, बत्ती न जले। टीवी न चले। पम्प बन्द रहें। सिंचाई बन्द रहे। पढ़ाई ठप्प रहे। पर बिजली का बिल आना चाहिए और ज़रूर आना चाहिए। वरना आप श्रीमानों का क्या होगा। खपत और पूर्ति चाहे जितनी घट जाए। रुपया कम नहीं होना चाहिए। इसलिए आपूर्ति घटे तो दरें बढ़ाना अत्यन्त उचित कार्य है। मान्यवर, कहा है–मूंड पराई पथरा-सी है–दै धर कूटो रोज अर्थात् दूसरे का सिर जो है सो प्रस्तरवत् है। उसे चाहे जैसे ठोंक दो। कोई फर्क नहीं पैंदा। मालिक अगर आपसे झूठ बोलूँ तो मुझे चार हजार चार सौ वोल्ट का करेंट लगे। मेरे घर में कभी बिजली न रहे। पर बताइए कि एक मुख्यमंत्री ने तय किया सिंगल बत्ती कनेक्शन फ्री। हजूर आर्थिक बोझ हम गरीब उपभोक्ताओं पर आया। दूसरे मुख्यमंत्री महोदय ने कहा–पाँच हार्स पावर के सिंचाई इंजिन को बिजली फ्री। हजूर दरबार हमारे सिर पर यह खर्च भी आया। आपने बिजली कर्मचारी मात्र को बिजली फ्री की। यह खर्च हम उपभोक्ताओं के मत्थे मढ़ा। मंत्री को, यन्त्री को, सन्त्री को जिसको भी आपने बिजली फ्री की। उसका खर्च हमारे ऊपर पटका। हम सब बिजली उपभोक्ता बड़े प्रसन्न हैं। और रेट बढ़ाने के लिए आपको और आपके आज्ञाकारी नियामक आयोग को धन्यवाद देते हैं। हमारा विश्वास है कि नियामक आयोग को भी बिजली फ्री होगी। मालिक जब तबीयत हो तब आप बिजली के रेट बेखटके बढ़ा दें। बल्कि बिजली न रहे तब भी रेट बढ़ा दें। जिसके घर बिजली नहीं है उसको बिल भेजकर सम्मानित करते रहें। और जबरन वसूली करके आनंद उठाते रहें। मगर मालिक आप अँग्रेज नहीं हैं कि डटे रहेंगे। जाना तो आपको भी पड़ेगा। तब जब आप लोग जाते हैं तो इस तरह के मुहावरे बनाते हैं–वेंट सो वेंटई वेंट। और ऐसे वेंट कै कैमई नाट। यानी गए सो गए ही गए और ऐसे गए कि फिर लौटकर नहीं आए। राजा, वे अगर सड़कों के कारण गए हैं तो आप बिजली के कारण जाएँगे। दरिद्र चापलूसों ने किसका खोवा नहीं कुटवाया। जब दीदी नहीं रहीं तो दादा भी नहीं रहेंगे। प्रभु मुफ्त बिजली वितरण सख्ती से बन्द कीजिए। नेता हो, साहब हो, नौकर हो, चाकर हो। जो बिजली जलाएगा। बिल वही चुकाएगा। दादू चाणक्य ने कहा

था कि राजा को व्यापार करने से बचना चाहिए। हाँ उसे व्यापार करने वालों को जनहित में नियंत्रित अवश्य करना चाहिए। टैक्स पर टैक्स। पेनाल्टी पर पेनाल्टी और बत्ती पर बत्ती। यह अच्छे राज का लक्षण नहीं। आपके वोटर पश्चाताप कर रहे हैं कन्हैया। अहमद मुज्तवा "बामिक" ने लिखा है–

मेरे हँसते हुए चेहरे पै न जाना ए दोस्त,
जहर को जहर समझकर ही पिए बैठा हूँ।
एक अम्बार दहकते हुए अंगारों का,
अपने सीने में ब-हर-हाल लिये बैठा हूँ।।

जो पुराना है, वह सब त्याज्य नहीं है। सो नया है वह सब ग्राह्य नहीं है। भले लोग दोनों में जो श्रेष्ठ है, उसे ग्रहण करते हैं।

ये जो जिन्दाबाद के नारे लगाने वाले हैं, ये जो हार-फूल और गजरों से आपकी सरकारी गाड़ियाँ सजाने वाले हैं। इन्हें अपना मत समझ राजा। ये दीदी की गाड़ियाँ सजाते रहे हैं। ये किसी का समर्थन नहीं करते। ये जो फाइलें दाबे बटरिंग करते कारकुन हैं। ये किसी के पक्ष में नहीं होते। इनका काम ही पाँव दबाना और पालिश मारना है। ये कई नावें डुबो चुके हैं राजा। ये तेरी नाव डुबाने की तैयारी में हैं। जाग-जाग। उत्तिष्ठ-उत्तिष्ठ। घरों में, सड़कों पर, होटलों और चौपालों में, गाड़ियों और बस स्टापों पर रेलवे स्टेशनों और सब जगह लोग पानी की कमी और बिजली के करेंट से व्याकुल हैं। तुम्हें याद करते हैं और शेर गुनगुनाते हैं–

पाए-तलब भी तेज था, मंजिल भी थी करीब।
लेकिन निजात पा न सके, रहनुमा से हम।।

अर्थ यह कि रफ्तार भी तेज थी और लक्ष्य भी निकट था मगर हम नेता से छुटकारा नहीं पा सके। राजा चेतो। पाँव बदलते हैं। उन्हें दबाने वाले कभी नहीं बदलते। वे कुशल खिलाड़ी हैं। उज्ज्वल मुखों को कृष्ण वर्ण करने में पारंगत हैं वे। वे जादू जानते हैं। दलित एजेंडा का जादू चलाकर उन्होंने राजा को मार दिया। दलित बेचारे ज्यों-के-त्यों हैं। जादूगर के खेल न्यारे हैं। वे बिजली का जादू शुरू कर चुके हैं। यह भी जादू ही है कि प्यारे करेंट तुम्हें लगेगा और फ्यूज भी तुम्हारा ही उड़ेगा। जबकि जादू उनका चलेगा। वह पुराना जुनून उतार पर है। इस अंडर ग्राउंड करेंट का पता आपको नहीं है। जब ऊपर आएगा। तब दिखाई देगा। रेवड़ियाँ बाँटना बन्द करो राजा। तुम्हारे निर्णय सुनकर लड़के कहने लगे हैं–

पहला सा वो जुनूने-मुहब्बत नहीं रहा।
कुछ-कुछ समझ गए हैं, तुम्हारी दुआ से हम।।

सो थोड़ा लिखा बहुत समझें, लिखा कम है पर बाँचें ज्यादा। लगभग जय हिन्दू के साथ जयहिन्द।

❐

सोने के पिंजरन पले उल्लू नमक हराम

डॉक्टर दीपक मेरे शिष्य-मित्रों में से एक हैं। शिष्य-मित्र वह जिसकी उम्र शिष्य की हो और आपके-उसके सम्बन्ध मित्र के हों। नीति भी कहती है कि सोलह वर्ष का पुत्र भी मित्र हो जाता है। "प्राप्ते तु षोडशे वर्षे पुत्रं-मित्रं समाचरेत।" दीपक खुश-चेहरा और खुश-रूह आदमी हैं। भारतीय अपनी खुशमिजाजी के लिए जगत प्रसिद्ध हैं। बच्चा पैदा हो तो लड्डू खाने के लिए बेकरार हो जाते हैं। आदमी मर जाए तो त्रयोदशी से बरसी तक के भोजों में डटे हैं लड्डू खाने। यह जो लड्डू खाने की बेकरारी है सो शायद इसलिए कि लड्डू का एक नाम मोदक भी है। मोद यानी प्रसन्नता या आनंद। चाहें तो मजा कह लीजिए। जिसे खाने से मजा आ जाए वह मोदक। उसे बनाने वाले जो महानुभाव हैं सो मोदी। जो खाए सो मुदित हो जाए। इस लिहाज से गुजरात के मुख्यमंत्री श्री नरेन्द्र मोदी को मोदी कह पाना जरा कठिन है। वे मोदी कम और हलवाई ज्यादा लगते हैं। क्योंकि उन्होंने बड़े-बड़े सूरमाओं का हलुआ बनाकर धर दिया है।

अब दुनिया बदल रही है। पिज्जा से चिप्स और नूडल्स से सी-फूड्स तक हमें मोद प्रदान कर रहे हैं। दुनिया-भर के मोदी अपने-अपने फूड-प्रोडक्ट्स लिये भारतीय बाजारों में डटे हैं। वे पाँच रुपयों का खाद्य-अखाद्य बढ़िया पैक में पचास रुपयों में बेचकर खुद ससन्तान और सपरिवार मुदित हो रहे हैं। संसार सागर है भैया। कुछ लोग शाम सात बजे से मुदित होना शुरू करते हैं और रात बारह-एक बजे तक मुद-मंगलमय हो जाते हैं। अब विशिष्ट लोग मुदित होते हैं तो बेजान वस्तुएँ भी आनंद मनाने लगती हैं–

बोतल खुली जो हुजूरे-जाहिद के वास्ते।
मारे खुशी के काग भी दो-गज उछल गया।।

सो पाठक, महाप्रभु हुआ यह कि अपने डॉ. दीपक ने एक दिन आकर दोनों कानों तक मुस्कुराते हुए कहा–गुरो आपको मालूम है कि नहीं? फलां के छोटे भाई ने प्रेम-विवाह किया था। अब बड़े भैया भी प्रेम-विवाह कर रहे हैं। दीपक की मुस्कुराहट से मुझे महाकवि पद्‌माकर की राधा याद आ गई जिन्होंने हुरियाते कृष्ण का पीताम्बर कमर से छीन लिया था और नैना नचाकर मुस्कुराकर कहा था–लला और आना होली खेलने।

छीन पिताम्बर कम्मर तें, मींड़ी दोऊ कपालन रोरी।
नैन नचाय कहयौ मुस्काय, लला फिर आइयो खेलन होरी।।

मैंने कहा–अरे दीपक प्यारे। तुम्हारा नाम किसने रखा है। तुम चाहे जितना प्रकाश करो मगर जलते रहना तुम्हारा भाग्य है। छोड़ भैए। अपन किसी के वालिद तो हैं नहीं। कोई प्रेम-विवाह करे या घृणा-तलाक। हमें क्या लेना-देना है। निमंत्रित करेगा तो स्वरुचि भोज में शामिल हुए। लिफाफा पकड़ाया और तुरन्त फुरसत पंख झाड़ के उड़ जाएँगे। किसी के विवाह की खबर मिले तो मुदित होकर मोदक खाओ, खिलाओ। उसका हलुआ बनाने का चक्कर छोड़ो।

मगर दीपक क्या करेंगे, क्या-क्या आप करेंगे और मैं भी क्या कर लूँगा। अपने किए कुछ न होगा भ्राजी। भारतीय इंटेलीजेन्स ब्यूरो के पूर्व जे.डी. श्री मलय कृष्णधर की पुस्तक "ओपन सीक्रेट्स" उर्फ खुले रहस्य अभी-अभी छपकर आई है। मानस प्रकाशन की यह किताब बताती है कि आर.एस.एस. प्रेम के मार्ग का सबसे बड़ा रोड़ा है। इसके अनुसार राष्ट्रीय स्वयंसेवक संघ की अनुमति न मिलने के कारण ही गोविन्दाचार्य और उमाभारती का विवाह नहीं हो सका। अब भैया पाठक जी आचार्य होने के कारण इस प्रसंग पर टिप्पणी करने का मेरा तो हक बनता है। श्री मलय कृष्णधर के अनुसार गोविन्दाचार्य के सम्बन्ध मुरलीधर मनोहर जोशी से खराब हो गए थे। अटल बिहारी वाजपेयी से उनकी पटती नहीं थी और श्री लालकृष्ण अडवानी भी उन्हें नाकाबिले-बर्दाश्त मानते थे। आचार्य लोग क्या कम अकड़ू होते हैं। सो जिसे जो समझना है वह सो-सो समझता रहे। हमारे ठेंगे पर। मलय कृष्णधर ने आगे लिखा है कि गोविन्दाचार्य और उमा भारती अक्सर साथ ही मेरे घर आते थे। उमा भारती गाड़ी चलाकर गोविन्दाचार्य को साथ लाती थीं। हम लोग साथ में खाना खाते थे। संघ की इजाजत न मिलने से यह विवाह नहीं हो सका। यानी मेरा सुन्दर सपना बीत गया। मैं प्यार में सब कुछ हार गई। बेदर्द जमाना जीत गया। सो बरोबर है। अब दोनों "ही और शी" अविवाहित बैठे हुए हैं। दिल पर एक बोझ लिये हुए कि ऊपर-ऊपर ताजमहल है, भीतर कब्रिस्तान है। इसलिए चचा गालिब फर्मा गए हैं–

ये इश्क नहीं आसां बस इतना समझ लीजे।
इक आग का दरिया है और डूब के जाना है।।

गोविन्द अति प्राचीनकाल से प्रेम-प्रसंगों के कारण चर्चा में रहे हैं। वे रसिक शिरोमणि हैं। छलिया हैं। कपटी हैं और श्याम मनोहर हैं। श्याम का बुन्देली में "कलू" के सिवा और क्या अनुवाद करिएगा और मनोहर का अर्थ तो सुन्दर है ही। तो भ्रावे श्याम मनोहर हों या श्यामसुन्दर हों सब कलू के बूते पर हैं। पर ठहरिये मूल मामला प्रेम का नहीं है। वह सिंहासन का है। गोविन्दाचार्य की प्रतिभा से भयातुर होकर ही उन्हें प्रताड़ित किया गया है। यह भी तो खुला रहस्य ही है। भारतीय राजनीति, प्रशासन और शासन अंदरूनी दाँव-पेंचों की अद्भुत साँप-सीढ़ी हैं। उसमें पाँसों की आज्ञा न मानने वालों को कोई जगह नहीं है। गोविन्दाचार्य हों या और कोई हमें हुकुम के गुलाम चाहिए। चिड़ी के इक्के चाहिए किन्तु हमें कोई अक्ल का बादशाह नहीं चाहिए। लोकतंत्र के सभी मसीहाओं को हाथ-उठव्वलों की फौज चाहिए। न सोच न विचार। न चिन्तन न मनन। सिर्फ जय-जयकारों में डूबे नारेबाज चाहिए। इसके अलावा कोई और नहीं। टेलेंट को, कर्म को, श्रम को और सत्य को खारिज करने के लिए स्त्री-पुरुष सम्बन्धों की चर्चा से, आरोप से और हल्ले से अच्छा कोई राजनैतिक हथियार नहीं होता। मूर्ख बने रहकर नेतृत्व को मूर्ख बनाने वाले कलाकारों ने देश को नैतिकता के शीर्ष से घसीटकर भ्रष्टाचार के कीचड़ घाट में ला पटका है। मलय कृष्णधर जी आप भी क्या लिखते रहते हैं। प्रेम-प्रसंग छाँटकर इंटेलीजेन्स ब्यूरो के उन्तीस वर्ष के सेवाकाल पर किताब लिखकर क्या एक घटिया पोर्नोग्राफी नहीं कर रहे हैं आप। श्रीमन बड़े-बड़े भ्रष्टाचार, अरबों-खरबों की जन-सम्पदा की लूट करने वाले भ्रष्ट राजनेता और टैक्सचोर वर्ग की रिश्वतखोरी, घोटालों और दलाली की कमाइयों पर क्या आपके उन्तीस वर्षीय कार्यकाल में कोई जानकारी नहीं मिली। क्या देशद्रोह के कोई कांड नहीं पकड़े गए। माननीय न राष्ट्रीय स्वयंसेवक संघ मुगले आजम है और न आप उसकी ओर से तैनात सिपहसालारे आजम थे। देश पर नजर डालो महाजन। वे सीक्रेट ओपन

करो जो रुपयों से मुँह भरकर बन्द किए गए हों। मुहब्बतें तो आप ने भी की होंगी। पर उन्हें छोड़िए। तोता-मैना के किस्से छोड़ो प्यारे।

उल्लू और कौओं के रहस्य खोलो। हजारों जाँच कमीशनों ने जिन सुलताना डाकुओं और बहराम चोरों का कुछ नहीं बिगाड़ पाया। उनके बारे में मुँह खोलो प्यारे मलय कन्हैया। क्योंकि देश को बुलबुलों और कोयलों से भय नहीं है। आपसे उनके प्रेम-प्रसंगों की कोई प्रामाणिक जानकारी भी नहीं चाहिए। हाँ उल्लुओं की नमकहरामी की सूचनाएँ चाहिए। हों तो बताइए। वे सीक्रेट हों तो ओपन करिए। इसलिए कि सिर्फ उल्लू ही मजे मार रहे हैं।

अब न बुलबुल बोल हैं, न कोयल को काम।
सोने के पिंजरन पले, उल्लू नमक हराम।।

समझ रहे हैं न मैं क्या कह रहा हूँ। बिल्कुल ठीक समझ रहे हैं। और क्यों न समझेंगे भाई आखिर उन्तीस वर्ष आई. बी. में रहे हैं।

❐

भागते खाँ के आगे और मारते खाँ के पीछे

भाई जी सोलह सिंगार आखिर किसके लिए किए जाते हैं। जिस पति या प्रेमी को रिझाने के लिए सोलह सिंगार होते हैं पूर्ण प्रसन्न होते ही वह उन्हें नष्ट-भ्रष्ट कर देता है। यही उनकी सार्थकता है, चरितार्थता है और सफलता है। इसलिए आप चुनाव हारने का रंज न करो। फटे हुए बैनर, बचे हुए पोस्टर और खाली बोतलों को देख-देखकर दिल खट्टा न करो। वोटर और फालोअर क्या कभी किसी के हुए हैं जो आपके होंगे। चुनाव हारकर आप और पावरफुल हो गए हैं। गारी गुल्ला मुक्त मन से कर सकेंगे। चाहे जिसे चार लात लगाओ और चाहे जिससे चार लात पाओ। कोई रोक-टोक नहीं है। चुनाव में हारी हुई बाई लोग पूछ सकती हैं कि वोटरों को मारो गोली ये बताओ की सोलह सिंगार क्या होते हैं। तो हे माताओं लोक-कल्याण के लिए पूछे जाने वाले इस प्रश्न का उत्तर न देने वाले लोग निश्चय ही नरक में जाते हैं। हे देवियों यहीं मैं साला कौन-सा स्वर्ग का सुख भोग रहा हूँ। इसलिए नरक-मरक की चिन्ता मुझे बिल्कुल नहीं है। अच्छा नर वही है जो खुद का नरक निर्मित कर लेता है। मेरी चिन्ता यह है कि सुन्दरियों का कोप भाजन होने पर उद्धार का कोई मार्ग शेष नहीं रहता। अतएव आपकी सूचनार्थ सोलह सिंगारों की सूची जारी करता हूँ। उबटन, स्नान, वस्त्र धारण, केश-विन्यास, काजल, सिन्दूर से माँग भरना, तिलक लगाना, चिबुक पर तिल बनाना, मेंहदी रचना, अलक्तक या महावर लगाना, इत्र या सुगन्ध लगाना, आभूषण धारण करना, वेणी में पुष्पमाला धारण करना, होंठों को लाल रँगना, दाँतों में मिस्सी लगाना और पान खाना। जब यह श्रृंगार होता है तब कविगण भड़भड़ा जाते हैं। आँय-बाँय बकने लगते हैं। आत्मसमर्पण में तलवारें फेंकते हुए योद्धाओं की तरह गाने लगते हैं कि विजय तुम्हारे कदमों पर हो, मेरे हाथों में टूटी शमशीर। अर्थात् श्री विट्ठलभाई पटेल के अनुसार–

नयनों में जब मेघ लगाए कजरा। जूड़े में मधुमास सजाए गजरा।।
श्वेत चंद्रमा रखा भाल पर। कोहनूर हो रखा माँग पर।।
आँचल में झिलमिल हों तारे। बेकल मन को कौन बँधाए धीर।।

तो बहिनों, बुआओं, बेटियों और भाभी इत्यादियों यह जो खेल है सो शताब्दियों और सहस्राब्दियों से जारी है। मृत्यु शैय्या पर पड़ी हुई मेरी माँ ने इशारे से मुझे बुलाकर कहा था– बेटा मुझे सोलह सिंगार करके दाह करना, वह तो मैंने किया। किन्तु यह मोह आज तक मैं विश्लेषित नहीं कर सका।

इसलिए पुनः कहता हूँ कि जैसे जन्म के समय यह तय रहता है कि यह जो श्रीमान अवतरित हुए हैं। एक दिन अवश्य मृत्यु को प्राप्त होंगे। उसी तरह चुनाव का परचा भरते समय ही तय हो जाता है कि भैया जी रिजल्ट के दिन लाल आँखें किए वोटरों को गरियाते हुए मदिरालय की ओर प्रस्थान करेंगे। अन्ततः शैय्या पर मटियामेट होंगे। और सच्ची शैय्या या घर वही चार बाई छह में होता है। कबीर ने बार-बार यह घोषणा की है कि लम्बी-लम्बी दालानोंवाले और गगनचुम्बी महल बनवाने में काहे मेहनत करता है प्यारे। असली घर तो साढ़े तीन हाथ या बहुत हुआ तो पौने चार हाथ लम्बा ही रहेगा। यानी वही छः या साढ़े छह फुट।

कहा बनावत पौरिया लांबी भीत उसार।
घर तो साढ़े तीन हथ, घणा तो पौने चार।।

नजीर अकबराबादी ने तो और आगे बढ़कर फर्माया कि प्यारे जब तू उस मकान में रहने जाएगा तो तेरे दोस्त, बेटे, बीबी, जमाई सब यहीं रहेंगे। इन्हें तो छोड़िए एक मच्छर तक वहाँ झाँकने वाला नहीं है तथा पड़े-पड़े कब्र की मिट्टी फाँकना पड़ेगी। तेरा यह बदन बैल है। मौत तुझे हाँकने वाला है। भैये अभी से सतर्क हो जा। मरने के लिए तगड़ा हो। मगर कौन सुनता है। नजीर ने कहा था–

जब चाबुक हाथ ले, मौत तेरे इस बैल बदन हो हाँकेगा।
कोई नाज समेटेगा तेरे, कोई कफन सिए और टाँकेगा।।
हो ढेर अकेला जंगल में तू खाक-ए-लहद को फाँकेगा।
उस जंगल में फिर आह नजीर, इक भुनगा आन न झाँकेगा।।

सो है नहीं। बरोबर है भ्रावे। उधर उलटी साँस चलना शुरू होती है। इधर रिश्ते टूटना शुरू होता है। जैसे-जैसे मतगणना में पिछड़ते जाते हैं वैसे-वैसे फालोअर साथी यहाँ तक कि प्रस्तावक समर्थक सब हवा होने लगते हैं। वे जीतने वालों के आगे-पीछे मटकना शुरू कर देते हैं। भाई जी दुनिया आप नहीं चलाते। वे चलाते हैं जो भागते खाँ के आगे और मारते खाँ के पीछे रहते हैं। समझे न। नहीं समझे तो ठीक से समझ लीजिएगा।

पंच न हो तो पंचायत न होगी। पंचायत न हो तो दुनिया नीरस-बेस्वाद और बेकार ही हो जाएगी। पंच है तो लंच है। ब्रंच है। सारी दुनिया लंच के लिए ही मरी जाती है। ब्रंच तो ब्रेकफास्ट तथा लंच के बीच की चीज़ है। ज़्यादातर अफसरान, नेता, बिजनेसमैन वगैरह जो हैं सो ब्रंच फटकार कर फुरसत हो जाते हैं। इससे हमेशा यह कहने का मौका बना रहता है कि भैया न ब्रेकफास्ट कर पाए हैं न लंच। जो कलू कल तक कलेवा करते थे अब ब्रंच करते उनका काम आरम्भ होता है। कई पंचायतों में विरोधी यह आरोप लगाते घूमते रहते हैं कि अरे बाप रे इस पंचायत में तो पूरे बजट का ही ब्रंच हो गया।

सतीधर्म बड़ा महिमामय है। इस धर्म का पालन करना काँटों की राह पर चलना है। पंचों और सरपंचों के वे पद जो महिलाओं के लिए आरक्षित हैं। उनमें पंचपतियों और सरपंचपतियों को अपनी-अपनी सतियों के पुण्य का फल पाने और खाने का अवसर प्राप्त होता है। यह अलग बात है कि आडिट आब्जेक्शन को देखकर सतियाँ विचलित होने लगती हैं। इधर रिजल्ट आने से आपकी पटापट शुरू होगी तो देखने-सुनने वाले प्रसन्न हो जाएँगे। अभी बुन्देलखंड की असल संस्कृति कायम है सो आपके बूते ही है।

यहाँ अच्छे मौकों पर जूता फाग और तदुपरान्त पान पनैंयों का कार्यक्रम न हो तो समारोह का अधूरापन खटकता है। रिजल्ट खुलते ही दे तेरे की और ले तेरे की जैसे दृश्य हमारे लोकतंत्र की परिपक्वता को प्रदर्शित करते हैं। इससे बिहार के लोकतंत्र के सामने हमारे लोकतंत्र की शर्मिन्दा होने की स्थिति नहीं बनती। बाबू, भैया, दादा, राजा इसे बचाए रखने का दायित्व आपके कन्धों पर है। ऐसा नहीं है कि हम भूखों मरते हैं। अगर वे दो रोटी खाते हैं तो हम भी निन्ने नहीं घूम रहे भैया। देश एक है, जनता एक है। रीति-रिवाज भले अपने-अपने हों। पार्टियाँ अपनी-अपनी हों। झंडे अलग-अलग हों। डंडे अलग-अलग हों मगर प्यारे अलग-अलग खोपड़ियाँ जब खुलती हैं तो लहू एक रंग का ही निकलेगा। यही तो जलवा है। बाबू हम इसे कायम रखेंगे। वे जमाने गए बाबू जब राष्ट्रकवि

दिनकर को चिन्ता रहती थी कि ग्राम कुंजों में लपटें चल रही हैं और दिल्ली में पुरवैया बहती है–

चल रहे ग्राम कुंजों में पछुआ के झकोर।
दिल्ली लेकिन ले रही लहर पुरवाई में।।
है सारा देश विकल अभाव के तापों से।
दिल्ली सुख से सोई है नरम रजाई में।।

दिनकर जी खुद बिहारी बाबू थे। आज होते तो देखते कि अब अपने गाँव न खुद सोएँगे। न भोपाल-दिल्ली को सोने देंगे। यानी वही जागते रहो और जगाते रहो। आमीन।

❒

ढोराय नमः अर्थात् ढोरों को नमस्कार है

इस शीर्षक के वाक्य-विन्यास से विद्वानों को चिन्ता करने की आवश्यकता नहीं है। मैं कोई व्याकरण लिखने नहीं बैठा हूँ कि आप एकवचन और बहुवचन का टंटा उठाकर मूल विषय से जनता का ध्यान हटाने की कोशिश करें। ऐसा न करो महाराज। बाबू-भैया, सच कहता हूँ कि अगर ढोर न हों तो यह दुनिया एक मिनिट न चले। ढोरों के बिना यह संसार व्यर्थ है। मैं तो ढोरहीन विश्व की कल्पना मात्र से काँप उठता हूँ। ढोर एक आवश्यकता है। ढोरपना वीतरागी सद्‌गुण है। ढोर अपनी मरजी से नहीं चलता। दरअसल उसकी कोई मरजी होती ही नहीं। ढोरों को जो चाहे जहाँ हाँक ले जाते हैं। ढोर हाँकना भी एक पेशा ही है। जब मैं प्राथमिक पाठशाला में पढ़ता था। तब सभी गुरु लोग अपने शिष्यों को बाकायदा ढोर घोषित करते रहते थे। इस उपाधि वितरण में कहीं कोई लिंगभेद आड़े नहीं आता था। ये जो केजी फेजी गर्ल्स-फर्ल्स स्कूलें शुरू हुई हैं सो सब न्यू-प्रोग्राम हैं। पहले लड़कों के लिए प्राथमिक पाठशाला होती थी। लड़कियों के लिए तब पुत्रीशाला होती थीं।

अक्सर प्राथमिक पाठशाला और पुत्रीशाला पास-पास होती थीं। इससे दोनों ओर होने वाले उपाधि-वितरण समारोह बखूबी देखे-सुने जा सकते थे। इधर जब अध्यापक हमारे कानों को खींच-खींचकर लम्बे करने का प्रयास करते रहते। तब उस तरफ बाई जी लोगों की सक्रियता से पुत्रीशाला की पुत्रियाँ बिलबिलाती रहतीं। हमारे गुरुजन इस तरफ घोषणा करते–इतै आव बेटा। धरे हौ ढोर। गधा सारे। ऊ ना मासी धम। बाप पढ़े न हम। मौं उठा कें स्कूल आ गए। वे बाकायदा देशी गालियाँ देने लगते–फिर घोषित करते–अकल से पैदल हैं। ऊपर कौ खंड खाली। मानों ऐसे बन-ठनके आए हैं जैसे सबरी अदालतें जेई आ चला रये हैं। मनो बेटा सुरेश, हमने भी बड़े-बड़े ढोर सुधार के आदमी बना डारे। खैर गदिया खोलो बेटा–जौ परसाद तौ लयें जाव। वे हमारी हथेली खुलवाते और अपनी छड़ी से चार-पाँच बार प्रसाद देकर, अगले छात्र को ढोर से मनुष्य बनाने का कार्यक्रम जारी रखते। हाँ बेटा नारान अर्थात् नारायण–आ जाओ पूतरा तुम उतै कहाँ देख रये हवा में। बेटा गदिएँ खोलो। ढोर सारे। गुरु ज्यादा कुपित होते तो बाकायदा सरकार को गालियाँ देने लगते–ए सारी सरकार की का कएँ। दुनिया-भर के ढोर हमाए गरे से बाँदें रैत हैं। उनके यह कहते ही मेरे दिल-दिमाग पर गुरु की इस स्थिति की फीचर-फिल्म चलने लगती। उधर पुत्रीशाला में चलने वाली दीक्षा के कंठ स्वर इस तरफ की दीवारों के पास साफ सुनाई देते–इतै आव बिन्नी। तैयार हो कें तौ ऐसी आई हैं जैसी नचबे खों जा रई होएँ। सूरत तौ देखो। नाम लखन दे मौं कुतिया सौ। काय री–ऐना नई देखत का। ऐना अर्थात् दर्पण। ढोरदारी कुतिया। कच्छू लिखकें नई ल्याई। आँ-हाँ बेटा गदिया खोलो। फिर हथेलियों पर छड़ी फटकारने की आवाजें आने लगतीं और चीख-पुकार भी मच जाती–अरे बाईजी–मर गए। उत्तर में मैम का स्वर सुनाई देता–बाई जी नई मरी बेटी तुम आ मरी जा रई हौ। फिर बेटा की देह पर यत्र-तत्र-सर्वत्र छड़ियों की आवाज़ें और अरे मरे रे। अरी अम्मा री और मम्मी री के घोष सुनाई देते।

अब जाकर लगता है कि इतनी भीषण ठुकाई करने के बाद थकहार कर हमारे शिक्षक जो मुद्रा बनाते थे। वह सचमुच ढोरों को मनुष्य न बना पाने की असमर्थता से उत्पन्न खीझ को व्यक्त करती थी। अन्ततः वे दोनों हाथ जोड़कर हमारे पूर्वजों को याद करते हुए कहते–रहे ढोर के ढोर। सियावर रामचंद्र की जै। उनकी यह नाटकीय मुद्रा हम सभी छात्रों को इतनी प्रिय थी कि जिस दिन वे स्कूल

न आते उस दिन एक से बढ़कर एक अभिनेता हमारे बीच से प्रकट होते। वे कभी खुद अगर अपनी नकल होते देख लेते तो अचरज से भर जाते। लड़के उनकी तरह, उसी मुद्रा में हाथ जोड़कर घोषित करते कि–रहे ढोर के ढोर–सियावर रामचंद्र की जय।

संस्कृत के पंडित अक्सर यह घोषित करते रहते हैं कि मनुष्यों और पशुओं में आहार, निद्रा, भय और मैथुन चारों समान हैं और केवल बुद्धि मनुष्य को पशुओं से अलग करती है। आहार निद्रा भय मैथुनम च। सामान्यमेतत पशुभिर्नराणाम्। तो पंडितों वह जो अलग करने वाला तत्व है। सो सचमुच कष्टदायक है। उसी ने सारे संसार को दौड़ा रखा है। तुलसीदास ने स्वीकार किया है कि भैया विमूढ़ सबसे भले हैं, मजे और आनंद में हैं क्योंकि उन्हें कोई दौड़ा नहीं पाता। सबसे भले विमूढ़ जिन्हें न व्यापै जगत गति।। मतलब वही कि प्यारे ढोरों के मजे हैं। ढोर होना सुखी होना है। इसलिए कई लोग यथाशीघ्र ढोरत्व को प्राप्त हो जाते हैं। ढोर होकर माँ-बाप, भाई-बहिन को देश और समाज तथा उनकी जिम्मेवारियों को याद रखने की आवश्यकता नहीं रहती। जबकि ढोर का असल काम ढोना ही है। ढोर को कभी पता नहीं चलता कि वह क्यों ढो रहा है। और कब तक ढोता रहेगा। किसकी सेवार्थ ढुलाई में जुटा है।

द्वितीय विश्वयुद्ध के दौरान गोला, बारूद, रसद और कपड़े, लत्ते तथा कागजात बगैरह ढोने के लिए एक विशिष्ट पद्धति का अविष्कार किया गया। इसके तहत गधों और खच्चरों के माथे पर, दोनों कानों के बीच से एक डंडा उनकी गर्दन तक पहुँचाकर बाँध देते थे। उसके अगले सिरे पर मीठी गाजरें लटका दी जाती थीं। उसकी पीठ पर सामान लादकर पहाड़ के नीचे खड़ा करते और ऊपर जाने वाले मार्ग से हाँक देते। अब गाजरें खाने के लोभ में बेचारे पशु आगे बढ़ते जाते। वे जितना आगे बढ़ते गाजरें भी उतनी आगे बढ़ जाती थीं। इस तरह लपकते-लपकते बेचारे गधे पहाड़ के ऊपर तक पहुँच जाते थे। वहाँ मौजूद लोग इन गधों और खच्चरों की पीठ का लदान उतार लेते और उनका मुँह घुमाकर नीचे जाने वाली सड़क की तरफ कर देते। बेचारे गधे खच्चर लौटकर अपने ठिये पर जा पहुँचते।

इस तरह हमें विश्वयुद्ध में ढोरों का विशेष योगदान दिखाई देता है। और प्यारे भाइयों तथा उनसे भी अधिक प्यारी बहिनों हम अपने इस लोकतंत्र के वजन को ढो रहे हैं कि नहीं।

अपना टैक्स भरकर अपनी कमाई से अपने वोट देकर अपनी ताकत से हम जो नेतृत्व खड़ा कर रहे हैं। उस और इस सारी भ्रष्ट व्यवस्था को कदम-कदम पर गिरते-पड़ते ढोकर हम क्या सिद्ध कर रहे हैं। जो ढोता है वह ढोर नहीं तो क्या है। इसलिए फिर कहता हूँ ढोराय नमः अर्थात् ढोरों को नमस्कार है। मुझे दमोह के श्री निर्मल इटोरिया की पंक्तियाँ याद आती हैं जो उन्होंने पिछले चुनावों के दौरान लिखी थीं–

लालू तेरी गिर रही बालू की दीवार।
ढोर हाँकने प्यारे लालू फिर हो जा तैयार।।

इटोरिया जी, लालू की दृष्टि में यह सन्देह अलंकार कहलाएगा। वे कहेंगे पिछले पन्द्रोह बोरस से वही सब तो कोर रहा हूँ न। वो ही फिर करवाइएगा तो राबड़ी देवी क्या करेगी। अब इटोरिया जी बताइए। मैं मीर साहब को याद न करूँ तो क्या करूँ। इस अवसर पर उनका एक शेर पेशे खिदमत है–

अपने ही दिल का गुनह है जो जलाता है मुझे।
किसको ले मरिए मियाँ और किसे तोहमत दीजे।।

सो थक-हारकर सबसे सीधी राह पकड़ी कि भैया–ढोराय नमः अर्थात् ढोरों को नमस्कार है। ❐

एक्सपर्ट और उनके ओपीनियन

भारतीय चिन्तन परम्परा में एक्सपर्ट और उनके ओपीनियन उस तरह नहीं रहे। जिस तरह पश्चिमी दर्शन उन्हें लादे फिरता है। एक्सपर्ट ओपीनियन की सूली पर मरीज की जान लटकी रहती है। जरा-सा ओपीनियन गड़बड़ाया और बीडू खल्लास। खल्लास मुम्बई कल्चर का अपना शब्द है। जिसका अर्थ है–फिनिश्ड। खत्म। मुझे लगता है खालिस यानी पवित्र शब्द ही उच्चारण भेद से खलास बन गया होगा। फिर उसे और अधिक फोर्सफुल बनाने के लिए आधा 'ल' जोड़कर खल्लास बनाया गया होगा। समझा न बीडू। बरोबर है। देह मल का भंडार है। आँख में कीचड़, कान में मैल, मल-मूत्र, जिव्हामल और देखिए तो जरा मान्यवर कितने बीडू अपनी नाक में उँगली डाले और बीड़ निकालते फिरते हैं। नासिका-मल से तात्पर्य है। नाक से निकलने वाली श्लेश्मा। जब आदमी खलास होता है तो यार लोग उसे जलाकर राख या सुपुर्दे खाक करके फुसरत हो जाते हैं। फिर एकान्त लाभ होते ही बड़बड़ाते हैं–चलो खसदम जहां पाक। यानी संसार पवित्र हुआ इस मूजी के खिसक जाने से। बीडू खल्लास होकर पवित्र हो गया। उधर मुम्बई में तो भाई लोग ही खल्लास करा देते हैं। अद्‌भुत है न। भाषा की दृष्टि से विचार करें तो और मजेदार तथ्य प्राप्त होते हैं। हिन्दुओं में कोई धार्मिक कृत्य बिना सुपारी-अक्षत के नहीं होता। सबसे पहले संकल्प लेना पड़ता है। उसमें सुपारी, अक्षत, पुष्प, द्रव्य और जल के साथ मंत्रपाठ होता है। संकल्प का मंत्र मय बाप-दादों के नाम, प्रथम स्थान और फिर वर्तमान पते सहित दिन-तारीख का उल्लेख करके पंडित लोग संकल्प कराते हैं। मुम्बई के अंडर वर्ल्ड में सुपारी देने का रिवाज है। वही उल्लेख फलां वल्द फलां जो उधर आफतगंज में रहेला है न जहन्नुम कालोनी वाला बीडू उसको खल्लास करने का। द्रव्य बोलो कीमत बता अपनी। रुपया नक्की करो। पाँच पेटी देंगा। संकल्प लेने वाला नहीं मानता। पाँच पेटी यानी पाँच लाख। न बाबा न मैं ये सुपारी नई लेंगा। नक्को। ये काम पेटी का है ईच नई। ये एक खोका का काम है एक खोका से मतलब है एक करोड़ रुपया। सौदा पूरा होते ही सुपारी ग्रहण की जाती है। संकल्प लेने वाला घोषित करता है। रोकड़ा पेले। मतलब मनी इन एडवान्स। जब रकम नक्की कर लेता है। तब सुपारी उठाई जाती है। संकल्प की सुपारी और बीडू खल्लास। यानी दि एंड। आप कहेंगे कि ये क्या बकवास लगा रखी है तो मैं कहूँगा–गम्म खाओ, जरा बैठे तो रओ। प्यारे अपने साथ न इस दुनिया में इंसाफ हुआ है न उस दुनिया में होने की उम्मीद है। शेर अर्ज किया है–

हश्र में इंसाफ होगा, बस यही सुनते रहो।
कुछ यहाँ होता रहा है, कुछ वहाँ हो जाएगा।।

अब आप कहेंगे कि इंसाफ कौन नहीं होने देता। तो मेरा जवाब होगा–एक्सपर्ट। एक्सपर्ट ओपीनियन हमेशा अपने खिलाफ हो जाता है। एक्सपर्ट से कोई नहीं बचता भ्रावे। भैया एक्सपर्ट यानी कलाकारी फन, हुनर सब रखने वाला विशेषज्ञ। वह आदमी जो सब जानता है। बकौल शकील साहब बदायूँवाले–

दूर हूँ, लेकिन बता सकता हूँ उनकी बज्म में।
क्या हुआ, क्या हो रहा है और क्या होने को है।।

एक्सपर्ट फकत इस दुनिया में ही दखलन्दाजी नहीं करता। उसका उस दुनिया में भी वहीच जलवा होता है मुन्नाभाई। एक बार भगवान ने कहा–स्टाप। नो एंट्री। आज से परलोक के मेनगेट पर एक्सपर्ट बैठेगा। वही जिसे चाहे जन्नत भेज दे। यानी जन्नतनशीं उर्फ स्वर्गवासी बना दे। जिसे चाहे उसे दोजख यानी नर्क में डाल दे। बस साहिब हो गया एक्सपर्ट का कब्जा परलोक पर। एक्सपर्ट खुद को विष्णु भगवान से कम थोड़ी समझते हैं न भाई। विनय यह है कि अगर कहीं कोई विष्णु भगवान होंगे तो वहीं उनके भक्त प्रहलाद भी होंगे। अब साहब एक्सपर्ट महाशय की कथा सुनिए। उनके एक भक्त प्रहलाद मरकर पहुँचे गेट पर। एक्सपर्ट ने पूछा–गणित का पहाड़ा पढ़ा है। उत्तर मिला हाँ गुरुदेव हाँ। एक्सपर्ट–चार दूने कितने। उत्तर आया जी गुरुदेव आठ। गुरु बोले गुड चला जा स्वर्ग में। तभी दौड़ते हुए एक और आत्मा आ गई। एक्सपर्ट ने याद किया अरे शत्रु कैम्प से है यह सूअर। वे बोले–गणित का प्रश्न था। इसने ठीक उत्तर दिया। इससे यह स्वर्ग का हकदार बन गया है। वह आत्मा बोली सर मुझसे भी गणित का प्रश्न कर लें। गुरुदेव ने हँसकर कहा–अच्छा तो बच्चे तुम एक सौ तिरानवे का पहाड़ा सुना डालो। उत्तर नहीं बना तो गुरु बोले–नरक पहुँचो बेटा, कुम्भीपाक नर्क में जाओ। जहाँ तुम्हें घड़े में डालकर आग पर रखकर पकाया जाएगा। बट परन्तु लेकिन किन्तु यह लड़का ढीठ था। जोर-जोर से चिल्लाने लगा। पूरा केस लिखकर रीप्रजेंटेशन ठोंक दिया। ऊपरवालों को लगा कि एक तो मामला सही है दूसरे आजकल नीचे से कोई प्रसाद नहीं चढ़ाया जाता। अतः उन्होंने रिट मान ली। हुकुम हुआ कि दोनों आत्माओं का फिर से इंटरव्यू होगा। एक्सपर्ट वही रहेंगे मगर अब प्रश्न गणित के नहीं होंगे। फिर मामला रिपीट हुआ। एक्सपर्ट ने मुस्कुराते हुए अपने चेले से कहा–बेटा अब अंग्रेजी में सवाल होगा। तैयार हो। उत्तर मिला हाँ गुरु जी। मैं श्री गुरु चरण सरोज रज से निज मन मुकुर सुधार कर तैयार हूँ। अर्थात् आपके चरण कमलों की धूल से अपने मन के आइने को स्वच्छ कर चुका हूँ। पूछिए। गुरु बोले–बेटा पुस्तक को अंग्रेजी में क्या कहते हैं। उत्तर मिला–बुक। गुरु बोले गुड। जरा उसकी स्पेलिंग भी बताओ। चेले ने कहा–बीओओके बुक। अब एक्सपर्ट ने दूसरी आत्मा से कहा–हाँ बेटू अब तू बता–औरतें पाँव में जो बिछड़ी पहनती हैं। उन्हें अंग्रेजी में क्या कहते हैं? उधर देखो तो चुप्पी। गुरु मुस्कुराकर बोले–चलो छोड़ो। बेटा जरा चेकोस्लोवाकिया की स्पेलिंग बोलो। इस बार तो बिल्कुल चुप्प क्योंकि घुप्प अँधेरा। गुरु एक्सपर्ट बोले जा बेटा सीधे नरक में कूद जा।

तब से यही चल रहा है। भक्त प्रहलाद नौकरी के स्वर्ग में पहुँच रहे हैं और दीगर बेरोजगारी के नर्क में। मगर एक रोज आएगा जब गुरु एक्सपर्ट का भी इंसाफ होगा। उनका घोर नर्क में जाना तय है। तय इतना नहीं है कि वे वापिस कैसे और कब आएँगे। कौन आने देगा उन्हें। क्योंकि सारे एक्सपर्ट तो वहीं रहेंगे न।

❐

आदत और वह भी मेरी उम्र-भर की आदत

आदत बुरी चीज है। जैसे लत बुरी होती है। लत आदत की अम्मा है। आदतन चूक होती है मगर लत इतनी बुरी गत करती है कि लतियलों में शुमार होने लगता है। मानव देह पर जब तारुण्य उतरता है तो सावन के अन्धे की तरह हर तरफ हरा दिखाई देता है। इस दौरान अगर किसी ने मुस्कुराकर देख लिया तो फिर देखिए भैया का हाल। सुबह-शाम उसी दरवाज़े की ओर टकटकी लगाए डटे हैं। देह कंटकित हो जाती है। बकौल एक शायर अर्ज है–

कभी इस बहाने जानम। कभी उस बहाने जानां।।
तेरे कूचे हर बहाने। मुझे दिन से रात करना।।

यानी आदत हो जाती है। वहीं-वहीं चक्कर काटने की। अँखियाँ चरण कमल अनुरागी हो जाती हैं। आदत-सी पड़ जाती है। सो पाठक प्रभु आपका अन्दाज सही है। मैं भी टेलीविजन पर यह देखकर हक्का-बक्का रह गया कि अपने राजा दिग्विजय सिंह जी एकदम मुख्यमंत्री की तरह बोलने लगे। चरनोई भूमि प्रसंग और दिहाड़ी वेतनभोगी कर्मचारियों की पुनर्नियुक्ति के मामलों में उन्होंने ठेठ इंकार किया। यह अदा देखकर मैं तो भई मारे मुहब्बत के लहालोट हो गया। वर्तमान मुख्यमंत्री ने मन में मुस्कुराकर और ऊपर से गुरु गम्भीर दिखते हुए दोनों मामलों में सरकार की नीति दृढ़तापूर्वक स्पष्ट की। राजा को जब याद आया कि अब तो इंजीनियर साहब की जगह संन्यासी राज है तो चिमा गए। मगर मैं कैसे चुप रहूँ। मैं राजा साहब की सोशल इंजीनियरिंग से अभिभूत और चमत्कृत वोटर जिसे लोकतंत्र में जगह न हो। यह अनुभव करने लगा था। अतः औकात पर आते हुए मैं एक शेर राजा साहब को पेशे खिदमत करता हूँ–

छुटते-छुटते ही छुटेगा, उस गली में जाना।
आदत और वह भी मेरी उम्र भर की आदत।।

मुझे डर लगा कहीं वे दौड़कर मुख्यमंत्री के दफ्तर में न डट जाएँ। दस वर्ष का कार्यकाल बहुत होता है मियाँ। साल-दो साल पीने वाले को लत पड़ जाती है फिर दस वर्ष का नशा क्या न कराएगा। बीच समुद्र में जहाज पहुँच जाए तो उसके पंछी कहाँ जाएँगे। इधर-उधर उड़कर फिर वापस उसी जहाज पर लौट आते हैं। सूरदास जी ने लिखा है कि मेरे मन को अन्यत्र कहीं सुख नहीं मिलता। जैसे उड़ जाने वाला जहाज का पक्षी लौट कर फिर जहाज पर आ जाता है। उसी तरह मैं बार-बार लौटता हूँ।

मेरो मन अनत कहाँ सुख पावे।
जैसे उड़ि जहाज कौ पंछी, फिर जहाज पै आवै।।

सो भाई आदमी होगा तो आदत होगी। आदत का मान-अपमान से कोई वास्ता नहीं होता। इसलिए दिग्गी राजा की आदतन बयानबाजी को बयानबाजी न माना जाए प्रभु। हाँ प्रदेश काँग्रेस अध्यक्ष श्री सुभाष यादव और नेता प्रतिपक्ष श्रीमती जमुना देवी के बयान-ही-बयान माने जाएँ। अगर ऐसा न हुआ तो लोकतंत्र में संस्थाओं की प्रभविष्णुता ही समाप्त हो जाएगी। अभी तो बहुत से विधानसभा

सदस्यों को सत्र के चलते सत्ता पक्ष से उठाकर विपक्ष में और कई विरोधी सदस्यों को सत्तापक्ष तक पहुँचाना पड़ेगा। आदत है–भैए–आदत। सबको पता थोड़े ही होता है। एक बार ट्रैफिक पुलिस ने एक कार रोककर कहा–अच्छी और सुरक्षित ड्राइविंग के लिए लीजिए यह दो हजार रुपये। आप सड़क सुरक्षा सप्ताह के विजेता हैं। अब बताइए–आप इस रुपये का क्या करेंगे? क्या करूँगा भैया–पहले लायसेन्स बनवाऊँगा फिर किसी से ड्राइविंग सीखूँगा। ड्राइवर के बाजू में बैठी सुन्दरी ने कहा–आप ध्यान न दीजिए साहब। जब ये ज़्यादा पी लेते हैं तो इसी तरह आँय-बाँय बकते हैं। तभी भीतर की सीट पर सोए सज्जन ने आँखें खोलीं और सामने पुलिस को देखकर बोले–मैं पहले ही कहता था यार कि चोरी की गाड़ी में ज़्यादा दूर जाना सम्भव नहीं है। आखिर पकड़े गए न। पुलिस यह सुनकर चकित थी। तभी कोई भीतर से डिक्की बजाकर बोला–अरे बार्डर क्रास हुई कि नहीं हुई भैया। यहाँ जान निकली जा रही है। प्रभु पाठक जी इस पूरे कांड का काँग्रेस की भूतपूर्व सरकार, हाईकमान प्रदेश काँग्रेस और चुनावी उम्मीदवारों से कोई मतलब नहीं है। न ही इसका उनसे कोई ताल्लुक है। हाँ पंचायती राज के लिए म.प्र. और सड़कों के लिए छत्तीसगढ़ को इनाम और प्रमाण-पत्र देने वाली विदेशी सरकारों और संस्थाओं की फिक्र जरूर है कि भाई उनका क्या हुआ। जनादेश और स्तुति कथाओं में ऐसी भीषण विसंगति इसके पहले कभी देखने में नहीं आई। दुनिया की हकीकत को अपने व्यक्तिगत खब्त पर भुनाने वाले लोगों की सेवा में हजरत दाग का एक शेर प्रस्तुत है–

बादे मुरदन मेरे मरकद में बना दे रोजन।
आती जाती रहे दुनिया की हवा थोड़ी सी।।

अर्थात् मेरे मरने के बाद मेरी कब्र में एक खिड़की जरूर बनाना। जिससे दुनिया की थोड़ी-बहुत हवा आती-जाती रहे। अब इसके सिवाय मैं और क्या कहूँ कि–आमीन।

❐

अमिताभ बच्चन : कविता में अलबत्त

इस देश के लोकतंत्र का भविष्य जितना उज्ज्वल है। उसे विचारने से वह कथा याद आती है। जिसमें एक महादुष्ट द्वारा रोज अपने गधे को उठते लात बैठते जूता और चलते डंडों की मार झेलते देखकर एक दूसरे गधे ने पूछा–भैया तेरा यह राक्षस टाइप का मालिक तेरी हड्डी-तोड़ पिटाई करता है। न ठीक से खाने देता है न चैन से पानी पीने देता है। अरे तुड़ा रस्सी और भाग। जान बचा भैया। जान है तो जहान है। दुनिया मिट गई सो प्रलय और अपन मर गए तो महाप्रलय। कुटैले गधऊ राम यह सुनकर अपने मित्र के प्रेम से अभिभूत हो गए। उन्होंने पीछे मुड़कर अपने सूजे हुए पुट्ठों को चाटकर सहलाया और डबडबाई आँखों की प्रेम-दृष्टि डालकर बोले–सखा प्रेम का मार्ग काँटों से भरा है। यदि तुम्हें प्रेम की पीर का अर्थ समझना हो तो यू.पी. जाकर श्री अमिताभ बच्चन से पूछो। जो घोर वार्धक्य में तरुणी सत्ता के प्रेम में अति मुलायम स्वरों में ऐन चुनावों के बीच साँस्कृतिक कार्यक्रम कर रहे हैं। इसमें मजा यह है कि पब्लिक भी उनके कार्यक्रमों को शुद्ध साँस्कृतिक कार्यक्रम मान रही है। उनके गानों से आनंदित हो रही है। साथ में गा रही है, नाच रही है, मगर उनके कहने पर दूर-दूर तक किसी को वोट देने का विचार नहीं करती। जब ये श्रीमन वोट का इशारा करते हैं तब इन्हीं का गाना सुनाकर थिरक उठती है कि हमारे अँगने में तुम्हारा क्या काम है? मतलब यह कि हे भैया अमिताभ बच्चन जी आपने अच्छा नाचा। उम्दा गाया। और अच्छा अभिनय भी किया। हमने भी खूब तालियाँ बजाईं। हम आनंदित और तुम प्रसन्न। अतः हे तात अब दिल्ली के ख्वाब देखना छोड़ो और मुम्बई की दिशा में प्रस्थान करो। हम तुम्हारा साँस्कृतिक खेल देख चुके। अब तुम हमारा राजनैतिक खेल देखो। चाहे मायावती मुख्यमंत्री हो जाएँ जो श्री अमिताभ बच्चन के पिता के समान हैं मगर उन माननीय मुलायम सिंह जी के राज्याभिषेक की कोई सम्भावना नहीं है। कुटैले गधे की इस दूरदृष्टि से उसका सखा हैरान रह गया। उसकी कोई उँगली तो थी नहीं। अतः अगली टाप को दाँतों में दबाकर आश्चर्य प्रकट करने लगा। फिर बोला कि हे सखा तू इतना ज्ञानी है। यह मुझे आज ही पता चला। हम गधों का ज्ञान से क्या लेना-देना। गधा ज्ञान का बैरी होता है। ज्यादा ज्ञान बघारने से बच। गधों को सारे-सुख प्राप्त होते हैं। वे दीर्घायु होते हैं पर समझदार की मौत है। इसलिए सरकारें 'ग' गधे का पढ़ाती हैं ताकि 'ग' गधे का पढ़कर गधे-ही-गधे तैयार हो जाएँ। कुल मिलाकर आलम यह है कि–

इधर भी गधे है, उधर भी गधे हैं।
जिधर देखिएगा, गधे-ही-गधे हैं।।

अपने प्रिय मित्र गधेश कुमार जी की यह बातें सुनकर कुटैले गधऊराम पीछे मुड़े और मित्र महोदय को एक दुलत्ती झाड़कर बोले–अबे तू मेरा दोस्त है या दुश्मन। भगवान किसी आदमी को भी ऐसा दोस्त न दे। दोस्त गधे ने इस दुलत्ती का बिल्कुल बुरा नहीं माना क्योंकि उसे इस कहावत पर दृढ़ विश्वास था–ज्ञानी से ज्ञानी मिलें, हौबैं दो-दो बात। गधड़ों से गधड़ा मिले, मारे लातई-लात।। उसने भी लौटकर एक दुलत्ती झाड़ी और कहा–हे भ्राता मुझे तेरे प्राणों की फिकर है। तेरा दुष्ट स्वामी सुधरने वाला नहीं है। गधऊ बोले–यार यह नहीं है कि मैं पिटकर खुश होता हूँ। मुझे भी दुःख-दर्द

होता है। भैया मैं दूसरी वजह से डटा हूँ। मेरा मालिक स्वभाव से ही गुस्सैल है। वह घर में सबको पीटता है। जब भी वह अपनी सुन्दर लड़की से नाराज होता है तो उसे पीटते हुए कहता है–अरी तेरा ब्याह किसी गधे से ही करूँगा। हे सखा मैं उज्ज्वल भविष्य की आशा से यहाँ पड़ा हूँ। पिटता हूँ पर रोता नहीं जैसे परवेज मुशर्रफ अमेरिका की लात खाकर भी खुश होते हैं। आशा से ही आसमान टँगा है। धीरज का फल मीठा होता है। रही अमिताभ बच्चन की बात। सो जगजाहिर है। अब नेताओं ने अपना जनाधार खो दिया है वे भीड़ इकट्ठी करने के लिए किराए के भाँड-नचैये इकट्ठे करते हैं। अगर इस लोकतंत्र का भाग्य ऐसे लोग लिखने लगें जिन्हें हम दस रुपये फेंककर नाचते, गाते, रोते, पिटते, पीटते, घिघियाते और गिड़गिड़ाते देखते हैं तो इसका नाश सुनिश्चित है। क्योंकि इनका हँसना, रोना, गाना, पिटना और पीटना सब नकली है। वे जो बोलते हैं वह दूसरों का लिखा होता है। जो गाते हैं उधार का कंठ होता है। वे केवल रुपए कमाने निकलते हैं। ईशावास्योपनिषद् में कहा है–

हिरण्यमयेन पात्रेण सत्यस्यापिहितं मुखम।
तत्वं पूषन्नापवृणु सत्य धर्माय दृष्टये।।

अर्थात् सत्य का मुख सोने के पात्र के भीतर है सत्य उससे ढका हुआ है अतः सामान्य व्यक्ति को उसे देख पाना कठिन है। गधऊ की यह ज्ञान वार्ता सुनकर उसका मित्र गधा मूर्छित होकर पृथ्वी पर गिरा और मर गया। इतने बड़े देश में जहाँ हजारों आदमी रोज मर जाते हैं। एक गधे की मौत का नोटिस कौन लेता। ज्ञानी गधा अपने दुष्ट मालिक से फिर पिटने चला गया। उसकी मनोकामना पूर्ण हुई या नहीं। यह जानने के लिए हे तात कृपया चुनाव परिणामों की प्रतीक्षा करें। रही बात साहित्य और संस्कृति की सो लोगों ने कहा है कि जो झूठ चोर जुआरियों, झूठों और बाजार-हाट में उपस्थित न मिले। वह कविता में जरूर मिल जाएगा।

चोर-जुआरी-लाबरी और बजार की हट्ट।
इतने में जो न मिले तो कविता में अलबत्त।।

आहा! इसलिए ये सारे अभिनेता महाशय साँस्कृतिक मंचों पर कविताएँ गाते नाच रहे हैं।

❒

वर्षा मंगल यानी दंगल–ही–दंगल

तीन दिन हो गए। आनंद-ही-आनंद है। पानी की झड़ी लगी है। जिस ओर निगाहें जाती हैं। उसके ही दर्शन पाती हैं। मैं खिड़की से लगा बैठा हूँ। बाहर झमाझम वर्षा हो रही है। कबीर ने लिखा था–

'हम वासी उस देस के, जहँ बारह मास बसन्त।
नीझर बरसै महा अमी, भीजत हैं सब सन्त।।'

हम भारतीय छोटे-से-छोटे सुख में अधिक-से-अधिक आनंद खोज लेते हैं। इसी तरह बड़े-से-बड़े सुख को नष्ट करने में भी हमारा जवाब नहीं है। यहाँ बुन्देलखंड में तो जो दूसरे की बनी न बिगाड़े उसके पूरे व्यक्तित्व पर ही प्रश्नचिन्ह लग जाता है–'बनी न बिगारी तो बुन्देला काय के।' मेरे एक परिचित चौबीस घंटे इसी शुभ कार्य में लगे रहते हैं। सुबह-सुबह आ धमके। चाय के लिए 'शार्ट-टर्म' नोटिस देकर कुर्सी पर लद गए। बोले–यार शिवानी भटनागर केस में गजब का टर्न आया है। आई.पी. एस. आर.के. शर्मा मर्डरी सस्पेक्ट हैं। वे फरार हो गए हैं। उनके वकील साहब एक तरफ रह गए। उनकी वाइफ ने प्रेस कांफ्रेंस कर डाली। मीडिया के सामने ऐसा विकट नागा-नृत्य किया कि 'आज तक' के कैमरामैन और संवाददाता भी पैंतरे बदल-बदलकर इंटरव्यू ले रहे थे। भई गजब की लेडी हैं मधु शर्मा। उन्होंने अदालत का काम भी सँभाल लिया और अपने पति परमेश्वर (?) को निर्दोष घोषित कर डाला। क्यों न हो। उन्होंने टाँका जोड़ा–आखिर आई.पी.एस. की वाइफ हैं न। ऐसी फटकार लगाई कि यार क्या कहूँ। मैं तो टी.वी. के सामने बैठा था। मारे डर के घिघ्घी बँध गई। उठकर भागा। बाई सा का रुतबा देखकर भैया मुझे तो बेचारे आर.के. शर्मा पर दया आने लगी। जिसके घर में ऐसी विकट बाई हो वह बेचारा क्या खून करेगा। उसे तो खुद ही जान के लाले पड़े रहते होंगे। बाप-रे-बाप और अम्मा-री-अम्मा। मैंने भी बाई सा और उनकी कन्या रत्नों को मीडियावालों को डाँटते-फटकारते देखा था। मैं अत्यन्त प्रभावित हुआ। देश को ऐसी ही सन्नारियों की आवश्यकता है। उनके तर्क अद्‌भुत थे। रिकार्ड और याददाश्त की चर्चा भी मन मोहने वाली थी। बोलती थीं तो फूल झरते थे। रोती थीं तो मोती। जैसी मुद्रा में उन्होंने उपदेश दिए, जिस तरह सफाई दी और जैसे उँगली उठाकर फैसला सुनाया उससे भई असी तो लाड़ी होरां दे मुरीद हो गए। अब मैं क्या करूँ? मैं भारत सरकार से एक संविधान संशोधन के लिए दरख्वास्त करता हूँ। हजूर माई-बाप दद्दा-भैया जो भी आप लोग हैं। इस विनती पर जरूर ध्यान दें सरकार। ऐसा करिए कि कानून बनाकर यह तय कर दीजिए कि पुलिस अधिकारियों, आई. पी. एस., आई.ए. एस. आदि महानुभावों पर कभी हत्या के मुकदमें न चलाए जाएँ। इनसे कोई मर-मरू जाए तो मरने दो यार। एक अरब की जनसंख्या पर क्या फर्क पड़ता है। बेचारे आई. पी. एस. आर.के. शर्मा भागे-भागे फिर रहे हैं। यह न होना चाहिए। बड़े अफसरों की तकलीफ देखकर मेरा मन रो उठता है। कैसे-कैसे अरमानों से पुलिस में आए होंगे। खाकी वर्दी और कन्धे पर भारतीय पुलिस सेवा के स्टार लगाते हुए क्या-क्या सपने न देखे होंगे। क्या एक छोटी-सी पत्रकार की जान इतनी कीमती है कि इत्ते बड़े-बड़े अफसर इस तरह हलाकान होते फिरें। मुझे मीडियावालों पर कोई कम गुस्सा नहीं है। अरे लिख

देते कि शिवानी भटनागर फूलन देवी की फ्रेंड थी। साहब ने सब कुछ जान लिया था। वह छिपकर डाके डलवाती थी और पत्रकारिता की आड़ ले रखी थी। बस साहब ने उसे मरवा डाला। अब साहब को देश-भक्ति और जनसेवा के लिए पुलिस पदक दिया जाए। पता नहीं कितने पुलिस पदक इस तरह के जनसेवकों को प्राप्त हो चुके होंगे। हा हा किस्मत और वा वा किस्मत। कई एनकाउंटरों में डाकुओं से लड़कर मरे सिपाही और थाने-वानेदारों के बच्चे आज भी अनाथों की तरह घूमते मिल जाएँगे और इन्हीं मुठभेड़ों में मीडिया की कृपा से बड़े साहब लोगों की पदक, चक्र, प्रशस्ति-पत्र और पुरस्कार लेते हुए तस्वीरें भी देखने को मिल जाएँगी। सचमुच भई लोकतंत्र यानी जुगाड़ो। जो चाहे जुगाड़ लो, जैसे चाहे जुगाड़ लो। बस गाँठ में नावाँ यानी नगदू और भेजे में चालूपन चाहिए। मैंने विकट मूर्खों को जुगाड़मेंट की दम पर आचार्य वृहस्पति बने देखा है। डटे रहिए और डाँटते रहिए। बाई सा की डाँट से दो मंत्री भी प्रकरण की लपेट में आ गए हैं। अब मिनिस्टरों से पूछताछ होगी। मजा आएगा। मेरे कई रिश्तेदार पुलिस विभाग में बड़े-बड़े पदों पर हैं। मैं भीतर का आदमी हूँ। कुछ भी हो। घुटना झुकेगा तो पेट की तरफ ही झुकेगा। आखिर मधु शर्मा बाई सा डिपार्टमेंट के अफसर के घर से हैं। जाँचकर्ता अफसर चाहें तो मैनेज कर लें। सलाह देना अपना काम है। मानेंगे तो मजा करेंगे। बाई सा एक और प्रेस कांफ्रेन्स कर डालें। उसमें कहें कि जार्ज बुश और टोनी ब्लेयर भी शिवानी भटनागर कांड में शामिल थे। जाँच की जाए। बस अपने जाँच अधिकारी इस केस की पूछताछ के बहाने अमेरिका और इंग्लैंड घूम आएँगे। वहाँ के लोग भी मान जाएँगे कि भैया डेमोक्रेसी अगर कहीं है तो इंडिया में है और दुनिया में टेलेंट कहीं है तो वह भी भारत में है। इलाहाबाद उच्च न्यायालय के एक न्यायाधीश आनंद नारायण मुल्ला ने अपने एक फैसले में कहा था कि भारत में अपराधियों का अनुशासित और हथियारबन्द संगठन यदि कोई है तो वह भारत की पुलिस है।

मुल्ला जी अच्छा हुआ उस समय आर. के. शर्मा आपको नहीं मिले। थोड़ा लिखा बहुत समझिए। वे परिचित तो चाय पीकर चले गए। मेरा वर्षा-मंगल नाश कर गए।

❐

पहुँचना मंडप में और पहुँचना मसान में

संस्कृत की एक सूक्ति है–

शनैः पन्थाः शनैः कन्थाः शनैः पर्वतलंघतम्।
शनैर्विद्या शनैर्वित्तम् पंचैतानि शनैः-शनैः।।

अर्थात् धीरे-धीरे रास्ता तय होता है। शैय्या हेतु कन्था बनाने में भी समय लगता है। पर्वतारोहण भी धीरे-धीरे होता है। इसी प्रकार विद्या और सम्पत्ति भी धीरे-धीरे प्राप्त होती है। पुराने लोगों की बातें हैं भैया। इधर दुनिया बदल गई। मुहावरे बदल गए। कहावतें और सूक्तियाँ सब बदल गई हैं। अब सब कुछ फास्ट है। टाप गेयर लगाकर फास्ट मोटरकारें, स्कूटर और मोटर साइकिलें चलाते हुए कई फास्ट परसन इतने आगे चले गए कि लौटकर घर आने की सारी सम्भावनाएँ ही समाप्त हो गईं। फास्ट-ही-फास्ट और इतने फास्ट कि गेट लास्ट होते भए। जिसे देखता हूँ वही जल्दी में है। मैं बैठकर सोचता हूँ कि भैये काहे की जल्दी है। कहते हैं जल्दी का काम शैतान का है। मगर कौन सुनता है। जो सुनता है वह समझता नहीं। जो समझता है वह मानता नहीं। सब 'सनन' रोड चाहते हैं। 'फास्ट-फूड' तक बना लिया है। खुद अपने हाथों चैन से खाना हराम करके बैठ गए हैं। बहुत फास्ट हुए और सारी जिन्दगी सुख-चैन और सन्तोष गँवाकर छल से, कपट से, झूठ और मक्कारी से इतनी कमाई कर ली कि आदमी भी न रहे। पंजाब लोक सेवा आयोग के अध्यक्ष सिद्धू हो गए। फास्ट ड्रिंक किया, फास्ट फूड खाया, फास्ट लाइफ लीड की और पचास-पचपन के होते-होते हाल यह है कि पुंगी बने बैठे हैं। ऊपर मुख से कुछ डालते हैं तो तुरन्त नीचे से निकल जाता है। उठकर भीतर भागते हैं। सब कुछ इसलिए अटैच्ड है। फास्ट लाइफ का जलवा है भैया। पूरा देश इन पुंगियों से भर गया है। मूँग की दाल का पानी पीते हैं और उबली लौकी के गुण गाते हैं। डॉक्टरों को भी उतनी दवाइयों के नाम याद नहीं जितने इन महाशयों को मालूम हैं। जैसे अन्न की बदहजमी होती है। कभी धन का फूहड़ प्रदर्शन, कभी बल का तो कभी अकल का फूहड़ प्रदर्शन करने वाली पुंगियाँ इधर-उधर हर जगह अपनी-अपनी धुन सुनाती घूमती हैं। कोई भोग नहीं, कोई सुख नहीं इसलिए कोई त्याग नहीं।

आरम्भ से ही सारे सन्त-महात्मा संचय के खिलाफ चिल्लाते रहे हैं। अपरिग्रह को अपनाइए भक्तजनों। अपरिग्रह में ही सुख है सन्तोष है। सुनने वाले सहमत हैं और सुनकर कृतकृत्य हैं। जब महराज जी खुद अपरिग्रही हैं तो हमें क्या जरूरत है। सुनो सब की करो मन की। सो जिस साधु-संन्यासी, सन्त-महात्मा को जो कहना है कहने दो। तू तो प्यारे तान-तान किसी की न मान। जो मिले सो छान। इस नई नैतिकता ने नए कुबेरवाद को जन्म दिया है।

नव कुबेरवाद ने सचमुच कई चमत्कार दिखाए हैं। बिहारीपुरा पंचायत का बाँध ऐसा बना कि कभी पानी उसके आगे नहीं निकल पाया। बाढ़ का पानी पीछे-पीछे आगे-आगे बाँध बहकर चला। चलो बेटा कहाँ तक चलते हो। चलो जहाँ तक हवा चले। जिस मध्यप्रदेश में सूखे का संकट है और जहाँ पानी के लिए हाहाकार मचा है। उसी मध्यप्रदेश में बालाघाट का जमुनिया बाँध बह गया। यह बूढ़ा था। लगभग अस्सी साल तक जिया। अंग्रेजों के हाथों बना था। जब बना तब अंग्रेज इंजीनियरों

ने भविष्यवाणी कर दी थी। भैया की उम्र पचास साल है। अच्छी सीमेंट और लोहे की फाउंडेशन है। उम्दा बाड़ी है। बेचारा इज्जतदार था। तीस बरस और डटा रहा। दो-तीन साल से बहुत बीमार था। एक तो बुढ़ापे का शरीर ऊपर से लड़के हरामी निकल गए। कभी इस छेद से लीकेज कभी उस छेद से धीरे-धीरे हड्डियाँ जवाब देने लगीं। पब्लिक ने देखा तो चिल्ला चोट मचाई। अरे जे जमुनियाँ बाँध बब्बा चले। नंग-नंग यानी अंग-प्रत्यंग ढीले हो रहे हैं। इधर-उधर से पानी फेंक रहे हैं। मेंटेनेंसवाले दौड़े। दवा-दारू के नाम पर सरकार हमेशा जमुनियाँ जैसे अपंग, बूढ़े या कमजोर बाँधों के लिए रकम सुरक्षित रखती है। इलाज हो जाता तो जमुनियाँ कुछ साल और डटा रहता। मगर नालायक बेटे दवा-दारू के नाम पर हर साल जो सरकारी रकम लाए उसे दवा में कम और दारू में ज्यादा उड़ाया। दस-बीस बोरी सीमेंट-रेत डालकर दवा से छुट्टी पाई। बाकी रकम दारू में उड़ाई। बूढ़ा शरीर, हड्डी-हड्डी निकल आई थी। चार-दिन की लगातार वर्षा न झेल पाया बेचारा। अचानक रात में स्वर्ग सिधारा। सौ से ज़्यादा लोग मरे। चालीस से अधिक गाँव प्रभावित हुए। आप डूबते पांडे जी लै डूबे जजमान। ग्रामीण इतने प्रसन्न हुए कि निरीक्षण करने गए मंत्री महोदयों का वहीं तुरन्त नागरिक अभिनंदन करने लगे। दे तेरे की और ले तेरे की। मंत्रियों ने भाग कर जान बचाई। पुलिस भी भगी। अद्‌भुत दृश्य था। देखकर आँखें ठंडी हो गईं। यही जनजागरण है। यह एकमात्र इलाज भी है। यही भविष्य भी है। बड़ा और विशाल देश है यह। भारत भाग्य-विधाता वहीं गाँवों में फटे कपड़े पहने आधे पेट खाकर घूम रहे हैं। वे ही इन कलाकारों को सुधारेंगे। इनको तमगे देंगे, शाल-श्रीफल भेंट करेंगे। 'लट्ठम प्रतिग्रहयताम' के साथ अभिनंदन करेंगे। वह दिन दूर नहीं है। वह शनैः-शनैः आने वाला नहीं है। जल्द-से-जल्द आ रहा है। उसके आने का शंखनाद सुनाई देने लगा है। गोरे अंग्रेजों ने उसे बहुत पहले ही समझ लिया था। काले अंग्रेज न सुनना चाहते हैं न समझना। इन्हें समझाने वाले तैयार हो रहे हैं। वही ठीक से समझाएँगे। न मानेंगे तो मंडप से मसान पहुँचेंगे। यही गति भी है। कबीर ने लिखा है—

कबीरा यह जग किछु नहीं खिन खारा खिन मीठ।
काल्हि जो देखा मंडपै, आज मसाने दीठ।।

संसार कुछ नहीं है। कभी खारा है कभी मीठा है। जिसे कल विवाह-मंडप में देखा था उसे ही आज शमशान में देखा है।

❐

दि ग्रुप ऑफ रिसर्चर्स उर्फ ऊँची बल्लमों की दुनिया

श्री राधेलाल माहेश्वरी मेरे फ्रेंड, फिलासफर एंड गाइड रहे हैं। वे सीधे चुनाव जीतकर सागर विश्वविद्यालय छात्र संघ के अध्यक्ष रहे। उन्होंने कुल संसद के सदस्य और विश्वविद्यालय कार्य परिषद् के सदस्य के अनेक चुनाव जीते और खूब काम किया। देसी स्वभाव के दबंग आदमी हैं। अपने समय, समाज, संस्कृति और साथियों पर उनकी ठेठ बुन्देली टिप्पणियाँ आज भी आनंदित करती हैं। भारतीय विश्वविद्यालयों में जारी रिसर्च-वर्क पर चौर्यकला के प्रभाव का उल्लेख करते हुए एक बार उन्होंने कहा था–यार मैं ऐसे अनेक जघन्य विद्वानों को जानता हूँ जो अपना शोध-प्रबन्ध अवैध सन्तान की तरह छिपाए फिरते हैं क्योंकि प्रकाश में आते ही वह अपने रूप-रंग से असली बाप का पता देने लगेगा।

मैंने कहा–दादा समाज सन्दर्भों में भारतीयों की रिसर्च का क्या कहना? मैं कुछ पढ़ी-लिखी सन्नारियों और सज्जनों को जानता हूँ जो पड़ोसियों के बारे में रिसर्च करने के लिए आकाश-पाताल एक कर देते हैं। मैं उन्हें 'दि ग्रुप ऑफ रिसर्चर्स' कहता हूँ। एक तरह का शोध-समुदाय माहेश्वरी जी ठहाका लगाकर हँसने लगे। बोले–यार तुम इसे जी. आर. कहा करो। इसमें मजा रहेगा। तुम अपना अर्थ लगाओ। मैं अपना। फिर बताने लगे–इस देश में लोग खाली समय में सामाजिक शोध करते रहते हैं। मैं इसे रड़ियाल-टेंडेन्सी कहता हूँ। रड़ियालों की कोई जाति नहीं होती। उनका कोई धर्म नहीं होता। उनका कोई लिंग नहीं होता। रड़ियालें कभी नहीं मरतीं। वे अजर हैं, अमर हैं और अनश्वर हैं। उन्होंने सागर की तीन 'रड़ियाल रत्नों' का उल्लेख करते हुए कहा था–यार जे पता नहीं कित्तों कौ नास मिटा हैं। उन्होंने कहा–'रड़ियाल रत्न अपने झुंड की प्रमुख होती हैं। जैसे चीफ मिनिस्टर मंत्रिमंडल का प्रमुख होता है। वह खिलाती-पिलाती भी है। फिर मेरी जिज्ञासा को शान्त करते हुए उन्होंने बताया इनका शोध कार्य फैक्ट और फैंटेसी का कमाल होता है।' जैसे वे किसी लड़की को किसी से बात करते देख लें तो उनकी रिसर्च का निष्कर्ष यह होगा कि यह लड़की तो महाचरित्रहीन है और पिछली बार जब बुखार का बहाना कर रही थी। तब असल में 'एबार्शन' कराके लौटी थी। पड़ोसी कार खरीदता है तो उन्हें अपनी रिसर्च से तुरन्त पता चल जाता है कि साले महाचोर हैं। रिश्वत और चोरी के पैसे से रोब जमाते हैं।

उनका रिसर्च वर्क अप-टू-डेट होता है। संसार के हर क्षेत्र और हर मामले में उनकी पहुँच होती है। दुनिया की हर चीज़ की उनको जानकारी रहती है। उनकी बड़ी पहुँच होती है। वे ऊँची बल्लम होती हैं। यहाँ बुन्देली में भाला या नेता को बल्लम कहते हैं। ऐसी एक बल्लम के दर्शनों का सौभाग्य मिला। बातचीत कुछ इस तरह हुई।

मैं–अपने प्राइम मिनिस्टर बड़े भले आदमी हैं।

वे–वे हमें खूब जानत हैं अपने घर के पचास चक्कर काटत हते।

मैं–दिग्विजय सिंह जैसे मुख्यमंत्री मैंने कम देखे हैं। बेहतरीन। शानदार आदमी है। इतिहास में याद रखे जाएँगे।

वे–अरे अपने इन के चेला आएँ। सालों नाक घिट्टत रहे हैं। इसी दरवाज़े पर।

मैं– अमिताभ बच्चन जी इज़ ए गुड हीरो। क्या एक्टिंग सिखाई है। अद्भुत।

वे–लूघरा। अपने 'इन' ने खुद अमिताभ बच्चन को एक्टिंग सिखाई है। वरना अभी मूँगफली बेच रहे होते तुमाए हीरो।

अगर आप कहें कि ददुआ डकैत भयानक और दुष्ट है तो वे कहेंगी–तुम सोई लगे। अपने इनने तो डाके डालबो सिखाओ हतौ। बचपन से दोई जने संगै-संगै डाके डारबे जात हते। फिर जे दफ्तर में डाके डारन लगे और ददुआ बिना पढ़ो-लिखो हतो सो जंगलों में चलो गओ। हाथरस के एक प्रसिद्ध सन्त हुए हैं। सन्त तुलसी साहब। उनकी उलटबाँसियाँ बहुत लोकप्रिय रही हैं। उन्हें भी इस वर्ग ने आल्हादित किया होगा। उनकी एक प्रसिद्ध उलटबाँसी है–

देखा अचरज भाई रे, कहूँ कहा न जाई।
दुलहा मुवा भई अहवाती, चौके राँड़ कहाई।।

अर्थ यह कि भैया यह अचरज कहते नहीं बनता। मगर खुद देखा है। दूल्हे के मरते ही सुहागिन और चौक या गौना होते ही राँड़ कहलाई है। मैंने पहले स्पष्ट किया है और फिर कहना चाहता हूँ कि मैं बड़े-बड़े मच्छर नर रत्नों और पुरुष पुंगवों की रड़ियाल-वृत्ति का चश्मदीद गवाह हूँ। अब इस अधेड़ उम्र में माहेश्वरी जी की लोक अवधारणा से सहमत हूँ। बड़े भाई तुम्हारी परिभाषा सही थी। 'दि ग्रुप ऑफ रिसर्चर्स' कभी उतना पावरफुल और प्रभावी नहीं होता जितना कि 'ग्रुप ऑफ रड़ियाल्स' होता है। तुम्हारा जी.आर. सही। मेरा जी. आर. गलत। तुम्हारे जी.आर. की अद्भुत गति, शोध, सन्दर्भ, कल्पना और गूढ़ ज्ञान से अभिभूत बैठा हूँ। एक मरीज को तीन-चार महीने पहले डॉ. शर्मा के अस्पताल में भरती कराया। जब जबलपुर के प्रो. वैद्य का इलाज चल रहा था। शर्मा जी कुशल चिकित्सक हैं। उन्होंने केस भोपाल भेज दिया। वहाँ मुम्बई के डॉक्टर सरकार ने अठारह सितम्बर ऑपरेशन की तिथि तय की। मगर दुर्भाग्य ने वह दिन भी न आने दिया। मरीज तीन तारीख को ही चल बसा।

इधर जी.आर. के एक मेम्बर ने तुरन्त यह रिसर्च कर डाली कि भैया शर्मा जी ने यहीं ऑपरेशन कर दिया था फिर पैकिंग कर मरीज को भोपाल भेजा। यह अद्भुत रिसर्च थी। जो न मरीज से मिले, न परिवारजनों से मिले, न पड़ोसियों से हाल-चाल पूछा। एकदम यह सैद्धान्तिक घोषणा करके उन्होंने सिद्ध किया कि अपूर्व प्रतिभा क्या होती है और सच्चे रिसर्चर कैसे होते हैं। डॉक्टर चकित, मरीज के हमदर्द हैरान मगर ये शान्त निर्लज्जता के साथ जुटे हैं। उनको एक बार को देखकर मुझे दाग़ याद आते हैं।

गिरिए ने एक दम में, बना दी वो घर की शक्ल।
मेरी नज़र में साफ़ बयाबान फिर गया।।
लाए थे कूए–यार से हम दाग़ को अभी।
लो उसकी मौत आई, वो नादान फिर गया।

दुनिया सचमुच ऊँची बल्लमों की है।

❒

घर तो घूरे में रहे या घूरा घरमाँहि

घूरे न हों तो घर-घर न रहें। घूरे घरों की बदौलत होते हैं। इसलिए जहाँ-जहाँ घर होते हैं। वहाँ-वहाँ घूरे होते हैं। घरों और घूरों में घनिष्ठ आत्मीयता होती है। कभी-कभी यह आत्मीयता इतनी घनिष्ठ हो जाती है कि यह तय करना मुश्किल हो जाता है कि घर कहाँ खतम होता है और घूरा कहाँ शुरू। जिन दिनों में श्री विट्ठलभाई पटेल जवान थे। उन दिनों वे अपने लगभग हर कार्यक्रम में एक शेर पढ़ा करते थे। यह शेर कुछ इस तरह है–

मुबारकबाद देने को हवा बागों से आई है।
बहारें सारी दुनिया की वो अपने साथ लाई है।।

हम कुछ दोस्त जो उनके हर कार्यक्रम में उपस्थित रहते थे। यह शेर सुन-सुन बोर हो गए। हमने इस शेर की पैरोडी तैयार की जो इस प्रकार थी–

मुबारकबाद देने को हवा घूरों से आई है।
बदबू सारे सागर की वो अपने साथ लाई है।।

कालान्तर में पैरोडी अपने मूल शेर से ज्यादा पावरफुल सिद्ध हुई। अगर हाजरीन को इस खाकसार की राय से नाइत्तफाकी हो तो कृपया शहर के घूरों का स्वयं निरीक्षण करें। मैं खुद इस पैरोडी से परेशान हूँ। जहाँ जाइए लोग कहते हैं कि साहब आपकी घूरेवाली कविता का जवाब नहीं। अतः मैं अपने पूरे होशोहवास में सुनकर, पढ़कर और समझकर आज से यह पैरोडी माननीय महापौर महोदया को लादावी होकर सादर समर्पित करता हूँ। अगर बाद मेरे मरने के मेरा कोई वारिस इस पर दावा करे तो सब झूठ समझा जावे और यह पैरोडी हमेशा नगर निगम की मानी जावे।

कोई माने या न माने मगर घूरों ने कई बार घरों की इज्जत बचाई है। तुलसीदास जी तो बाकायदा घूरे पर पधरवा दिए गए थे। आज भी कई महापुरुष इनकम टैक्स इत्यादि विभागों के छापों के समय घूरों का सदुपयोग करते हैं। फटे-चीथड़ों, पुराने सड़ियल बदबूदार तकियों, गद्दों आदि में भरकर बहुमूल्य सामग्री घूरों में फुटकर-फुटकर डाल दी जाती है। उधर छापामार गए इधर घर मालिक दौड़कर घूरे पर लेट गए और अपने चीकट-चीथड़े इत्यादि उठाकर उन्हें कंठ से लगाकर घर लौटे। कुत्तों, बकरियों, गायों और मुम्बई-कोलकाता जैसे महानगरों में तो मनुष्य भी घूरों के बलबूते पलते रहते हैं। छोटे और अर्द्धविकसित देश अक्सर बड़े देशों के घूरों में बदल जाते हैं। इनके वासी कभी मैड काऊ मिल्क का उपयोग करते हैं तो कभी भोपाल में रिसती मिथाइल आइसोसायनाइड जैसी गैसें सूँघकर मर जाते हैं। यह पानी में घुलनशील होती है और एक गिलास पानी या फकत एक गीले रुमाल से इसके दुष्प्रभाव से बचा जा सकता था। मगर यह जानकारी लगभग पाँच हजार लोगों के मरने के बाद में प्राप्त हुई और वे एक चुल्लू पानी के पीछे मारे गए।

मेरे एक मित्र हमेशा अपना नाम जी.एल. बताया करते थे। मैं अकेला था जो उनका पूरा नाम जानता था। वे अपने माँ-बाप की इकलौती सन्तान थे। उनके पहले जो भी सन्तानें हुईं सब परमधाम पधार गईं। किसी बुज़ुर्ग ने कहा अब जो भी बच्चा पैदा हो उसे घूरे पर डाल देना बाद में उठा लाना।

उनके माँ-बाप ने यही किया और संयोग कहें या आश्चर्य जी.एल. साहब बच गए। दीर्घजीवी हुए तथा हमेशा खुद को घूरेलाल के बजाय जी. एल. लिखते रहे। श्री परमानंद वाजपेयी कहा करते थे यह भी अजब देश है जहाँ हर तीसरे आदमी का नाम बाबूलाल है। इसलिए करोड़ों बाबूलालों के बीच जी. एल. साहब ठाठ से जीवन गुजारकर अब वहीं आ गए हैं जहाँ से चले थे। लड़के पूछते नहीं, रिटायर होकर घर के बाहर घूरे पर कुर्सी डाल धूप सेंका करते हैं। इस तरह हमारे जीवन में घूरों के कई लाभ हैं।

दुनिया की तरह घूरे भी बनते और बिगड़ते रहते हैं जितना बड़ा घर होगा उसका घूरा भी उतना बड़ा होगा। बुन्देली कहावत है कि बारह बरस में घूरे के दिन बदल जाते हैं। मैंने खुद कई घूरों और घूरेवालों के दिन बदलते देखे हैं। पूरा शहर उन्हें देखकर दाँतों तले उँगली दबा लेता है तथा यह श्लोक पढ़ने लगता है कि–

कैसे-कैसे ऐसे-वैसे हो गए।
और ऐसे-वैसे कैसे-कैसे हो गए।।

इसीलिए समझदार लोग बड़े और भव्य बँगलों के बाहर घूरों पर डटे रहते हैं कि साले जो भी बासा-कूसा, बचा-खुचा, जूठा-मीठा फेकेंगे तो इसी घूरे पर फेकेंगे। पाकिस्तान न केवल खुद अमेरिका का घूरा है बल्कि उसने अफगानिस्तान को भी घूरे में बदलवा दिया है। घूरों पर क्या नहीं मिलता। बड़े शहरों में तो घूरे बाकायदा बिकते हैं। घूरे न होते तो कई सन्त-पुरुष बदनाम हो जाते। घूरे न होते तो कई सती-सावित्रियाँ आँखें न उठा पातीं। शादी-ब्याह के मौकों पर घूरे ही काम आते हैं। जो चाहो फेंक दो–जो चाहो उठा लो। घूरे कुछ नहीं कहते। मरघट भी एक बड़ा घूरा ही है। अन्ततः सभी घूरे पर जा पहुँचते हैं। शायद इसीलिए किसी ने कहा था–

दूबर होत नहीं कबहूँ। पकवान के विप्र मसान के कूकर।।

मतलब तर माल उड़ाने वाले ब्राह्मण और मसान में घूमने वाले श्वान कभी दुर्बल नहीं होते। यानी जो घूरे पर डट गया ताकी पिटे बलाय। आमीन।

❒

पूँछ हिलाने की संस्कृति

एक नन्हें पिल्ले ने अपने श्वान-पिता से जिज्ञासा की–पप्पा, दूसरे कुत्ते भौंकते हैं, दाँत दिखाकर गुर्राते हैं, काटने दौड़ते हैं। कभी-कभी काट भी खाते हैं। मगर आप कभी गुर्राते भी नहीं। जब दूसरे भौंकते हैं तो आप चुपचाप क्यों बैठ जाते हैं? दूसरों का गुर्राना सुनकर आप ट्याऊँ-ट्याऊँ क्यों करने लगते हैं? पप्पा, आप भौंकते क्यों नहीं? मौन क्यों रहते हैं? पिता ने अपने शानदार स्वास्थ्य और झब्बेदार पूँछ पर नजर डालकर उसे समझाया–बेटे, भौंकने वाले मूर्ख हैं। उन्हें दुनियादारी की समझ नहीं। बेटा, भौंकने से आर्थिक नुकसान होता है। कैरियर खराब हो जाता है। पूँछ हिलाने में सुख और सुरक्षा है। पूँछ हिलाने से आर्थिक लाभ होता है, स्वास्थ्य सुधरता है और भविष्य उज्ज्वल होता है। तू मेरी तरह पूँछ हिलाना सीख। इस नई साँस्कृतिक क्रान्ति में हिस्सा ले, इससे तेरा कैरियर बनेगा। इसमें सिर्फ एक कष्ट है। पूँछ हिलाने से मुख बन्द हो जाता है। मगर यह टेक्नीकल मजबूरी है।

सारे देश में उत्तर से दक्षिण और पूरब से पश्चिम तक पूँछ हिलाने की संस्कृति जोर पकड़ रही है। समझदार पिता अपने नन्हों का कैरियर बनाने में लगे हैं। पूँछ-हिलाऊ संघ बन रहे हैं। प्रशिक्षण चालू हैं–हाँ बेटा, उठ लो। अब आँखों में भक्तिभाव भरो–शाबाश! एक-दो-तीन। पूँछ हिलाना शुरू करो। पिल्ले अपनी छोटी-छोटी दुमें लहराते हुए उछलते हैं। वे उसी तरह प्रसन्न होते हैं, जैसे पुलिस ट्रेनिंग कालेज में भर्ती होने से मास्टर का लड़का प्रसन्न होता है। प्रसन्नता आँखों में टपकती है, किन्तु मुख बन्द होने लगता है। पिल्ले आपस में तारीफ करते हैं–देखो, देखो, पप्पा कितनी गजब की पूँछ हिलाते हैं। वे अनुकरण करते हैं–लेफ्ट-राइट, लेफ्ट-राइट। दायाँ-बायाँ, बायाँ-दायाँ। दक्षिणपन्थ-वामपन्थ, वामपन्थ-दक्षिणपन्थ। कभी बीचों-बीच स्थिर। मध्यमार्गी सदासुखी। इससे सभी दिशाएँ प्रसन्न रहती हैं। यह परम स्वास्थ्यवर्धक है। मगर हिलने की रफ्तार बढ़ती है तो आवाज कम होने लगती है। भौं-भौं और गुर्रऽऽ के दमदार स्वर गायब हो रहे हैं। उनकी जगह ट्याऊँ-ट्याऊँ और कींऽऽ कींऽऽ की दीन आवाजें निकल रही हैं। बाप खुश है। देखकर साहब भी प्रसन्न होकर कह उठते हैं–नाइस किड्स। लात मारो तब भी भौंकता नहीं पूँछ हिलाकर जूते चाटता है। हैविंग ए गुड फ्यूचर। सड़क पर चलते हुए श्वान-शिशुओं का मन गली के आवारा कुत्तों की तरह गला फाड़कर भौंकने को ललकता है। गुर्राने की तबीयत होती है। वे सड़क पर चलते हुए बातचीत करते हैं–यार, मम्मी बताती हैं, पहले मेरे पप्पा भी भौंकते थे। गुर्राते थे। सच्ची। जब दाँत निकालकर काटने दौड़ते थे तो भगदड़ मच जाती थी। साहब इससे बहुत नाराज होते थे। वे बेंत लेकर आते थे फिर पप्पा को दफ्तर की साँकल से बाँधकर दे सुटाई। पप्पा बँधे-बँधे रोते। बाद में मालकिन कटोरे में दूध-रोटी लेकर आती–न, खाने को नहीं मिलेगा। पहले पूँछ हिलाओ, तब दूध-रोटी खाओ। धीरे-धीरे पप्पा सीख गए। अब तो आदत पड़ गई है। कटोरा देखते ही उनकी दुम अपने-आप हिलने लगती है। अपन तो भैया, रिस्क नहीं लेंगे। श्वान-शिशु मुग्ध होकर गा रहे हैं। हम तो पूँछ हिलाएँगे। दूध रोटी खाएँगे। पप्पा से मुटाएँगे।

नव्य श्वानकुल पूँछ हिलाने की कला पर विशेषज्ञों की वार्ताएँ आयोजित करता है। वक्ता महोदय आयोजकों के सामने दुम हिलाते हुए हाजिर होते हैं–कला-निष्णात। वे आह्वान करते

हैं–सारे संसार के पूँछ हिलाने वालों एक हो जाओ। तुम्हारे पास खोने के लिए कुछ नहीं है और हिलाने के लिए पूँछ है। भाइयों! पूँछ हिलाने के नए-नए प्रयोग सीखें। पूँछ का जलवा निराला है। हे भगवान, तू कितना अच्छा है। हमें पूँछ देकर बड़ी कृपा की है दयालू। कई लोग कटवा डालते हैं–तब भी हिलती रहती है। धन्य है, धन्य है। हिलती है तो अपनी मक्खियाँ भाग जाती है। खुराक का जुगाड़ ऊपर से। साले बारह बरस तक नलकी में डाल-डालकर हार गए। जब निकली तब टेढ़ी। हिलती हुई। नलकी में डालने वाले इस सीक्रेट को नहीं जानते कि हिलने के लिए पूँछ का टेढ़ा होना जरूरी है। साहब के सामने कैसी झंडी-सी तन जाती है। आदमी की अक्लमन्दी और इंसानियत पर कुत्तेपन की विजय पताका की तरह लहराती है। कभी खतरा आ जाए तो पिछली टाँगों के बीच दबाकर लेट गए। हर पदार्थ की पूर्ण सुरक्षा। फिर भी खतरा न टले तो दुम दबाकर भागो। दे दौड़। लाभ की राजनीति के लिए पूँछ परम आवश्यक तत्व है। इसमें थोड़ी समझदारी हो तो क्या कहना है। सड़कों पर गुर्राना है, कमरों में पूँछ हिलाना है। इसमें बड़ा मजा है–पब्लिक समझती है अपने वाला है। क्रान्तिकारी तेवर भी बना रहता है और भविष्य भी खराब नहीं होता। सरकारें बदल जाती हैं, वे क्षणभंगुर हैं। मंत्री और साहब बदल जाते हैं, वे नश्वर हैं। कुत्ते अमर हैं। कुत्ता संस्कृति अमर है, अजर है, अनश्वर है और अमर है लहराती हुई पूँछ। रोटी-दूध दिखाएगा तो बन्दा पूँछ हिलाएगा।

नगरपालिकाएँ लाउडस्पीकर पर घोषणा करती हैं। बहनों और भाइयों–याद रखिए, जिसके गले में पट्टा नहीं होगा, उसे ज़हर मिला रसगुल्ला खिलाकर मार डाला जाएगा। पट्टा पहनने वाले खुश हैं–वीर विहीन मही मैं जानी। बिना पट्टेवाले भोले-भाले प्राणी साहबों के नीम जवान लड़कों तक एप्रोच करते हैं–प्लीज, हमें भी पट्टा पहनाइए न, भैया। भैया काटने दौड़ते हैं–भागो, भागो। पहले रोज़ग़ार दफ्तर में नाम लिखाओ, तब आना। साहबों के कुत्ते निश्चिन्त हैं, वे पट्टा पहनें या न पहनें। उनका कुछ नहीं बिगड़ेगा। साहबों के कुत्ते रसगुल्ले नहीं खाते। वे गोश्त खाते हैं, और नगरपालिका के बजट में गोश्त का प्रावीजन नहीं होता। बिना पट्टोंवाले स्वतंत्र कुत्ते सोच-सोचकर पागल हो जाते हैं– यार, कैसा अन्धेर है? साले भुखमरों को रसगुल्ले खिलाकर मार रहे हैं। न जीने दें–न खाने दें। सूचनार्थ निवेदन है कि पागल कुत्तों को गोली मार दी जाती है। देश के गली, गाँव, कस्बों, नगरों और महानगरों में पूँछ हिलाने का साँस्कृतिक कार्यक्रम जारी है। हिलाओ और पाओ–अचूक मंत्र। जो माँगोगे, वही मिलेगा। फिर मारो राजधानी तक धावा। इसका निराला जलवा है। शरद जोशी और हरिशंकर परसाई बैठे रह जाते हैं और यार लोग शिखर सम्मान ले उड़ते हैं... दौड़ जारी है। दिल्ली-भोपाल एक हो रहा है। वे छोटी, बड़ी और मँझोल दुमें उठाए हुए इस बँगले से उस बँगले तक दौड़ते हैं। बँगलों के बाहर चेतावनी है–कुत्तों से सावधान। बाहर वाले भीतर जाना चाहते हैं। भीतर वाले सतर्क हैं–नो एंट्री। भाग-भाग। कोई आह्वान करता है–भाइयों, एक हो जाओ। और अचरज, वे एक हो जाते हैं। मगर एक होकर भी वे क्या कर लेंगे? कटोरा सामने आते ही वही पुराना कुकरहाव शुरू हो जाएगा।

❑

किराए का मकान उर्फ बसना बालम का मन में

स्वर्गीय कुन्दनलाल सहगल बेचारे कितने अच्छे गायक थे, पर घर बसाने के लिए किराए का मकान न पा सके। ढूँढ़कर थक गए होंगे तो फिर गाने लगे होंगे–

बालम आन बसो मोरे मन में

मैं क्या कोई बुरा आदमी हूँ? पर क्या करूँ? कोई किराए पर मकान देना ही नहीं चाहता। खैर, सहगल ने तरकीब निकाल ली। मैं रह गया। एक वे थे कि मन में बालम की गुंजाइश थी। एक हम हैं कि चुप बैठे हैं।

एक और बाई थी। बड़ी रईसजादी रही होगी। भगवान उसका भला करे। बड़ा आलीशान मकान था उसके पास। 'मेरे दिल का मकान, सैंया बड़ा आलीशान' पर किराएदार भी शुरू से सतर्क रहे हैं–'बोलो, बोलो मेरी जान है किराया कितना?' अर्थात् व्हाट इज द रेंट! उस जमाने में सीमेंट खूब मिलती होगी। तब तो बाई ने आलीशान मकान ठोंक दिया था। जब विचार करता हूँ तो लगता है, किराए के मकानों की समस्या अति प्राचीन है। हे तात्! यह पृथ्वी अल्लाह मियाँ की है। साँसों का किराया जब खत्म, तभी डेरा बाहर। इस समस्या के बारे में शोध किया जाए तो अकल चकरा जाती है। पहले किराएदार हुआ कि मकान मालिक?

मीराबाई की याद आती है तो रोना आ जाता है। बेचारी के नैनों में नंदलाल जी जाकर बस गए थे। 'बसो मोरे नैनन में नंदलाल।' मुझे मिल जाएँ तो पूछूँ–भैया तुझे संसार में कहीं और जगह नहीं मिली? हाय! बेचारी अबला की कैसी दुर्गति हुई होगी? आँख में कंकण चला जाता है तो कष्ट होता है। अगर कोई मकान मालिक नंदलाल को अपना मकान किराए पर दे देता तो दुखिया की ऐसी हालत न होती। हिन्दी में सोचता हूँ तो लज्जा से जल-जल हो जाता हूँ और उर्दू में सोचने पर शर्म से पानी-पानी। अरे, मीराबाई तुम किसी रेंट कंट्रोल वाले से एप्रोच न लगा सकीं, या फिर राणा से कहकर कोई मकान नंदलाल को अलाट करा देती तो मारी-मारी तो न फिरती। न घर की ही रहीं न घाट की। और धिक्कार है हमारे स्वास्थ्य मंत्री को। इतने नेत्र-विशेषज्ञ-डॉक्टरों को क्यों नौकरी दे रखी है। मैं पूछता हूँ आखिर क्यों? आपरेशन करके नंदलाल को निकाल बाहर करते। खैर, हमें क्या लेना है। जब चुनाव होंगे तब अपने-आप पता चल जाएगा। अब अधिक दिनों तक इनकी धाँधली थोड़े ही चलने वाली है। अगर जयप्रकाश जी को मालूम हो गया तो लेने के देने पड़ जाएँगे।

मुझे लगता है, ज्यों-ज्यों किराएदारों की संख्या बढ़ी होगी, त्यों-त्यों नैनों से दिल तक के कमरे अलाट होते चले गए होंगे। फिर किराए की अच्छी आमदनी देखकर बाइयों ने दिलों में आलीशान मकान बनवाए होंगे। कितने ही किराएदार भर लो। पर किराएदार डरता होगा। है किराया कितना? यह ठीक बात है। बिल्कुल सैद्धान्तिक। मकान लेने के पहले किराया हमेशा तय हो जाना चाहिए। एक बार मैं भी धोखा खा चुका हूँ। हुआ यों कि एक होटल में बिना किराया तय किए रुक गया। सबेरे जब मैं जाने लगा तो किराए के प्रश्न पर विवाद हो गया। वैचारिक स्तर से आरम्भ संघर्ष शीघ्र ही शारीरिक स्तर तक जा पहुँचा। भाग्य अच्छा था कि एक थानेदार वहाँ आ गए। वे आज जहाँ भी

हों, खुदा उन्हें जन्नत नशीन करे। उन्होंने मामला निपटा दिया। स्मरणीय है–अन्तिम भुगतान के समय कुल तीन पक्ष थे। अब मैं जहाँ ठहरता हूँ, पहले पूछ लेता हूँ किराया कितना?

तुलसीदास जी भी इसी झंझट में फँस गए थे। अवधेश के बालक चार सदा, तुलसी मन मंदिर में बिहरें। बाबा की कोई गलती नहीं थी। पहले रत्नावली अकेली घूमती थी, उन्हीं ने ला बिठाए चारों। नतीजा यह हुआ कि खुद को जगह न बची। अपने हाथों धोखा खाया। भैया, अपना मकान सोच-समझकर किराए पर उठाना चाहिए।

गालिब तो अपने मकान मालिक से इतने तंग थे कि खुल्लम-खुल्ला गाते फिरते थे–'रहिए अब ऐसी जगह चलकर जहाँ कोई न हो।' इस गजल को जिन्होंने पूरा पढ़ा है वे जानते हैं कि यह पूरी गजल किराए के मकान पर लिखी गई है।

मकान मालिकों की तकलीफ भी पुरानी है। एक बार जो किराएदार बन गया, वही मकान पर कब्जा करने की सोचता है। अंग्रेज भी तो भारत में पहले किराएदार बनकर ही आए थे। मेरे मुहल्ले में एक साहब के मकान में एक बाई की तरह। फिर बाई और साहब में काँग्रेस-कम्युनिस्ट सम्बन्ध हो गए। अब साहब को तो स्वर्ग में मकान मिल गया, सो वे उधर रहने चले गए। इधर साहब के पुत्रों, बाई के पुत्रों तथा साहब और बाई दोनों के संयुक्त पुत्रों में मकान के स्वामित्व को लेकर महाभारत चल रहा है। अपना मकान किराए पर देने वाली महिलाएँ कृपया नोट करें। हाँ, तो मैं कह रहा था कि अंग्रेज आए बड़े नेक किराएदार बनकर, जैसे अभी यशवन्तराव चव्हाण काँग्रेस में आए हैं। धीरे-धीरे मकान मालिक बन बैठे, जैसे वे आगे चलकर मंत्री बनेंगे। फिर फौजदारी के जरिये निकाले गए, जैसे कमलापति जी वगैरह। अंग्रेज तो चले गए पर उनकी औलादें अभी हिन्दुस्तान में हैं। कभी-कभी बाप-दादा का ख़याल आता है तो चिल्लाने लगती हैं–हिन्दी गँवारों की भाषा है। मुझे उन बुड्ढों का ख़याल आता है जो चीखा करते हैं–इस प्रकार की सरकार से तो अंग्रेज अच्छे थे। थे, तो भैया तुम उनके साथ चले क्यों नहीं गए? खैर, हमें इस सबसे क्या मतलब? हम तो किराए के मकान के चक्कर में हैं। राष्ट्रीय स्वास्थ्य की गिरती हुई रफ्तार देखकर न तो नैनों में बसने का साहस होता है और न दिल में। अगर मालिक की आँखें आ गईं तो हमारा क्या होगा? और दिल में जगह होने का सवाल तो अब देश में उठता नहीं। कारण, हर आदमी धीरे-धीरे जेब बनता जा रहा है।

❒

एक आदम की करुण-गाथा

हमारे प्यारे भारतवर्ष में राष्ट्र, विश्वविद्यालय, सेना, सभा और महिलाओं के लिए पति एक आवश्यक प्राणी है। इसलिए यहाँ अनेक प्रकार के पति पाए जाते हैं। जैसे, राष्ट्रपति, कुलपति, सेनापति, सभापति और पति। ये प्रमुख प्रकार हैं। सेनापति और कुलपति की लगभग एक-सी ही हालत होती है। अन्तर सिर्फ इतना होता है कि सेना में अनुशासन होता है। अतः कुलपति होना परम कष्टकर होता है, आजकल खासकर बिहार में। जहाँ तक पति और लखपति का प्रश्न है, महिलाओं की हार्दिक इच्छा होती है कि पति लखपति ही हो। कई महिलाएँ तो अपनी सेवाओं से अपने पति को लखपति बना लेती हैं, यहाँ शब्द 'सेवाओं' पर मेरा विशेष हार्दिक बल है। यह एक अलग बात है कि कई लखपति, विवाह करने के बाद सिर्फ पति बचते हैं। पत्नी के बारे में एक महत्वपूर्ण बात यह है कि पत्नी सदा दूसरे की अच्छी लगती है और पुत्र अपना। यदि दूसरे की पत्नी से अपना पुत्र हो जाए तो सोने में सुहागा कहलाएगा। विवाह के बारे में सबसे आश्चर्यजनक तथ्य यह है कि मैंने आज तक किसी एक अविवाहित को दूसरे के लिए विवाह की प्रेरणा देते नहीं देखा। सदा दस-पाँच विवाहित मिलकर किसी अविवाहित को घेरते हैं। जब तक शादी सम्पन्न नहीं हो जाती तब तक लड़के की मंत्री जैसी खातिर होती है। विवाह होते ही बेटा सन्तरी बन जाते हैं। मेरा यह परामर्श अविवाहित लोग कृपया नोट करें—वे जो कुँवारे हैं और अविवाहित हैं तथा वे जो कुँवारे तो नहीं हैं किन्तु अविवाहित हैं।

जहाँ तक सभाओं का प्रश्न है, यह स्पष्ट है कि बिना पति वे चल नहीं सकतीं। सभा-पत्नियाँ यहाँ मुझे क्षमा करें। मेरा उद्देश्य महिलाओं को नकारना नहीं है। पति होने का अर्थ अपना मुँह बन्द करना है। चाहे आप सभा के पति हों या पत्नी के। मुझे इसका कटु अनुभव है। एक बार कुछ लोग मुझे एक सभा का पति बनाकर ले गए थे। मैं पहले ही कर्तव्य-निर्वाह में असफल हो गया था। यह कर्तव्य श्रीमती सभा की अर्थ-व्यवस्था से सम्बन्धित था। जो चीज भारत सरकार से नहीं सँभल रही उसे सँभालने की मेरी औकात न थी। मैंने विनम्रतापूर्वक मना कर दिया था। पहले ऐसी हालत थी। तब गणेशोत्सव देखकर प्रसन्नता होती थी, अब जलन होती। भैया तुमने महँगाई का इलाज पहले से कर रखा है। मुख की वैकल्पिक व्यवस्था करके बैठ गए हो। लड्डू है तो ठीक, वरना दूर्वा चलेगी और एक हम अभागे हैं कि अनाज के बिना पत्ता नहीं हिलता। खैर, जैसा कि आरम्भ में ही निवेदन कर चुका हूँ और अन्त में जिसे दोहराने की मेरी हार्दिक इच्छा है कि इसके बावजूद वे मुझे अध्यक्ष बनाकर ले गए थे।

शुरुआत आत्मा को सुख देने वाली थी। मंच पर पहुँचते ही मुझे मालाएँ पहनाई गई थीं। लगा कि जीना सफल हो गया है। धीरे-धीरे पत्नी की तरह यह भी नीरस लगने लगा पर उसी तरह इसे भी निभाना पड़ रहा था। हार पहनाकर और कुर्सी पर बैठाकर उन्होंने मेरा मुख बन्द कर दिया था। वे सब खूब बोल रहे थे। मैं अभागा चुप बैठा था। कुर्सी पर बैठने से यही होता है। कुर्सी की महिमा यही है। जो कुर्सी पर बैठ गया, उसका मुख बन्द हो जाता है। कुर्सी और माला का बड़ा घनिष्ठ सम्बन्ध है। कुर्सी पर बैठते ही माला की याद आती है। हाय कहाँ है? क्या व्यवस्था नहीं की। और

माला पहनते ही कुर्सी की याद आती है, माला पहनाकर क्या नीचे बिठाएँगे भाई? माला में बड़ी शक्ति होती है। कई लोग तो माला पहनाते-पहनाते खुद कुर्सी प्राप्त कर लेते हैं। हें, हें, हें, अमुक जी न माने। ऐसे लोग सफल होते हैं। इनकी कुर्सियों में रासायनिक परिवर्तन होते रहते हैं। वे पहले लकड़ी की होती हैं फिर क्रमशः स्टील, ताँबे, चाँदी और सोने की होती हुई अन्त में गायब हो जाती हैं। सभाओं की समस्या इस तरह के लोगों को बहुत परेशान करती है, विशेष रूप से श्रोताओं की कमी। एक बार एक सभा देखकर मुझे लगा कि परिवार-नियोजन अभियान सफल हो गया है। सभा में वे दो और उनके दो थे। एक वक्ता और एक अध्यक्ष, वे दो तथा एक स्पीकरवाला और एक दरी-उठाऊ—उनके दो। पर देश अभी प्रतिभाओं से खाली थोड़े ही हो गया है। ऐसे-ऐसे नरपुंगव पड़े हैं कि अपना मंच, अपनी दरी और श्रोता तक ट्रक के साथ लेकर चलते हैं। मैं इस व्यवस्था से सहमत हूँ। इसके दो फायदे हैं। पहला तो यह कि हूटिंग का कोई खतरा नहीं रहता, दूसरे श्रोताओं की उपस्थिति का संकट नहीं होता। जो नहीं आएगा उसके पैसे काट लिये जाएँगे। यह प्रगति गौरवपूर्ण है। मुझे लगता है, वह दिन दूर नहीं जब छोटी हैसियत के लोग हाथ-ठेलों पर और बड़ी हैसियतवाले ट्रकों में अपनी रेडीमेड सभाएँ लिये घूमेंगे। जयंती के भाषण दिला लो या शोक सभा करा लो। यह आनंदपूर्ण स्थिति कवि सम्मेलनों में पहुँच ही चुकी है। अपने आदमी के काव्य-पाठ के समय तालियाँ तथा 'वन्स मोर' और अन्य की बारी पर हूटिंग। बाजार की स्थिति देखकर लगता है कि कुछ दिनों में हूटिंग की दुकानें भी मिलेंगी। कितने हूट करने वाले चाहिए। पहले आर्डर बुक कराएँ। परिवार नियोजन विभाग के प्रति कवियों की ओर से कृतज्ञता व्यक्त करना मैं अपना धर्म समझता हूँ, क्योंकि सबसे अधिक कवि सम्मेलन इसी धैर्यवान एवं परम सहनशील, तपस्वी और परोपकारी विभाग ने आयोजित कराए हैं। बात सभा की थी, इसलिए नवरंग जी की चर्चा के बिना नहीं छोड़ी जा सकती। जब उनका सभा-व्रत समाप्त हो गया तो उन्हें एक अनाथालय के उद्घाटन का अवसर मिला। नवरंग जी विनम्रता से घुटनों तक दुहरे होते हुए पहुँचे थे। कष्ट की बात यह थी कि सभा में उनके वैतनिक श्रोता न थे न ही कोई तैयार भाषण उनके पास था। उद्घाटन करते हुए जो परम मूल्यवान विचार उन्होंने प्रस्तुत किए वे अक्षरशः इस प्रकार थे—'प्रिय भाइयों, आपके इस अनाथालय का उद्घाटन करते हुए मुझे अपार प्रसन्नता का अनुभव हो रहा है। आप इसी तरह कर्मठता दिखाते रहे तो वह दिन दूर नहीं जब भारत के घर-घर में अनाथालय होंगे। जैसे अनाथ बच्चों पर दया करके आपने उन्हें अनाथालय में स्थान दिया है, वैसे ईश्वर आपके बच्चों को अनाथालय में जगह देगा।' इसके बाद की क्या कहूँ, ऐसा भ्रमजाल बना कि कभी कुर्सियाँ दिखतीं, कभी माइक, कभी नवरंग जी, कभी भाषण, कभी जूते। बहुत देर बाद धुन्ध हटी। जब नवरंग जी, वापस घर पहुँचे तो उनकी पत्नी ने कहा—बाद में आइए, वे तो सभा में गए हैं, अनाथालय का उद्घाटन करने। नवरंग जी ने कहा—भागवान, तू तो अपने बच्चों को अनाथालय भेजने की व्यवस्था कर। मरते-मरते बचा हूँ। मैं तभी से सोच रहा हूँ कि अगर नवरंग जी उस दिन सभापति रहते हुए वीर-गति को प्राप्त होते तो विधवा कौन होती? सभा या उनकी पत्नी!

❒

छोटे गुरु की कथा

छोटे गुरु छुट्टन थे तभी उनकी प्रतिभा का पता चल गया था। घर की खिड़की पर बैठकर आते-जाते लोगों की खोपड़ी पर कंकरी से अचूक निशाने लगाया करते थे। ज्यों-ज्यों आयु बढ़ती गई, उनका शौक परिमार्जित होता गया। निशानेबाजी लिंग-विशेष तक सीमित रह गई। परिणाम यह होता कि कृतार्थ होने वाली महिलाओं के संरक्षक कभी तांडव और कभी नागा नृत्य करते हुए उनके घर पधारते तथा उनके निकट सम्बन्ध स्थापित करने की धमकियाँ देते।

युवा होते ही समाजवादी नीतियों में उनकी आस्था हुई। वे क्षेत्रीय लोगों की गरीबी हटाने में जुट गए। सट्टे और जुए के माध्यम से उन्होंने कई लोगों का उद्धार किया। कभी-कभी अवैध शराब की बिक्री करते हुए जहाँ एक ओर कुटीर उद्योग को उन्होंने प्रोत्साहन दिया, वहीं दूसरी ओर जनता और पुलिस के बीच मधुर सम्बन्धों का आदर्श प्रस्तुत किया। जब उनके प्रिय और बुद्धिमान थानेदारों का जलने वालों ने तबादला करवा दिया तो छोटे गुरु बिलख-बिलखकर रोए। यह संसार ही ऐसा है। जालिम जमाने ने छोटे गुरु के साथ बुरा किया, पर उन्होंने भलाई करने की कसम खा रखी थी। जब नए थानेदार आए तो छोटे गुरु ने भारतीय दंड संहिता की प्रत्येक धारा के सुन्दर सदुपयोग का मौका उन्हें कृपापूर्वक प्रदान किया। समाज ने उनका साथ दिया। देह की नश्वरता का जो सिद्धान्त छोटे गुरु छुरे के साथ प्रतिपादित करते थे, उसे लोगों ने समझ लिया था। पुलिस को गवाह नहीं मिले, मजिस्ट्रेट को सबूत। बिना सबूत के इस देश में कुछ नहीं होता। जैसे जुलाई की पेन्शन प्राप्त करने वाले को जून में जीवित रहने का सबूत देने पर ही पिछला पैसा मिलता है।

जब छोटे गुरु वापस आए तब आम चुनाव चल रहे थे। उनके एक घनिष्ठतम मित्र चुनाव लड़ रहे थे। छोटे गुरु की बदौलत वे जीत गए। वे मंत्री बनते-बनते रह गए और छोटे गुरु की लाटरी खुलते-खुलते रह गई। उनकी शिक्षा म.प्र. राज्य परिवहन की बसों की तरह हर कक्षा में रुकती हुई अन्त में फेल हो गई थी। पर वे विधायक के अन्तरंग थे, अतः शीघ्र ही शिक्षा विभाग ने उनकी प्रतिभा पहचान ली। इसके पहले वे हर विभाग में प्रार्थना-पत्र दे चुके थे। हर विभाग से ठुकराए हुए छोटे गुरु शिक्षक हो गए। इस देश के शिक्षा-नियामकों को धन्य है। "शरणागत वत्सल भगवाना" जिसे कहीं नौकरी नहीं मिलती वह इस देश में शिक्षक हो जाता है और जिस नेता को जनता चुनाव में लात मारकर भगा देती है, वह किसी विश्वविद्यालय का कुलपति बनकर अपने जख्म चाटता है।

खैर, छोटे गुरु ने देश-सेवा नहीं छोड़ी। वे एक ग्रामीणशाला में नियुक्त किए गए थे। जब उन्होंने चार्ज लिया, शाला में अड़तीस छात्र थे। अब पाँच हैं। शेष को उन्होंने आत्म-निर्भर कर दिया है। सब घरों में बैठकर बीड़ी बनाते हैं। एक बार जब मैं उनसे मिलने उनकी शाला में पहुँचा तो आत्मा प्रसन्न हो गई। जो काम देश के सारे नेता नहीं कर सके वह छोटे गुरु ने कर दिखाया था। उनकी शाला के शेष रहे पाँचों छात्र भारतीय संस्कृति की रक्षा में मन-प्राण से जुटे हुए थे। गुरुकुल का दृश्य था। एक शाला भवन झाड़-पोंछकर साफ कर रहा था। दो छोटे गुरु की रसोई के लिए लकड़ी लेने जंगल गए थे। जब मैं उन्हें देखने पहुँचा तो वे दोनों योग्य शिष्य एक छायादार स्थान में बैठे ताश खेल रहे थे शेष दो में से एक छोटे गुरु के गाँजे की चिलम और दूसरा आग की व्यवस्था करने गया

हुआ था। मैंने छोटे गुरु की शिक्षा-पद्धति की तारीफ की तो वे मुस्कुराने लगे। फिर संजीदा हो गए। यार क्या करें? सरकार ने बड़ी जिम्मेदारियाँ दे रखी हैं। इस शाला में मैं ही हेडमास्टर हूँ और मुझे ही घंटा बजाना पड़ता है। गाँव के काँजी हाउस का भी मैं ही व्यवस्थापक हूँ। मुझे लगा, छोटे गुरु एक बहुत बड़ा सत्य कह गए हैं। सरकार शालाओं और काँजी हाउस की व्यवस्थाएँ एक ही स्तर पर कर रही है। यह ठीक भी है, क्योंकि देश को यहाँ-वहाँ मुँह मारने वालों की बहुत जरूरत है।

❐

बिगड़ना बलम का और न खाना सुपारी

आजकल भोपाल रेडियो लोकगीत सुनवा रहा है। सुनता हूँ और दुःखी हो जाता हूँ। हमारी लोक-संस्कृति आधुनिकता की पिटाई करती है। कुछ लोग खुश होते हैं। यह खुश होना वैसा ही है, जैसे हड्डी चूसने से निकला खुद का खून चूसकर कुत्ते खुश होते हैं। बाजार में भावों के प्रश्न पर बनिये से पराजित होकर घर लौटता हूँ तो लोकगीत सुनने मिलते हैं। नायिका बटे गायिका गा रही है—हमसे बलम से ऐसे बिगड़ी, मोरी कतरी सुपारी नें खाँय। सुनकर आग लग जाती है। ईर्ष्या होती है। हाय! कितने शक्तिशाली और कितने भाग्यवान बलम होते थे पहले। प्रेमिका या पत्नी से झगड़ा हुआ बस। हो गई बात खत्म। अपना बटुआ सरौता निकाला। अपनी सुपारी खुद काट रहे हैं और खा रहे हैं मजे से। अब ऐसा नहीं हो सकता। इसके दो कारण हैं। पहला तो यह कि बलम अब बेचारे हो गए हैं। दूसरे, सुपारी के बाजार भाव नेताओं की तरह बढ़ गए हैं। बलम का दुतरफा अवमूल्यन हुआ है। अब खाएँगे ही बेटा तो खजूर की गुठली खाएँगे। मैं कल्पना करता हूँ। एक बलम महोदय अपनी पत्नी से रूठकर पान की दुकान पर पहुँचे। वहाँ खड़े दोस्त मुँह चुराने लगते हैं। भैया, आय गए मुफ्तखोर। पान की कीमतें बढ़ गई हैं, आमदनी कम हो गई है। पर रेडियो वाली बाई जी प्रसन्न हैं। वे बराबर गाए जा रही हैं—वे तो बीड़ा भौजाई घर खायँ। ख़याल आता है तो आत्मा पुलकायमान हो उठती है। एक तो भाभी, ऊपर से पान देती हुई। क्या जमाना रहा होगा। हाय-हाय!

संसार ने क्या हालत कर दी है। बीड़ा देते हुए भाभी कितनी सुन्दर और अच्छी लगती होगी। पान के स्वाद की क्या कहूँ। अब सोचता हूँ, भाई के घर जाऊँगा तो क्या होगा? पिछली बार गया था तो उसके बच्चों ने ऐसी निगाहों से देखा था जैसे घर में चोर घुस आया हो। कभी जाता हूँ तो भाभी पूछती हैं—भैया, खाना खाकर आए हो या जाकर खाओगे? मैं सुनता हूँ और ध्वस्त हो जाता हूँ। ओ मेरी भाभी, तेरी यह क्या हालत हुई? हाय किस्मत और वाय किस्मत। मैं दुःखी हूँ, पर रेडियो पर कोई असर नहीं है। गाने वाली बाई जी ठोंके जा रही हैं। वे तो खाना मताई घर खायँ। यहाँ हालत क्या हुई होगी? विचार करके देखो तो पता चलता है कि यह निश्चित होगा कि माता जी ने पैसे नहीं माँगे होंगे, अन्यथा रूठे हुए बलम महोदय वहाँ न जाते। उस समय बड़े जलवे रहे होंगे लोगों के।

अब घर जाओ, तो माँ पहले तनख्वाह के बारे में पूछती हैं। बेटा, राशन खत्म है। इस महीने पैसे नहीं दिए। सुनकर किस्मत ठोंकने की तबियत होती है। एक हम हैं कि घर-भर के होते हुए अनाथ हो रहे हैं और एक बाई के बलम हैं कि रूठकर इधर-उधर चकाचक करते घूम रहे हैं। हम 'परमदुःखी भा पवनसुन' की हालत में हैं। पर रेडियो गाए जा रहा है। रेडियो होने का यही सुख है। रेडियो होने पर साँसारिक कष्ट नहीं व्यापता। इसलिए जगह-जगह लोग रेडियो हो गए हैं। जो जितना अधिक बैंड का है, वह उतना ही अधिक सुखी है। पर दुःखी होने से क्या होता है? हम वे हैं जो पुष्पक विमान में उड़ते थे। हम वे हैं, जो हमी हम थे। हम वे हैं, जिन्होंने अणु विस्फोट किया है। इसलिए लोग खुश भी होते हैं। यह कहकर कि हमारी लोक-संस्कृति आधुनिकता को धड़ाधड़ जूते मार रही है।

रेडियो वाली बाई को धन्यवाद! बेचारी याद तो दिलाती है कि ऐसे बलम होते थे हमारे यहाँ। चाहें तो हम खुश हो सकते हैं। पर यह खुश होना कुत्ते की तरह की प्रसन्नता न होगी क्या? ❐

दो पैरों वाला कुत्ता

वह कुत्ता अपने ड्राइंग रूम का शेर था। ड्राइंग रूम में घुसते ही पूँछ को विजय पताका की तरह उठा लेता था और घर से बाहर निकलते ही दुम को दोनों टाँगों के बीच दबा लेता था। शहर के हर बुल्डाग और ग्रेहाउंड के यहाँ नित्य नियमपूर्वक नमस्कार करने पहुँचता था। ऐसा करते समय वह अपनी पूँछ का अधिकतम उपयोग कर लेता था। आप तो जानते ही हैं कि पूँछ कुत्तों के लिए कितनी फायदेमन्द होती है। एक तो उसे हिलाकर वफादारी प्रकट करने की सुविधा होती है, दूसरे उसे हिलाकर टुकड़े जुटाए जाते हैं। उसकी माँ देशी और बाप विदेशी था। वह अंग्रेजी में हँसता और हिन्दी में रोता था। फिर भी उसकी नस्ल के बारे में कुछ कहना कठिन था। वह बँगलेवाला शहरी कुत्ता था।

शहर के देशी कुत्तों के लिए नगरपालिका के बजट में रसगुल्लों की मद निर्धारित थी। लावारिस विदेशी कुत्तों के लिए कारतूसों की व्यवस्था थी, लेकिन वह सुरक्षित था। नगरपालिका के स्वास्थ्य विभाग में उसकी नस्ल के लिए कोई प्रावधान नहीं था। सच कहा जाए तो कई महत्वपूर्ण लोगों के साथ उसे देखकर नगरपालिका उससे मुहब्बत करने लगी थी। स्वास्थ्य अधिकारी उसे चाय पिलाने ले जाने लगे थे। वह बड़े लोगों का कुत्ता था। उसने बहुत से कुत्तों के उतार-चढ़ाव देखे थे। वह बड़ा अनुभवी और सतर्क कुत्ता था। हमारे प्यारे भारतवर्ष में कुत्ते सदा महत्वपूर्ण रहे हैं। जैसे युधिष्ठिर का कुत्ता उनके भाइयों को सुपरसीड कर गया था। प्रायः हर मालिक के पास दो-चार कुत्ते होते हैं। कई स्थानों में कुत्तों और मालिकों के सम्बन्ध इतने घनिष्ठ होते हैं कि यह तय करना मुश्किल हो जाता है कि इनमें मालिक कौन है और कुत्ता कौन? वैसे मालकिनों और कुत्तों का प्रेम तो प्रसिद्ध है ही। संसार में ऐसी कौन-सी मालकिन होगी जो कुत्ते को प्यार न करे। एक बार तो एक मालकिन और कुत्ते के सम्बन्ध इतने घनिष्ठ हो गए कि मालिक ने कुत्ते को गोली मारकर आत्महत्या कर ली। यह अलग बात है कि मालकिन ने नया कुत्ता पाल लिया। यह श्वान शिरोमणि, जो शहीद हुआ, विदेशी था।

अपने कथा-नायक को एक देशी कुत्ते की याद आती जो घूरे से जूठन बटोरता था। मुहल्ले के बच्चे पत्थर मारते तो दीन भाव से दाँत दिखाता। जैसे कह रहा हो—तुम्हीं हो माता, पिता तुम्हीं हो। वह डंडा देखते ही भाग खड़ा होता और रोटी का टुकड़ा देखकर पाँव पर लोटने लगता। लोग उसे रोटी का टुकड़ा दिखाकर बुलाते और डंडे से मारकर खदेड़ते। दुनिया का दस्तूर यही है। जाति भाइयों के समक्ष उसने विद्रोह की योजनाएँ रखीं तो वे गुर्राने लगे—औकात मत भूलो। वह एक दिन धोखे में रसगुल्ला खाकर मारा गया। मरते समय उसके दाँत दुनिया की मर्दानगी देखने बाहर झाँकने लगे थे। इस तरह दो नस्लों के कुत्ते हमारे कथा नायक के देखते-देखते मारे गए थे। वह होशियार और सतर्क था, इसीलिए जिन्दा था। काटने की उसकी हैसियत न थी, इसीलिए निरन्तर भौंकता था। साथ ही टुकड़ों पर भी नजर रखता। वह रसगुल्ले नहीं, गोश्त खाता था। नगरपालिका के बजट में गोश्त के लिए कोई मद नहीं थी, अतः वह निश्चिन्त था। उसके साथ के कई देशी-विदेशी कुत्ते अनिवार्य सेवा मुक्त हो चुके थे, किन्तु उस पर आँच नहीं आई थी। यह उसकी कार्यकुशलता का प्रमाण था। वह पक्का समाजवादी था। सारे शहर में उसकी होशियारी की चर्चा होती थी। सिर से पैर तक उसके शरीर में उतने ही रंग थे, जितनी भारत में राजनैतिक पार्टियाँ हैं। इसलिए वह हर दल में घुस जाता

था। एक बार शहर में नया शेर आ गया। यह तो उसके प्रभाव-क्षेत्र में सीधी घुसपैठ थी। हमारा कथा नायक उसे अंग्रेजी में डाँटने लगा हाऊ-हाऊ-कैसे-कैसे। शेर ने मुस्कुराकर हिन्दी में उत्तर दिया–हाँ हाँ हाँ। कुत्ता आखिर कुत्ता था। दुम टाँगों के बीच दबाकर नमस्कार करके हिन्दी में रोने लगा। शेर को दया आई। उसने एक हड्डी फेंक दी। कुत्ते ने सारे शहर में प्रदर्शन किया। नये शेर ने भेंट भेजी है। उसे मैंने शेर बनाया है। बराबर प्रचार करता। नया शेर सुनता और परेशान होता। इधर अपना कथा नायक शहर-भर के बुलडाग और ग्रेहाउंड कुत्तों के यहाँ शिकायतें करने पहुँचता। अन्ततः एक दिन कुछ पुराने और कुछ नए कुत्तों की जमात उसने नये शेर के खिलाफ खड़ी कर ली। संक्षिप्त-सी लड़ाई हुई। नया शेर मारा गया। कुत्ते बहुत प्रसन्न थे। अपना कथा नायक परम प्रसन्न। कुछ देर सबसे पीछे टाँगों के बीच दुम दबाए चलता रहा, फिर अपने घर की ओर मुड़ गया। दूसरे कुत्तों ने आश्चर्य से देखा, अब उसकी दुम विजय पताका जैसी लहरा रही थी। वह ड्राइंग रूम में प्रवेश कर रहा था। बाहर तख्ती लगी थी–रायल बंगाल टाइगर।

❒

लौटना वापस जादुई चिराग का

एक दिन बाजार में घूमते हुए अचानक अलादीन मिल गया। मैंने हाल-चाल पूछा तो आप-बीती सुनाने लगा...।

कल सपने में फिर चिराग का जिन आया। परेशान, गन्दा और दुर्बल लग रहा था। उसके घुटे हुए सिर पर वह पुरानी चमक नहीं थी। आकर सिर झुकाए चुपचाप खड़ा रहा।

मैंने कहा—क्यों रे, तू तो आजाद हो गया था फिर तेरी यह क्या गत हुई? उसने कमजोर आवाज में कहा—मेरे आका, आजाद तो तुमने कर दिया। पर क्या बताऊँ, आजाद होकर मैं तो फँस गया। मैं क्या जानता था कि तुम मुझसे इस तरह बदला लोगे।

मैंने झल्लाकर पूछा—बकवास ही किए जाएगा या कुछ बताएगा भी। रोते हुए उसने जवाब दिया कि यहाँ से आजाद होकर मैं खुशी से इतराता हुआ इधर-उधर उड़ता फिर रहा था। तभी इच्छा हुई कि आजादी की खुशी में कुछ मिठाई खाई जाए। मैं गायब होकर एक हलवाई की दुकान पर पहुँचा। वहाँ से मिठाई उड़ाने ही वाला था कि दुकान पर बैठे उसके लड़के ने मेरा हाथ पकड़ लिया। मैंने बहुत जोर लगाया पर छुड़ा नहीं सका। वह हँसकर बोला; भाई, जो भी हो सामने आ जाए। यह व्यापारी की पकड़ है—इससे तो भारत सरकार भी नहीं छूट सकती।

मजबूर होकर मैं उसके सामने प्रत्यक्ष हुआ। मैंने सोचा था कि मेरा भयंकर स्वरूप और डील-डौल देखकर वह डर जाएगा, पर वह तो हँसने लगा। बोला—भैया, तुम तो यार अलादीन के चिराग के जिन लगते हो। तुमने मेरे यहाँ चोरी करने की कोशिश की है। मैं तुम्हें पुलिस को सौंप दूँगा। पुलिस का नाम सुनकर मेरे छक्के छूट गए।

मैंने कहा—ए सौदागर के बेटे, तू मुझे बख्श और बदले में जो चाहे सो माँग ले। तू जानता ही है कि भारतीय पुलिस तो उन अपराधों को भी कबुलवा लेती है जो कभी हुए भी नहीं।

सौदागर का बेटा बोला—मैं तुझे एक शर्त पर छोड़ सकता हूँ, वह यह है कि तू मुझे इन्कम टैक्स की हमारी फाइल लाकर दे दे। मैं मान गया और गायब होकर आयकर विभाग पहुँचा। लंच की छुट्टी थी। सारे कर्मचारी घर से भूखे आते थे, अतः श्रद्धालुओं के साथ होटलों में लंच ले रहे थे। फाइल साहब की टेबिल पर पड़ी थी। मैं उसे उठाने लगा तो वह मुझसे न उठी। बहुत वजनदार थी। मैं सोच में पड़ गया। तभी फाइल बोलने लगी—ऐ अलादीन के चिराग के जिन, तू चोरी कब से करने लगा रे? मैं तो भारत सरकार की वफादार फाइल हूँ। तभी उठ सकूँगी जब आयकर अधिकारी की बेटी के दहेज का प्रबन्ध हो जाएगा। मैंने कहा—क्या वह सौदागर तेरे एवज में यह इन्तजाम न करेगा। फाइल बोली—नहीं, वह साला सस्ते में छूटना चाहता है। अगर उसकी बात मान ली जाए तो साहब की बेटी को घटिया क्वालिटी का हसबैंड मिलेगा, जैसा राशन की दुकान का गेहूँ होता है।

मैं फिर गायब होकर एक बैंक में हाजिर हुआ। दराज खोलकर नोटों की गड्डियाँ थैले में भरकर लौट रहा था कि रास्ते में जोर से प्यास लगी। मैं तुरन्त नीचे उतरा। यह एक नेता का बँगला था। लान में लगे नल से पानी पी रहा था कि नोटों की गड्डियाँ थैले से निकलकर उड़-उड़कर दरवाजे के अंदर जाने लगीं। मैं यह तिलिस्म देखकर घबरा गया। तभी दरवाजे से एक स्वस्थ शरीरवाले

नेता कानों तक मुस्कुराते हुए बाहर निकले। बोले–कहो क्या काम है? कोई फाइल चाहिए या कोई परमिट। किसी बच्चे का कहीं दाखिला कराना है या किसी को नौकरी चाहिए। मैंने कहा–मेरे मालिक, मुझे तो इन्कम टैक्स की फलां फाइल चाहिए। उन्होंने कहा– तुम्हारे पैसे मैंने रख लिये हैं। कल इसी समय आकर फाइल ले जाना।

दूसरे दिन मैं वक्त पर पहुँचा, तब वे उदास बैठे थे। रो रहे थे। चुप होकर बोले–भैया, तुमने देरी कर दी। मेरा मंत्रिमंडल भंग हो गया है। अगर तुम दस-पाँच विधायकों का प्रबन्ध कर सको तो मैं तुम्हारी समस्या सुलझा दूँगा। मैं फिर परेशान। खैर, अदृश्य होकर भारी मेहनत से दस विधायक खोज निकाले। वे मंदिरों में मंत्रीपद हेतु प्रार्थना कर रहे थे कि मैं उन्हें ले उड़ा। मूर्छित विधायकों को दाबे जब मैं वापस पहुँचा तो पता चला कि वे नेता दल बदलकर फिर मंत्री हो गए हैं और शपथ लेने राजभवन गए हैं। मैं निराश हो गया। अचानक मुझे सूझा कि आयकर अधिकारी की पत्नी की शरण में जाना चाहिए। नीति कहती है–जो काम अधिकारी नहीं कर सकता वह उसकी पत्नी कर देती है।

जब मैं वहाँ पहुँचा उस समय वह आयकर अधिकारी की समस्त स्रोतों से प्राप्त कुल दैनिक आय का हिसाब कर रही थी। मुझे देखकर घबरा गई। मैंने उसे आश्वस्त किया कि मैं तो अलादीन के चिराग का जिन हूँ, गुप्तचर विभाग का कर्मचारी नहीं। तब वह अफसर–पत्नियों के स्वर में बोलने लगी। पर मेरी विनय से प्रसन्न होकर बोली–ठीक ही है, मैं तुम्हें फाइल दिला दूँगी, पर बदले में मुझे क्या मिलेगा? मैंने कहा–मैं आपकी गुलामी करूँगा। इस पर वह नाराज होकर बोली–जब साहब हैं तो मुझे गुलामों की क्या जरूरत? मैंने कहा–ऐ संसार की सबसे हसीन खातून, मेरी मदद कर। तब वह बोली–ठीक है, मेरी एक शर्त पूरी कर दो, मैं तुम्हें फाइल ला दूँगी। तुम मेरी उम्र दस वर्ष कम कर दो और सामने के बँगले की उस घमंडी वर्माइन को कुरूप बना दो। मैंने उसके सिर पर हाथ रखा, वह दस वर्ष छोटी लगने लगी। उधर वर्माइन घर बैठी कुरूप हो गईं। आयकर अधिकारी की पत्नी ने तुरन्त मुझे फाइल ला दी। स्त्रियाँ सौदेबाजी में हमेशा ईमानदार होती हैं। मैंने सौदागर के बेटे को वह फाइल देकर अपनी जान छुड़ाई और निश्चिन्त होकर वह मिठाई खाकर लौटा हूँ। तभी से पेट में बहुत तकलीफ है। जितना इलाज कराया है उतना ही दर्द बढ़ा है। डॉक्टरों का कहना है–शुद्ध दवा खाओ तभी आराम मिलेगा। मैं शुद्ध दवा की खोज करता घूम रहा हूँ। सारे मुल्क को छान डाला है। मैं भूखा और परेशान हूँ। मेरे आका मुझे अपना गुलाम बना लीजिए। मुझे आजादी नहीं चाहिए। मैंने उसे सन्तोष दिया और वह गायब हो गया।

सबेरे जब नींद खुली तो जादुई चिराग कुरते की जेब में मौजूद था।

❐

लाज बचाते श्री भगवान

किसी सम्पन्न परिवार से लड़की भाग जाने पर पड़ोसियों की आत्मा को जो आनंद होता है, भारतीय गुरुजनों को अपने नकलचोर छात्रों के सामने से निरीक्षण के समय विरक्त मुद्रा में निकलते हुए जो प्रसन्नता होती है, थानेदारों को मजिस्ट्रेट की चमचागिरी में जो आनंद मिलता है, प्रेमी को लड़की के पहलवान बाप की नजर बचाकर निकल जाने में जो खुशी होती है और उधार वसूलने वाले को देखकर छुप जाने में जो सुख मिलता है, उसका वर्णन करना बेकार है अर्थात् सूरज को दीपक दिखाना है (निबन्ध लिखने वाले कृपया क्षमा करें)। कुल मिलाकर यह कहा जा सकता है कि इस सब में वही आनंद आता है जो बाबा भारती को अपना घोड़ा देखकर आता था।

इनके अतिरिक्त आनंद प्राप्त करने के और भी सुअवसर हैं। जैसे किसान को देखकर पटवारी प्रसन्न होता है, नसबन्दी का उम्मीदवार देखकर परिवार नियोजन वाले जैसे खुश होते हैं, अकाल की खबर सुनकर राहत कार्य चलाने वाले अधिकारी जैसे खुश होते हैं और छापा मारने वाले अधिकारी की आँखों से आँखें मिलाकर जैसे व्यापारी आनंदित होते हैं (और अधिकारी भी) मुझे ठीक वैसी ही प्रसन्नता होती है अगर किसी का सोना जब्त हो जाए या अनाज पकड़ा जाए।

लिहाजा कलेक्टर साहब ने जब मुनाफाखोरों और जमाखोरों के खिलाफ गुरू-गम्भीर घोषणाएँ कीं तो लगा कि सबेरे उठने पर घर के बाहर उचित मूल्य पर अनाज बिकता मिलेगा। महँगाई का शक्कर की तरह नाम न रहेगा। सारे कष्ट ईमानदारी की तरह खत्म हो जाएँगे। इसीलिए रात नींद देर से आई और सबेरे जल्दी खुल गई। मैं तुरन्त उठकर बाहर आ गया। अनाज बाहर कहीं न था। वह उसी तरह गायब था, जैसे दफ्तर से बाबू। थोड़ी देर इन्तजार करता रहा, शायद अब आ जाए। फिर वक्त पर नहा-धोकर कलेक्टर के यहाँ जाने लगा। रास्ते में उनके चपरासी ने तर्जनी की अँगूठी चमकाते हुए रोक लिया। अपने स्कूटर पर बिठाकर उनके बँगले पर ले गया। कलेक्टर साहब दुःखी बैठे थे। बोले, कोई लाभ नहीं होता आप कोई सूचना भिजवाएँ तो हम छापा मारें। दूसरों को दुःखी करने की आदत के कारण मैं सूचनाएँ प्राप्त करने निकल पड़ा। गलती यही हुई, पर दिल क्या नहीं करवाता? अर्थात् सब कुछ करवाता है।

जमाखोरी और देश की विकट परिस्थितियों से मेरे शहर में सबसे अधिक दुःखी और चिन्तित तीन लोग थे। सबसे पहले उन्हीं के यहाँ पहुँचा। पहले फूलसींग थे। उनके नाम का पहला हिस्सा अंग्रेजी से लिया गया था और अन्तिम हिन्दी से। इस तरह उन्होंने भारत-ब्रिटिश सम्बन्ध मधुर बनाने का सराहनीय प्रयत्न किया था। उसके दो अनुयायी थे। एक राजनीति का धन्धा करता था, दूसरा धन्धे की राजनीति। खुद फूलसींग जी कभी राजनीति का धन्धा करते और कभी धन्धे की राजनीति। इस तरह तीनों सम्पन्न होते गए। इसका परिणाम वही हुआ जो होना था अर्थात् उन्हें देश की चिन्ता सताने लगी। वे तीनों उठते-बैठते हाय साँसें भरते—अरे इस देश का क्या होगा? जो देश की चिन्ता करते हैं, भगवान उनकी चिन्ता करता है। इसलिए वह अंग्रेजी का फूल और हिन्दी का सींग दिन-पर-दिन स्वस्थ होता चला गया। देश की वह जितनी चिन्ता करता, उतना ही उसका वजन बढ़ता। जब उसे अधिक चिन्ता होती तब खादी के कपड़े पहन लेता और टोपी लगाकर घूमने लगता। इससे

उसके गाल सुर्ख होने लगे थे। मेरा तो सुझाव है कि स्वास्थ्य मंत्री इस ड्रेस को सारे देश के लिए अनिवार्य कर दें तो हम राष्ट्रीय स्वास्थ्य सुधार सकेंगे।

फूलसींग की ड्रेस का असर उसके धन्धे पर भी पड़ा। उसकी गल्ले की दुकान अमीबा की तरह बहुत-सी दुकानों में बदलने लगी। देश की वह चिन्ता कर ही रहा था, अतः उसने शायद अकाल की आशंका से कुछ हजार बोरे गल्ला जमा कर रखा था। फूलसींग से बातों-ही-बातों में मैंने जान लिया कि उसके यहाँ हजारों बोरे गल्ला है। जोश में कलेक्टर को सूचित कर बैठा। जैसा कि हमारे देश में होता आया है, कलेक्टर ने शत्रु को ललकार उस पर हमला किया। फोन करते हुए बोले–हे फूलसींग, तू जमाखोर है, रात दस बजे तेरे यहाँ छापा मारूँगा। सावधान हो जा। फूलसींग भगवान का स्मरण करने लगा।

दुनिया में जिसका कोई नहीं, उसका भगवान है। द्रोपदी की जिसने लज्जा बचाई उसी ने फूलसींग की बचाई। जब रात दस बजे छापा मारा गया तो फूलसींग की गोदाम में अनाज का एक दाना भी नहीं था। वहाँ रामधुन हो रही थी। फूलसींग पर श्रद्धा रखने वालों ने मेरी अच्छी खबर ली। दूसरे दिन कलेक्टर ने हँसते हुए कहा–आपकी सूचना ही गलत थी। तुरन्त बोला–अब सही देंगे। मैंने खुद को डाँटते हुए कहा–

रोज कहता है कि, ले चल कूच-ए कातिल मुझे,
जूतियाँ खिलवाएगा उल्लू का पट्ठा दिल मुझे।

❐

फुड आफिस में कविता कक्ष

संजय गाँधी नहीं रहे, मैं भी अस्वस्थ हूँ। देश की बड़ी चिन्ता लगी रहती है। सोचता हूँ हाय! अब इस प्यारे भारतवर्ष उर्फ आर्यावर्त का क्या होगा? प्रजातंत्र कैसे बचेगा? बिना शपथ लिये यह बचता भी नहीं है।

इन दिनों सरकार, डायबिटीज को जड़ से नष्ट करने पर तुली है। सारे बनिये डॉक्टरों की तरह मुस्कुराते हैं–"नो शुगर"–शक्कर नहीं। शक्कर के भाव बढ़ने पर आत्मा भी शुद्ध-बुद्ध हो जाती है। मैं कहता हूँ क्यों री, चाय पिएगी! वह हाय-हाय करने लगती है। दरअसल हर आत्मा के साथ यही दिक्कत है, वह चाय से दब जाती है। चाय शाश्वत सत्य की तरह आत्मा पर चढ़ बैठती है।

सिपाही जेबकट को गिरफ्तार करने आता है। जेबकट कहता है, भैया, चलते हैं। एक चाय तो पी लो। सिपाही "भैया" के आत्मीय सम्बोधन से प्रसन्न है। चाय गले से उतरती है तो सिपाही की आत्मा में बैठे कानून पर चढ़ दौड़ती है। उसकी आत्मा पर साँप की तरह कुंडली मारकर बैठ जाती है। फों-फों करती है। मैं देखता हूँ जेबकतरा भरत भाव से सिपाही की ओर देखता है। सिपाही रामचंद्र जी की मुद्रा में है। बस स्टैंड पर राम-भरत मिलन हो रहा है। दर्शनार्थी गद-गद कंठ से आँखों में प्रेमाश्रु भरे यह स्वर्गीय दृश्य देख रहे हैं।

फुड इन्स्पेक्टर तांडव नृत्य करते हुए कंट्रोल की दुकान पर पहुँचता है। रौद्र मुद्रा है, देखने वाले तक भयभीत हैं। और करो गड़बड़ी। अब गई बेटा के हाथ से दुकान। पर डीलर निश्चिन्त मगन मन बैठा रहता है। ऐसे मुस्कुराता है कि होंठ कानों तक पहुँचते हैं और कान परस्पर आलिंगन करने लगते हैं। बैठो साब, पहले चाय पियो। स्पेशल चाय की प्याली सामने देखकर खाद्य विभाग का कानून लेंड़ी कुत्ते की तरह कभी चारों पैर ऊपर उठा लेता है। कभी दुम पिछली टाँगों के बीच दबाकर डीलर के चरणों में लेटकर ट्याऊँ-ट्याऊँ करने लगता है। डीलर अपने खोखे पर फट्टा बिछाए, रामचंद्र जी की तरह बैठा है। सामने फुड इन्स्पेक्टर केवट की मुद्रा में खड़े हैं। "भए प्रकट कृपाला दीनदयाला" उपभोक्ता उत्सुक व चकित भाव से यह राम-केवट संवाद सुन रहा है।

सरकार देश का चरित्र सुधार रही है। मैं बैठकर सोचता हूँ–शक्कर हमारे चरित्र की तरह गायब हो रही है या हमारा चरित्र शक्कर की तरह गायब हो रहा है? कैसी विकट समस्या है? पहले अंडा हुआ या मुर्गी? और मेरा स्वास्थ्य आजकल खराब रहता है, इस देश का आखिर क्या होगा?

अब मेरी मौलिकता कोई आपसे तो छुपी नहीं है। सच कहता हूँ। बड़े सद्विचार मेरे मन में नारे लगाते हुए जुलूस निकालते हैं। पर मैं संयम का कर्फ्यू लगाकर उन्हें तितर-बितर कर देता हूँ। हालत ऐसी है जैसे कोई "परगोलेक्स" खाकर दौड़ता हुआ घर जा रहा हो और आप सिनेमा दिखाने पर तुल जाएँ। दूसरी बात यह कि कोई सज्जन? विचारों की मौलिकता से अधिक प्रभावित होकर, खोपड़ी खोलकर भीतर न झाँकने लगें। जिज्ञासुओं का कोई ठिकाना है? "लट्ठम ददौ" का सूत्र पढ़ते हुए कब कौन अमृतराय की तरह चढ़ दौड़ेगा, इसे कौन जानता है। अर्थात् कोई नहीं। अतः हे तात, विचारों के जुलूस पर चुप्पी का लाठी चार्ज कर।

हमारा प्रदेश इस मामले में बड़ा भाग्यशाली है। हमारे आपूर्ति मंत्री कवि हैं। मुझे इस प्रदेश में

कविता का भविष्य उज्ज्वल नजर आता है। वह दिन अब दूर नहीं लगता जब कंट्रोल की दुकानों पर कवि मिला करेंगे मैं मन में कल्पना करता हूँ। कवि गोष्ठी चल रही है। वे फुड आफीसर और इन्स्पेक्टर जिनके तबादले होना है अथवा रद्द होना है। जिनकी विभागीय जाँच चल रही है या भ्रष्टाचार के आरोप में सस्पेंड किए गए हैं। वे तमाम अधिकारी अचानक कविता प्रेमी हो उठे हैं। कवि मंत्री कविता सुनाते हैं। एक परम चोर फुड आफीसर जिसका तबादला रद्द होता है, चिचियाते हुए उठता है। वाह वा, वाह वा और मंत्री महोदय के चरणों पर लोट जाता है क्या कविता है साब। कविता है कि पुराने चावल का बोरा। जैसे दानेदार शक्कर हो। अय हय, अय हय, अय हय। मंत्री जी प्रसन्न है। तमाम फुड आफीसर और इंस्पेक्टर मन-ही-मन बुदबुदाते हैं। करा लिया, इस बिटचो ने करा लिया अपना तबादला रद्द। वे रसिक शिरोमणि बनकर बैठते हैं और कोरस में कविताओं की तारीफ करते हैं। आखिर उनके भी तबादले और प्रमोशन के मामले हैं। हमारे भूतपूर्व विदेश मंत्री भी कविताएँ लिखते थे। जब वे मंत्री थे तो धर्मवीर भारती को उनमें कालिदास नजर आते थे। अब उनकी पार्टी चुनाव हार गई तो कुर्सी की काली जी जो थीं सो जात रहीं। दास अलबत्ता रह गए हैं। मुझे लगता है हमारे आपूर्ति मंत्री रामचंद्र जी की तरह बैठे हैं। कन्धे पर कविता का धनुष है, टेबिल पर तबादले के तीर। फुड आफीसर शबरी की तरह मुग्ध भाव से बोरों की शक्कर चखते हैं और स्वाद बताते हैं। उपभोक्ता खड़ा-खड़ा यह माजरा देख रहा है। जै हो, जै हो, जै हो।

फुड आफीसरों को मनोवांछित तबादले और प्रमोशन चाहिए। मुझे लगता है कविता से कहूँ अरे अभागी कहाँ फँसी है? भाग, निकल भाग। कहाँ फँसी है। अरे मौका मिलते ही निकल भाग, वरना ये फुड इन्स्पेक्टर तुझे गल्ले के बोरों में बन्द करके बेच डालेंगे या किसी धूर्त राजनीतिज्ञ की रखैल बनाकर छोड़ेंगे। इस देश का दुर्भाग्य है कि राजनीति की मुस्टंडी महिला किसी-न-किसी बूढ़े के पल्ले बँधी रहती है। जे.पी. के नेतृत्व में तरुणाई सम्पूर्ण क्रान्ति करती है और सत्ता सुन्दरी के साथ पचासी वर्षीय मोरार जी सुहागरात मनाते हैं। दरवाजे पर बैठे चंद्रशेखर और अटल बिहारी, मधुयामिनी के गोपनीय दृश्यों को किवाड़ों की दरारों से झाँकते रह जाते हैं। अँधेरे में खिड़की से इस सुन्दरी को कोई ले उड़ता है तो सबेरे वह चरणसिंह जैसा खूसट निकलता है। हाय किस्मत और वाय किस्मत।

सारा मामला शक्कर-संकट से शुरू हुआ था। सारे राजनीतिज्ञों में शक्कर को लेकर झगड़ा चल रहा है। उसके अभाव की जिम्मेदारी कोई लेना नहीं चाहता, लाभ सभी को चाहिए। लाभ के लिए ये सभी बड़े लड़के बन जाते हैं। जिम्मेदारी नहीं लेना चाहते। मुझे लगता है बोरे में शक्कर की लाश पड़ी है। शक्कर मर गई है। सारे राजनीतिज्ञों में झगड़ा चल रहा है–मूँड़ मुड़ाए कौन।

❐

डोरेलालों की दुनिया

डोरा डालना अगर आर्ट मान लिया जाए तो कहना होगा कि सकल संसार इसी कला के विशेषज्ञों से भरा पड़ा है। किसी को फाँसने के लिए डोरा अनिवार्य है। मछलीमारों का काम डोरा के बिना नहीं चल सकता। यही डोर यहाँ बुन्देली में डोरा कहलाती है। जैसे बड़े-बड़े रमेश कुमार घर में रम्मू कहलाते हैं और बड़े-बड़े ललित सुरजन लल्लू। यहाँ सुरजन से अर्थ देवमनुज लेने की कृपा करें जैसा कि हरिजन से लेने का रिवाज है। इन दिनों डोरे डालने की कला अपने श्रेष्ठ स्वरूप को प्राप्त हो रही है। सुन्दरियों पर डोरे डालने की इच्छा किस नर-पुंगव में नहीं होती। इसी प्रकार कौन किशन जी है जिन पर गोरी राधिकाएँ डोरे डालती नहीं फिरतीं। यहाँ मेरा हार्दिक बल किशन जी उर्फ कृष्ण जी पर है। अगर इस नाम का अंग्रेजी अनुवाद करें तो ब्लैकी होगा और माननीय पाठक प्रभु इसे बुन्देली में अनूदित करना चाहें तो कल्लू होगा। लार्ड कृष्णा बुन्देली में कल्लू महाराज कहे जाएँगे। पूरे संसार में कलूटे अपने आकर्षण के लिए प्रसिद्ध हैं। किंग कोबरा या नागराज की आँखें देखिए। उसका काला रंग छूकर देखिए आपकी समझ में मामला जल्द आ जाएगा। सूरदास आँखें न होते हुए भी इस तथ्य को जानते थे कि मथुरा में कलूटे-ही-कलूटे रहते हैं। इसका कारण मथुरा में कोई ब्लैक-पेंटिंग की दुकानें होना नहीं है। बल्कि असली कारण मथुरा का राजधानी होना है। सूरदास ने लिखा है–

वा मथुरा काजर की कोठरी, जे आवैं ते कारे।
तुम कारे, सुफलक सुत कारे, कारे स्याम तुम्हारे।।

अर्थात् गोपिकाएँ उद्धव जी की ज्ञान-चर्चा सुनकर कहती हैं कि हे उद्धव वह जो मथुरा है सो काजल की कोठरी ही है। वहाँ से जो आता है सो काला ही आता है। आप श्रीमान तो कलू हैं ही। अक्रूर जी भी कृष्णवर्ण हैं और कलूटे श्याम तो काले हैं ही। यहाँ स्मरण दिलाना चाहूँगा कि मथुरा शब्द ही मधुरा से बना है। दैट मीन स्वीटी। तो क्या सारी राजधानियाँ स्वीटी यानी मीठी होती है। जरूर होती होंगी। तभी तो सारे प्रदेशों के कलूटे राजधानियों में जाकर गौरांग महाप्रभुओं में बदल जाते हैं।

रुकिए-रुकिए पाठक प्रभु। क्रोध करने की आवश्यकता नहीं है। यह कलूट-कथा प्रसंगवश आई है। कृष्ण का एक नाम दामोदर है। दाम काले रंग की रस्सी होती थी जो बालों से बनती थी जिसे गाएँ बाँधने के लिए उस जमाने में प्रयोग में लाते थे। इसे ग्वाले अपने उदर यानी पेट पर लपेटे रहते थे। इस वजह से दामोदर कहलाते थे। रस्सी क्या है। मोटा डोरा ही है न भगवन। जब नल नहीं थे तब यात्री लोटा-डोर लेकर चलते थे। जहाँ कुआँ मिला वहीं लोटा-डोर निकाली और तृप्त हो गए। अपनी डोर लिये रहते थे। कुआँ मिला और डोरे डालीं। धर्म और संस्कृति के विद्वान मुझसे सहमत होंगे कि नर और नारायण के बीच में एक महाठगिनी श्रीमती जी घूमती हैं। ये भी निर्गुण फाँस की डोरी लिये रहती हैं। बड़ी मिठबोली हैं।

माया महाठगिनी हम जानी।
निरगुन फाँस लिये कर डोलें, बोलै मधुरी बानी।।

इन दिनों अमेरिकी और रूसी सरकारें भारत पर डोरे डालने के चक्कर में घूम रही हैं। उधर सोनिया गाँधी, अटल जी, मुलायम और मायावती सभी वोटरों पर डोरे डालते फिर रहे हैं। विधान सभा के चुनाव सिर पर धागे से बँधी तलवार की तरह लटक रहे हैं। डोर टूटी और खचाक। वोटर समाजवादी डोर का माँझा बनाने में जुटा है यानी सद्दी से मज्जे को काटकर आनंद लूटने की तैयारी में हैं। उधर परवेज मुशर्रफ साहेब की हालत उस सुन्दरी की तरह है जो तालिबानों से इश्क करती है और उनके शत्रु अमेरिका से मुहब्बत। दोनों आशिक एक साथ उसके दरवाजे खटखटा रहे हैं और बी मुशर्रफ भीतर से शिकायत करती है कि ये मुआ भारत रोज सुबह से छेड़ता रहता है। बाहर निकलना मुहाल है। इसकी वजह से न जार्ज बुश साहब को कैबरे दिखा पाती हूँ और न तालिबानियों को जलवा-ए-हुस्न का दीदार करा पाती हूँ। वे तालिबानों को फटकारती हैं। मर मुए। मुए मगर नहीं मरते। बी जानम मियाँ मुआ यानी मुरदा। मुरदे क्या करेंगे। हाँ तुमने जार्ज बुश साहब पर खूब डोर डाले। आँखों के डोरे लाल गुलाल भरे खेलें होली। वाला केस हैं।

मुशर्रफ साहब आपका कोई दोष नहीं। अभी आपकी उम्र ही क्या है। खुदा कसम कमसिन लगते हो। और लड़कियों से पूछकर देख लो लड़के वैसे डोरे नहीं डालते जैसे खूसट बुड्ढे। आडवानी से सावधान। एक साहब यूनिवर्सिटी के कल्चरल डायरेक्टर थे और हर साल लड़कियों की डांस-पार्टियाँ लेकर यूथ फेस्टिबल में पहुँचते। लड़कियाँ उनसे कुछ ज्यादा ही खुल जाती थीं। अब लड़कियाँ होंगी तो उनके चाहने वाले भी होंगे। कुछ डायरेक्टर साहब की रंगीन मिजाजी और कुछ आशिकों की रकाबत। दिलजले लड़कों ने साहब का नाम डोरेलाल रख दिया। यह नाम उनके मूल नाम से बहुत अधिक लोकप्रिय हुआ। खुशी के हर मौके पर, हर समारोह में और हॉकी, फुटबॉल, डिबेट, क्रिकेट, ड्रामा और डांस में टीम के जीतने पर लड़के नारा लगाते—एक-दो-तीन। डोरे लाल। डोरे लाल। यह एक तरह का विजय-घोष ही बन गया। एक बार टीम ने बढ़िया नृत्य किया कि भारत के तत्कालीन प्रधानमंत्री जवाहरलाल नेहरू ने पूरे नृत्य दल को प्रधानमंत्री आवास त्रिमूर्ति पर भोज हेतु आमंत्रित किया। लड़के खा-पीकर फुरसत हुए तो प्रफुल्लित होकर जवाहरलाल नेहरू से बोले पंडित जी। हम लोग खुश होते हैं तो एक नारा लगाते हैं। आज हम बहुत मजे में हैं आपकी आज्ञा हो तो एक बार नारा लगा लें। नेहरू जी ने मुस्कुराकर कहा क्यों नहीं? जरूर लगाओ। लड़कों ने आँखों-आँखों में एक-दूसरे को देखा और मुक्त कंठ से बोले—एक-दो-तीन। डोरेलाल-डोरेलाल।

जवाहरलाल नेहरू चमत्कृत और आनंदित हो गए। राजनीति की नीरस दिनचर्या से ऊबे जवाहरलाल एक लड़के के कन्धे पर हाथ डालकर उसे दूर ले गए और थोड़ी देर बाद उससे नारे का असली अर्थ बूझकर खिलखिलाते हुए लौटे। इसके महीनों बाद तक कोई जवाहरलाल जी से मिलता कि पंडित जी मैं मध्यप्रदेश से आया हूँ तो वे मुस्कुराने लगते—जैसे कोई गीत गुनगुना रहे हों—इस तरह धीरे से कहते—एक-दो-तीन...। मुशर्रफ साहब इस कला में आप हमसे नहीं जीत सकते। यह हमारा पारम्परिक हुनर है।

❐

भटकना बिरथां श्री लालकृष्ण आडवानी का

कुत्ते पालना महँगा शौक है। हैसियतवाले लोग कुत्ते पालते हैं। जिनकी आर्थिक स्थिति जितनी सुदृढ़ होती है उनके कुत्ते भी उसी अनुपात में भयानक और कटखने होते हैं कुत्ते आखिर कुत्ते ही होते हैं इसलिए मौके-बे-मौके अपना कुत्तापन भी दिखाकर ही रहते हैं। बड़े आदमियों के कुत्ते उनके साथ-साथ 'अनएप्रोचेबल' जगहों पर भी पहुँच जाते हैं। जैसे धर्मराज युधिष्ठिर का श्वान सहित स्वर्गारोहण प्रसिद्ध है। आमतौर पर कुत्ते मालिकों को प्रिय होते हैं और खासतौर पर मालकिनों को। मैंने कई कुत्तों को सुन्दर-सुन्दर मालकिनों की गोद में बैठकर कारों की सवारी का लुत्फ उठाते देखा है। भगवान कसम आई हैव सीन विथ माई ओन ब्यूटीफुल आइस सचमुच भैया दुनिया में कुत्तों के बड़े ठाठ हैं। एक सुन्दरी जब बहुत दिनों तक कुत्तों के बिस्कुट खरीदने नहीं आई तो 'डाग स्टोर' के संचालक ने उसके घर फोन किया कि मैडम क्या हमारे माल में कोई गड़बड़ी है। उधर से उत्तर मिला–अरे नहीं भाई। वे बिस्किट तो साहब खाते थे। पिछले दिनों वे एक कार का पीछा करते हुए एक्सीडेंट में मारे गए। मैंने नई शादी कर ली है। नए साहब को कुत्तों के बिस्किट अच्छे नहीं लगते। पर तुम फिकर न करो। एक डिब्बा भेज दो मैं धीरे-धीरे इन्हें भी आदत डाल दूँगी।

बड़े आदमियों की तरह बड़े और सक्षम देश भी कुत्ते पालते हैं। पाकिस्तान अमेरिका का पालतू कुत्ता ही है। अमेरिका ने उसे बहुत कीमती और लजीज टुकड़े खिलाए हैं। इससे पाकिस्तान का स्वास्थ्य जो है सो अत्यन्त सुधर गया है। गली के लतियल कुत्ते भी अच्छे मालिक की छत्रछाया पाकर मोटे-ताजे हो उठते हैं। राहगीरों पर झपटने लगते हैं। वे बच्चों को काट लेते हैं। सड़क चलती स्त्रियों को दौड़ाते हैं। पड़ोसियों की नाक में दम हो जाता है। जीना मुश्किल है। बूढ़ी स्त्रियों, मरीजों और बच्चों का उस सड़क पर निकलना बन्द हो जाता है। कुत्तों की खासियत यही है। जो मोटा डंडा लिये निकलता है कुत्ते उसके पीछे नहीं दौड़ते। जो अकड़ू बच्चा रुककर सड़क से बड़ा-सा पत्थर उठा लेता है कुत्ते उसे नहीं दौड़ाते। इसीलिए संस्कृत में कुत्तों को ग्राम-सिंह कहा होगा। कुत्तों की पहचान नहीं होती। कुत्ते अपने मालिकों के नाम से जाने जाते हैं। गले में किस मालिक का पट्टा पड़ा है उससे ही उनका आइडेंटीफिकेशन होता है। बड़ों के कुत्तों को पथराव का डर नहीं होता। बुन्देलखंड के ग्रामीण क्षेत्रों में बड़ी बाखरों के कुत्ते क्या नहीं करते। किस हांडी मे मुँह डालकर उसे जूठा नहीं करते और किस घर में नहीं घुस जाते। कभी खुद के लिए और कभी अपने मालिकों के लिए सुवस्तुएँ सूँघते और ढूँढ़ते फिरते हैं। सच में बलवान का कुत्ता होना भी हैसियत बढ़ जाना है। राम से बड़ी हैसियत और किसकी होगी। इसलिए कबीर खुद को राम जी का कुत्ता मानते थे।

कबीरा कुत्ता राम का मुतिया मेरा नाँव।
गले राम की जेवरी, जित खैंचे तित जाँव।।

श्वान वृत्ति या कुत्ताकर्म का कुत्तों से उतना सम्बन्ध नहीं है जितना कि आदमियों से है। आदमी एक बार ऐसे विकट कुत्तेपन पर उतरता है कि अच्छे-अच्छे कुत्ते शरमाकर भाग खड़े होते हैं। जिन जेहादी तालिबान वीरों को प्रतिष्ठित करके महामहिम परवेज मुशर्रफ साहब, सदरे पाकिस्तान ने

संसार को चुनौती दी थी। इस वक्त वे दुम दबाए, कूँ-कूँ की आवाजें करते आश्रय तलाशते फिर रहे हैं। छोटे आदमियों के कुत्ते बुरी तरह पिटते हैं। बड़े आदमियों के कुत्तों की शिकायतें होती हैं या उलाहने दिए जाते हैं–मालक देखियो आपके कुत्ता ने मोड़ा खों खंखल डारो। खूनाखून हो गओ। मालिक जार्ज वाकर बुश की तरह अपने कुत्ते को डाँटते हैं। पैरी, (परवेज मुशर्रफ साहब क्षमा करें) यू शटप डर्टी डाग। वे आहत बच्चे के पिता को कुछ रुपये देते हैं। लो बच्चों को मिठाई खिला देना। इलाज कराना और हाँ जब कुत्ता छूटता है तो बच्चों को बाँधकर रखा करो। संयम बरतना सीखो भाई। उनका कटना कुत्ता उन्हें आहत बच्चे से अधिक प्यारा है। आगे-आगे पूँछ उठाकर चलता है और उनके श्री चरणों में अनुरागपूर्वक अपना सिर रख देता है।

जैसे कुत्ते की अपनी पहचान नहीं होती वैसे ही उसकी 'भौंक' भी अपनी नहीं होती। अक्सर कुत्तों के कंठ से उनके मालिक भौंका करते हैं। समझदार लोग इसे जानते हैं।

इसलिए हे पाठक प्रभु, मैं माननीय लालकृष्ण आडवाणी की अमेरिका यात्रा को ठीक मानता हूँ। एकदम टनाटन काम किया है बब्बा ने। खासकर उनका यह कहना मुझे बहुत भाया कि हम अमेरिका से कोई मदद माँगने नहीं आए हैं। हम तो अपनी बात कहने आए हैं। वे पाकिस्तान को नहीं डाँटते। जार्ज बुश से भेंट के बाद बयान देते हैं–अमेरिका कहेगा तो पाकिस्तान क्रास बार्डर टेररिज्म बन्द करेगा। आडवाणी जी ज्ञानी पुरुष हैं। खुद उसी क्षेत्र से आए हैं जहाँ आज पाकिस्तान बन गया है। आज के पाकिस्तान से आए आडवाणी भारत की ओर से लड़ रहे हैं। और दिल्ली की पैदाइश मियाँ मुशर्रफ पाकिस्तान के सदर हैं। मगर आडवाणी जी आपकी समझ में यह बात क्यों नहीं आती कि परवेज मुशर्रफ साहब खुद बन्दूक के बूते पाकिस्तान के राष्ट्रपति बने बैठे हैं। वे खुद आतंकवादी हैं। उन्हें अमेरिकी सहायता ने ही महिमामंडित किया है। निर्वाचित प्रधानमंत्री नवाज शरीफ को खदेड़कर राजसत्ता पर काबिज मुशर्रफ साहेब के गले में अमेरिकी पट्टा हजारों किलोमीटर दूर से चमकता है।

अफसोस वक्त जो न कराए सो कम है। आडवाणी जी छह दिनों तक अमेरिका घूमो। मजे करो। मगर कोई शिकायत-फिकायत करने की जरूरत नहीं है। आपको परदेस में भटकता देखकर मुझे बड़ी तकलीफ होती है। एक ट्रक के पीछे लिखा शेर और टी.वी. पर डाँटते हुए श्री लालकृष्ण आडवाणी साथ-साथ याद आते हैं।

लिखा परदेश किस्मत में, वतन को याद क्या करना।
जहाँ बेदर्द हाकिम हो, वहाँ फरियाद क्या करना।।

और साथ-साथ बुन्देली का यह स्वाँग भी याद आता है–

बिरथां भटके यार। डार के बिछौना घरै सोऊते।

❒

लाज शरम रह गई न बाकी गाँधी जी के चेलों में

इन दिनों बड़ी दुविधा में हूँ। मेरी तरह और भी कई लोग दुविधा में हैं। दुविधा बुरी चीज है। जो इसके चक्कर में फँसा वह दोनों तरफ से पिटा। वह लोक से भी जाता है और परलोक से भी। कहा है–

'दुविधा में दोऊ गए, माया मिली न राम।'

ऊपर से तुर्रा यह है कि यह दुविधा अपने देश में 'सेकुलर' लोगों को जरा ज्यादा ही है। हिन्दु हलुए और मुस्लिम मांडे दोनों हड़पने के चक्कर में घूमते 'हुसियार' भी दोनों तरफ से मारे गए गुलफाम की गति को प्राप्त हो रहे हैं। यहाँ दो बातें स्पष्ट करना जरूरी है। एक तो यह कि मांडे मुस्लिम भोजन की वह स्वादिष्ट, बड़ी और मुलायम रोटी है जिसका जलवा खाने पर ही पता लगेगा। दूसरी बात यह है कि हिन्दी के विद्वान महानुभाव कृपया 'हुसियार' शब्द की हिज्ज न सुधारें। उनकी सेवा में सादर विनय है कि श्रीमान जी इसे जान-बूझकर इस तरह लिखा गया है ताकि होशियारों की सियारों से जो नातेदारी है। उसे का नाम से कि समझा जा सके। बेचारे हुसियार मारे-मारे फिर रहे हैं। गुजरात में गाँधी जी के साबरमती आश्रम को रिजेक्ट कर वहाँ के प्रदेश काँग्रेस अध्यक्ष महामहिम शंकर सिंह बघेला भी मंदिर से ही अपनी एकता यात्रा शुरू करते हैं–वाह भई बघेला। धन्य है जी धन्य है आपकी हुशियारी को। मगर काँग्रेसियों, प्रगतिशीलों और धर्मनिरपेक्ष महानुभावों से निवेदन है कि इस डबल रोल का और मजेदार नतीजा निकल सकता है जो इस लोकोक्ति से स्पष्ट है–दोऊ दीन से गए पांडे। हलुआ मिला न मांडे उर्दूवाले इस दुविधा को लेकर जरा और रंगीन मिजाज हैं। वे फरमाते हैं–खुदा ही मिला न विसाले सनम। उधर के रहे न इधर के रहे। कई लोग बड़े चतुर होते हैं। दुनिया समझती है कि वे राम जी के चक्कर में हैं। मगर वे माया के आगे-पीछे मुग्धभाव से मँडराते हैं कि बाई जरा इधर भी मेहरबानी हो। खुदा की फिक्र छोड़कर सनम को खुश करने में लगे रहते हैं। मुझसे यह नहीं होता–जरा लठैत टाइप का आदमी हूँ।

मेरी दुविधा यह है पाई जी कि जिस गुजरात में गाँधी जी हुए। आजकल उसी पुण्य भूमि में माननीय नरेन्द्र मोदी जी विराजमान हैं। वहाँ गौरव यात्रा के साथ चलित, चर्चित और चमकायमान हैं। कभी गाँधी जी आकर्षित करते थे। हम बच्चे गाते थे–माँ खादी की चादर दे दे। मैं गाँधी बन जाऊँ। सब बच्चों के बीच बैठकर रघुपति-राघव गाऊँ। नरेन्द्र मोदी साहब का जब से धरा-धाम पर अवतार हुआ है। मैं दुविधा में फँस गया हूँ। फिल्मी सिचुएशन है–

जब दोनों तरफ शम्मा हो, और बीच में हो परवाना।
तो उनके बीच में घिरकर, यह कहता है दीवाना।
मैं उधर जाऊँ या इधर जाऊँ।
राख बनके न यूँ ही बिखर जाऊँ।।

बड़ा असमंजस है। रहा होगा गुजरात कभी गाँधी का। रहे होंगे कभी वहाँ साबरमती के सन्त जिनके कमाल देखकर दुनिया दाँतों तले उँगली दबा लेती थी। अब तो जिसे देखिए गुजरात का नाम आने पर दुम दबाता है या फिर दुम हिलाने लगता है। नो-नो, गुजरात पर बोलेंगे तो काश्मीर पर बोलना

पड़ेगा न बाबा। छोड़ो यार कौन बवाल मोल ले। नेपाल नरेश कामाख्या में पशुबलि दें तो प्रगतिशीलों को विरोध करना चाहिए मगर ईसाई-मुस्लिम पर्वों पर बकरे-भेड़ें-बछड़े कटें तो चोप्प साले। बोलने का नहीं। हाईकमान की लात कौन खाएगा। शाहबानो को जस्टिस देने का नहीं। हाईकमान जो चाहे करें। जो कान-पूँछ दबाकर बैठेगा उसका फ्यूचर ब्राइट है। ब्राइट फ्यूचर के लिए कोच्छ भी काटो। कोच्छ भी चाटो। सब चलता है।

मेरी दुविधा दूसरी है। हम लोग भड़ौंच के हैं। भृगुकच्छ से आए, निर्वासित लोग हैं हम। धार्मिक कार्यों के समय हमारे यहाँ संकल्प करते हैं–'प्रथम स्थाने भृगुकच्छ नाम नगरे।' अर्थात् हमारा पहला स्थान भड़ौंच है। जब से श्री नरेन्द्र मोदी को श्री राजनाथ सिंह के साथ गुजराती पगड़ी बाँधे हाथ में तलवार लिये देखा है। तब से दुविधा बढ़ गई है। गाँधी जी मुझे क्षमा करना। बापू माई डियर आई फील सारी फार इट। मैं क्या करूँ? लाचार हूँ।

गुजरात के कार्यवाहक मुख्यमंत्री श्री नरेन्द्र मोदी मुझे बहुत अच्छे लगते हैं। आदमी हो तो नरेन्द्र मोदी जैसा हो अन्यथा उसका न होना ही अच्छा है। नरेन्द्र मोदी जैसे धरती धमक लोगों की गिनती बड़े बाहुबलियों में होती है। वे चश्मा लगा लेते हैं तो बुद्धिमान लगने लगते हैं। अगर चुप रहें तो बुद्धिमान ही रहेंगे। बल कई प्रकार का होता है। धनबल, बाहुबल, बुद्धिबल, स्थान बल आदि। इसी तरह मूर्खता का भी अपना बल होता है। बल्कि असली बल वही होता है। बाई लोग जरूर मुझसे सहमत होंगी। एक बार मुझे सौभाग्य से यह वार्ता सुनने का अवसर मिला कि जो कभी हँसकर हाथ नहीं पकड़ता न कभी नाराज होकर चोटी खींचता है। वह भी कोई आदमी है। घर में रहे या परदेश। क्या फर्क पड़ता है।

कबहुँ न हँसकर कर गह्यौ, कबहुँ न रिसकर केस।
जैसे कन्ता घर रहे तैसे रहे विदेश।।

आप ही बताओ बहिन जी क्या इससे कोई फर्क पड़ता है? मैं कहता हूँ नहीं। बिल्कुल नहीं। मुझे लगता है कि मैं भी नरेन्द्र मोदी की तरह तलवार लेकर घोड़े पर बैठ जाऊँ और पाकिस्तान पर चढ़ दौड़ूँ। शायद यही फैनेटिज्म है। है न । तो बाघेला जी इससे लड़िए। साबरमती आश्रम पहुँचिए। कुछ करिए न। अपने लिंगदोह साहब काश्मीर के शरणार्थियों के घरों के पास जाने में ठाँय-ठूँ से डरते हैं। जिस कश्मीर में चुनाव के दौरान राज्य के मंत्री कत्ल कर दिए जाते हैं। लगभग रोज सरकार और चुनाव आयोग की नाक के नीचे नरमेध होता है। उसे लिंगदोह साहब चुनाव के लिए शान्त क्षेत्र मानते हैं। पर वे ही गुजरात को चुनाव के लिए अशान्त मानते हैं। लोगों की इस निर्णय पर चाहे जो प्रतिक्रिया हो। मैं समझ गया। वे भी मेरी तरह दुविधा के मारे हैं। गमे-जिन्दगी है कहाँ जाइएगा? जहाँ जाइएगा इसे पाइएगा। मैं दुविधा का मारा हूँ। मेरी दुविधा दूर करो सरकार। पर आप हुजूर उसे क्या खाकर दूर करेंगे। मुझे जनकवि नागार्जुन याद आते हैं–

बदला सत्य अहिंसा बदली, लाठी गोली डंडे हैं।
कानूनों की सड़ी लाश पर प्रजातंत्र के झंडे हैं।।
निश्चय राज्य बदलना होगा, शासक नेताशाही का।
पदलोलुपता का, दलबन्दी का, भ्रष्टाचार तबाही का।।

क्या कहूँ। तथास्तु अर्थात् यही हो कहता हूँ।

❐

आग दोऊ घर लागी

एक मुशायरे में नसीम साहब की ओर मुखातिब होकर शेख नासिख ने कहा—नसीम साहब एक मिसरा दर पेश है। दूसरा सूझता नहीं कि शेर पूरा हो जाए। नसीम साहब ने कहा—फरमाइए। नासिख ने मिसरा पढ़ा—

शेख ने मस्जिद बना मिसमार बुतखाना किया।

तत्काल नसीम ने पूर्ति की—

तब तो इक सूरत भी थी अब साफ वीराना किया।।

इन दिनों अयोध्या में चल रहे बवाल से परेशान होकर रात में सोया तो सपने में राम जी दिखे। मैं चरणों में लोट गया। वे झल्लाकर बोले—छोड़िए, उठिए हटिए। यहाँ खुद भगते फिर रहे हैं। आपको क्या वरदान दें—देवी फिरें दिनों की मारी पंडा कहै मोय परचै दे।' मैंने कहा—प्रभु आप तो सर्वशक्तिमान, सर्वव्यापक, अनादि और अनन्त हैं। आपको क्या परेशानी। वे बोले—मूरख, जैसे बिगड़ैल बेटों के बूढ़े बाप को प्राब्लम-ही-प्राब्लम होती है। वही मुझे भी है। क्या कहूँ—हम तो फँस गए हैं। दस बरस से भगते फिर रहे हैं। न जीते चैन मिला न मरते चैन। उस अयोध्या में पता नहीं कहाँ-कहाँ के योद्धा आकर रणक्षेत्र बनाने में जुट गए हैं। कोई मेरे नाम पर गोधरा में औरतों-बच्चों से भरी रेल को आग लगाकर हत्याएँ करके धर्म की सेवा करते हैं—तो कोई इन हत्याओं के बदले सीधा नरसंहार करके पुण्य लाभ करते हैं। मंचों पर, अखबारों में और सभा-सदनों में हिंसा की निन्दा करने वाले अँधेरों में हथियार बाँटते हैं और मुरदों की संख्या वृद्धि पर हत्यारों को पेमेंट करके सन्तोष प्रकट करते हैं। मैंने कहा—प्रभु इधर धरती पर जो कुछ होता है वह आपकी मरजी से ही होता है। मानव केवल माध्यम है। कर्ता और नियन्ता आप ही हैं। वे नाराज हो गए बोले—अजी कहाँ के कर्ता और कहाँ के नियन्ता। सच है कि ये पागल हमीं ने बनाए हैं। काम के न काज के दुश्मन अनाज के। उधर धर्म के नाम पर मुसलमानों के लिए अलग देश बनाने वाले खुद चकित हैं कि हम यह क्या बनाकर बैठ गए। सारे संसार के चार-सौ-बीसों, आर्थिक अपराधियों और हत्यारों के लिए शरण स्थल बना पाकिस्तान हमेशा अमेरिका के सामने कटोरा लिये खड़ा रहता है। इस चुनाव में बी.जे. पी. की जो दुर्गति हुई है। उससे उबरने का रास्ता ढूँढ़ रहे हैं, पार्टी के विचारक। पिछला चुनाव यदि अटल बिहारी वाजपेयी के नेतृत्व में लड़ा गया तो अब रथयात्रा से पदयात्रा करते हुए पद प्राप्त करने वाले आडवानी जी इस बार महानायक बनेंगे। वी.एच.पी. के उग्र तेवर आडवानी की रथयात्रा की राजनैतिक अदाओं की याद दिला रहे हैं। या इलाही ये माज़रा क्या है।

लिल्लाह! उधर भी मुस्लिम पर्सनल लॉ बोर्ड और बड़े-बड़े दीगर मियाँ लोग अपनी नूरानी दाढ़ियाँ सहलाकर सुप्रीम कोर्ट की शान में कसीदे पढ़ रहे हैं। अभी ज्यादा वक्त नहीं हुआ। जब मुल्क ने शाहबानों प्रकरण में इनकी न्यायप्रियता देखी थी। तब भारतीय सर्वोच्च न्यायालय के ऊपर सन्देह करते हुए सड़कों पर उतरे लोग अब उसकी जय-जयकार कर रहे हैं। दोनों तरफ ये चिन्ता है कि अगले चुनाव में मुद्दा क्या हो। देश में दुःख है। दरिद्रता है। अज्ञान है। रोग हैं। मीडिया का

जलवा यह है कि अंग्रेजी के बिना काम नहीं चलता। शिलापूजन को शिलादान में बदलकर नया पैंतरा दिखाते हुए राम जन्म भूमि न्यास के अध्यक्ष परमहंस रामचंद्रदास ने आत्महत्या करने की चेतावनी दी। ज्योंहि उन्होंने आत्महत्या की घोषणा की मैं निश्चिन्त हो गया। आत्महत्या करने में जान जाने का खतरा न होता तो मैं खुद इसे कर डालता। परमहंस जी अब जरूर सौ वर्ष पूरे करेंगे। इधर मीडिया के तीन-चार उद्घोषक अंग्रेजी में एस एच आई एल ए–शिला को अपनी फादर लैंग्वेज में शीला पढ़कर शीलादान की घोषणा करते रहे। इससे शीलाएँ न चिन्तित हों। घबराएँ भी नहीं। उन्हें इस हल्ले से डरने की जरूरत नहीं। विश्व हिन्दू परिषद् का चोंचला पूरा हो गया। इज्जत रह गई। अब राम जी चाहे जो वरदान दें। चाहे जैसा आशीष दें। वे वोट दिलाने वाले नहीं हैं?

कबीर दोनों ओर के इस पाखंड को खूब समझते थे। उन्होंने बड़े पीर औलिया देखे, बड़े फकीर संन्यासी देखे। साधु और महन्त देखे। पढ़े-लिखे देखे। झटका करने वाले और जिबह करने वाले देखे। दोनों के घर में आग लगी है। मज़ा यह कि दोनों एक-दूसरे के घर जलते देखकर प्रसन्न होते हैं। अपना घर बचाने की किसी को फिक्र नहीं। कबीर ने कहा है–

बहुतक देखे पीर-औलिया पढ़ै किताब कुराना।
करै मुरीद कबर बतलावै उनहूँ खुदा न जाना।।
हिन्दू की दया मेहर तुरकन की दोनों घर से भागी।
वह करै जिबहु वाँ झटका मारे आग दोऊ घर लागी।।

कबीर को जो दिखता था। वह इन महानुभावों को दिखाई नहीं देता। हम खुश हैं–अयोध्या में शीलादान भी हो गया और परमहंस जी भी सुरक्षित हैं। मेरी तबीयत उनकी सादगी पर मर जाने की होती है। पर क्या करूँ उसमें भी जान जाने का खतरा है। अपन तो उसके दरवाजे पर गुंजाइश न होने पर तीर्थयात्रा पर जा निकलते हैं। बकौल गालिब–

अपना नहीं ये शेवा कि आराम से घर बैठें।
उस दर पै नहीं बार तो काबे ही को हो आए।।

❒

कि मुझको मरने का खौफ-ओ-खतर ही नहीं

गुरु ने ज्यादा खींच ली। आमतौर पर लोगों की टाँगें नीचे होती हैं। सिर ऊपर रहता है। मगर यह एक खास परिस्थिति थी। गुरु की टाँगें ऊपर हो गईं सिर नीचे चला गया। चेलों को गुरु की आदत मालूम थी। वे चरण सेवा में लग गए। बार-बार टाँगें पकड़कर नीचे और सिर ऊपर करते। इस बार मामला 'स्ट्रांग' था। जब तक पकड़े रहते तब तक टाँगें नीचे रहतीं मगर जैसे ही छोड़ते गुरु मूर्छा में ही शीर्षासन करने लगते। चेलों की अपनी आँखें बन्द हो रही थीं। मुफ्त का पेयप्रसाद होने से वे भी उड़ रहे थे। पाँव खुद जमीन छोड़ रहे थे। गुरु पुराने कलाकार थे। धीरे-धीरे उनके भीतर सुप्त कलाएँ प्रकट होने लगीं। वे नाटक के प्रेमी थे। नाटक और नौटंकी के मूल में मदिरा-भवानी हैं। भंग का तो एक नाम विजया ही है। विजया अर्थात् विजय दिलाने वाली। भंग का भोजन के साथ घनिष्ठ सम्बन्ध है। मथुरा के विख्यात भोजन-भट्ट चौबे बिना भंग के नहीं चल सकते। भंग का आनंद तब है जब आप पिए मस्त पड़े हों और घरवाले रोना-पीटना शुरू कर दें।

ऐसी गाढ़ी खैंच लंगूरा जैसी गाढ़ी कीच।
घर के जाने मर गए आप नशे के बीच।।

एक जमाना था जब नौटांक मदिरा की शुद्धता का पैमाना था। नौटांक की देशी दारू और बारह बान का सोना खरी चीजें थीं। नौटांक की दारू गले से नीचे उतरती तो ऐसा जलवा दिखाती कि अच्छे-अच्छे परदे पर आ जाते। नाटक-नौटंकी का साहित्यिक प्रादुर्भाव इसी नौटांक की दारू से हुआ है। इसमें सन्देह की गुंजाइश नहीं है। यदि किसी भाई-बहिन को इसमें कोई शक-शुबहा हो तो दो-तीन कप गले के नीचे उतार लें तुरन्त नौटंकी न करने लगें तो उस देशी दारू को लानत है। दुर फिटे मुँह। भैया आप लोगों से ज्यादा कहना सूरज को दीपक दिखाना है। जो खुद अनुभवी हैं, वे इससे सहमत होंगे। महुए की बनी नौटांक मदिरा की इतनी प्रभविष्णुता होती है कि आदमी बाप तक के खिलाफ तलवार खींचकर खड़ा हो जाता है कि अब्बा हुजूर फैसला मैदाने जंग में होगा और यह कि अनारकली मेरी है। मैंने खुद कई वीरों को नौटांक खींचकर एक हाथ सीने पर धरे और दूसरा हवा में फैलाए यह घोषणा करते देखा है–

मेरी जाने-बहार मैं हूँ तुझ पै निसार मेरी दिलदार।
मुझको मरने का खौफ-ओ-खतर ही नहीं।।

जियो बेटा। पब्लिक सुनकर दाएँ-बाएँ हो जाती। औरतें सड़क छोड़ देतीं और किनारे-किनारे बड़बड़ाते हुए निकल जातीं इनकी गर्राहटें सरकार को नहीं दिखतीं। मरें न माचा छोड़ें।

गुरु की तरह पूरा देश उलटबाँसियाँ पढ़ने में लगा है। उलटबाँसी का मतलब उलटी बाँसुरी बजाने से है। कबीर ने कहा है–

समन्दर लागी आग, नदियाँ जरि कोयला भई।
कहै कबीरा जाग, मछली रूखां चढ़ि गई।।

अर्थ यह कि समुद्र में आग लगी है, नदियाँ जलकर कोयला हो गई हैं। उनकी मछलियाँ पेड़ों पर चढ़ गईं कबीर कहते हैं। उठ जाग। मगर कोई नहीं जागता। मुझे किसी का जगाना ठीक नहीं लगता। मछलियाँ पेड़ों पर चढ़ें। नदियाँ जलकर कोयला हो जाएँ। होने दो बाबा। न खुद सोते हो न दूसरों को सोने देते हो। भारत-भर में बूढ़ों का यह सनातन रवैया रहा है। खुद को नींद आती नहीं। ये सोने वालों को जगाने में लग जाते हैं। उठ भैया और उठ बेटा की रट लगाकर सोना हराम कर देंगे। सुबह की ठंडी हवा क्या उठकर टहलने के लिए है? इस वक्त की मीठी नींद से घसीटकर जगाने वाले घोर नर्क के भागी होंगे। उन्हें न इस संसार में नींद आएगी और न उस संसार में। संसार के प्राणी सोचते हैं कि वे भोगों को भोग रहे हैं। असल में भोग ही उन्हें भोगते हैं। हम मनुष्य कोई तप नहीं करते। तप ही हमें ताप रहे होते हैं। हम समय खर्च नहीं करते, समय ही हमें खर्च करता रहता है। मनुष्य की कामनाएँ जीर्ण नहीं होतीं। मनुष्य ही जीर्ण होता जाता है। भर्तृहरि ने कहा है–

भोगाः न भुक्ताः वयमेव भुक्ताः, तपो न तप्तं वयमेव तप्ताः।
कालो न यातो वयमेव याता-तृष्णा न जीर्णा वयमेव जीर्णाः।।

पूरा संसार एक बड़ी नौटंकी है। ऊपर बैठे इसके प्रोड्यूसर डायरेक्टर जब चाहते हैं, जिसे चाहते हैं उसे वैसी भूमिका करने पर लाचार कर देते हैं। गुरु ने ज्यादा खींचकर जो शीर्षासन किया तो उन्हें ज्ञात हुआ कि पृथ्वी मिट्टी के कच्चे घड़े की तरह है। वे उसे हथेलियों के बीच दबाकर फोड़ सकते हैं। दुनिया में जितने मूर्ख हैं उन्हें मार्ग दिखा सकते हैं। मगर यह पृथ्वी कैसी उलट-पुलट हो रही है। ये पेड़ नीचे और धरती ऊपर क्यों हैं। उन्होंने निर्णय कर लिया कि दुनिया उलट रही है। सब कुछ उलटा-पुल्टा हो रहा है। वे संसार की रक्षा को तुले हुए हैं। चेले उनकी टाँगें नीचे करते हैं। सीधी दुनिया दिखाते हैं। मगर छोड़ते ही गुरु फिर वह मुद्रा धारण कर लेते हैं। बार-बार, रोज-रोज सेवा करते हुए चेले खीझते हैं। वे तय करते हैं कि गुरु जीनियस आदमी हैं। जीनियस को सीधे कुछ नजर नहीं आता। उसे उलटे लटकने पर दुनिया सीधी दिखाई देती है। उनका निष्कर्ष है कि अगर गुरु सीधे हों तो उन्हें उलटा कर दिया जाए। गुरु जब नारमल होते हैं तब चेले उन्हें पकड़कर उलटा कर देते हैं। गुरु फड़फड़ाते हैं मगर चेलों की मजबूत पकड़ से नहीं छूट पाते। वे चेलों को समझाते हैं। चेले अब नहीं सुनते। गुरु गुड़ रह गए हैं चेले शक्कर हो चुके हैं। चेले सुनते नहीं। गुरु छूटकर सीधे होते हैं। चेले उन्हें पकड़कर फिर उलटा लटका देते हैं। एक बार किसी ने गुरु से पूछा गुरुवर आप इतनी क्यों पी लेते हैं कि होश खो बैठते हैं। गुरु ने फिलासफी झाड़ी कि प्रियवर मैं संसार में अन्याय नहीं देख सकता। मैं पीकर होश में नहीं रहता। जब तक दुनिया में अन्याय और अत्याचार है। छल-कपट और बेईमानियाँ हैं। तब तक मैं पीना नहीं छोड़ सकता। वे शलभ श्रीराम सिंह की याद करते हैं–

न शराब है न शवाब है, न सवाल है न जवाब है।
ये गजल की धुन में ढली हुई मेरी जिन्दगी की किताब है।।

गुरु का इन्तजाम लम्बा है। व्यवस्था उत्तम है। दुनिया देखने का नजरिया बेहतरीन है। गुरु अकेले नहीं हैं। देश में बुद्धिजीवियों की एक पूरी जमात है जो ऊँची-ऊँची बातें करती है। अच्छी शिक्षा देती है। सद्गुणों की चर्चा करती है मगर खुद केवल और केवल नौटांक ढालकर कभी नाटक करती है। कभी नौटंकी करती है। कार्यक्रम कोई भी हो एक बात तय है अन्त में टाँगें ऊपर और सिर नीचे हो जाता है। चेलों की दुनिया मुस्कुराती है। आखिर उन्हें भी गुरु बनना है। वे गुरु गद्दी सँभालने की

तैयारियाँ शुरू करते हैं। वे धीरे-धीरे रियाज बढ़ाते हैं। सीख जाएँगे। एक उज्ज्वल भविष्य उनके सामने है। सम्भावनाएँ हैं और वे देश-सेवा के लिए तैयार हो रहे हैं। सचमुच उन्हें मरने का खौफ-ओ-खतर नहीं रह गया है। नौटंकी रह जाएगी। नाटक रह जाएँगे। पता नहीं उनका क्या होगा। सचमुच उनके लिए प्रार्थना करने की जरूरत है।

❐

अटल जी—मुखौटा लगाकर चले जाइएगा

इस संसार में अनाथों की बड़ी दुर्गति है। जिसे देखो वही आँखें दिखाने लगता है। दुनिया दीनता, दरिद्रता और कंगाली को महिमामंडित करती है। इस बहाने खुद को गरीबनवाज और बन्दापरवर सिद्ध करती है। इस हरामीपन के क्या कहने। साले चाहते हैं कि तेज भी दौड़ो और धीरे-धीरे भी। हे राजा आप ही बताइए—क्या दोनों काम एक साथ हो सकते हैं—दोऊ कि एक संग होहिं भुआलू। हँसब ठठाय फुलाउब गालू। गाल भी फुलाए रखें और ठहाके भी लगाएँ। दोनों काम एक साथ कैसे हों। मगर करना पड़ता है भैये। सब करना पड़ता है। मैं खुद एक अनाथ बालक हूँ। न मेरी माता हैं न पिता। दोनों भगवान को प्यारे हो गए। पिछले दिनों पत्नी नहीं रही। सुन्दरियाँ कृपया नोट करें मुझे अपनी फिक्र नहीं पर अपने पंडित अटल बिहारी वाजपेयी मुझसे भी बड़े अनाथ हैं। मुझे उनकी चिन्ता रहती है। उनकी शादी हुई नहीं। माँ-बाप रहे नहीं। घुटने अलग खराब। सरकते हुए चलते हैं इसलिए सरकार कहलाते हैं। मगर रफ्तार यह कि एक महीने में गुजरात पहुँच पाए। बेचारे गुजरात के दंगा-पीड़ितों को देखकर रोने लगे। भावुक होकर बोले—मैं विदेशों में कौन-सा चेहरा लेकर जाऊँगा। ब्राह्मण हैं न ये लोग कभी नार्मल नहीं रहते। यहाँ बुन्देलखंड में कहावत है—बामन साठ बरस तक पोंगा एके बाद जाय सठियाय। मतलब ब्राह्मण साठ बरस की उम्र तक पोंगा पंडित रहता है फिर सठिया जाता है। मैं टेलीविजन पर अटल जी का भाषण सुन रहा था। वे पहले कारसेवकों से भरी उस ट्रेन को देखने गोधरा गए जिसे दंगाइयों ने जलाकर राख कर दिया था। स्त्रियाँ, बच्चे, बूढ़े सब जिन्दा जलाकर मार डाले गए। दंगाइयों ने फायर ब्रिगेड और पुलिस को हड़काकर भगा दिया और जब शासकीय रिकार्ड के मुताबिक अभी अट्ठावन लोग जलकर मर गए। तब दंगाई वहाँ से हटे। राख देखकर, जले हुए डिब्बों का निरीक्षण कर वे शाह आलम राहत कैम्प गए। बस वहीं अनाथों को देखकर रोने लगे—मैं विदेश कौन-सा मुँह लेकर जाऊँगा। चिन्ता वाजिब थी। इन कीड़ों-मकोड़ों ने नाक में दम कर दिया है। सत्तर-पचहत्तर साल के प्राइम मिनिस्टर को चेहरे की प्राब्लम है। होना भी चाहिए। बुढ़ापे में राजनीति की मर्दमार औरत से प्रेम-प्रसंग करेंगे तो प्राब्लम तो भई रहेगी ही। हाथ-पैर शिथिल हो गए। सिर सफेद हो गया। मुँह का तूमड़ा पोपला यानी दंतविहीन हो गया। तब भी आशा और तृष्णा नहीं छूटती। आदि शंकराचार्य कहते हैं। अरे मूरख गोविन्द को भज। गोविन्द को भज। भज गोविन्द।

अंगम्, गलितम् पलितम्, मुंडम।
दशन विहीनम् जातम तुंडम।
तदपि न मुंच्यति आशा पिंडम।
भज गोविन्दम्, भज गोविन्दम् गोविन्दम् भज, मूढ़मते।।

मूढ़मते यानी वही बेवकूफ। अटल जी का विलाप देखकर मेरा तो दिल टूट गया। कहना तो यह चाहता था कि भैया मेरी छाती फट गई। मगर इससे व्याकरण-दोष लगता और स्वर्गीय आचार्य किशोरीदास वाजपेयी रात में लट्ठ लेकर दौड़ाते। पंडितों से जमाना त्रस्त रहा है। मगर कुट-पिटकर

फिर उन्हीं के चरणों में जाकर लोटता है। इसलिए मैं अटल जी की सेवा में फिर सादर समर्पित होता हूँ। मुझे इन दिनों कुछ ज्यादा ही दिखाई देता है। पंडित जी की असल समस्या यह है कि वे विदेश कौन-सा मुँह लेकर जाएँगे। मैं बताता हूँ।

भाजपा के एक प्रखर प्रवक्ता और महासचिव हुए हैं। गोविन्द आचार्य जी महाराज। उन्होंने एक बार बाकायदा घोषित किया था कि श्री अटल बिहारी वाजपेयी भाजपा के मुखौटे मात्र हैं। मियर मास्क। सच है। तब समझ में बात नहीं आई थी। अब आई। वाजपेयी जी कारसेवकों से भरी ध्वस्त जली ट्रेन देख रहे थे तो अलग मुखौटे में थे। फिर शाह आलम कैम्प में अलग मुखौटा था। जब समझौता एक्सप्रेस लेकर लाहौर गए तो नेहरू टाइप मुखौटा था। कारगिल हुआ तो वीरवेश में थे, कविता पाठ करते हुए अलग मुखौटा। अब प्राब्लम यह है कि विदेश किस मुँह से जाएँ। आपको मुखौटों की क्या कमी है गुरु। हो-ची-मिन्ह टाइप मुखौटा लगाकर चले जाइए। न हो तो सर्वपल्ली राधाकृष्णन टाइप मुखौटा लगा लो। गाँधी जी टाइप मुखौटे में भर न दिखना उसमें आपकी मोहक जुल्फें परीशां हो जाएँगी। अटल जी दुनिया की महफिल में आपका नाम कैसी शक्लों पर लिखा है। अल्ला-अल्ला खैर सल्ला। आप तो रो-धोकर सामदे हुए तो श्री नरेन्द्र मोदी के साथ भोजन करने चले गए। उनकी धौंस के कारण दीगर छुटभैये जो आपको पछिया रहे थे–भाग खड़े हुए। पछियाना जानते हैं न टू फालो अप–मैं तो उन चेहरों को टी.वी. पर देखकर डर जाता हूँ। मुझे कतील शिफाई याद आने लगते हैं–

मैं तेरी बज्म में किस-किस से दुश्मनी लेता।
लिखा था नाम तेरा बेशुमार चेहरों पर।।

आपसे शिकायत नहीं है पंडित जी। जब आपने गुजरात के मुख्यमंत्री नरेन्द्र मोदी को डाँटा-डपटा तभी मैं समझ गया था कि आप उन्हें हटाने वाले नहीं हैं। उन्हें हटाने की ताकत ही आप में नहीं है। अपने फर्जन्द की बदमाशियाँ उसकी अदाएँ लगती हैं। आप भोले आदमी हैं। अब दुनिया बदल गई है। आप नरेन्द्र मोदी को क्या हटाएँगे। नरेन्द्र मोदी चाहें तो वे जरूर आपको हटा सकते हैं। गोविन्द को भजिए पंडित जी। हम जैसों के मुरलीवाले कृष्ण गोविन्द नहीं। आप अपने गोविन्दाचार्य जी को भजिए मगर जब असली गोविन्द सामने होंगे तब उन्हें क्या जवाब देंगे। सोच लीजिए। उस विदेश में यही मुँह लेकर जाना होगा। कोई चेहरा, कोई मुखौटा, कोई गनमैन वहाँ नहीं ले जाने देते पंडित जी।

खुदा के सामने जब आपकी तलब होगी।
वहाँ भी आप निगहबान ले के जाएँगे?

❐

खाऊलालों की दुनिया

पुराना जमाना अपनी खास चीजों के लिए याद किया जाता है। दुनिया में आदमी जैसा चटोरा दूसरा कोई प्राणी नहीं। आदमी ने किचिन बनाया फिर चिकन बनाने लगा। खाने के सिवाय इस पेटू नस्ल को और कोई काम नहीं। भारत में इस प्राणी ने बड़े कमाल किए हैं। कमीशन खाया, रिश्वतें खाईं। रुपये खा गया, सड़कें खा गया, अस्पतालें खा गया। खाऊलालों के संसार में इस पुण्यभूमि भारत की महा महिमा है भाई। अब तो हाल यह है कि भारतमाता के एक अरब दैट मीन सौ करोड़ लाल जो हैं। उनमें वही ईमानदार बने हैं जिन्हें बेईमानी करने का शुभ अवसर जो है सो प्राप्त ही नहीं हुआ। या फिर वे वीर ईमानदार कहलाते हैं जिनकी जो है सो हिम्मत नहीं पड़ी। मुंशी प्रेमचंद लिख गए हैं कि तनख्वाह तो पूरनमासी का चंद्रमा है भैया। महीने में एक बार निकलता है। मगर ऊपर की आमदनी रोज की चाँदनी है। जब छिटकती है तो तन-मन दोनों को शीतल कर देती है। शाम होते ही चिल्ड बियर की बोतलें खुलती हैं। ब्यूटीफुल मुर्गे उड़ाए जाते हैं। मन मस्त होकर अंग्रेजी बोलने लगता है। खाऊलाल जी तरन्नुम में आते हैं तो बिगबॉस की तरह बोलते हैं डन यार। तेरा काम समझ कि हो गया। डन डना डन डन। मैं तो भैया पढ़-सुनकर जल मरता हूँ। हाय किस्मत और वाय किस्मत। हम यहाँ कलम घसीटकर जिन्दगी झंड करते रहे। उधर नोट खा-खाकर साहबों की कमर छत्तीस से नब्बे और बाई साहबों की कमरें कमरों में बदल गईं। जो कुछ खाया-पिया सो यार लोग तोंद के गोदाम में रखकर बैठ गए। सो हे पाठक प्रभु हम और आप एक-दूसरे पर नजर रखे रह गए और उधर पंजाब लोक सेवा आयोग के अध्यक्ष रहे सिद्धू साहब पचीस करोड़ रुपये कबाड़ कर भारत-रत्न टाइप के हीरो लगने लगे। पूरे देश के चोट्टे अफसर भ्रष्ट नेता और सत्ता के दलाल सुखद आश्चर्य में डूबे उनके जयकारे लगा रहे हैं–जै हो जै हो। आपकी जय हो परमपिता आपने नया मार्ग सुझाया। लाकर भी ठाँस के भरे जा सकते हैं। पकड़े जाने की किसे परवाह है यार। जब बीच बाजार में हुई गुलशन कुमार की हत्या के आरोपी छूट गए तो गुरुवर आप तो छूट ही जाएँगे। काका हाथरसी यह कहकर स्वर्ग सिधार चुके हैं कि–

कह काका कवि काँप रहा क्यों रिश्वत लेकर।
रिश्वत पकड़ी जाय छूट जा रिश्वत देकर।।

अब तो पुलिस को यह भी सिद्ध करना पड़ेगा कि गुरु ने अगर धन माँगा तो किससे माँगा। यह भी कि बेरोजगार ने नौकरी के लिए रिश्वत दी तो उसके पास धन कहाँ से आया। सो भैया सिद्धू साहब धन-धन भाग हमारे जो दर्शन हुए तुम्हारे। हाय हम न हुए तुम्हारे साथ। पाँच-पाँच सौ के नोटों की गड्डियों से ठसाठस भरे लाकर अभागे पुलिस वालों के हाथ पड़ गए। अब साले सब घर में बाई लोगों की डाँट सुन रहे होंगे कि शर्मा जी पुलिस की नौकरी करके भी जिन्दगी-भर पोंगा पंडित ही रहे। अरे अकल के अन्धों मीडिया और कैमरामैनों को साथ ले जाने की क्या जरूरत थी। ऐसे नहीं वैसे चले जाते। बाई सा कलप कर कहतीं मगर मेरी कोई माने तब न। अरे दो गड्डी भी एक लाख रुपयों की होती है। कुल-खानदान के दलिद्दर मिट जाते। मेरी तो जिन्दगी घिट्ट गई इस बेवकूफ के

साथ। सुनकर बड़े-बड़े साहब लोग दुम दबाए बाहर भागते होंगे। चलो यार गम गलत करेंगे– यानी चिल्ड बियर और ब्यूटीफुल मुर्गा-वे भावुक होकर रोते होंगे–वर्मा यार बड़ी गलती हो गई। मिस्टेक वैरी बिग मिस्टेक यार। हम सोचते थे लाकरों में जमीन-मकानों की मालकियत के कागज होंगे, बांड होंगे, गोल्ड-फोल्ड होगा। मगर अफसोस साला लाकरों में कैश ठाँसे बैठा था। पहले शक होता तो अभी सामने स्काच होती रे। भगवान भी कैसी परीक्षा लेता है। अवसर दिया कृपालु प्रभु ने और हम मूरख उसे गँवा बैठे। खाना कौन छोड़ता है भैये। जो रुपये नहीं खाता वह जमाने के जूते खाता है। माल काटो बाबू माल। इज्जत बेचकर रुपया कमाओ फिर रुपया फेंककर इज्जत बनाओ। पूरे देश में यही मूलमंत्र चल रहा है। इस भागमभाग की दुनिया में सब अकेले हो गए हैं। सबको लगता है कि केवल नगदऊ ही माता-पिता बन्धु सखा हैं। सब उनके नाज उठाने में लगे हैं। बच्चे अपने बापों से सीखकर दफ्तर-दफ्तर, आफिस-आफिस खेलते हैं और गाते हैं–

दुनिया है सरां इसमें तू बैठा मुसाफिर है।
औ जानता है यां से जाना तुझे आखिर है।।
गर याँ न दिया तूने वाँ देवेगा क्या बन्दे।
कुछ राहे खुदा दे जा, जा तेरा भला होगा।।

लोग तुरन्त नगद पकड़ाते हैं भैया। धरम का काम है। नगद देते ही आर्डर हाथ में आ जाता है। भगवान बड़े हैं मगर ऊपर हैं। दिखते नहीं हैं। सिद्धू साहब जैसे देवता छोटे भगवान हैं। दिखते हैं और पूजा से प्रसन्न होकर तुरन्त वरदान देते हैं।

यानी–

यह कुंजड़ों की हाट है दुनिया सारी जिन्स इकट्ठी।
मीठी चाहो मीठी ले लो, खट्टी चाहो खट्टी।।
रूप-रंग पर भूल न दिल में देख अकल के बैरी।
ऊपर मीठी नीचे खट्टी अम्बुआ कैसी कैरी।।

❐

पढ़िए गीता-बनिए सीता

अच्छे पुत्र का कर्तव्य है कि बाप को चैन से न जीने दे। इसलिए इधर बुन्देलखंड में यह कहावत आम है–जियत बाप से दंगमदंगा। मरे हाड़ पहुँचाएँ गंगा। जिन पिता श्री को जीवन में कोई सुख न दिया। उनके मरते ही सपूत श्रद्धापूर्वक गंगा जी में उनकी अस्थियाँ विसर्जित कर दान-पुण्य करते हैं। अपने प्यारे भारत देश में यह सनातन है। कंस ने अपने पूज्य पिता श्रीयुत उग्रसेन महाराज को जेल में डाला और राजसिंहासन पर बैठा। आलमगीर-जिन्दा पीर श्रीयुत नवरंग बिहारी उर्फ नवरंगजेब उर्फ माननीय औरंगजेब जनाब ने भी अपने वालिद जनाब शाहजहाँ हुजूर को जेल में डाला और धर्म की रक्षा के लिए बादशाहत सँभाली। ये हजरत इतने जहीन और दूरन्देश थे कि बाप को जेल में डालने के पहले अपने तीन बड़े भाइयों दारा, शुजा और मुराद को जन्नतमकानी बनाया और फिर रोते हुए गद्दी पर बैठे।

श्रीलाल शुक्ल के उपन्यास रागदरबारी में एक दिन कुसहर प्रसाद जी रोते हुए बैद महाराज की बैठक में हाऊ-हाऊ की ध्वनियाँ करते पहुँचे। उनकी खोपड़ी से खून बह रहा था। अपने मामा बैद महाराज के यहाँ पहुँचे शोध-छात्र रंगनाथ ने जब जानना चाहा कि इन महानुभाव की यह हालत किस दुष्ट ने की है? तो वहाँ उपस्थित किसी ज्ञानी ने उसकी जिज्ञासा शान्त करते हुए बताया–ये छोटे पहलवान के बाप हैं। उन्हें छोड़कर और किस साले में दम है जो इन्हें हाथ भी लगा सके। तब तक कुसहर प्रसाद जी ने बैद महाराज से फरियाद करते हुए स्थिति स्पष्ट की–महाराज अबकी बार तो उस छोटुआ ने मार ही डाला। 'अब की बार' से समझा जा सकता है कि यह साँस्कृतिक कार्यक्रम अक्सर होने वाला समारोह है। सचमुच वे लोग बहुत भाग्यवान होते हैं जिनके पुत्र होते हैं। वे और ज्यादा भाग्यवान होते हैं जिनके पुत्र नहीं होते। मगर जवाहरलाल नेहरू के जीवन-काल में लोगों ने उनके पुत्रहीन होने को पहले राष्ट्रीय, फिर अन्तरराष्ट्रीय समस्या बना डाला। किताबें छप गईं साहब–'हू आफ्टर नेहरू'। अनुवाद हो गए–'नेहरू के बाद कौन'। नेहरू जब न रहे तो उनकी पुत्री इन्दिरा गाँधी ने इस प्रश्न का उत्तर दिया। आई आफ्टर नेहरू। और सचमुच उन्होंने सिद्ध किया कि वे ही नेहरू की असल उत्तराधिकारी हैं। कुछ समय बाद यही दुनिया जो कभी चाहती थी कि इन्दिरा गाँधी नेहरू की बेटी है। कहने लगी कि जवाहरलाल अपनी इन्दिरा जी के पिता थे। अपनी? सच में संसार में जो सफल है, सक्षम है, लाभदायक है। वह अपना है। जो फेल हो गया है। अक्षम है, जिससे कोई लाभ नहीं हो सकता। वह अपना नहीं। जब काम पड़े बाँका तो बोल गधे को काका। क्या नहीं कहा दुनिया ने और किससे नहीं कहा।

फेल होने वाले मूर्ख पुत्र का रोल नम्बर लिये पिता जी खुद मास्टरों के चक्कर लगाते हैं। मासाब-आपइ को बच्चा है जौ। किरपा करें। गुरुगण घबड़ा जाते हैं। इसके घर मैं कभी गया नहीं। यह मेरा बच्चा कैसे हो गया। जो लड़का प्रथम श्रेणी पाता है। आई.ए.एस., आई.पी. एस. हो जाता है। सफल होता है, जीवन में नाम करता है। उसे लेकर कोई बाप शिक्षकों के पास नहीं जाता कि गुरु जी मैं गधा, थर्ड क्लास। यह लड़का आचरण और टेलेंट से आपके ज्यादा निकट रहा है। यह

आपका 'मानसपुत्र' है। आपकी आत्मा से जुड़ा है। इसलिए यह आपका बच्चा है। मगर नहीं लड़के के सफल होते ही बाप व्यस्त हो जाते हैं। वे उसकी शादी का टेंडर निकालकर निविदाएँ आमंत्रित करने लगते हैं।

अद्‌भुत देश है यह। लड़कियों में यहाँ 'मैजोकिस्टिक' टेंडेन्सी पाई जाती है। आत्मपीड़न की प्रवृत्ति। इसीलिए वे बहुत व्रत-उपवास करती हैं। बहुत परिश्रम करती हैं। पति या बच्चों का छोड़ा हुआ जूठन खाकर तृप्त हो जाती हैं। बीमार होने पर भी बताती नहीं। घर के काम-काज में लगी रहती हैं और इस मूर्खता को बलिदान समझती हैं। इसके ठीक विपरीत डाकुओं और हत्यारों में 'सैडेस्टिक टेंडेन्सी' पाई जाती है। यह उत्पीड़न की प्रवृत्ति होती है। दूसरों को पीड़ा देकर आनंद उठाना। एक ही घर में पैदा हुए भाई-बहिन, माँ-बाप से एक-सा व्यवहार नहीं पाते। सचमुच यह अद्‌भुत देश है। रघुवीर सहाय की एक कविता की पंक्तियाँ मुझे अक्सर हाँट करती हैं–

पढ़िए गीता
बनिए सीता
फिर इस सब में लगा पलीता
किसी मूर्ख की हो परिणीता, निज घर-बार बसाइए।
होंय कँटीली,
आँखें गीली,
लकड़ी सीली
तबीयत ढीली
घर की सबसे बड़ी पतीली,
भरकर भात पकाइए।।

मझे रघुवीर सहाय ठीक लगते हैं। आज तक अमेरिका जैसे शिक्षित, सम्पन्न राष्ट्र में, रूस जैसे साम्यवादी देश में कोई स्त्री राष्ट्रपति या सेना प्रमुख के पद तक नहीं पहुँची। सचमुच अद्‌भुत लगता है।

श्री सुनीलदत्त का बयान भारतीय अखबारों के प्रथम पृष्ठ पर शोभायमान है। अंडर वर्ल्ड के साथ घनिष्ठ सम्बन्धों के लिए चर्चित उनके पुत्र-रत्न श्री संजय दत्त के विवादास्पद टेप पिछले दिनों प्रसारित हुए हैं। पूरा देश गिजगिजा गया उन्हें सुनकर। लजा गया उन्हें देखकर। पर पिताजी क्या करें। कौन बाप है जो अपने लड़कों के खिलाफ बोलेगा? और कौन पुत्र है जो अपने बाप की नाक काटने या कटवाने की चेष्टा नहीं करता। कई बापगण नकली नाकें लगाए आत्ममुग्ध होकर डोलते हैं। मगर पब्लिक है सरकार, ये सब जानती हैं। सुनीलदत्त जी बड़े आदमी हैं उनके बेटे बड़े गुल खिलाते हैं। हम छोटे लोग हैं। जाहिर है छोटे-छोटे फूल-पत्ते खिलाते हैं हमारे बेटे। मगर हाँ भरपूर खिलाते हैं। पुत्र के जन्म के लिए पिता जिम्मेवार हैं। जाहिर है, पुत्र-रत्नों के सभी सत्कार्यों के लिए भी वही जिम्मेवार हैं। बुढ़ापे में हें-हें करते घूमते हैं। भैया माफ करें। अदालत का हम पूरा सम्मान करते हैं मगर बेटा अपना निर्दोष है। इसलिए परमात्मा को धन्यवाद कि उसने मातृत्व को सुनिश्चित किया और पितृत्व को अवधारणा दैट मीन हाइपोथेसिस बनाया।

बिहारी का एक दोहा है जिसका अर्थ यह है कि बेटे की कुंडली में पिता-हन्ता का योग देखकर ज्योतिषी जी अत्यन्त हर्षित हुए कि चलो दुश्मन भी निबट गया। अपन भी खूब बचे। हा-हा। भगवान

राम जब दूल्हा बनकर मिथिला में विराजमान थे। तब विवाह के मंगल अवसर पर प्रचलित गालियाँ गाते हुए स्त्रियों ने यह सनातन प्रश्न उठाया था कि अरे उधर अयोध्या में इतनी चतुर स्त्रियाँ हैं कि खीर खाकर ही पुत्र पैदा कर लेती हैं। छोड़िए खीर के हों या खिचड़ी के लड़के तो लड़के होते हैं। भ्रा जी। चाहे कुछ करें वे हमेशा निर्दोष होते हैं। गुनहगार तो बस बाप ही होते हैं। सुनीलदत्त जी मैं भी सारे संजय दत्तों को निर्दोष मानता हूँ। आमीन।

❑

गलत पते उर्फ रूल्स फार फूल्स

सब गलत पते देते हैं। एक भिखारी मस्जिद की सीढ़ियों पर दिन-भर बैठा रहा। हर आने वाले से अल्लाह के नाम पर भीख माँगता रहा। शाम हुई तो रकम गिनी। कुल जमा दस आने यानी साठ नये पैसे मिले। लिल्लाह इसमें क्या होगा। रंज से चला न जाता था। घर चला तो रास्ते में मैखाने के पास रुक गया। पुरानी कलारी थी। दरवाजे के एक तरफ चिखने-भजिए वाले बैठे थे। वह दूसरी तरफ बैठ गया। पीने वाले बाहर आए तो उसने आदतन हाँक लगाई। दे दे अल्लाह के नाम पर दे दे। पहला पियक्कड़ उसके पास रुक गया। लाल आँखों से उसे घूरने लगा फिर बोला—बड़े म्याँ, कितने में काम चलेगा। हम यों करते हैं—कि चौदह रुपयों की शराब और छह खाने के। इस तरह बीस रुपये आपकी नजर करते हैं। वह बीस का नोट देकर चला गया। फिर कोई दो रुपये का तो कोई पाँच का, कोई दस का तो कोई बीस का नोट देकर गए। कोई शराबी ऐसा नहीं था। जिसने उसे कुछ-न-कुछ दिया न हो। दो घंटे बाद उसने रकम समेटी तो दो-ढाई सौ रुपयों की राशि इकट्‌ठी हो गई थी। वह रुद्ध कंठ और अश्रु-अन्ध हो गया। अल्लाह कैसा कारसाज है। प्रभु सचमुच तू बड़ा दयालू है। चींटी को कन और हाथी को मन देने वाला है। अल्लाह मियाँ तेरे अन्दाज निराले हैं। बस यही एक बात खराब है कि पता कहीं का देते हो और मिलते कहीं हो।

यह बात सच है। उसे जहाँ ढूँढ़िए वह वहीं भर नहीं मिलता। जब मिलता है तो कृपा और आनंद की ऐसी वर्षा होती है कि आदमी बाह्य-आभ्यन्तर शुचि का अनुभव करता है। तो प्यारे भाइयों और उनसे अधिक प्यारी बहिनों इतना कहकर अब मैं अपनी औकात पर आता हूँ। बात गलत पते से शुरू हुई थी। वहीं वापस पहुँचता हूँ। अभी तक शिवानी भटनागर हत्याकांड के प्रमुख आरोपी श्री रविकान्त शर्मा की गिरफ्तारी नहीं हो पाई। उन्हें ढूँढ़ने वाले अधिकारी अब विदेश यात्रा की सम्भावनाएँ तलाश रहे हैं। लगता है शर्मा साहब पेरिस चले गए। उन्हें ढूँढ़ने वहीं जाना होगा। मेरे एक परिचित अधिकारी थे जो हर काम करने के पहले यह नारा लगाते थे। यू ब्लडी। रूल्स फार फूल्स। नियम बेवकूफों के लिए हैं। हम अकलमन्द हैं। अजी हमें कौन से नियम और कहाँ के नियम। वे एक थाने में पदस्थ थे। एक लड़का किसी वी. आई. पी. की जेब से रुपये निकालकर फरार हो गया था। मामला उनके ख़याले शरीफ में लाया गया। उन्होंने तुरन्त नारा लगाया यू ब्लडी। रूल्स फार फूल्स। फिर देसी थानेदार की तरह हवलदार से बोले—मुंशी जी पकड़ मँगवाओ सारे के बाप-महतारी, भाई-बहिनों को। फिर उन्होंने अंग विशेष का उल्लेख करते हुए कहा—मार चार लात सार बुढ़वा के। लड़िका दुइ घंटों में न आ जाई तो हम बरदी उरदी उतार डालि और जंगल मा जाकर जोग साधै करी। मुंशी जी ने फौरन से पेश्तर घर-भर को पकड़ मँगवाया और सच में लड़का दो घंटों में थाने में उनके श्री चरणों में घुटनाटेक था। उधर थाने में घर-भर का गाना जारी था कि जादूगर सैंया छोड़ मोरी बैंया।

हो गई आधी रात, अब घर जाने दो।। आदि-आदि पर अन्ततः वे लोग प्रेमाश्रु छलकाते हुए, रतनार नेत्र लिये सुबह घर आ सके। गए थे चौबे जी छब्बे बनने, दुबे बनकर घर लौटे। जो कुछ माल हाथ में था। वह भी गया। इसे कहते हैं थानेदारी और इसे कहते हैं—पुलिस की कला।

यह सचमुच मजेदार है कि जब श्री रविकान्त शर्मा शिवानी हत्याकांड में सस्पेक्ट हैं। तभी

गाजियाबाद के अपने फार्म हाउसी ऐशगाह से आर. के. शर्मा एक बलात्कार कांड में पकड़े गए। उधर बैंगलौर में एक ए.सी.पी. साहब ने रैन्सम की रकम के रूप में उन्नीस लाख कबाड़े। हम सागर वाले अपनी पुलिस को देखकर बड़े डिप्रेशन में थे कि बताइए यह भी कोई पुलिस है। हमारी पुलिस का नाम नेशनल चैनलों पर नहीं आता। तभी दम में दम आई। आज तक चैनल में डटे थे रायपुर के एक पुलिस अधिकारी जिन्होंने अपनी पत्नी को स्वर्ग भेजा और रोते हुए फोटो उतरवाई। उन्हें देखकर जान में जान आई। एक साल से उनके ससुर एफ़ आई. आर. के लिए फड़फड़ा रहे थे! कोई लिखने को तैयार नहीं। छत्तीसगढ़ पूर्व एम. पी. है। पूरे देश में यह व्यावसायिक एकता ही थी। जिसने मेहता साहब के खिलाफ रिपोर्ट तक दर्ज नहीं होने दी। और क्यों हो? जब नाई-नाई से बाल कटवाने के पैसे नहीं लेता। जब ब्राह्मण-ब्राह्मण से दक्षिणा नहीं लेता। जब कम्बल से कम्बल में गाँठ नहीं लगती तो आप ही बताइए भ्राजी कि पुलिसवाले किस तरह दूसरे पुलिसवालों और श्री रविकान्त जी शर्मा को ढूँढ़कर अरेस्ट कर पाएँगे। जब अबू सलेम मय बेदी मेमसाब के अरेस्ट हो सकता है तो शर्मा जी क्यों न हों। पुलिस कहती है एक-एक दिन में पन्द्रह-पन्द्रह छापे मारे हैं भाई। अभी तक पचास लाख रुपये खर्च हो गए। क्या करें। कहाँ ढूँढ़ें। पेरिस जाएँ कि लन्दन। न्यूयार्क कि वाशिंगटन। कि रंगून टेलीफून करें। बेचारे शर्मा को आकाश हड़प गया कि धरती निगल गई। मिलते नहीं। क्या करें। तो तात चौर्यशास्त्र में यह निर्देश है कि अच्छा चोर जब चौर्य कर्म से निवृत्त हो जाए तो शहर कोतवाल के बगीचे में मुफ्त मालीगिरी करने पहुँचे। यह कहते हुए कि साहब ने भेजा है कि सरकार के बँगले में बगीचा ठीक करना है। काम बगीचे में करे और कान लोगों की वार्ताओं पर रखे। भैया सच में पुरानी विद्या आज भी काम आएगी। साहब किसी सरकार के यहाँ डटे मिलेंगे और ढुँढ़ैयों को यह गाना याद आएगा—कि जिसको ढूँढ़ते थे गली-गली। वह घर के पिछवाड़े मिली। लोग गलत पते देते हैं तो देते रहें। ढूँढ़ने वाले चाहें तो उन तक पहुँचकर रहेंगे। मगर चाहें तो।

❐

इनकी धिक्कार महारैली : उनका थू-थू दिवस

प्राकृत साहित्य के महाकवि पुष्पदंत जी देह से बहुत दुर्बल थे। उनकी दंतपंक्ति पुष्पधवल थी। सफेद फूलों जैसी। वे बड़े खुशमिजाज आदमी थे। राष्ट्रकूट वंश के महाराज कृष्णराज तृतीय के महामात्य अर्थात् चीफ सेक्रेटरी भरत उनके आश्रयदाता थे। उनके दो ग्रन्थ बहुत लोकप्रिय हुए, पहला 'णाय कुमार चरिउ' अर्थात् नागकुमार चरित और दूसरा तिसट्ठि महापुरसि गुणालंकारू यानी त्रिषष्टि महापुरुष गुणालंकार। इसमें त्रेसठ महापुरुषों के चरित्र हैं। वे बड़े आत्मसम्मानी व्यक्ति थे। एक बार वे निर्जन वन में कई दिनों तक निवास करते रहे। अम्मदू और इन्द्र नामक दो लोग उनसे मिले और इस वनवास का कारण पूछने लगे। उन्होंने कहा–

णऊ दुज्जन भउंहा वंकियाई, दीसन्तु कलुसभा वंकियाइं।
वर णरतरू धवलच्छिहे होहु म कुच्छिहे मरऊ सोणिमुहणिग्गमे
खल कुच्छिय पहुवयणई भिडडियण यणइम णिहालउ सुरूग्गमे।।

इस प्राकृत काव्यांश का अर्थ यह है कि दुर्जनों की टेढ़ी भौंहें देखना ठीक नहीं चाहे गिरि कन्दराओं में घास खाकर भले ही रह जाए। माँ की कोख से उत्पन्न होते ही मर जाना ठीक है किन्तु राजा की टेढ़ी भृकुटी वाले नेत्र देखना और उसके दुर्वचन सुनना उचित नहीं है।

अब राजा नहीं रहे रानियाँ नहीं रहीं। लोकतंत्र ने नए राजपुरुषों को जन्म दिया। एक बार दाँव से, छल से, कपट से, धोखाधड़ी, फर्जी वोट और बूथ कैप्चरिंग से विजय का झंडा चढ़ जाए तो क्या कहने। लोकतंत्र के राजा सर्वस्वीकृत होते हैं। जार्ज बुश से लगाकर जनमत संग्रह वाले परवेज मुशर्रफ साहेब और देश, प्रदेश, जिलों, तहसीलों, कस्बों और गाँवों तक फैली है लोकतंत्र के नए राजाओं की स्वर्ण श्रृंखला। धन्धे में बदलते लोकतंत्र और राजनीति के नए राजा हवाई जहाजों से लेकर वैपर लैम्पों तक चमचमाते हैं। हजारों कमीशनों पर और आयोगों की रिपोर्ट हजम करके लोकतंत्र की छाती पर बैठा है नया राजपुरुष। उसकी कल्पना के अनुरूप उसे महान बनाते हैं चाटुकार। चापलूस की सार्थकता यही है कि वह राजा को संसार में सर्वश्रेष्ठ घोषित करे। उसकी रंगीन छवियाँ कल्पना के शीशमहल में झिलमिलाएँ। उसे यह दृढ़ विश्वास कराए कि 'एकोहं द्वितीयोनास्ति' केवल उसी के लिए की गई घोषणा है।

लोकतंत्र की राजनीति में जो सिद्धान्तों, आदर्शों, मर्यादाओं और संविधान की रक्षा के लिए संघर्ष करने वाली छवि के साथ आता है। उसे दोस्त नहीं सुहाते। दोस्त बराबरी से बात करते हैं। वह धीरे-धीरे दोस्तों को चापलूसों में बदलने के चतुर प्रयास करता है। चापलूस चरण चंचरीक होते हैं। यानी चरण कमलों पर मँडराने वाले भँवरे। लोकतंत्र के राजा का हर पाँच वर्ष में पुनर्राज्याभिषेक होता है। अगर दोस्त घट जाएँ, चापलूस बढ़ जाएँ तो वह चुनाव के मैदान में खेत रहता है। नए राजा को सिंहासन पर बैठा देखकर भ्रमर समुदाय नए चरणकमलों की ओर लपक जाता है। इधर अब पाँव बचते हैं। निर्वासन के बीहड़ में भटकते हुए। जिस सुन्दरी को कदम-कदम पर सीटियों की सराहना सुनने की आदत पड़ जाती है। बुढ़ापा उसकी बड़ी दुर्गति करता है। कहीं कोई पूछने वाला

नहीं मिलता। बेचारी दुनिया-भर का मेकअप करती है। तरह-तरह के नखरे, अदाएँ और चोंचले दिखाती है। मगर लड़के दिल्लगी करते हैं। अम्मा जी पालागी। अम्मा जी सुनकर जल-भुन जाती हैं—नासपीटे मैं तुम्हें अम्मा जी दिखती हूँ। लड़के ठिलठिलाकर रास्ता छोड़ देते हैं और अम्मा जी जोर-जोर से इस बात पर नाराजगी प्रकट करती हुई प्रस्थान करती हैं कि बित्ता-बित्ता-भर के लड़के मुझे छेड़ते हैं। घोर कलियुग आ गया है। इस प्रकार वे इस बिन्दु को 'इतिसिद्धम' कर देती हैं कि इस उम्र के बावजूद वे अभी भी छेड़ने लायक हैं।

जैसे जिन्हें 'कॉफिन इज विसलिंग अर्थात् बुन्देली में मरघटा कूका दै रओ' वे महाश्रीमान् भी 'टिकिटार्थम् टिकटिकायते' होकर शोभायमान होते हैं और कहते हैं कि वे अभी भी चुनाव जीतने लायक हैं। जो पार्टी चाहे उन्हें छेड़ ले। वे तो छिड़ने के लिए तैयार खड़े हैं। अचानक भूतपूर्व होना सचमुच कष्टकर है। अच्छा-भला आदमी काहे को भूत बनना चाहेगा। इस हमेशा बने रहने के लिए कभी मायावती जी धिक्कार महारैली का आयोजन करती हैं। अरे मुलायम सिंह जी धिक्कार है। धिक्कार है। आप मुख्यमंत्री नहीं बन पाए। लानत है—लानत। जवाब में सपा के मुलायम सिंह जी ने थू-थू दिवस आयोजित किया है। अरी मायावती थू-है-थू-है। जिन मनुवादियों के खिलाफ बहुजन समाज पार्टी बनी थी। आज उन्हीं मनुवादी भाजपाइयों के चरण पकड़कर तूने सरकार बनाई। सपावाले जयघोष के साथ थू-थू करते हैं। मायावती की थू-थू वह देवी मुलायम सिंह को धिक्कारती है। धिक-धिक। जनता मजा लेती है। भैया दोनों एक-दूसरे के बारे में सच बोल रहे हैं। मगर हम तो पब्लिक हैं—मुलायम सिंह हों या मायावती जी या और दीगर-पार्टियों के राजपुरुष राजनीति में किसी को मित्र नहीं चाहिए। सब अपने मित्रों को चापलूसों में बदलने की कोशिश करते रहते हैं। इसी चक्कर में सारे अभूतपूर्व महामहिम धीरे-धीरे भूतपूर्व हो जाते हैं। भैया, दादा, बहिन जी सुनिए जनता जब आपको चुनाव हराती है तो वह आपका असली धिक्कार दिवस होता है। वही आपकी थू-थू भी होती है। राजनीति के जंगल में सब अकेले होते हैं। वहाँ कोई किसी का नहीं है। प्रसिद्ध शायर साहिर लुधियानवी ने कहा—

हर एक कदम पै, बदनामियों का जमघट है।
हरेक मोड़ पै रुसवाइयों के मेले हैं।
न दोस्ती न तकल्लुफ, न दिलबरी, न खुलूस
किसी का कोई नहीं, आज सब अकेले हैं।।

धिक-धिक-थू-थू छोड़ो भ्राजी। गाली-गलौज की संस्कृति इस देश की नहीं है। मित्रता रैली और तिलक-चंदन दिवस करो।

आमीन तथास्तु।

❒

मुँह में जाती हुई मूँछों की चिन्ता में

हजरत दाग देहलवी का शुमार उस्ताद शायरों में होता है। उनकी शायरी सुनकर लोग अश-अश कर उठते थे। उनकी बख्शीश होगी या नहीं सो तो आकबत वाले जानें। मगर उनका एक शेर मुझे बेइन्तहा पसन्द है–

दी मुअज्जिन ने शबे-वस्ल अजां पिछले पहर।
हाय, कमबख्त को किस वक्त खुदा याद आया।

मानी ये कि प्रार्थना की सूचना देने वाले मियाँ ने मिलन की रात के पिछले पहर ठीक समय पर अजां की आवाज दे दी। हाय कमबख्त को किस वक्त खुदा याद आया। यह अपने-अपने टाइम टेबिल की बात है। इसलिए सूफी सन्त मामला बिल्कुल क्लियर रखते हैं। उनकी स्पष्ट धारणा है कि इश्क का शुगल बेहतर है। वह साँसारिक प्रेम हो या पारलौकिक प्रेम। बस लगे रहना चाहिए।

शुगल बेहतर है इश्कबाजी का। क्या हकीकी का क्या मजाजी का। बुन्देलखंड में बुढ़भस के पेशेंट से सतर्क रहने का रिवाज है। जिसे निपट वार्द्धक्य में नयी उम्र की हर किशोरी से प्रेम करने की 'हाव' पड़ जाए। वह जो है सो बुड़भस का रोगी कहलाता है। ऐसे श्रीमानों को घर-बाखर के आस-पास मँडराते देखकर परिवार की वृद्ध स्त्रियों के उपदेश प्रारम्भ हो जाते हैं कि देखौ तौ ए डुकरा खों बुढ़ापे में का रंग चड़ रऔ। कितना ही ठुके-पिटे आदमी आदत नहीं छोड़ता। कुर्सी की हाव भी इसी तरह की होती है। एक बार उसका रंग चढ़ जावे तो उतारे नहीं उतरता। 'हाव' बुन्देली का अपना शब्द है। हिन्दी के–हाहू-की तरह। प्रसिद्ध निबन्धकार पं. प्रतापनारायण मिश्र ने पेट शीर्षक अपने एक निबन्ध में इस शब्द का उपयोग करते हुए लिखा है– कि मोर पेट हाहू, मैं न देहौं काहू। यानी मेरा पेट हा-हू है इसलिए सारा मालमत्ता उसी में जाएगा। मैं किसी और को कुछ नहीं दूँगा। यह विचार अतिउत्तम है। इसमें एक अन्य लाभ है कि पेट बढ़ता चला जाता है मगर हाथ-पाँव जो हैं सो दुबले होते हैं। यानी नेता मोटे और वोटर दुबले होते जाते हैं। यह तथ्य जो है सो बारम्बार सुधीजनों द्वारा उद्घोषित किया जाता रहा है कि हाथ-पाँव के कायरे और मौं में मूँछें जाएँ, सो तात्पर्य यह कि हाथ-पैरों के काहिल हो जाने पर मूँछें जो हैं सो मुख में घुसने लगती हैं। भारतीय परिदृश्य में यह क्रिया इतनी स्पष्ट दिखाई देने लगी है कि पूरे देश की न्यायपालिका जो है सो लोकतंत्र के मुख में घुसी उसकी मूँछों को निकालने में दत्तचित्त है। सो इस निवेदन के साथ कि आप लगे रहिए श्रीमान मगर ये बाज नहीं आने वाले। ऊपर से नीचे तक कोई-न-कोई रामकृष्ण गौड़ समाज, न्याय, मर्यादा और देश की आँखों में जो है सो धूल झोंकने में जुटा है।

पंचतंत्र में एक कथा प्राप्त होती है जिसमें एक महाचटोर राजा के रसोईघर से लगे बगीचे में वानरों का एक समुदाय रहता था। असली राजा खाता कम और फेंकता ज्यादा है। राजा की जूठन का माल खा-खाकर वे वानर बड़े हृष्ट-पुष्ट हो गए थे। उसी परिसर में राजा के पशुओं के लिए घास-भूसे का गोदाम था और इससे लगी हुई घुड़साल थी। एक मेढ़ा शावक रसोईघर के आस-पास मँडराते हुए रसोइये का लाड़ला बन गया। वह कभी उसे मालपुए खिलाता कभी मोहन भोग। फुरसत

के वक्त रसोइये के प्रति वह मेढ़ा अपना अनुराग प्रकट करता। मेढ़े अनुराग बतायें या क्रोध उनके पास सिर्फ एक ही अदा होती है। वह यह कि वे दस-बीस फुट पीछे हटें और दौड़ते हुए आकर धक्का मारें। यह शावक रसोइये के प्रति इसी तरह अपना प्रेम प्रकट करता था। राजा के रसोईघर से बचा हुआ माल उड़ाने वाले वानरों के नेता ने एक दिन यह देखा तो उसने वानर समूह की आपात बैठक बुलाकर कहा कि हे भाइयों राजा के रसोइये और इस मेढ़े का बढ़ता हुआ प्रेम हमारी वानर जाति पर संकट लाएगा। यह मेढ़ा जवान हो रहा है और रसोइया वृद्ध। किसी दिन मेढ़े के धक्के से यह रसोइया नीचे गिरकर चोट खाएगा। नाराज होकर वह जलती लकड़ी से मेढ़े को प्रताड़ित करेगा। रसोइये के पास तत्काल उपलब्ध अस्त्र जलती हुई लकड़ी ही है। उससे मेढ़े के बाल जलने लगेंगे। घबराकर वह अपने निवास को दौड़ेगा जो घास-भूस से भरा है। उसमें आग लग जाएगी। वह आग फैलकर राजा के घुड़साल को अपनी लपेट में ले लेगी। इससे राजा के श्यामकर्ण, पंचकलयाणी घोड़े जल जाएँगे। हे मित्रों, पशुवैद्यक में जले हुए घोड़ों का एकमात्र उपचार बन्दरों की चरबी है। राजा पशुवैद्यों के परामर्श पर हम वानरों का वध करा देगा। वह हमारी चरबी से अपने अग्निपीड़ित अश्वों का उपचार कराएगा। इसलिए नीति कहती है कि हमें राजकीय भोजनशाला का लोभ छोड़कर यह स्थान त्याग देना चाहिए। जाहिर है कि तुरन्त वानर दो समुदायों में बँट गए। आधों ने जाने से इंकार कर दिया। एक दिन वही हुआ तो वानर नेता ने कहा। जो आधे वानर रह गए थे। उनका वध कराकर राजा ने अपने अश्वों की रक्षा की। वह एक अलग कथा है। आप कह सकते हैं कि इस कथा को यहाँ निपोरने की क्या आवश्यकता थी, तो हे भैया पाठक माई-बाप जी हमारे लोकप्रिय मुख्यमंत्री महोदय ने पाँच लाख गैलन पानी के जिस 'रिजर्व वायर' का शिलान्यास समारोह अभी तीस जनवरी को सागर में सम्पन्न किया है। उसी के भय से अपनी आत्मा जो है सो दोलायमान है। यहाँ सागर जलप्रदाय योजना का एक अतिप्राचीन टैंक पूर्वकाल से है। इसकी पुरानी पाइप लाइन के आस-पास लीकेज के प्रताप से दस-पन्द्रह फुट खोदने पर ही पानी निकल आता है। इसी पहाड़ी पर एक और रिजर्व वायर बनने की सम्भावना से मेरी देह जो है सो कंटकित हो रही है। हमारे जमाने के ठेकेदारों और विषय विशेषज्ञों के हाल जो हैं सो आप जानते ही हैं। मैं सम्भावित आशंका के कारण व्यंग्य लेखन भूल-भालकर यह निवेदन करना चाहता हूँ कि हे भाइयों, चाहे जो बनाना। चाहे जैसे बनाना मगर कृपा करके कभी हम नागरिकों को सिविल लाइन टू सदर बाजार, चाँदनी रात में नौकाविहार मत कराना। आप नाराज होकर इस सम्भावना को निरस्त करना चाहें तो अवश्य करें। मगर मैं भी अपनी आदत से लाचार हूँ। जब करूँगा उलटी बात अवश्य करूँगा। मामला वही पुराना है। हम लोग भी क्या करें। जहाँ देखिए समस्याएँ बाल खोले निकल आती हैं। हसरत मोहानी साहब का एक शेर है–

घर से हर वक्त निकल आते हो खोले हुए बाल।
शाम देखो न मेरी जान सबेरा देखो।।

❐

खाना और रोना भारत माँ के लाल का

प्राइमरी स्कूल में पढ़ते समय ही हमें इस बात की जानकारी हो गई थी कि हम जो हैं सो भारत माँ के लाल हैं। प्रार्थना के बाद हम सभी छात्र जोर-जोर से गाते थे–देश हमारा, धरती अपनी हम भारत के लाल। इसमें 'हम भारत के लाल' वाले हिस्से को हम इतनी जोर से दुहराते कि स्कूल के आस-पास के कुत्ते अक्षरशः दुम दबाकर भाग खड़े होते। इस वीरतापूर्ण कृत्य से हमें हार्दिक प्रसन्नता होती थी। लेकिन उसके तुरन्त बाद परिस्थितियाँ हृदय-विदारक हो जाती थीं क्योंकि सबसे पहले गणित का घंटा शुरू होता था। हमारे जनाब जी डंडा लिये कक्षा में पधारते और हम भारत के लालों को हरा-नीला करने में जुट जाते।

स्मरणीय है कि इससे पहले भी भारत में कई लाल हो चुके थे। जैसे मोतीलाल, जवाहरलाल और छेदीलाल इत्यादि। कहना न होगा कि हमें सबसे अधिक प्रभावित छेदीलाल ने किया। क्यों न करते? वे हमारे गाँव के सरपंच थे, प्रसिद्ध नेता थे। छेदीलाल लालों के लाल थे। वे हमें सुनाया करते थे कि जब उन्होंने एम. ए. पास करके झाँसी इंटर कालेज में एडमिशन लिया था, तभी चंद्रशेखर आजाद की पुलिस से मुठभेड़ हुई थी। आँखें पोंछने लगते–कहते, न पूछो भइया कुछ न पूछो। जब चंदू की पुलिस से मुठभेड़ हुई मैं उसके साथ ही था। गोलियाँ खतम होने लगीं, चंदू ने मुझसे कहा–दादा, गोलियों की कमी है। आप ले आइए। मैं गोलियाँ लेने चला गया और पुलिस ने मौके का फायदा उठा लिया। चंद्रशेखर आजाद शहीद हो गए। मैं रह गया। जब घर पहुँचा तो आजाद की माँ दो थालियों में खाना लिये बैठी थीं। मुझे देखकर बोलीं–बेटा छिद्‌दू तू अकेला आया है, रे? चंदू नहीं आया। उसे कहाँ छोड़ आए। मैं क्या जवाब देता? मेरी आँखों से आँसू झरने लगे। टप-टप-टप। वे बोलीं, बेटा अब सारा खाना तुझे ही खाना पड़ेगा। मैं रोता जाऊँ-खाता जाऊँ, खाता जाऊँ-रोता जाऊँ। वे भावुक हो जाते। मैली तौलिया से नाक पोंछने लगते।

कभी-कभी वे भगतसिंह के बारे में बताया करते थे। कहते बेटा, बम कांड में हम दोनों साथ-साथ थे। भगतसिंह को फाँसी हुई। मुझे छोड़ दिया गया। छूटकर मैं सीधा भगतसिंह के घर पहुँचा। माँ दो थालियों में खाना लिये बैठी थी। मुझे देखकर रोने लगी। उसकी आँखों से आँसू बहने लगे, टप-टप-टप। बोलीं–बेटा छिद्‌दू भगता नहीं आया। उसे कहाँ छोड़ आया रे? अब यह सारा खाना तुझे ही खाना पड़ेगा। तू ही खा। मैं खाता जाऊँ-रोता जाऊँ, रोता जाऊँ-खाता जाऊँ। वे अपनी मैली तौलिया निकालते और भावुक होकर आँसू पोंछने लगते।

बचपन में हमारे मन में गामा पहलवान का बड़ा आकर्षण था। एक बार छेदीलाल जी ने बताया कि अगर उन्होंने गामा के साथ दंडबैठक न की होती तो गामा क्या खाकर विश्व विजेता बनता। वे भाव-विभोर हो उठते–बच्चू यही वे पाँव हैं जिन्हें छूकर गामा ने दुनिया में अपना झंडा लहरा दिया। वे गाने लगते। विजयी विश्व तिरंगा प्यारा, झंडा ऊँचा रहे हमारा। हम मुग्ध भाव से देखते रहते। वे डाँटते, गाओ रे गाओ। हम उनके साथ-साथ गाते। फिर जोर-जोर से दुहराते समय ऐसी ताकत लगाते कि कई बार मुहल्ले वाले यह सोचकर हमें बचाने दौड़े कि बच्चे किसी संकट में फँसकर आर्तनाद कर रहे हैं।

छेदीलाल जी इस देश के प्रसिद्ध नेताओं में हैं। वे सरपंच हैं। हमें बताते हैं कि सरपंच न हो तो देश एक दिन नहीं चल सकता। इसलिए गाँधी जी और जवाहरलाल जी उनका इतना आदर करते थे। वे अक्सर वह मार्मिक प्रसंग सुनाते। गाँधी जी कहा करते थे, यह छिद्दू बड़ा नटखट है। वे कहीं खो जाते। फिर जैसे जागते हुए कहते, जब जवाहरलाल ने प्रधानमंत्री पद की शपथ ली तो सबसे पहले कहा– छेदीलाल जी कहाँ हैं? मुझे उनका आशीर्वाद चाहिए। पास के शहर में आने पर जवाहरलाल ने मेरे पैर छुए। मैंने उसे आशीर्वाद दिया। देखो बच्चू देखो, यही वे पाँव हैं जिन्हें छूकर जवाहरलाल अठारह बरस इस देश के प्रधानमंत्री रहे। वे अधीर होकर प्रश्नवाचक नजरों से हमें देखने लगते जैसे पूछ रहे हों—क्या तुममें से किसी को प्रधानमंत्री नहीं बनना? बेचैन होकर वे पाँव हिलाते, ऊपर-नीचे पाँव करते फिर उदास होकर हमें देखते। ऐसे मौकों पर हमें उनसे डर लगने लगता कहीं वे हमें दुलत्ती न मार दें।

छिद्दू दादा आजकल दुःखी रहते हैं। देश की दुर्दशा पर रोते रहते हैं। पंचायत की राशि से गबन का हर साल एक मुकदमा उन पर लद जाता है। वे रोते जाते हैं, खाते जाते हैं। खाते जाते हैं, रोते जाते हैं।

❒

जब मंत्री जी आए तो चले गए हनुमान

गिरधारी सेठ बड़े धार्मिक आदमी थे, क्योंकि वे नियमित रूप से चंदन का तिलक लगाते थे। हजार रुपये का मुनाफा होता था तो चार आने के चने बन्दरों को खिलाते थे। उन्हें बजरंगबली से प्रेम था। उनका प्रेम इतना ऊँचा और भक्ति इतनी सच्ची थी कि धीरे-धीरे वे खुद बिना पूँछ के बजरंगबली लगने लगे थे। लोग उन्हें श्री हनुमान की तरह सबेरे से देखना पसन्द करते थे–

'प्रातः लेय जो नाम हमारा। तेहि दिन ताहि न मिले अहारा'। गिरधारी हमारे नगर के रत्न थे। रत्न तो बच्चू कक्का भी थे। बच्चू कक्का को सारे शहर के लोग चाहते थे। वे भी भक्त थे क्योंकि वे भी चंदन का तिलक लगाते थे। लोग कहते थे कि बच्चू कक्का के अकल से वैसे ही खराब सम्बन्ध है। जैसे बिडाल के मूषक से होते हैं। बच्चू कक्का एक ट्रस्ट के अध्यक्ष थे जिसकी सम्पत्ति भगवान विष्णु बल्द नामालूम के नाम थी। इस ट्रस्ट का एक मकान था। यह मकान सड़क के किनारे था। यह भी विष्णु भगवान के शुभ नाम पर था। अब आप सभी सज्जन हैं। सो आप जानते ही होंगे कि जब एक नगर में दो सज्जन रहेंगे तो उनके बीच सज्जनों वाले सम्बन्ध भी होंगे। अतः गिरधारी सेठ और बच्चू कक्का में जो है सो मित्रता हो गई। धीरे-धीरे इन सज्जनों के बीच वैसे ही घनिष्ठ सम्बन्ध हो गए जैसे इलाहाबाद में रहते समय श्री रवीन्द्रनाथ त्यागी के श्रीयुत फिराक गोरखपुरी से थे।

एक दिन गिरधारी सेठ को सपना आया। विष्णु भगवान सपने में बोले–"हे गिरधारी! मुझसे अब तेरा दुःख देखा नहीं जाता। बेटा, तू एक काम कर। सड़क के किनारे वाला मेरा मकान खरीद ले।" गिरधारी ने कहा–"भगवान उसकी कीमत पाँच लाख रुपये होगी। दयानिधान, मेरी इतनी हैसियत नहीं।" तब दीनबन्धु बोले–हे गिरधारी, मैं बच्चू महाराज को भी सपने में आज्ञा दे रहा हूँ कि वे तुझे सिर्फ पाँच हजार रुपयों में वह मकान बेच दे वरना मैं उसी तरह उनका सर्वनाश कर दूँगा जैसे सत्यनारायण की कथा में साधु नामक वैश्य का किया था। तुझे सिर्फ इस बात का ख़याल रखना है कि बच्चू कक्का भी मेरे भक्त हैं।

गिरधारी सेठ ने दाँत निपोर दिए–प्रभु, आपकी आज्ञा सिर-आँखों पर होगी। कृपालु, अब आप बच्चू कक्का की फिक्र छोड़ दें। मैं बच्चू के खटले (स्त्री) को सोने से लाद दूँगा। तब विष्णु भगवान ने वैसा ही सन्देश और सपना बच्चू कक्का को भी दिया। प्रिय पाठकों, इस परम धार्मिक मामले पर सन्देह न करें। जब एक शहर में दो भक्त होंगे और दोनों धार्मिक होंगे तो सपना भी दोनों को ही आएगा। सुबह उठकर दोनों मित्र मिले। एक-दूसरे को सपना सुनाकर विह्वल होकर रोने लगे। फिर एक-दूसरे के गले लग गए। उन्होंने एक-दूसरे के आँसू पोंछे-नाक पोंछी। बच्चू कक्का ने रोते हुए कहा–"गिरधारी भैया, अब तुम सड़क वाला मकान खरीद लो। मेरे ऊपर कृपा करो, वरना विष्णु भगवान मेरा सर्वनाश कर डालेंगे।"

गिरधारी सेठ ने हाथ जोड़कर कहा–बच्चू कक्का मेरी हालत भी आजकल ठीक नहीं है। मगर मुझे भी भगवान का डर है। तुम्हारे फटे कपड़े देखकर मेरी आत्मा मुझे धिक्कारती है। भौजी के गले में एक सोने का हार तक नहीं। मेरा जीना व्यर्थ है! मैं कितना अभागा हूँ आदि दुःखद वाक्य बोलते हुए वे दीवाल से सिर मारने दौड़े। किन्तु पत्थर की दीवाल देखकर रुक गए। आप सब जानते ही हैं

कि कलियुग में लोग धार्मिक कार्यों में अड़ंगा लगाते हैं। यह पापियों का जमाना है। सो सारा मुहल्ला इस धार्मिक कार्य का विरोध करने लगा। भक्तों पर बाधाएँ तो आती हैं। मगर जिस पर भगवान की कृपा हो उसका कोई क्या उखाड़ सकता है। अतः विष्णु भगवान की ओर से उनके कारिन्दा आम बच्चू महराज ने पाँच लाख रुपयों का यह मकान पाँच हजार में गिरधारी को बेच दिया। मुहल्ले में हलचल मच गई।

ईर्ष्याग्रस्त मुहल्लेवालों ने गिरधारी के खिलाफ जंग शुरू कर दी। ढोल-ढमाकों के साथ वे हनुमान की एक मूर्ति लाए और उसे सड़कवाले मकान के बरामदे में रख दिया। लाल झंडा चढ़ गया। दोनों वक्त आरती होने लगी। सारा मुहल्ला इकट्ठा होता, प्रसाद बँटता और जय-जयकार होती। गिरधारी सेठ और बच्चू कक्का आँखों में आँसू भरकर दूर खड़े होकर यह नजारा देखते। गिरधारी सेठ रोते–हाय! कमीनों ने लाखों का मकान छुड़ा लिया। हे भगवान! कैसा अन्याय है? बच्चू महराज कहते–भैया कलियुग है, कलियुग।

अब आप पाठकवृन्द जानते हैं कि अपने भगवान ने गीता में कहा कि जब-जब धर्म की हानि होगी, तब-तब वे अवतार धारण करके दुष्टों का नाश करेंगे और सज्जनों के कष्ट निवारण करेंगे। सो भैया, भगवान ने अपना वायदा निभाया।

ऐसे संकट के समय गिरधारी सेठ के निकट मित्र भैया साब एम. एल. ए. मंत्री हो गए। गिरधारी की किस्मत का फाटक खुल गया। उसकी दुकान में भैया साहब के साथ उतरी तस्वीरों में गिरधारी सेठ उसी तरह भैया साब के साथ बैठे थे जैसे जवाहरलाल नेहरू गाँधी जी के साथ बैठा करते थे।

उधर भैया साहब ने शपथ ली, इधर गिरधारी ने सभी लोकल अखबारों में उस तस्वीर को छपवा दिया। वे अखबार सभी पुलिस अधिकारियों को पहुँचाए। दूसरे दिन सुबह दुकान पर सभी का निमंत्रण किया। पुलिस अधिकारी, स्थानीय छुटभैये नेता, पत्रकार और इष्ट-मित्रों को उसने खूब रसगुल्ले खिलाए–खा, यार। अपने भैया साहब मंत्री हो गए। सभी लोग तृप्त होकर रसगुल्लों की तारीफ कर रहे थे कि अचानक वहाँ कुछ पहलवान और अखाड़ेवाले प्रकट हो गए। बैंड बाजा भी आ गया। फिर वे सभी हनुमान जी की जय बोलकर नाचने लगे। कहीं से एक माइक भी आ गया। गिरधारी सेठ बोले–भैया साहब के मंत्री बनने के उपलक्ष में बजरंगबली की पूजा होगी। वे दोनों हाथ उठाकर बोले–बोलिए बजरंगबली की जय। धार्मिक लोगों का एक बड़ा जुलूस बन गया। यह सड़कवाले मकान की ओर बढ़ चला। बीचोंबीच गिरधारी सेठ माथे पर चंदन लगाये, गले में माला डाले चल रहे थे। सड़कवाले मकान पर पहुँचकर एक घंटे तक हनुमान जी की पूजा होती रही। फिर एक पहलवान ने लपककर लाल झंडा उतार लिया। दूसरे ने हनुमान जी की मूर्ति को उठाकर इस तरह छाती से लगा लिया जैसे विदा के समय बाप बिटिया को गले लगाता है। फिर अखाड़ों के साथ बैंड बाजे बजाते हुए मय हनुमान जी के गिरधारी सेठ आगे चले गए। जहाँ उन्होंने एक मंदिर में वह मूर्ति रख दी। अन्त में सत्य की विजय हुई और असत्य का नाश हुआ।

सड़कवाले मकान में अब गिरधारी सेठ रहते हैं। बरामदे में जहाँ बजरंगबली की मूर्ति थी, बढ़िया सोफा पड़ा है उसके ठीक ऊपर एक शानदार फोटो लगी है जिसमें भैया साहब और गिरधारी सेठ बैठे हैं। जैसे जवाहलाल नेहरू और गाँधी जी पास-पास बैठे हों वैसी ही।

❒

मूत्रपान करना : पिस्ते के स्वाद वाला

आजकल देश में क्रान्तियों का मौसम चल रहा है। जगह-जगह क्रान्तियाँ हो रही हैं। दामों में क्रान्ति, कामों में क्रान्ति, परीक्षा में क्रान्ति, समीक्षा में क्रान्ति, शिक्षा में क्रान्ति और भिक्षा में क्रान्ति। कुल मिलाकर सम्पूर्ण क्रान्ति। हमारे मुहल्ले में भी क्रान्ति होते-होते रह गई। एक साहब ने एक लड़की को प्रेमपत्र लिखा। उसे पढ़ते ही लड़की संन्यास लेने पर उतारू हो गई। बुजुर्गों के समझाने से रुकी वरना प्रेमपत्र लेखन के क्षेत्र में भी क्रान्ति हो जाती। ऐसे शुभ अवसर पर किसकी आत्मा क्रान्तिकारी न हो उठेगी? मेरी आत्मा भी क्रान्ति करने के लिए कुलबुला रही थी। फिलहाल जारी सारी क्रान्तियों में मुझे मोरार जी भाई की क्रान्ति सबसे जोरदार लगी। मुझे भी यही क्रान्ति करने की इच्छा होने लगी।

यह देश का दुर्भाग्य है कि इसमें प्रतिभाओं का आदर नहीं होता। यदि देश की माताएँ स्वास्थ्य मंत्री जैसे स्वस्थ और प्रधानमंत्री जैसे दीर्घायु बच्चे चाहती हैं तो उन्हें भी क्रान्ति करना चाहिए। पिछले समय परिवार नियोजन से जो घाटा हुआ है, उन्हें क्रान्ति करके उस घाटे को पूरा करना चाहिए।

चिकित्सा विज्ञान के क्षेत्र में मोरार जी भाई की क्रान्ति अद्‌भुत है। जब से उन्होंने स्वमूत्र-पान की सलाह दी है, मेरी आत्मा गद्‌गद है, अब देश के स्वस्थ और सुखी होने में देर नहीं। न महँगाई की चिन्ता, न कोई और भय। सब खुश होकर मूत्र पिएँगे और निर्भय रहेंगे। यह बड़ी प्रसन्नता की बात है कि चिकित्सा विज्ञान के क्षेत्र में क्रान्ति करने वाले महापुरुष मूलरूप से राजनीतिज्ञ हैं। अफसोस! उनके गलत क्षेत्र में आ फँसने से चिकित्सा विज्ञान एक अनुभवी वैद्य की सेवाओं से वंचित हो गया और उसे भारी नुकसान उठाना पड़ा है। दूसरी ओर राजनीति में उन जैसे वैद्यराज के प्रवेश से उसकी जो गत हुई है, वह आप देख ही रहे हैं। जहाँ तक मुझे स्मरण है, मैं बचपन में जब भी बीमार हुआ करता था तो डॉक्टर लोग दो प्रकार की दवाइयाँ दिया करते थे–एक खाने की एवं दूसरी पीने की। गनीमत है कि मोरार जी ने सिर्फ पीने की दवा सुझाई है। यदि वे खाने की दवा का प्रयोग बताने लगते तो–लाहौलविला कुव्वत–इस देश की धर्मप्राण जनता का क्या होता?

इस बहुमूल्य दवा उर्फ जीवन के जल के बारे में सुनकर कान पर जनेऊ चढ़ाने वाले और ढेले उठाने वाले भौंचक हैं। मुझे भय है कि प्रतिक्रियावादी तत्व मूत्रपान के विरोध में अफवाहें फैलाकर देश के स्वास्थ्य को नुकसान पहुँचाने की कोशिश करेंगे, किन्तु मुझे पूर्ण विश्वास है कि स्वास्थ्य मंत्री जी ऐसे लोगों से निपटना खूब जानते हैं। मेरा तो परामर्श है कि स्वमूत्र-पान का अभियान पिछले परिवार नियोजन अभियान की तर्ज पर चलाया जाए। सुबह हर क्षेत्र के थानेदार घर-घर जाकर जाँच करें–किसने नहीं पिया? ले चलो साले को थाने और दुरुस्त करो। इसका तो बाप भी पिएगा। रेडियो सीलोन सुबह से मूत्रपान के गुणगान करें। निरन्तर पीने वालों को स्वास्थ्य विभाग की ओर से नकद रुपये दिए जाएँ। जगह-जगह मूत्रपान के शिविर लगाए जाएँ और स्थानीय छुटभैया नेतागण बैंडबाजों के साथ जुलूस बनाकर मालाएँ पहिनते हुए स्व-मूत्रपान करें। इस क्रिया के उनके चित्र उतारे जावें और प्रधानमंत्री जी को दिखलाकर वे अपनी निष्ठा का प्रमाण दें।

प्रधानमंत्री जी की सलाह के अनुसार हर सुबह एक गिलास मूत्रपान आवश्यक है। पहली सुबह जब मैंने अपनी आत्मा की आवाज पर कोशिश की तो पाया कि गिलास आधे से अधिक नहीं भरा।

कई उपाय किए। बहुत नुस्खे आजमाए किन्तु सब निरर्थक रहे। दूसरे दिन कुछ मित्रों से सलाह की। वे सब भी इसी क्रान्ति में संलग्न थे। पर उनके सामने भी मुख्य समस्या मात्रा सम्बन्धी थी। जो सबसे तन्दुरुस्त था, वह तीन-चौथाई गिलास भर पाया था। परस्पर विचार-विमर्श करके हम इस निर्णय पर पहुँचे कि कोई भी क्रान्ति सहकारिता के बिना सफल नहीं हो सकती। लिहाजा इस क्षेत्र में एक सहकारी आन्दोलन चलाया जावे। मगर तीन-चौथाई गिलास की क्षमता वाले मित्र ने इसका प्रबल विरोध किया। उसका कहना था कि भारत में सहकारिता आन्दोलन असफल हो चुका है। उसमें भारी भ्रष्टाचार है। यदि उसे आधार बनाया गया तो क्रान्ति असफल हो जाएगी, क्योंकि किसी को एक चम्मच मिलेगा तो कोई भ्रष्टाचार करके लोटे-भर फटकार जाएगा। स्पष्ट है कि वह हमें टुटपुंजिया समझ रहा था।

लेकिन मेरी आत्मा इस तरह चुप बैठने वाली न थी। फिर क्रान्तिकारियों के मार्ग में बाधाएँ आती ही हैं, अतः मैं भी विचलित न हुआ। दूसरे दिन सुबह फिर कोशिश की, किन्तु व्यर्थ। गिलास आधा ही रहा। अब मैंने अपनी आत्मा से कहा—अरी, यह तो गजब हो गया। एक गिलास भी नहीं भरा। उसने कहा—मूर्ख, इसमें गजब की क्या बात है? मात्रा में तो अन्तर होगा ही। मात्रा क्या गुणों में भी अन्तर होगा, मैंने कहा—मगर मैं जवान हूँ, मेरी मात्रा अधिक होना चाहिए। आत्मा ने जवाब दिया—मूत्र की मात्रा और महत्व जवानी से नहीं, कुर्सी से बढ़ता है। प्रधानमंत्री और हिन्दी के मास्टर में जो मौलिक अन्तर है उसे तो खुदा भी नहीं मिटा सकता। अब आत्मा मेरे साथ खुलकर बातचीत करने लगी थी। मैंने मौके का फायदा उठाकर पूछा—क्यों री, क्या स्वाद में फर्क होगा? उत्तर मिला—सस्ते अनाज और पिस्ते के स्वाद में क्या फर्क नहीं होता? तेरे मूत्र से सस्ते अनाज की गन्ध आती है। इसमें ग्रीस मिला डालडा बास मारता है। कभी सस्ती सब्जियों की बदबू आती है तो कभी रेपसीड आयल की। कहाँ तेरा सड़ियल मूत्र और कहाँ मोरारजी भाई का पिस्ते के स्वाद वाला, गाय के शुद्ध घी की खुशबू वाला, गाजर के हलवे और फलों की सुगन्ध वाला पौष्टिक मूत्र। अरे मूर्ख, तेरा मूत्र-मूत्र है, मोरारजी भाई का मूत्र द्राक्षासव है। मूत्र से कहीं स्वास्थ्य सुधरा है? पीना है तो द्राक्षासव पी और च्यवनप्राश खा।

मैं दुःखी हो गया। लेकिन इस देश में प्रतिभाओं की कोई कमी नहीं। हमारी प्रगति जारी रहेगी। शीघ्र ही वह दिन आएगा जब हमारे वैज्ञानिक स्वमूत्र का बन्धन समाप्त कर देंगे। हमारा भविष्य उज्ज्वल है। फिर जैसा चाहेंगे वैसा मूत्र पिएँगे। तब नए लघु उद्योग विकसित होंगे। घर-घर शीशियाँ तैयार होंगी। पत्रिकाएँ विज्ञापन छापेंगी—शत-प्रतिशत शुद्ध दारासींग का मूत्र पान करें। गलत साबित करने वाले को सौ रुपये नगद इनाम। बाजार में कुंजियों का व्यापार ठप्प हो जाएगा। नकल की समस्या हल हो जाएगी। परीक्षाओं में फेल होने वाले लड़के कुंजियों के स्थान पर अध्यापकों की शीशियाँ ढूँढ़ते फिरेंगे और नई उम्र की लड़किया फिल्म तारिकाओं की शीशियाँ खोजेंगी।

इसमें डॉक्टरों को भी सुविधा रहेगी। कभी-कभी अलबत्ता अजीबो-गरीब केस आएँगे। जैसे किसी रोगी का सम्बन्धी दौड़ता आएगा और कहेगा—डॉक्टर साहब जल्दी चलिए। किसी ने भैया की शीशी बदलकर उसकी जगह राजनारायण की शीशी रख दी है। धोखे से एक खुराक पी है। तभी से बाँय-बाँय बक रहा है अथवा केमिस्ट की दुकान पर पहुँचकर ग्राहक झगड़ेंगे—यह शीशी वापिस करो जी! न जाने कौन-सी शीशी दे दी। पिताजी ने जब से एक खुराक पी है, किसी को कुछ समझते ही नहीं। पास जाओ तो चिल्लाते हैं इसे गिरफ्तार कर लो। उसे गिरफ्तार कर लो। मुझे कानून से कोई मतलब नहीं, मैं तो लौह पुरुष हूँ, हा हा हा। लेकिन डॉक्टरों को चिन्तित नहीं होना चाहिए। हर चीज का निदान है। अन्त में विद्वान पाठकों और देशभक्त मित्रों से प्रार्थना है कि यदि आपको देश

के स्वास्थ्य की जरा भी चिन्ता है और वाकई आप देश के दुर्बल और बीमार लोगों का भला चाहते हैं तो इस क्रान्ति की सफलता के लिए हमारा साथ दें। प्रतिक्रियावादियों से बिना डरे, निर्भय होकर इस अद्‌भुत दवा का प्रचार करें। तारकेश्वरी जी चुप क्यों बैठी हैं? उन्हें भी चाहिए कि इस क्रान्ति के अवसर पर महिलाओं का नेतृत्व करने कोई फड़फड़ाता शेर लिये आगे आवें। हो सकता है आपकी आत्मा भी बहकावे में आए और पिस्ते के स्वाद पर जोर दे, किन्तु हमें बहकना नहीं है। प्रगति जारी रखना है। देश का भविष्य बेरोजगारों की तरह उज्ज्वल है। दस वर्ष में सब ठीक हो जाएगा।

❐

जाना और न जाना अस्पताल का

वैसे तो हर हिन्दुस्तानी जन्म से ही हर रोग स्पेशलिस्ट होता है। मगर अस्पतालें बेकार और खाली न पड़ी रहें इसलिए कभी-कभी अस्पतालों में इलाज कराने पहुँच जाता है। सुबह से सिरदर्द से परेशान होने के कारण मैं मुँह लटकाए एक होटल में जाकर बैठ गया। वहाँ पर बहुत से लोग मौजूद थे। मेरी तकलीफ सुनकर सभी ने दवाएँ बताना शुरू कर दिया। वे भारतीय राजनैतिक दलों की तरह एक-दूसरे से असहमत भी थे और खुद को दूसरे के मुकाबले योग्य भी समझते थे। नतीजा यह हुआ कि जब एक ने मट्ठा पीने का परामर्श दिया तो दूसरे ने केले खाने की सलाह दी। तीसरे सज्जन ठंडे पानी से तुरन्त नहाने पर जोर दे रहे थे तो चौथे साहब ने चूना और लौंग मलने या खाने की सलाह दी। पाँचवें साहब एक काला बैग लिये चुपचाप बैठे थे। उन्होंने तुरन्त एक गोली बैग से निकालकर दी और दो रुपये का बिल पेश कर दिया। मैंने विनम्रतापूर्वक दोनों वापिस करके चैन की साँस ली। तब दृढ़तापूर्वक मैंने जिला अस्पताल जाने की घोषणा की तो वहाँ उपस्थित सभी लोगों ने जिला अस्पताल के विभिन्न डॉक्टरों के बारे में, उनकी योग्यताओं और सुन्दरता के बारे में अलग-अलग मत दिए। कुछ तो मेरी शोक-सभा की तैयारी करने चले गए।

अस्पताल जाने के लिए जो ताँगा मैंने तय किया वह बहुत ऐतिहासिक था। लगा कि घोड़े ने कई शताब्दियाँ मेरे इन्तजार में गुजारी थीं। वह मुझे देखते ही मुस्कुराया। जब यात्रा आरम्भ हुई तो पहले मैं इस तरह के डर से चिन्तित हुआ, फिर यह सोचकर खुश हो गया कि अब सिर दर्द से मरने वालों की लिस्ट में मेरा नाम नहीं होगा। ताँगे को यह भ्रम था कि वह प्राचीन भारतीय इतिहास का प्रमाण था। घोड़े को यह गलतफहमी थी कि वह फिल्म मुगलेआजम वाला घोड़ा था। और ताँगेवाले का विचार यह था कि वह फिल्म नया दौर के दिलीप कुमार की तरह लगता था। रफ्तार बहुत तेज थी। इस रफ्तार के कारण कभी-कभी घोड़ा खुद को दिलीप कुमार समझने लगता। कभी ताँगेवाला खुद को घोड़ा समझने लगता। कभी ताँगा आगे निकलता कभी घोड़ा। कई बार तो मैं और ताँगेवाला दोनों आगे निकल गए। इस शानदार प्रतियोगिता के कारण मुझे विश्वास हो गया कि मेरी आत्मा मेरे शरीर के पहले अस्पताल तक पहुँच जाएगी। किसी तरह यह दौड़ समाप्त हुई और हम अस्पताल पहुँचे।

ताँगे को देखते ही एक सुन्दर नर्स हँसती हुई दौड़ी जैसे ससुराल में बाप को देखकर बिटिया दौड़ जाती है। घोड़ा भी उसे देखकर मुस्कुराने लगा। नर्स ने प्यार से घोड़े पर हाथ फेरा। ताँगेवाला मेरे चश्मे से झाँककर मुझसे आँखें मिलाकर बोला भाई, पैसे दो और जाओ। उसे पैसे देकर जाते-जाते मैंने देखा कि उसने एक मोटी रकम नर्स को दी और नर्स ने दवाओं का एक बड़ा पैकेट उसे दिया, साथ ही डॉक्टर का प्रेम सन्देश भी। मैं अंदर पहुँचा तो तबियत प्रसन्न हो गई। देवदूत की तरह सुन्दर एक डॉक्टर साहब बैठे थे। परची बनाकर जब मैं उनके पास पहुँचा तो बोले, सिर दर्द का अकेला इलाज परिवार नियोजन है। मैंने कहा, मैं तो अविवाहित हूँ। डॉक्टर साहब बोले तब तो आपका भविष्य उज्ज्वल है। मुझे उनके उज्ज्वल वर्तमान से ईर्ष्या हो रही थी। उनके पास खड़ी नर्स मुझसे बोली–तुमकूँ किया हुआ? मैंने कहा–बाई, बिना आपके सहयोग के कुछ न होगा। वह समझ न सकी। इसी समय डॉक्टर ने गुस्से से कहा, आप जाकर लाइन में लग जाइए, मैं खड़े होकर

अपनी बारी का इन्तजार करने लगा कि एक सज्जन कोई लघुशंका लेकर आ गए। डॉक्टर साहब उठकर उसका निवारण करने चले गए।

जब वे लौटे तो लाइन में बहुत कम लोग बचे थे, क्योंकि इतनी देर से खड़े-खड़े जिनकी बीमारियाँ ठीक हो गईं, वे घर चले गए थे। जो मर गए थे उनकी लाशें हटाई जा चुकी थीं। मैं अभागा न ठीक हुआ, न अठीक। मेरा नम्बर आ गया था। नर्स फिर बोली तो कानों में मिठास घुल गई। मैंने कान में उँगली डालकर देखा तो कुछ शहद नजर आई। डॉक्टर साहब ने जो गोलियाँ लिखकर दी, उन्हें बाजार से खरीदना था। पर्चा जेब में रखकर मैं अस्पताल से बाहर निकल आया। जैसे मांट्रियल के खेल समाप्त होने के बाद हमारी हाकी टीम बाहर-बाहर निकल आई। वहाँ ताँगेवाला फिर मौजूद था। उसे देखकर मैं वापिस अस्पताल की तरफ भागा, यह देखते ही घोड़ा खिल-खिलाकर हँसने लगा। मुझे ताँगेवाला पकड़कर वापिस ले आया। उसी ताँगे में बैठकर लौटते समय ताँगेवाले ने बताया कि घोड़े के हँसने का कारण आपकी बेवकूफी थी। अस्पताल जाकर क्या आप बच जाते? मैंने उसे बताया कि मुझे डॉक्टर ने सिरदर्द की गोलियाँ लिख दी हैं। उसने मुझसे पर्ची माँगी और ठीक वही गोलियाँ अपने झोले से निकालकर मुझे आधे दामों में दे दी। मैं बड़ा प्रसन्न था। जैसा हर भारतीय होता है। डॉक्टरों का विरोध करना इस लोक को नष्ट करना है। बुन्देलखंड के प्रसिद्ध कवि जगनिक ने जब आल्हा की रचना की होगी तो उनकी नजर में अस्पतालें और डॉक्टर जरूर रहे होंगे, तब तो वे लिख सके "एक को मारो दो मर जाएँ, तीजो दहसत में मर जाए।"

❐

विश्रामगृहों की बेताल कथा

तब शव में स्थित बेताल ने विक्रमादित्य को पकड़ा और पेड़ से उलटा लटका दिया। फिर कहा, हे राजन उलटे लटकने का फायदा यह है कि दुनिया सीधी दिखाई देती है। मैं इसलिए उलटा लटकता रहा हूँ। विद्वानों के शीर्षासन करने के पीछे भी यही रहस्य है। इस शीर्षासन से तुम्हें व्याकुलता न हो, इसलिए मैं एक कथा सुनाता हूँ। उसने यों कहना शुरू किया–

हे विक्रम, किसी समय आर्यावर्त में एक जनतंत्र था। उसमें लीडर चंद्र नामक एक बालक अपनी माँ के साथ रहता था। वह बड़ा परोपकारी था। बचपन से ही लोगों के मरने पर शोक सभाएँ करवाता था। इस तरह मृत आत्माओं को शान्ति पहुँचाया करता था। कई लोग तो मरने के पहले उससे शोक सभा कराने का वायदा करा लेते थे। उसके पड़ोस में एक हाजी साहब रहते थे। वे स्मगलिंग के कार्य से पैसा कमाकर खूब मसजिदें बनवाते थे और इस तरह परम धार्मिक थे। एक साहूकार और एक पंडित जी तगड़े ब्याज पर पैसा उधार देते थे। ये मंदिरों के निर्माण और मरम्मत के माध्यम से भगवान को शेयर भिजवाते रहते थे और बड़े भक्त थे। लीडरचंद्र इनके संयुक्त संरक्षण में बढ़ता रहा। जब वह पूर्ण यौवन को प्राप्त हुआ तो अपने परोपकारी स्वभाव के कारण वह बड़ा ही लोकप्रिय हुआ। जब वह दयनीय नजरों से देखता था तो सामने वाला अपनी गर्दन उतारकर देने को तैयार हो जाता था। उसकी परोपकारी वृत्ति बढ़ती चली जा रही थी। वह लोगों के लिए राशन की शक्कर लाने से लेकर उनके बच्चों के एडमीशन तक कार्य करता था। हाजी साहब, पंडित जी और साहूकार के सुपुत्र जब संयुक्त रूप से अथवा अलग-अलग किसी जुर्म में फँसते, तो वही जमानत लेने पहुँचता था। एक बार जब वह उन्हें छुड़ाकर लाया तो सारे शहर के चोर-कला निष्णात लोगों ने उसे बधाइयाँ दी थीं और संकट में साथ देने का वचन भी।

हे विक्रम, जनतंत्र का जैसा कायदा होता है, वैसे ही इस जनतंत्र में चुनाव भी होते थे। अतः चुनाव के मौकों पर मतदातागण परम प्रसन्न रहा करते थे और बाकी समय दुःखी। उनकी प्रजातंत्र में आस्था दिनों-दिन बढ़ रही थी। क्योंकि हे विक्रम, उन्हें उम्मीदवारों से चुनाव के मौके पर भरपूर धन-प्राप्ति होती थी। एक मतदाता को सारे उम्मीदवार अलग-अलग धन देते थे। मतदाताओं की हार्दिक इच्छा रहती थी कि चुनाव सदा होते रहें। इसका कारण यह था कि चुनाव के समय एक तो धन-धान्य से वह नगर सम्पन्न हो जाता था, दूसरे चुनाव लड़ने वाले जन प्रतिनिधि बड़ी सेवा करते थे। कभी-कभी तो सेवा-भावना इतनी तीव्र होती कि मतदाता की सेवा के प्रश्न को लेकर उनमें आपसी सिरफुटौव्वल की नौबत आ जाती थी। बिना जनतंत्र के यह असम्भव था। अतः लोगों की प्रजातंत्र में आस्था दृढ़ होना स्वाभाविक ही था।

हे राजन्, ऐसे अवसर पर लोगों को लीडरचंद्र की याद आई तो क्या बुरा हुआ अर्थात् कुछ नहीं। आखिर कवि सम्मेलनों से लेकर मुंडन संस्कारों तक वही तो आयोजित करता था। लीडरचंद्र मानता था कि जनता तो भगवान का रूप होती है। अतः अपने संरक्षकों, उनके पुत्रों आदि के आदेश पर वह चुनाव लड़ा। अनेक अनुयायियों सहित जब लीडरचंद्र ने अपने हारने की स्थिति के बारे में नम्रतापूर्वक पूर्व-घोषणाएँ कीं तो जनता उसके पक्ष में नजर आई। वैसे भी उसकी दीन आँखों के

कारण लोग उसे अपना गला काटकर देने को तैयार थे। तो वह उन्होंने उसे दिया अर्थात् लीडरचंद्र चुनाव जीतकर विधायक हो गया।

हे विक्रम, जब वह चुनाव जीतकर राजधानी पहुँचा तो विधान सभा की बैठक में उसकी आँखें खुल गईं। क्या सुन्दर और आरामदेह कुर्सियाँ थीं। अब लीडरचंद्र की समझ में आ गया कि लोग क्यों कुर्सियाँ छोड़ना नहीं चाहते। जब सदन की कार्यवाही चलती तो कई विधायकों के भाषण लोरी का काम करते। हे राजन वहीं राजधानी में विधायकों के निवास का प्रबन्ध था। उसे विधायक विश्रामगृह कहते थे। जब हाजी का लड़का एक बार वहाँ पहुँचा तो लीडरचंद्र फोम के गद्दे पर लेटा पान चबा रहा था। हाजी के लड़के ने बड़ी कोशिश की, पर लीडरचंद्र उसके काम के लिए तैयार न हुआ। हाजी का लड़का दुःखी होकर घर लौट आया। उसने सबसे इस बारे में कहा। बाद में क्रमशः सबकी यही गत हुई। तब तो वे सब अगले चुनाव का इन्तजार करने लगे। जब अवसर आया तो उन्होंने लीडरचंद्र की जमानत जब्त करा दी।

कथा सुनकर बेताल ने कहा। हे राजा विक्रम, अब तू यह बता कि लीडरचंद्र की यह गत कैसे हुई? विधायक होकर वह बदल कैसे गया। उसने लोगों के काम क्यों नहीं किए। वह जान-बूझकर चुनाव क्यों हारा? इसके लिए कौन दोषी है? उत्तर न देने पर तुम्हारा सिर सौ टुकड़े हो जाएगा।

राजा ने उत्तर दिया, हे बेताल इसमें न तो लीडरचंद्र दोषी है न ही हाजी या कोई विधायक। लीडरचंद्र को विश्रामगृह में भेज दिया गया था। अब तुम खुद सोचो, विश्रामगृह में वह काम कैसे कर सकता था, यह जायज और कानूनी बात है न मानो तो अभी जाकर देख लो। जहाँ-जहाँ विश्रामगृह हैं, वहाँ-वहाँ लोग आराम कर रहे होंगे। बेताल ने जाकर झाँका तो सारे देश के विधायक विश्रामगृहों के कमरों में लेटे नजर आए। कुछ तो मय रिश्तेदारों और इष्ट-मित्रों के लेटे थे और अन्य शासकीय विश्रामगृहों को देखकर बेताल को लगा कि विधायक लोगों की देखा-देखी कार्यपालिकाएँ भी लेटी हैं। यह देख वह भी एक विश्रामगृह में पंखे से उलटा लटक गया। विक्रमादित्य दुःखी है, क्योंकि उसे अभी तक दुनिया सीधी दिखाई दे रही है।

❐

अध्यक्षता का धर्मयुद्ध

हमारे देश में सरकारें बड़ी पुल-प्रिय होती हैं। हर सरकार और कुछ करे न करे एक-दो पुल जरूर बनवा देती है। इस दिशा में हमारी प्रगति इतनी तेज है कि कई बार पुल बनने के बाद हमें मालूम होता है कि वहाँ नदी नामक पदार्थ तो है ही नहीं। लेकिन जो चतुर सुजान हैं वे जानते हैं कि नदी के होने न होने से क्या फर्क पड़ता है? फर्क तो पुल के न होने से पड़ता है। शिलान्यास का पत्थर जो है सो पुल पर ही विराजता है। पुल आत्मा है नदी शरीर है। शरीर क्या है मलमूत्र का ढेर है। शरीर नाशवान है–आत्मा अमर है। जैसे नदी सूख जाती है, पुल बना रहता है, और बना रहता है शिलान्यास का पत्थर। हमारे इंजीनियर और ठेकेदार इस दिशा में बहुत काम कर रहे हैं। वह दिन अब दूर नहीं जब नदियों की लहरों पर इस तरह की इबारतें झिलमिलाएँगी। 'गंगा नदी अमुक नेता के प्रयासों से तमुक नेता की अध्यक्षता में झमुक नेता के कर कमलों द्वारा बहाई गई।'

मैं शिलान्यास की चर्चा कर रहा था। यह बड़ा मजेदार कार्यक्रम होता है। इसमें इंजीनियर और ठेकेदार मिलकर नेता की तारीफ करते हैं। नेता, ठेकेदार और इंजीनियर की तारीफ करता है। ठेकेदार किराए पर लाए गए मजदूरों से खूब तालियाँ बजवाता है। नेता इसे अपनी लोकप्रियता समझकर खुश होता है। इसी धोखे में अगला चुनाव लड़ जाता है और अपनी जमानत जब्त करा बैठता है।

आजादी के बाद जितने पुल बने हैं उनसे हमारे इंजीनियरों का दाम्पत्य-जीवन सुखद हुआ है। बेचारे इतना काम करते हैं कि दम मारने की फुरसत नहीं। बीबी के नाम से ठेका लेते हैं और अपने नाम से मंजूरी देते हैं। देशसेवा से चैन नहीं मिलती। चौबीस घंटे घर से बाहर रहते हैं। उनके इस कृत्य से उनकी पत्नियाँ और उनके पड़ोसी बहुत प्रसन्न रहते हैं। हमारे ठेकेदार, इंजीनियर और नेता शीघ्र वह दिन लाएँगे जब सारे देश में पुल-ही-पुल होंगे। दूसरे शब्दों में हम कह सकते हैं कि सारा देश पुलपुलाने लगेगा। हालाँकि पुल के साथ सबसे बड़ी दिक्कत यह है कि उसे बराबर पानी के साथ निपटना पड़ता है। खुशी की बात यह है कि हमारे ठेकेदारों और इंजीनियरों ने इस दिशा में बेहद प्रयास किए हैं। सीमेंट में रेत मिलाने का उन्होंने आखिर वह महान फार्मूला ढूँढ़ ही निकाला जिसके कारण अब कभी हमारे पुल पानी से हार नहीं मानेंगे। अब नये बने हुए हमारे पुल आगे-आगे बहते हैं–बाढ़ का पानी पीछे-पीछे चला आता है। मजाल है साला एक बूँद पानी आगे निकल जाए। आगे तो प्यारे पुल ही रहेगा पीछे-पीछे पानी। चलो बेटा कहाँ तक चलते हो। मुझे भी एक पुल के शिलान्यास कार्यक्रम में शामिल होने का अवसर मिला। शिलान्यास मुख्यमंत्री जी करने वाले थे। स्थानीय संसद सदस्य श्री त्यागी जी भी कार्यक्रम में पधारने वाले थे। वे बहुत पुराने नेता थे। गाँधी जी के सच्चे अनुयायी। त्याग के नाम पर नित्य मल त्याग करते थे। राजनीति में आने से पहले कचहरी में दलाली करते थे और गाँधी जी के भक्त थे। इज्जत बेचकर उन्होंने खूब रुपया कमाया और अब रुपया फेंककर इज्जत कमाते थे। हमेशा खादी के झक कुरता-धोती पहनते थे; अतः निश्चय ही पक्के गाँधीवादी थे। अपने इन गुणों के कारण वे मुख्यमंत्री के प्यारे थे। पुल का

निर्माण पुल बनाऊ निगम करने वाली थी। इसके अध्यक्ष झम्मन लाल भी मुख्यमंत्री जी के अत्यन्त प्रिय विधायक थे।

ठीक शिलान्यास के समय एक नैतिक संकट खड़ा हो गया। पुल बनाऊ निगम के अध्यक्ष महोदय जिस जीप से उतरे उसमें उनके अनुयायी शिलान्यास का पत्थर साथ ही लाए थे। इस पर लिखा था–मुख्यमंत्री जी के कर कमलों से शिलान्यास हुआ, अध्यक्षता श्री झम्मन लाल जी ने की। इस पत्थर का जीप से उतारना था कि सनसनी फैल गई। त्यागी जी के प्रिय शिष्य चोखेलाल एम. एल.ए. बहुत उग्र हो उठे। वे क्षेत्र के हरिजन विधायक थे और त्यागी जी की कृपा से ही टिकिट पाकर विधायक हुए थे। देशी शराब पीते थे और इस तरह कुटीर उद्योग को प्रोत्साहन देते हुए पक्के गाँधीवादी थे।

कार्यक्रम शुरू हो गया। पहले मंच पर मुख्यमंत्री का स्वागत था। चोखेलाल जी ने त्यागी जी की अध्यक्षता वाला पत्थर रखा था। मंच से बोलते हुए उन्होंने कहा–कार्यक्रम की अध्यक्षता त्यागी जी ही करेंगे।

इसी समय मेरी आत्मा जाग गई। आप तो जानते ही हैं मेरी आत्मा बड़ी दुष्ट है। ऐसे मौकों पर ही जागती है। उसके जागते ही मुझे लोग जो कहते हैं वह और जो सोचते हैं, वह भी सुनाई देने लगता है।

चोखेलाल जी ने कहा–आज के कार्यक्रम की अध्यक्षता त्यागी जी ही करेंगे। फिर उनकी आत्मा बोली–अध्यक्षता न करवा पाए तो डुकरा टिकट न मिलन दे हैं। बड़ो नीच है।

त्यागी जी बोले नहीं–नहीं अध्यक्षता पुल बनाऊ निगम के झम्मनलाल जी ही करेंगे। उनकी आत्मा बोली–करेंगे कैसे–झम्मन के बाप नहीं कर सकते। मेरा इलाका है। इतने जूते पड़ेंगे कि साले झम्मनवा की औलादें तक गंजी और बिना नाखूनों के पैदा होंगी।

मुख्यमंत्री जी ने कहा आप दोनों मेरे लिए समान प्रिय हैं। दोनों में से कोई भी अध्यक्षता कर सकता है उद्घाटन छोड़कर। यह हमारा आन्तरिक मामला है। नाट फार प्रेस। उनकी आत्मा बोली–कुत्तों ने जीना हराम कर रखा है। तबियत होती है इतने जूते लगाऊँ कि सालों की बोलती बन्द हो जाए।

झम्मन लाल जी ने कहा–त्यागी जी हमारे बुजुर्ग नेता हैं। अध्यक्षता वही करेंगे। मैं तो आपका सेवक हूँ। इसी मौके पर उनकी आत्मा बोली–कौन है मेरे सिवाय अध्यक्षता करने वाला। अगर मेरे नाम का पत्थर न लगा तो साला पुल ही नहीं बनेगा। मैं पुल बनाऊ निगम का अध्यक्ष हूँ। पुल ही रद्द कर दूँगा।

यह और भी बड़ा नैतिक संकट था। अब स्थिति उलट गई थी। झम्मन लाल चाहते थे कि कार्यक्रम की अध्यक्षता त्यागी जी करें। त्यागी जी चाहते थे–अध्यक्षता झम्मन लाल करें। दोनों परोपकारी और सत्य के लिए आग्रह करने वाले सत्याग्रही नेता थे। दोनों मुख्यमंत्री जी के प्रिय थे। बेचारे मुख्यमंत्री जी असमंजस में थे। आखिर उन्होंने समस्या का लोकतांत्रिक समाधान निकाल ही लिया। उन्होंने कहा–आप दोनों ठीक हैं। अतः दोनों पत्थर लगवा दिए जाएँगे। इस पर दोनों विनम्र नेता एक-दूसरे का पत्थर लगवाने पर जोर देने लगे। एक कार्यकर्ता ने लाटरी से फैसला करने पर जोर दिया मगर गाँधीवादी, कर्मठ सत्याग्रहियों ने इसे रद्द कर दिया।

मुख्यमंत्री जी का अत्यन्त व्यस्त कार्यक्रम था। उन्हें किसी दूसरे शिलान्यास समारोह में जाना था। अतः वे तत्काल मंच छोड़कर शिलान्यास के स्थान पर पहुँचे। उनके वहाँ पहुँचते ही तीसरी

समस्या खड़ी हो गई। इस झमेले के दौरान शिलान्यास हेतु लाई गई शिलाएँ अहिल्या की तरह स्त्री होकर गायब हो गई थीं। मुख्यमंत्री जी ने अन्ततः सिर्फ न्यास किया। कार्यक्रम की समाप्ति के पश्चात् लौटते हुए जंगल में त्यागी जी के अनुयायी मिले। वे एक पत्थर लादे नदी की ओर दौड़े जा रहे थे। थोड़े और आगे चलने पर पुल बनाऊ निगम की जीप मिली। इसमें त्यागी जी के नामवाले पत्थर को मैंने साफ पहचान लिया। हुआ यह था कि दोनों नेताओं के अनुयायी ऐन मौके पर एक-दूसरे के नामवाला पत्थर ले उड़े थे। अन्त में एक निवेदन और करना चाहूँगा—इस सारी कहानी का किसी पुल के शिलान्यास कार्यक्रम से कोई सम्बन्ध नहीं है। और सागर जिले की सुनार नदी पर बनने वाले पुल से तो कतई नहीं है।

❒

हथझोले में ई. सी. जी.

दिल का दर्द से बड़ा पुराना रिश्ता है जैसा कि हमें दिलीप कुमार की फिल्म "दिल दिया दर्द लिया" से पता चलता है। दिल देकर दर्द लेना तथा दर्द देकर दवा देना हमारे पूर्वजों की चलाई परम्परा रही है—बतर्ज तुम्हीं ने दर्द दिया है तुम्हीं दवा देना। अब आपसे क्या छिपा है। मैं तो शुरू से ही दिल की धड़कन का मरीज रहा हूँ। लोग-बाग तो यहाँ तक चर्चा करते हैं कि जब मैं पैदा हुआ था तो मेरा दिल धड़क रहा था। स्थिति जो है सो आज तक बनी हुई है। इधर कुछ दिनों से विभिन्न महिलाओं और सज्जनों की शक्ल देखकर मेरा दिल जरा ज्यादा धड़कने लगा। बड़े लेखकों के साथ यही होता रहता है। चचा गालिब को भी इस बीमारी ने बहुत सताया। वे बराबर कहते रहे—दिले नादां तुझे हुआ क्या है? मगर वे बीमारी का पता नहीं लगा सके। डॉक्टरों के घर चक्कर काटते और दवा पूछते रहे—आखिर इस दर्द की दवा क्या है? वह जमाना वैज्ञानिक अविष्कारों का नहीं था। अतः अपनी सारी जवानी इस दर्द की दवा पूछते-पूछते गुजारकर श्रीयुत असदुल्लाह खाँ "गालिब" वृद्धावस्था में स्वर्ग सिधारे। आमीन। अगर उस जमाने में ई. सी. जी. मशीन होती, और हृदय रोग विशेषज्ञ होते, तो हम गालिब की कविता सुनने से बच जाते।

अब दुनिया और देश ने तरक्की कर ली है। मजाल है कि कोई मरीज बिना दवा के मर जाए। जो भी मरेगा, वह दवा खाकर ही मरेगा। गालिब बद किस्मत थे जो दवा के बारे में पूछते हुए उम्र गुजार दी। यहाँ मिनिटों में फैसला हो जाता है। दवा अंदर और दम बाहर। शरीर में दोनों चीजें नहीं रहेंगी। दवा रहेगी या दम। निष्कर्ष रूप में रह जाती है दवा। गालिब इसलिए हमेशा याद रखे जाएँगे कि उन्होंने डॉक्टरों और अस्पतालों के सहयोग के बिना मरकर दिखा दिया।

अतः हे सज्जनों और सुन्दरियों, इस बार दर्दे-दिल मुझे ज़िला अस्पताल ले गया। नियमानुसार अस्पताल पहुँचकर देहान्त हो जाना चाहिए था क्योंकि आखिर अस्पतालें बनाई किसलिए हैं? मगर प्यारे, बेशर्मी भी तो कोई चीज होती है। बुजुर्गों और मित्रों की कृपा से यह तत्व अपने पास पर्याप्त मात्रा में है। अतः मिलने वालों को निराश करते हुए बन्दा डटा रहा। कई उत्साही यार लोग मेरी जीवनी याद करके अस्पताल के 'मेरे कमरे' में झाँकने आते और मुझे जिन्दा देखते तो उसी तरह निराश होकर लौट जाते जिस तरह मध्यप्रदेश के असन्तुष्ट विधायक राजीव गाँधी से मिलकर मुँह लटकाए भोपाल लौटते हैं।

पहले ब्लड प्रेशर नापा गया। मैं मास्टर आदमी, ब्लड होता तो प्रेशर होता। एक मित्र झल्ला गए। बोले—साले तुम्हारे पास हार्ट होय तो अटैक होय, यह तुम्हें हो ही नहीं सकता। मैंने कहा—सत्य वचन है, तात मुझे उसी प्रकार हार्टअटैक नहीं हो सकता जिस प्रकार आपको कभी ब्रेन-हेमरेज नहीं हो सकता। यह सुनते ही वे परशु मोर अति घोर-की मुद्रा में आ गए। तभी सफेद वस्त्र धारण किए हुए कुछ कृष्ण-सुन्दरियाँ वहाँ आईं। उन्होंने मेरे मुख में थर्मामीटर डाल दिया और विधिवत् पाणिग्रहण करके पल्स गिनने लगीं। यह प्रक्रिया करीब पच्चीस बार हुई और पास खड़ी मेरी श्रीमती जी ने पचास बार पहलू बदले। इससे मेरे चरित्र पर उनके दृढ़ विश्वास का पता चल गया।

इसके बाद ई.सी.जी. का कार्यक्रम शुरू हुआ। यह मजेदार चीज है। हजरते दिल हों या दिले

नादाँ हों। उनके दर्द नापने की मशीन हमने बना डाली है। इलेक्ट्रोकार्डियोग्राम अपना अनुवाद करने की आज्ञा दें तो धड़कन-मापक कहना चाहूँगा। अब वह दिन दूर नहीं जब लड़कियाँ अपने हथझोले यानी हैंडबैग में ई.सी.जी. रखे घूमेंगी। कोई आशिक कहेगा—जानम, तुम्हें देखकर मेरा दिल धड़कने लगता है। लड़की तुरन्त मेकअप के थैले से ई.सी.जी. निकालकर कहेगी, ठहरो—नापकर देखती हूँ। नकली आशिक सावधान।

ई.सी.जी. जो है, सो बड़े लफड़े की चीज है। प्रेमियों की तरह इसकी भी कई श्रेणियाँ होती हैं। उत्तम, मध्यम और नीच। नीच प्रेमी वह होता है जो प्रेमिका की शादी के बाद उसके प्रेम-पत्र उसे लौटाने के बजाय उसके पति के करकमलों में समर्पित कर देता है। ई.सी.जी. की सस्ती क्वालिटी की मशीन इसी प्रकार की होती है। वह अक्सर मरीज की जगह उसकी वल्दियत की रिपोर्ट दे डालती है। मशीनों के साथ एक बात हमेशा होती रहती है। वे अक्सर बिगड़ जाती हैं। कुछ मशीनों में भीतरी गड़बड़ी होती है तो कुछ बाहर से बिगड़ी हुई दिखती हैं। कई बार मशीनें ठीक होती हैं तो चलाने वाले गड़बड़ होते हैं। जब कभी सौभाग्य से दोनों ठीक होते हैं तो मरीज महोदय गलत निकल जाते हैं। मशीनों और उन्हें चलाने वालों से मेरी विनम्र प्रार्थना है कि अपने निर्णय देते समय कृपया उपरोक्त तथ्यों पर ध्यान देने का कष्ट करें। मगर मशीनें क्या कर लेंगी। और क्या बेचारे डॉक्टर करेंगे। हमने देश में नई पीढ़ी, नया वर्ग तैयार कर दिया है। जिसके पास न दिल है और न दिमाग। दादी-नानी की कहानियों में राक्षसों की आत्माएँ तोतों में होती थीं। अब मामला उलट गया है। मनुष्यों के शरीर में राक्षसी दिल, दिमाग, आत्माएँ डालकर हम बैठे हैं। देखें कौन डॉक्टर इस नई बीमारी को ठीक करता है। जो कोशिश करता है उसका हश्र गाँधी की तरह होता है।

❒

पोजीशन सालिड है

मेरे शहर में लोकसभा के उपचुनाव की सरगर्मियाँ आरम्भ हो गई हैं। यहाँ से पिछले आम चुनाव में जब एक वयोवृद्ध महिला प्रत्याशी का निर्वाचन हुआ था तभी से निराश टिकिटार्थी प्रसन्न थे। कहते थे–मौसी जरूर उपचुनाव कराएगी, देख लेना। यह भविष्यवाणी सत्य सिद्ध हुई। मौसी का प्रमोशन हो गया। वे लोकसभा छोड़कर परलोक सभा की मेम्बर होकर ऊपर चली गई। लोकसभा वाले यहाँ बेचैन हैं। टिकिट के चक्कर में भोपाल से दिल्ली तक फटफटाते हैं–देने वाले सिरी भगवान।

अपने विशाल सरोवर के कारण हमारा शहर सागर के नाम से प्रसिद्ध है। पानी इस वर्ष गिरा नहीं। सागर सूख रहा है। यहाँ के कमल कुम्हला रहे हैं। कीचड़ है। जलकुम्भी, काँस और सेवार पनप रहे हैं। कचरा बढ़ रहा है। यहाँ आमतौर पर बीड़ी का धन्धा होता है। बीड़ीवाले चतुर हैं। वे कभी धन्धे की राजनीति करते हैं तो कभी राजनीति का धन्धा। बीड़ी फर्में भाइयों में बँटी होती हैं। यह पार्टनरशिप का कमाल है। वे अच्छे भाइयों की तरह राजनीति भी बाँट लेते हैं।

बड़े भइया कहते हैं–मँझले, ने होय तो तुम भाजपा में चले जाव। हम काँगरेस में बने रहें। भइया, भविष्य कौने देखो? कबै का हो जाय।

वे ऐसा पवित्र और निर्मल वातावरण बनाते हैं कि सागर में मोरार जी आएँ या श्रीमती इन्दिरा गाँधी–एक ही कार दोनों को लेने जाती है।

इस उपचुनाव के कारण हमारी परम पिछड़ी, खस्तातन और राजनैतिक तौर पर बेहद लतियाई हुई बस्ती को अनारकली घोषित करते हुए सभी राजनैतिक दल सभाएँ कर रहे हैं। चंद्रशेखर जी पधारे और देश की अर्थव्यवस्था पर प्रकाश डालते हुए बोले–बेहद गड़बड़ है। इस अर्थव्यवस्था को केवल हमारी पार्टी ही किनारे लगा सकती है। काँग्रेस में अब कोई जान नहीं है। सभा के अन्त में चादर फैलाकर अपनी पार्टी की अर्थव्यवस्था सुधारने के लिए उन्होंने रुपया–दो रुपया-पचास पैसे, पाँच या दस पैसे की हृदय विदारक माँग प्रस्तुत की। उनके भाषण का यह हश्र देखकर उपस्थित जनता में भगदड़ मच गई।

उनके बाद काँग्रेस अध्यक्ष आए। कार्यकर्ताओं की बैठक ली और चाणक्य मुद्रा में मुस्कुराते हुए चले गए। कार्यकर्ता फुसफुसाते हैं–साला बेहद भ्रष्ट है। इन्दिरा जी खुद फटकारकर गई हैं। भाजपा के अडवानी जी ऊँचे खिलाड़ी निकले। उन्होंने विश्वविद्यालय छात्रसंघ के पदाधिकारियों को शपथ दिलाने का हुनर बिठा लिया। मगर लड़के उनसे भी ऊँचे कारीगर निकले। चार पदाधिकारियों में से एक ही शपथ लेने आया।

सम्भावित प्रत्याशी जनसम्पर्क करने लगे हैं। पहले दूर-दराज के गाँव उनकी नजर में हैं। ऐसे ही एक सम्भावित प्रत्याशी एक मतदाता के घर पहुँचे। हाथ जोड़े, परम आत्मीय चाटु-मुद्रा में बोले–काय भैया, ठीक हो? भौजी नई दिखा रई? बाल-बच्चे मजों में हैं? बँटवारे को का भओ?

उधर से भैया का भन्नाता हुआ उत्तर आया–जब हमाओ ब्याह नई भओ, तो भौजी कहाँ से आवें? जब भौजी नइंया तो बाल-बच्चे कैसे होवें–कहाँ से हौवें? भूखों मरत हैं। मजूरी है नइयाँ। और सब ठीक है, बोट सो तुमखों देने नइयाँ। जै राम जी की।

नेता भौंचक हैं। छुटभैये सनाका खाए हुए इधर-उधर फड़फड़ाते हैं। वे एक-दूसरे के सच-झूठ को समर्थन देकर पालिटिक्स जमाते हैं।

क्यों यार, दिल्ली में राजीव जी ने कितना कहा कि तुम सँभालो यह सब? वे तो कह रहे थे कि तुम खुद क्यों चुनाव नहीं लड़ते।

हाँ भैया, उन्होंने तो आपका हाथ पकड़ लिया था। मैं न खींचता तो आप तो फँस ही गए थे।

वोटर सुनता है और इस तरह देखता है जैसे छुरी तेज करता हुआ कसाई बकरे की तरफ देखता है।

भैया देश की चिन्ता करते हैं—महँगाई पर जोर नहीं चलता। देखिए, इन्दिरा जी कुछ करेंगी।

चमचे उन्हें आश्वस्त करते हैं—भैया, आप फिक्र न करें। सब ठीक हो जाएगा। आपकी पोजीशन सालिड है। वोटर से डरे हुए भैया अध्यात्म में छलाँग मारते हैं—हुई है वही जो राम रचि राखा।

मुझे पिछले विधान सभा चुनावों की एक घटना याद आती है। एक कस्बे के बाहर इमली का विशाल वृक्ष। उसके नीचे धवल कुर्ते-पजामों में नौजवानों की टोली। साथ में साइकिलों पर थैले टँगे हुए। धूप के चश्मे लगाए नौजवान राजनीति को अश्लीलता से जोड़कर ठहाके लगाते हुए। साथ में गाइड मुद्रा में एक वृद्ध सज्जन निरन्तर बीड़ी पीते हुए, पेड़ से टेक लगाए बैठे थे। घूमते हुए मैं भी वहाँ पहुँच गया। एक नौजवान हाफपैंट पहने हुए पेड़ के ऊपर बैठा था ताकि दूर से आती हुई चुनावी जीपों को झंडे देखकर पहचान ले। एक जीप को आते हुए देखकर वह ऊपर से चिल्लाया—काँग्रेस-काँग्रेस-काँग्रेस।

नीचे खड़े लड़के चौकन्ने हो गए। लपककर उन्होंने अपनी साइकिलों पर टँगे झोलों से सफेद टोपियाँ निकालकर लगा लीं। कुरतों पर इन्दिरा गाँधी के बिल्ले लगाए।

थोड़ी देर बाद जीप वहाँ आकर रुकी। बोनट पर तिरंगा झंडा। तीन-चार नेता नीचे उतरे। देखकर प्रसन्न हो गए—अहा! अपने आदमी। खूब काम चल रहा है।

बुजुर्ग बीड़ी पीते हुए उठ खड़े हुए, बोले—भैया साब जै हिन्द। आप फालतू भटके। हम एक-एक घर होकर आए हैं। एक-एक बोटर से मिल रहे हैं। आप चिन्ता न करो। अपनी पोजीशन सालिड है। हाँ, कुछ रुपैया होंय तो दे जाओ। लड़कों ने सबेरे से कछु नईं खाव। भूखे हैं।

प्रसन्न भैया साब ने जेब से सौ रुपये का नोट निकालकर बुजुर्ग के हाथ पर रखा। गर्म जोशी से हाथ दबाया। लड़कों ने खुश होकर नारा लगाया—देस की नेताऽऽऽ। इननरा गाँधी ऽऽऽ। नेता लोग जैहिन्द करके जीप में बैठे। गाड़ी रवाना हुई। बुजुर्ग, थोड़ी देर धूल उड़ाती जीप देखते रहे फिर बोले—गए साले जूताखोर। सौ रुपयों का हिस्सा-बाँट होने लगा। पेड़ के ऊपर बैठा लड़का उतरा और अपना हिस्सा लेकर फिर बेताल की तरह डाल पर पहुँच गया।

थोड़ी देर बाद ऊपर से फिर आवाज आई—भाजपा, भाजपा, भाजपा। अर्थात् भारतीय जनता पार्टी। नीचे खड़े लोगों ने चटपट अपने बिल्ले और सफेद टोपियाँ निकालकर थैलों में रखीं। भाजपा की पीली टोपियाँ निकालकर लगाई। अटल बिहारी वाजपेयी के बिल्ले लगाकर चाक-चौबन्द हो गए। बुजुर्ग ने मुद्रा बदलकर बाला साहब देवरस का पोज बनाया।

तभी भारतीय जनता पार्टी का झंडा फहराते हुए एक जीप आकर रुकी। उसमें से उतरने वाले नेता समर्पित कार्यकर्ताओं का यह झुंड देखकर गद्‌गद् हो गए। अहा! कितने कर्मठ कार्यकर्ता। शाबाश! नौजवानों, तुम्हारी यह लगन ही इस देश को काँग्रेस के भ्रष्ट शासन से मुक्ति दिलाएगी। बुजुर्ग बीड़ी जलाते हुए, उठे बोले—भैया साब, जै हिन्द। आप बेकार भटके। हम लोग इधर सँभाले हुए हैं। घर-घर जा रहे हैं। एक-एक वोटर से मिल रहे हैं। आप चिन्ता न करो। पोजीशन सालिड

है। नेता लोग गद्गद् कंठ और अश्रुविह्वल अन्दाज में कुछ बोलते हैं। लोहा लाल देखकर बुजुर्ग चोट करते हैं–भैया, लड़के थक गए हैं। चाय-पान के लिए कुछ रुपये दे दें। जीपवालों ने सौ-सौ रुपये के दो नोट बुजुर्ग के हवाले किए और गाड़ी में जा बैठे। लड़के प्रसन्न होकर किलकारी मारने लगे–अँधेरे में एक चिनगारीऽऽ–अटल बिहारी, अटल बिहारी। जीप रवाना होते ही बुजुर्ग फरमाते हैं–गए सारे लुच्चाऽऽऽ। लड़कों ने टोपी-बिल्ले उतारने का कार्यक्रम शुरू किया और पेड़ पर बैठे बेताल ने अपने हिस्से के लिए गुरू-गर्जना की। फिर उसका उद्घोष होता है–जनता पार्टी जनता पार्टी जनता पार्टी और नीचे खड़े लोग जनता के टोपी-बिल्ले लगाने में व्यस्त हो जाते हैं। फिर वही कार्यक्रम। वही बातचीत।–भैया साब जैहिन्द। आप फालतू आए। पोजीशन सालिड है। हम लोग घर-घर घूम रहे हैं। लड़के थक गए हैं, रुपये दे जाइए। कुछ खा-पी लेंगे। फिर रुपये लेकर लौटती हुई जीप को देखते हुए नेताओं को गालियाँ देना।

मैं बहुत देर तक यह कौतुक देखता रहा। फिर मैंने उन बुजुर्ग से पूछा–दादा आपको यह सब करते हुए शर्म नहीं आती? कोई ग्लानि या झिझक नहीं होती। उन्होंने हँसते हुए कहा–बेटा, इसमें कैसी शर्म? ये साले चुनाव जीतकर विधान सभाओं और लोकसभा में यही सब तो करते हैं। कब, कौन, कहाँ, किसी पार्टी में चला जाएगा इसका कोई ठिकाना है? इनसे जो बने नोच लो–ये साले तो पाँच बरस नोचेंगे। मुझे लगा बुजुर्गवार सच फरमा रहे हैं। सारे देश में नोच खाने की होड़ लगी है। संसार के सबसे बड़े लोकतंत्र में चुनाव भोजन का माध्यम हो गए हैं।

मैं मुग्ध हूँ, वाह रे मेरे देश के प्रजातंत्र। तूने कैसे-कैसे कारीगर पैदा किए हैं।

उपचुनाव सिर पर है। पानी इस साल गिरा नहीं। तालाब के कमल सूख रहे हैं। ज्वालामुखी, काँस और सेवार पनप रही है। कीचड़ है। कचरा बढ़ रहा है और पोजीशन सालिड है।

❐

द फटूरे आफ इंडिया

वे तीनों वीर चौदह से सोलह वर्ष की उम्र के थे। पहला हाथ में तलवार लिये परम तेजस्वी था। दूसरा वज्रमूर्ख और तीसरा बीमार लगता था।

तलवारधारी ने बीच सड़क पर प्रकट होकर हवा को ललकारा। हवा को सम्बोधित करके उसने निकट सम्बन्ध बताने वाली बेनामी घोषणाएँ कीं फिर हवा को ही धमकाते और गरियाते हुए उछलकर तलवार भाँजना शुरू कर दिया। दोनों चमचे चुप-शान्त खड़े रहे। जनता में भगदड़ मच गई। ट्रैफिक जाम-उधर के लोग उधर, इधर के लोग इधर। सड़क के उस खाली हिस्से पर अपना रणकौशल दिखाते हुए वह अकेला तलवार भाँजता रहा। यहाँ 'अकेला' शब्द बहुत महत्वपूर्ण है, क्योंकि दूसरा कोई पक्ष वहाँ होता तो वह भी अकेला ही होता।

मूर्ख जो था सो अपने नायक की इस वीरता से अभिभूत होकर एक तिपहिये ऑटो रिक्शे की छत पर चढ़ गया। चढ़ते समय उसका सिर ऊपर और पैर नीचे थे। आटो रिक्शे की छत क्या थी? मोम-कप्पड़ तना था–अतः उतरते समय उसकी शारीरिक स्थिति जो थी सो विपरीत हो गई। वह पैर ऊपर और सिर नीचे की ओर किए–धड़ाम की गुरू-गर्जना के साथ चौधरी चरणसिंह की मुद्रा में पृथ्वी पर आया और मातृभूमि की उस पुण्य रज को चाटने लगा जिसे श्री शिवमंगल सिंह सुमन की भाषा में चंदन कहते हैं।

तीसरा बीमार लगता था। उसके हाथ-पाँव अगरबत्ती की सीकों की तरह और चाल शोले फिल्म के गब्बरसिंह की तरह थी। वह सड़क के किनारे बैठकर कुछ देर भौंकने की मुद्रा में खाँसता रहा तदुपरान्त अश्रुपात करते हुए उसने कोई पचीस-तीस छोटी-छोटी गोलियाँ निगलीं। फिर चैतन्य होकर तलवार भाँजने वाले को उस भाव से देखने लगा जिस भाव से गुरु हनुमान अपने प्रिय शिष्य सतपाल की कुश्ती देखते हैं।

ट्रैफिक कांस्टेबिल इस साँस्कृतिक कार्यक्रम से अभिभूत होकर उनकी प्रार्थना करने लगा–हे प्रभु, अमिताभ बच्चन की तरह आप अचानक यहाँ कैसे प्रकट हो गए। हे रेखा नामक अभिनेत्री के प्रिय पात्र, अपना यह तलवार नामक अस्त्र कृपया मुझे प्रदान करें। अमिताभ बच्चन यह सुनते ही प्रसन्न होकर सिपाही को पेट और गले में तलवार प्रदान करने दौड़े। सिपाही भी भारतीय पुलिस का वीर सिपाही था। वह वीरतापूर्वक जो भगा सो सीधा थाने में रुका। सुभाषित और श्लोक पाठ करते हुए वे सभी थाना कर्मचारी घटनास्थल पर पहुँचे। बिना किसी पूछताछ के मंगल मंत्रों की वर्षा में उन्होंने तीनों वीरों पर तबियत से लातास्त्रों का सन्धानपूर्वक प्रयोग किया। फिर तीनों का निबन्धन संस्कार करके उन्हें थाने ले आए।

जाँच-पड़ताल होने लगी। भारतीय पुलिस जाँच-पड़ताल के समय परमहंस हो जाती है। परमहंस उसे कहते हैं–जो न सुख से सुखी होता है, न दुःख से दुःखी। कुत्ते और मनुष्य में वह कोई भेद नहीं देखता। भारतीय पुलिस भी परमहंस की तरह रिपोर्टकर्ता और अपराधी में कोई भेद नहीं करती। थाने में एक खास विशेषण लगाकर ही अपराधियों और रिपोर्टकर्ताओं से बात की जाती है। वह विशेषण यहाँ लिखना सम्भव नहीं है अतः जहाँ शब्द खाली स्थान–लिखा हो वहाँ विद्वान पाठक कृपया उसे भरने का कष्ट करें। वार्तालाप आरम्भ होते ही थानेदार ने हीरो से पूछा–क्यों बे

खालीस्थान। नाम क्या है? खाली स्थान।

–रविन्द्रनाथ सिंह उर्फ कालिया।

–बाप का नाम बोल– खाली स्थान।

–इंस्पेक्टर ठाकुर।

–हें–अबे तू ठाकुर पैक्ट सा का लड़का है।

–हाँ और कभी पापा के थाने में फँसना हम भी देख लेंगे।

–ये दोनों खाली स्थान कौन हैं?

–जो आटो रिक्शे पर चढ़ गया था वह प्रोफेसर मिश्रा का लड़का है और जो बीमार है वह सिविल सर्जन साहब का।

–ये खाली स्थान तेरे साथ क्यों हैं?

–अमिताभ बच्चन दहाड़कर बोले–भाई हैं मेरे भाई, मेरे दोस्त।

थानेदार विचलित हो गया। वह ट्रैफिक कांस्टेबिल पर चढ़ दौड़ा। फिर उत्कंठित हवलदार को सम्बोधित करके बोला–भगाओ सालों को। हम तो शरीफों के लड़के समझ कर पकड़ लाए थे कि कुछ पान-फूल का लग्गा लगेगा। ये तो साला डिपाटवालों का लड़का निकला। भगा साले को जल्दी। और हाँ मुंशी जी–थाने का सामान मिला लेना। इसके बाप की जोड़ का खाली स्थान मुलक-भर में न मिलेगा। उस खाली स्थान का बस चले तो थाना बजरिये रजिस्ट्री बेच दे।

यहाँ आकर हमें स्वीकार करना पड़ेगा कि अपने देश में शिक्षा-प्रणाली अत्यन्त सफल रही है। लार्ड मैकाले जो थे सो इसके लिए धन्यवाद के पात्र हैं। यह उनकी कृपा का ही फल है कि आमतौर पर हमारे देश में मास्टरों के लड़के मूर्ख, डॉक्टरों के लड़के बीमार और थानेदारों के लड़के गुंडे होते हैं। पुत्रों की इस प्रतिभा से पितागणों की योग्यता की जानकारी भी लगे हाथों मिल जाती है।

यह वर्ग इतिहास में याद किया जाएगा। यह तो अंग्रेज देश छोड़कर भगे सो इन्हीं लोगों की बदौलत। जब इन लोगों ने अंग्रेजी बोलना शुरू किया तो अंग्रेज अपना बोरिया-बिस्तर बाँधने लगे थे। भागो रे भैया। ये इंग्लिश वक्ता ही हमारे देश के सच्चे स्वतंत्रता सेनानी हैं। खैरियत है कि ये अभी तक धड़ाधड़ अंग्रेजी बोलते रहते हैं। अगर ये हिन्दी बोलने लगें तो अपन लोग कहाँ जाएँगे? हमें इनका सम्मान करना चाहिए। इनसे प्रार्थना करनी चाहिए–प्यारे, झाड़े जाओ अंग्रेजी। हिन्दी-भर मत बोलना।

ऐसे ही एक बार देशभक्त छात्र ने कक्षा में अंग्रेजी पाठ पढ़ते हुए हिन्दी की बारह खड़ी का गणित लगाकर मौलिक उच्चारण किया–द फटूरे आफ इंडिया–ठीक उसी समय शाला के प्राचार्य महोदय कुछ अध्यापकों के झुंड सहित वहाँ से निकले। इस नए शब्द को सुनकर मास्टरों में भगदड़ मच गई। जिज्ञासु, रसिक और बहुभाषाविद् प्राचार्य दौड़कर कक्षा में घुसे और छात्र से पुस्तक छीन ली। उन्होंने पाठ के शीर्षक को जोर से बाँचा–एन-ए-टी-यू-आर ई-द-नेचर। फिर क्रोध से टैक्नीकलर होकर कक्षा शिक्षक से बोले–मास्साब, इसे तुरन्त स्कूल से तीन साल के लिए निष्कासित करो।

लेकिन भारतमाता का वह लाल जरा भी न घबराया। हाथ जोड़कर प्राचार्य महोदय से बोला–सर, इस जरा से नटूरे के लिए मेरा फटूरे तो बरबाद मत कीजिए।

यह जो लोगों ने कहा है कि–प्रसन्नता में आदमी रोने लगता है और अधिक प्रसन्नता में मूर्छित हो जाता है। यह गलत थोड़े ही कहा है। प्रिंसिपल साहब प्रसन्नता से पहले रोने लगे फिर अधिक प्रसन्नता के कारण मूर्छा को प्राप्त होते भए।

प्राचार्य महोदय का फिर क्या हुआ मालूम नहीं, किन्तु मेरे कानों में उस वीर बालक के स्वर गूँज रहे हैं। दिग्दिगन्त से आवाजें आती हैं–द नटूरे आफ इंडिया–द फटूरे आफ इंडिया। बड़ी फिकर लगी रहती है–इंडिया के फटूरे का क्या होगा? ❐

बाबूलाल जैन की दुकान इधर है

अन्ततः भाग्य भगवान की कृपा-दृष्टि से श्री बाबूलाल गौर मध्यप्रदेश के मुख्यमंत्री हुए। मुझे इस बात की हार्दिक प्रसन्नता है। उसका कारण यह है कि उनका नाम उत्तर भारत का सबसे लोकप्रिय नाम है। सागर नगर पालिका परिषद् के एक अध्यक्ष पंडित परमानंद वाजपेयी हुए हैं। पंडित जी टू-इन-वन थे। घोर क्रोधी और परम कृपालु। बिना गाली दिए बात नहीं करते थे और बिना किसी की परवाह किए सबकी मदद करते थे। उनके ड्राइवर बाबूलाल थे। उनके बाबू भी बाबूलाल थे। उनके एक भृत्य का नाम भी बाबूलाल ही था। एक बार उनसे मिलने जैन हायर सेकेंड्री स्कूल के तत्कालीन प्राचार्य पं. बाबूलाल मिश्रा पहुँचे। पंडित जी गोपालगंज के अपने निवास से बाहर निकले तो उनके ड्राइवर, क्लर्क और भृत्य तीन बाबूलालों से घिरे पं. बाबूलाल मिश्रा ने हाथ जोड़ते हुए कहा जी मैं बाबूलाल मिश्रा हूँ। वाजपेयी जी ने झल्लाकर कहा–यहाँ मुझे छोड़कर सभी बाबूलाल हैं। विचित्र देश है यार। यहाँ हर तीसरा आदमी बाबूलाल है। कोई और नाम नहीं मिलता रखने के लिए। आज पंडित परमानंद वाजपेयी होते तो कहते–चलो बाबूलालों के देश में आखिर एक मुख्यमंत्री तो बाबूलाल हुए।

यहाँ मैं अपने ताऊ पंडित बाबूलाल आचार्य का स्मरण न करूँ तो सच में मुझे पाप लगेगा। वे मेरे पिता से बड़े थे और नरसिंहगढ़ स्टेट के पचमढ़ी महल के खास कामदार थे। मुझे हमेशा अपने साथ पचमढ़ी ले जाते थे। मेरे बचपन के नामों में एक सुरेश बाबू था जो आज तक मेरे मामा पक्ष में यथावत लोकप्रिय है। आगे चलकर मेरे बेटे का ब्याह भोपाल में तय हुआ तो पता चला कि कन्या के पिता का नाम बाबूलाल चतुर्वेदी है। सुनकर मुझे आनंद आ गया। अहा-काशीफल कूष्मांड कहीं है। कहीं लौकियाँ लटक रही हैं। मैंने फटाफट रिश्ता तय कर दिया। आज बच्चा खुश है।

जो स्कूल से भागकर हुल्लड़ करने, सिनेमा देखने, बियर पीने और मुर्ग-मटन खाने न जाएँ। उन लड़कों पर मुझे बड़ी दया आती है। अगर यह न सीखोगे भारतमाता के लाल तो दुनिया को क्या मुख दिखाओगे और किस मुँह से दुनिया देखोगे। हम तो भैया महीने में चार-छह गोल जरूर मारते थे। जो वे दिन याद आते हैं : कलेजा मूँ को आता है। हम चार दोस्त साइकिलों से उड़ जाते फिर आस-पास के गाँवों में चक्कर काटते हुए गलियों-गलियों सौन्दर्यानुसन्धान करते। एक बियर में चार हिस्सेदार और एक सिगरेट में तीन। चौथा यार अपनी बीड़ी-माचिस रखता था और स्वतंत्रतापूर्वक सूँटता रहता था। मैं जानता हूँ कि सौन्दर्यानुसन्धान का मुद्दा आपको व्याकुल कर रहा होगा। परन्तु धैर्य रखें कृपालु अभी वहाँ पहुँचने तो दीजिए। तो प्रभु इस प्रकरण में हुआ यह कि एक बार हम सदा की तरह स्कूल से गोल मारकर एक गाँव पहुँचे। हम गलियों की खाक छान रहे थे तभी जैसे भक्तिपूर्ण होने पर परमात्मा दर्शन देते हैं। उसी तरह हमारा कविता से साक्षात्कार हो गया। यह कविता कोई सुन्दरी नहीं थी भ्रा जी। शुद्ध काव्य दैट मीन पोइट्री। नज्म। आहा–आज भी याद करता हूँ तो रसोद्रेक हो जाता है। काव्य का ऐसा फलित प्रयोग श्री बाबूलाल के बुद्धिकौशल का प्रमाण था। गोबर से लिपी हुई कच्ची दीवार पर छुई मिट्टी की पुताई की गई थी। खड़िया मिट्टी की उस पृष्ठभूमि पर गेरू से टेढ़ी-मेढ़ी हैंडराइटिंग में वह अमर कविता लिखी थी।

कहाँ जा रहे हो ध्यान किधर है?
बाबूलाल जैन की दुकान इधर है।।

दुकान थी और उसकी गद्दी पर बाकायदा बाबूलाल जी विराजमान थे। हम लोगों ने अत्यन्त आल्हादित हृदय से उनकी कविता की तारीफ की। उन्होंने भी बहुत प्रसन्नता से हमारा स्वागत किया। घटिया तेल के सेव और बहुत गन्दे कपड़े से छानकर चाय पिलाई। इसके बाद उन्होंने दुकान की परवाह छोड़ी और अपनी कविताओं की कापी निकालकर इत्मीनान से बैठे। वे शुरू होते इसके पहले ही हम भाग खड़े हुए। मगर उस अमर कविता ने आज तक हमारा पीछा नहीं छोड़ा। सपने में महाकवि बाबूलाल अपनी कविताएँ लिये दिखते हैं। मुख्यमंत्रियों पर मैंने कभी भरोसा नहीं किया। मेरी पत्नी की मृत्यु पर एक मुख्यमंत्री मेरे घर बैठकर मेरे बेटे की अनुकम्पा नियुक्ति का आदेश कैबिनेट में रखने की सिफारिश कर गए। फिर कैबिनेट की बैठक की अध्यक्षता करते हुए उन्होंने खुद अपनी सिफारिश को खारिज कर दिया। इसलिए प्रभु पाठक वृन्द इन महानुभावों का हाल यह है कि इन्हें न तो यह ख़याल रहता है कि वे कहाँ हैं। कौन हैं। क्या कह रहे हैं और उसका क्या अर्थ है। मुख्यमंत्री एक तरह का फिल्मी हीरो होता है। कोई उसके डायलाग लिखता है। कोई भाषण लिखकर पीछे-पीछे दुम हिलाते हुए घूमता है। शपथ लेकर बाहर आए मुख्यमंत्री को लोग घेरते हैं जैसे चींटे गुड़ की भेली पर टूटते हैं। ताजी और दूसरों की उतारी हुई मालाएँ लेकर जब फर्जीवाड़ा बाबूलाल गौर को घेरने पहुँचा तो उन्होंने न केवल मिलने से इंकार कर दिया बल्कि अफसरों और कर्मचारियों को डाँटकर भगाया कि जाइए, अपना काम करिए। बाबूलाल जी इससे प्रदेश की जनता आनंदित हुई है। पहली बार लगा कि कोई है जो तंत्र को समझता है और प्रजा को भी। वरना राजनेताओं को देखकर तो जनता यह शेर गुनगुनाने लगती है–

गिला कुछ नहीं बेवफाई का तेरी हर्गिज।
शिकवा जब करें, तूने किसी से भी निबाही हो।।

❐

साहब : आप तो लाश हमें दे दो

उन छह लोगों को आते देखकर थाना प्रभारी ने माथा पीट लिया। पाँच मिनिट में ही थाना खाली हो गया। जिस सिपाही को जहाँ जगह दिखी वह वहीं से हवा हो गया। मुंशी जी ने गुस्से में भन्नाकर इतनी जोर से रजिस्ट्रर बन्द किया कि एक मक्खी चपेट में आकर मर गई। वे धीरे से बाथरूम में घुस गए और दरवाजा भीतर से बन्द करके सेफ हो गए।

थाना प्रभारी अकेले माथे पर हाथ टिकाए बैठे रह गए। सभी छह भाई आए और विनम्रतापूर्वक उन्हें नमस्कार करके फर्श पर बैठ गए। थानाध्यक्ष को लगा कि अगर वे चिड़िया होते तो पंख फैलाकर रोशनदान से निकल जाते और आकाश में दूर तक उड़ते। वहाँ इस बवाल से तो जान बचती। बड़े ने कहा–साहब हम आपकी मजबूरी समझते हैं। आपकी इच्छा उसे मारने की थोड़े थी। अब पूछताछ तो बिना मारपीट के होती नहीं। आपने लात-वात मारी होगी जो उसके नस-वस में लगी होगी। सो मर गया होगा। हमें आपसे कोई शिकायत नहीं है। देश-भर में थानों में यही होता है। पुलिस से कौन लड़ सकता है हुजूर। हमें कोई कार्रवाई नहीं करना। हमारी विनय है कि आप लाश हमें दे दो। हम उसका ठीक से क्रिया-करम करके फुरसत हो जाएँ। बड़े की बात का समर्थन करते हुए शेष पाँच भाई भी संयुक्त रूप से बोलने लगे। हुजूर आप तो लाश दे दो हम क्रिया-करम कर लें। थाना प्रभारी ने ठंडे स्वर में समझाया–भैया-दादा, मेरे बाप–मैं आप लोगों को कैसे यकीन दिलाऊँ। आपका भाई सचमुच जीवित है। हमने उसे छोड़ दिया है। वह किसी रिश्तेदार के यहाँ होगा यार। सब रिश्तेदारों से पूछ लो।

बड़े भाई ने एक लिस्ट निकाली और उसे टेबिल पर रखकर हाथ जोड़कर खड़ा हो गया। शेष पाँच ने अपने घुटने और हथेलियाँ जमीन पर टेकीं तथा माथा साहब के चरणों में रख दिया। फिर वे ढाँड़े मारकर जोर-जोर से रोने लगे। बड़ा दहाड़ा–चोप्प। चुप रहो–तो वे किसी अनुशासित फौज की तरह चुप हो गए। बड़ा बिसूरकर बोला–हुजूर आप मालिक हैं। इस लिस्ट में हमारे सभी रिश्तेदारों के नाम और टेलीफोन नम्बर हैं। हम पूछ चुके। अब आप भी दरयाफ्त कर लीजिए। मगर मालिक, हम सबकी विनती सुन लें। हुजूर लाश हमें दे दें तो हम क्रिया-करम से निबट जाते। थाना प्रभारी गैया की तरह मुँह लटकाए बैठे रहे। थोड़ी देर बैठकर वे चले गए। जाते हुए बोले–हुजूर हम कल सुबह आएँगे। मालिक लाश हमें दिला दीजिए।

साहब उठे और दीवार से सिर फोड़ने दौड़े फिर यह सोचकर रुक गए कि अगर सिर की चोट से दीवार गिर गई तो ऊपर क्या जवाब देंगे। ठेके की बिल्डिंग है। पिछले चार दिनों से सुबह-शाम यह कार्यक्रम चल रहा था। छहों भाई आकर उनसे अपने छोटे भाई की लाश माँगते हैं। छोटी बस्ती है। थाना-प्रभारी ने बाहर निकलना बन्द कर दिया है। जहाँ जाते थे–लोग ठी-ठी करते थे। अपनी गलती थी। किसे बताएँ और क्या बताएँ। हुआ यह कि बस्ती में एक मोबाइल चोरी हुआ। इन सात भाइयों की बड़ी ख्याति थी। लोग कहते थे–भैया ये सभी अवतार पुरुष हैं। अगर संसार के दस टाप-कटपगलों की लिस्ट बने तो पहले इन सात के नाम आएँगे। बाकी पूरे संसार से तीन लोग छाँटे जाएँगे। सातों एक-से बढ़कर एक हैं। को बड़-छोट कहत अपराधू। इनमें से छोटे ने चोरी का वह

मोबाइल खरीदा था। मुखबिर की सूचना पर वे सदल-बल उसे अरेस्ट करने पहुँचे थे। बीच-बजार गिरफ्तारी हुई थी। सारी बस्ती में हल्ला मच गया। एक पुराने सिपाही ने सलाह दी थी—पैक्टसा छोटा जुर्म है। इसकी जमानत थाने से ही कर दें। साला कटपगलों का खानदान है। पर वे न माने। कुछ नहीं होता। थाने लेके चल साले को गरम करेंगे तो कुछ और निकलेगा।

थाने पहुँचकर वे व्यस्त हो गए। हवालाती ने निस्तार के लिए इजाजत माँगी और उन्होंने खुद सिर हिलाकर उसे जाने की इजाजत दे दी। जवान लड़का था। थाने में ठुकाई से भयभीत भी था। बाहर आते ही उसने दौड़ लगा दी थी। इतना तेज ओलम्पिक में दौड़ता तो कोई-न-कोई मैडल जरूर पाता। मिनिटों में गायब हो गया। सारे सिपाही पीछे दौड़े पर बेकार। थोड़ी देर बाद उसके छहों भाई थाने में बैठे थे। भक्ति और विनय की मूर्ति बने हुए जमीन पर माथा टेककर पिछवाड़ा दो-तीन फुट ऊपर उठाते हुए उन्होंने थाना प्रभारी को प्रणाम निवेदन किया। बोले—महाराज हम जमानत को आए हैं। चाहे जैसा हो। हमारा तो भाई है। हमें तो जमानत कराना ही है। बच्चे जाँघ पर गन्दगी करते हैं तो कोई जाँघ काटकर नहीं फेंक देता। धोकर साफ कर लेते हैं। हुजूर कितने की जमानत देना है। नकद चाहें तो नकद जमाकर देंगे।

साहिब ने कहा—अरे भाई घर जाओ। पूछताछ करके हमने उसे छोड़ दिया। वह घर में होगा। छहों उन्हें धन्यवाद देकर घर चले गए। दूसरे दिन सबेरे से वे फिर हाजिर थे। साहब वह घर नहीं पहुँचा। श्रीमान ने बताया—अरे उसे तो कल ही छोड़ दिया था न। छहों भाइयों ने एक-दूसरे की आँखों-ही-आँखों में देखकर कहा—मर गओ। कम्बल-परेड में निबटा दओ। तब बड़ा अत्यन्त विनम्र होकर बोला—साहब हमें पुलिस से कोई शिकायत नहीं है। आपकी लात-लाठी उसे उलटी-सीधी जगह लगी होगी। मर गया होगा। भूल जाइए साहब। अब तो हमें लाश मिल जाए तो हम उसका क्रिया-करम कर लें। साहब आप तो लाश हमें दे दो। थाना-प्रभारी दीन हो गए। क्या करें। क्या न करें। अकल काम नहीं करती।

फिर तो सुबह-दोपहर-शाम छहों भाई इकट्ठे थाने के चक्कर लगाने लगे। हर सिपाही से एक ही सवाल करते हुजूर हमें कोई शिकायत नहीं है। आप तो लाश दिलवा दीजिए। हम उसको लकड़ी दे दें। दाग नहीं होता तो आदमी की मुक्ति नहीं होती। भूत बनकर भड़भड़ाता फिरता है। लाश मिल जाए तो क्रिया-करम करा के उरिन हो जाएँ। वे अपने सिर पर धूल डालकर रोने लगते। पाँचवें दिन तो हद हो गई। वे अपने साथ घूँघट डाले छोटी बहू को भी ले आए थे। साहब इसने चार दिनों से दाना भी मुँह में नहीं डाला। अन्न-जल त्यागकर प्राण देने का निश्चय कर लिया है। हम बड़े लोग हैं। ऊँचे खानदान के हैं। अब इस बहू का क्या होगा। हुजूर हमें किसी से कोई शिकायत नहीं है। आप तो लाश दे दीजिए। जलाकर हम उरिन हो जाएँ। किस्मत को तो भगवान भी नहीं बदल सकते मालिक—

कि मनुज नहीं बलवान हैं कि समै होत बलवान।
कि भीलन लूटीं गोपिका कि वे अरजुन वे बान।।

जब-जब जो-जो होना होता है हुजूर तब-तब सो-सो होता है। सो आप परवाह न करें सरकार। मालिक हमें तो लाश दिला दीजिए। साहब का पुलिस-राक्षस जाग गया। साली रोज-रोज की किचकिच। उन्होंने ऊँची आवाज में हुकुम दिया मुंशी जी बन्द करो सालों को। रोज समझाया। साले समझते ही नहीं। यह सुनते ही बहू घूँघट में ही उलटे पाँव घर की ओर भाग गई। ये छह भाई भी हवा हो गए। दूसरे दिन सुबह-सुबह जब वे थाने के बाहर गुनगुनी धूप में कुर्सी-टेबिल डलवाकर

बैठे थे। तब वह फरार छोटा भाई प्रकट हुआ। उसे देखते ही साहब का पारा चढ़ गया। अबे कहाँ भाग गया था साले। तेरे छहों भाइयों ने मेरी खोपड़ी खा डाली। रोज तेरी लाश माँगते थे। साले तू जिन्दा घूमता रहा। मेरी तो जान ही सूख गई थी।

छोटे भाई ने जमीन पर माथा टेककर देह का निचला हिस्सा ऊपर उठा दिया। फिर उठकर हाथ जोड़कर विनयपूर्वक बोला—बरोबर है साहब। कल रात इसी वजह से आपने उन्हें बन्द कर दिया था। हुजूर वे मेरे बड़े भाई हैं। कल रात से घर नहीं पहुँचे। मैं उनकी जमानत लेने आया हूँ। साहब ने कहा—अबे वे तो कल ही चले गए थे। रिश्तेदारी में ढूँढ़ या घर ही होंगे। छोटे ने हाथ जोड़कर कहा—हुजूर मैं जानता हूँ कि पुलिस की पूछताछ हर आदमी बर्दाश्त नहीं कर सकता। आपकी लात-लाठी किसी ऐसी-वैसी जगह लग गई होगी। सो मर-मरू गए होंगे। आप तो हुजूर हमें लाशें दिलवा दें तो मैं अपना फर्ज पूरा करूँ। कहते हैं जिन्हें चिता नसीब नहीं होती। वह भूत बनकर भटकते हैं। मालिक मुझे पुलिस से कोई शिकायत नहीं। आप तो लाशें दिला दीजिए यह सुनते ही साहब को लगा कि दुनिया बहुत तेज रफ्तार से घूम रही है—वे खुद लाश में बदलकर कुर्सी पर बैठे हैं। और कोई उनकी जिम्मेवारी लेने को तैयार नहीं है। उन्हें एक शेर याद आया—

अब मेरे रोने वालों खुदारा जवाब दो।
वो बार-बार पूछते हैं कौन मर गया।।

❐

चुपके रहे से कुछ नहीं होगा
और कहे से कुछ नहीं होगा

श्री कैलाश जोशी मध्यप्रदेश भाजपा के अध्यक्ष हो गए। भाजपा के कार्यकर्ता अपने हाईकमान का मखौल उड़ाते हैं। श्री कैलाश जोशी मध्यप्रदेश के मुख्यमंत्री रहे हैं। अपने कार्यकाल में सोने वाले मुख्यमंत्री के रूप में प्रसिद्ध रहे हैं। दफ्तर में कुर्सी पर सो जाते थे। एक-दो बार सोते-सोते कुर्सी से गिर गए। बड़ा हल्ला मचा। जिस कुर्सी को चरम चैतन्य होकर परम पद समझकर जकड़ लेना चाहिए। श्री कैलाश जोशी उसे सोकर गँवा बैठे थे। ऊँघ तो उन पर चौबीस घंटे सवार रहती थी। अब सत्तर से ऊपर की उम्र में उन्हें प्रदेश भाजपा को और वोटिंग ब्लाक को जगाने की जिम्मेवारी सौंपकर भाजपा हाईकमान बेफिक्र बैठ गया है। सुश्री उमा भारती ने कहा कि उन्होंने कभी म.प्र. भाजपा अध्यक्ष बनने से इंकार नहीं किया। किसी ने उनसे पूछा ही नहीं। यहाँ भाजपा कार्यकर्ता ठिलठिलाते हैं–भैया मध्यप्रदेश में काँग्रेसी मुख्यमंत्री दिग्विजय सिंह के कैंडीडेट थे, कैलाश जोशी भाजपा के अध्यक्ष हो गए हैं। तब से मेरे कई भाजपाई मित्र दिग्विजय सिंह की तीसरी पारी की जीत की भविष्यवाणियाँ कर रहे हैं।

मजेदार तथ्य यह है कि श्री कैलाश जोशी ने अपनी पहली प्रेस कांफ्रेंस में चार्वाक दर्शन को उद्धृत किया। यह अद्भुत उद्धरण था। चार्वाकों का कहना है कि भैया खूब तर माल फटकारो। दनादन कर्ज करो और घी पीकर मजे करो। श्री कैलाश जोशी ने कहा कि चार्वाक कह गए हैं–

'यावत् जीवेत सुखं जीवेत्, ऋणं कृत्वा घृतम् पिवेत।
भस्मी भूतस्य देहस्य पुनरागमनम् कुतो कुतः।।'

अर्थात् जब तक जियो सुख से जियो, कर्ज करो पर घी पियो। यह देह अन्ततः भस्म होने वाली है कोई पुनर्जन्म नहीं होना। उन्होंने कहा यह सारी धारणाएँ स्वीकार हैं। क्या इशारा है सो वे जाने मगर यह भयावह संकेत है। मुफ्तखोरी और निकम्मेपन को बढ़ावा देने के कारण जिस चार्वाक दर्शन को भारतीय जनमानस ने निरस्त कर दिया। उसकी पुनर्प्रतिष्ठा की बात से भाजपा के प्रदेश अध्यक्ष क्या कर्म के सिद्धान्त को रद्द नहीं कर रहे हैं। यह बहुत खतरनाक लापरवाही है।

जोशी जी ने चार्वाकों के जिस दर्शन से पहली पत्रकार वार्ता आरम्भ की है। उसका जरा और अवलोकन करें पाठक परमात्मा तो आपकी तबीयत खिल जाए। आगे कहा है–

पीत्वा-पीत्वा पुनर्पीत्वा यावत पतति भूतले।
पुनरुत्थाये वै पीत्वा, पुनर्जन्म न विद्यते।।

मान्यवर, इसका अर्थ यह है कि पियो, पियो और फिर पियो। जब तक धरती पर लोट न जाओ तब तक पियो। जब उठो तो फिर पियो क्योंकि कोई पुनर्जन्म नहीं होता। मैं कहता हूँ आदरणीय जोशी जी आप तो जानते ही हैं कि शुद्ध घी का भाव डेढ़ सौ रुपये किलो से ऊपर है। आम आदमी की औकात इतनी नहीं है कि डेढ़-दो सौ रुपये पीकर लोट सके। वह तो बीस-पच्चीस रुपयों की कंट्री-

लिकर पीकर लोट जाता है। उसी में दो-चार रुपये की मँगोड़ी जिसे सिद्धावस्था में 'मुँगेड़ी' कहते हैं का भी जुगाड़ हो जाता है।

हे पाठक वृन्द, बस यहाँ तक लिख पाया था कि मेरे पड़ोसी नेता दनदनाते हुए पधारे और मूँछों पर हाथ फेरकर बोले—अब बोलो बेटा। मैंने कहा—क्या बोलूँ प्यारे। जब भी बोलता हूँ तो आप नाराज हो जाते हैं कि बोलता ही रहता है। इसलिए मैं चुप ही भला। उन्होंने कहा—बोलोगे कैसे? क्या बोलोगे? अरे जित्ता भाजपा के केन्द्रीय मंत्री प्रमोद महाजन ने पचास दन्द-फन्द करके किया। उत्ता तो हमारी एक महिला पार्षद ने—करके धर दिया। मैं घबड़ा गया। मैंने पूछा किस महिला पार्षद ने क्या करके धर दिया भैया।

वे बोले—अरे वही जिसके लिए तुम मीडियावाले लगे प्रमोद महाजन का ढपला बजाने। अगर प्रमोद महाजन शिवानी हत्याकांड में शामिल हैं तो कोई तीर नहीं मार लिया है उन्होंने। उन्हीं प्रमोद महाजन और उनकी केन्द्र सरकार की नाक के नीचे हमारी पार्टी की एक पार्षद ने अपने प्रेमी आत्माराम गुप्ता की आत्मा राम के पास रवाना कर दी। और देह को ऐसा ठिकाने लगाया कि लाश दिल्ली से दूर बुलन्दशहर में जाकर गिरी। इसे कहते हैं निपटाना, इसे कहते हैं हुनर और इसे कहते हैं फन। वे श्रीमती शारदा जैन की जय-जयकार करने लगे। बाई तू धन्य है। तुझे जन्म देने वाले माता-पिता धन्य हैं। आज तूने पार्टी की लाज बचा ली। वर्ना हम कहीं शकल दिखाने लायक न रहते। आज हम भी विरोधियों से कह सकते हैं—कि बेटा तुम्हारे केन्द्रीय मंत्रियों बराबर काम तो हमारी महिला पार्षद करके धर देती हैं। वे गौरव से अभिभूत होकर मूँछों पर हाथ फेरकर गर्वपूर्वक गाने लगे—

झंडा ऊँचा रहे हमारा। विजयी विश्व तिरंगा प्यारा।
इसकी शान न जाने पाए। चाहे जान भले ही जाए।
विश्वविजय करके दिखलाएँ। तब होवे प्रण पूर्ण हमारा।।

स्व. श्यामलाल पार्षद ने चाहे जैसा लिखा हो। गाया श्रीमान ने ऐसा कि सुनकर सचमुच मैं लिड़ी-पिड़ी हो गया। चेहरा दीन हो गया। शक्ल पर फटकार बरसने लगी। उन्होंने चमकती आँखों से मुझे देखा। मैं लजाकर दूसरी तरफ देखने लगा। वीरों से कौन आँखें मिला सकता है।

मेरी दीनता से वे कृपालु हो गए। बोले चिन्ता की बात नहीं। वे सेंट्रल में हैं तो हम भी स्टेट में हैं। मैंने डरते-डरते कहा—स्टेट में तो हम भी हैं। उन्होंने कहा—तुम्हारा होना कोई होना है? असली होना हमारा होना है। तभी उन्हें ढूँढ़ते हुए उनके फालोअर आ धमके। बोले—गुरु बधाई हो। शारदा जैन ने शायद प्रमोद महाजन को निपटा दिया। मैंने कहा—भैया अक्सर लोग दूसरों को निपटाने के चक्कर में खुद निपट जाते हैं। वे क्रोध से हनहनाते हुए चले गए कि मर साले। मैं मगर जिन्दा बैठा रहा बहादुरशाह जफर को याद करते हुए—

कहाँ तक चुप रहूँ चुपके रहे से कुछ नहीं होता।
कहूँ तो क्या कहूँ उनसे, कहे से कुछ नहीं होता।।

बीजेपी के वर्कर ठिलठिलाते हैं। जोशी जी। यहाँ कुछ नहीं होगा। कोच्छ नहीं। कुच्छ नहीं।

❒

इंसान का जीना मुश्किल है

हे सन्तों, गोस्वामी तुलसीदास ने लिखा है–

जे पर भनिति सुनत हरषाहीं। ते वर पुरुष बहुत जग नाहीं।

अर्थात् जो दूसरों की कविता-कीर्ति सुनकर प्रसन्न होते हैं। संसार में ऐसे श्रेष्ठ पुरुष ज्यादा नहीं होते। मगर ऐसा नहीं है कि यह पृथ्वी अभी ऐसे लोगों से खाली हो गई हो। आप हैं और मैं हूँ। और आप भी क्या। जब सकल मीडिया ने हाय-हत्या मचा रखी है। स्कैंडल-पाइंट खोजे बिना जब खोजी पत्रकारों को रोटी नहीं पचती तब भी मैं लालू-चालीसा सुनकर-पढ़कर और समझकर हर्षपूर्वक कहता हूँ कि जय-हो-जय-हो। हे यदुकुलनंदन आपकी जय हो। इस कलिकाल में जब नेता लोग त्याग के नाम पर सुबह-सुबह रो-धोकर थोड़ा-बहुत त्याग करते हों। तब आपका दलित महिलाओं को मिठाई खाने के लिए नोट बाँटना अत्यन्त श्लाघ्य अर्थात् प्रशंसनीय कार्य है। वह भी ए टी एम से निकले सौ-सौ रुपयों के करारे नोट। कसम भगवान की भैया पाठक प्रभु। मेरी तो तबीयत हुई कि गोली मारो मिठाई-इठाई को। नोट ही डायरेक्ट फ्राई करके ग्रहण किए जाएँ। माननीय रेल मंत्री महोदय आप बिना किसी आयोग-कमीशन-न्याय-अखबार से डरे यह लीला जारी रखिएगा भगवन। नकद नोट क्या है। सीधे नकद नारायण हैं। भगवान न हों तो न सही। वे डिप्टी भगवान तो हैं ही। जो काम चाहो नोट उसे कर देते हैं। कोई मिठाई खाने के लिए नोट दे आप चाहो तो उनकी दारू पी लो। मतलब यह कि जो चाहे करो। रिश्वत में पकड़ा गया सकल सरकारी अमला जानता है कि सारी मिस्टेक हो गया दीगर साहबानों का हिस्सा खा गया। इससे अजीरन दैट मीन्स बदहजमी हो गया है। पकड़े जाने का मतलब यह नहीं कि क्या रे कित्ता खाता है। उसका असल अर्थ यह है कि भैये, हमें भी खिलाता रह तो तेरे बच्चे भी खाते-खेलते रहेंगे। काका, हाथरसी इस बारे में लिख गए हैं–

कह काका कवि, काँप रहा क्यों रिश्वत लेकर।
रिश्वत पकड़ी जाए, छूट जा रिश्वत देकर।।

यदुनंदन आपने किसी वोटर को रिश्वत नहीं दी। मिठाई खाने के लिए रुपये दिए। प्रभु आपको धन्य है। इधर मध्यप्रदेश के सागर जिले में ब्राह्मणों को खुराकें कराने का रिवाज है। मगर हे गोपाल अर्थात् गायों और भैंसों के पालक सात-आठ आम-चुनावों में वोट डालते हो गए। किसी साले ने कभी फूटी कौड़ी तक नहीं दी। मिठाई की छोड़ो मनमोहन जहर खाने तक को पैसा नहीं दिया। ऊपर से हल्ला मचा रहता है कि खा-गए, खा-गए। नेता लाखों खा गए। मैं कहता हूँ कि–भैये ये अखबारवाले खुद एक रुपये का सिक्का ही खाकर दिखा दें तो मान जाऊँ। जो चीज खाई ही नहीं जा सकती उसके बारे में इतना सफेद झूठ। दाता। इन्हें हरगिज माफ न करना क्योंकि वे खूब जानते हैं कि ये क्या कह रहे हैं। ये दुश्मन का हित नहीं देख सकते। ये दोस्तों का भला होते अर्थात् हैंड होते देखकर जल मरते हैं। ये–जो न दोस्त हैं न दुश्मन–उसका, भला भी नहीं देख सकते। गोस्वामी जी ने लिखा है कि मैं इन सज्जनों की हाथ जोड़कर प्रार्थना करता हूँ।

उदासीन अरि मीत हित देखि जरहिं खल रीत।
जानि पानि जुग जोरि जन विनती करऊँ सप्रीत।।

हे माननीय लालू प्रसाद जी आप विद्वान पुरुष हैं। आप ज्ञानी हैं। आप कवि हैं। आप गुणी अर्थात् गुणवान हैं। आप भाग्यवान हैं और सबसे बड़ी बात यह है कि आप पहलवान हैं। आप जानते हैं कि राह चलते खाना, मूर्खता का लक्षण है इसलिए आपने रास्ते चलते किसी को मिठाई नहीं दी बल्कि नोट प्रदान किए कि लो ये नोट और मिठाई वगैरह खरीदकर घर ले जाना और वहीं खा लेना। महाकवि कालिदास ने मूर्खता के पाँच लक्षण गिनाए हैं–

खादान न गच्छामि हसन न जल्पे।
गतम् न शोचामि कृतम् न मन्ये।।
द्वाभ्याम् तृतीयो न भवामि राजन।
किं कारणम् भोज भवामि मूर्खः।।

अर्थात् रास्ता चलते हुए खाना, बोलते हुए हँसना, बीती हुई बातों का दुःख अपनाना, जो हो चुका है उस कार्य पर गर्व करना, दो लोगों की बातचीत के बीच में बोलना। मूर्खों की इन पाँच बातों से पहचान हो जाती है। इस तरह भी यह सिद्ध होता है कि नकद नोट देना बुद्धिमानी ही है। रास्ते में किसी को खाद्य सामग्री देना बुद्धिमानी नहीं है। अन्त में मैं यह कहकर अपना स्थान ग्रहण करता हूँ कि परमात्मा हमारे क्षेत्रीय नेताओं को भी यह बुद्धि दें और वे लोग भी नोट बाँटकर हमें कृतार्थ करें। धर्म खत्म हो गया है, ईमान भी निबट गया। आगे अन्देशा इंसानियत के ही निबट जाने का है। अर्श मल्सियानी का एक शेर है–

जो धर्म पे बीती देख चुके, ईमां पे गुजरी देख चुके।
इस रामो-रहीम की दुनिया में, इंसान का जीना मुश्किल है।।

❒

भर बसन्त में पतझरदास

देशवासियों ये बड़ी दर्दनाक दास्तान है। जब सारे देश में बसन्त पंचमी का उत्सव मनाया जा रहा था, तब छिन्दवाड़ा में पतझड़ हो गया। इसे कहते हैं करमहीन नर खेती करैं। बैल मरैं कै सूखा परै। इसीलिए जो है सो किसी कवि ने लिखा है कि कहीं दीप जले कहीं दिल। जलना मगर तय है। पहले जब इतनी दवाइयाँ नहीं चलती थीं। तब ज्यादा कष्ट देने वाले रोगों का एक ही उपचार था। डमा लगाना। लोहे की एक छड़ का एक सिरा अग्नि में तपाकर लाल कर लिया जाता था। दूसरी ओर से उसे कपड़े से पकड़कर रोगी का शरीर दागते थे। इस क्रिया को डमा लगाना कहते थे। मैंने इस उपचार-पद्धति को भली-भाँति देखा है। रोगी लाल लोहे का स्पर्श होते ही अपने पूज्य माता-पिता का स्मरण करने लगता था। इधर, लोहा जिस्म से टच हो तो उधर रोगी "अरे बाप रे" का नारा लगाकर और छलाँग मारकर दूर खड़ा होता। फिर धीरे-धीरे जाप चलता रहता–अरे बाप रे अरे बाप रे अरे बाप रे। इतिहास गवाह है कि इस तरफ एक से एक श्रवण कुमार हुए मगर पितृ नाम का ऐसा जाप किसी ने नहीं किया। भारतीय लोकतंत्र ने भी इस उपचार-पद्धति में अपनी विशेष रुचि दिखाई है। लोकसभा, विधानसभा, नगर पालिका नगर निगम और पंचायतों तक बड़ी विकट लोकतांत्रिक बीमारियाँ फैलने लगी हैं। मतदान के पूर्व तक भैया, कक्का, दद्दा, बऊ, फुआ और जिज्जी उसके लिए लाल कालीन बिछाने लगते हैं। जो पाँव छूता था उससे हाथ मिलाकर अकड़ने लगते हैं। उसे देखकर आऽहाऽऽ ऊऽहूऽ और हीऽही करने लगते हैं। इस हा-हा और ही-ही ने अनेक सत्ता केन्द्रों का पावर फ्यूज उड़ाया है। सो उधर छिन्दवाड़ा में फक्क से लाइट जाती रही। चार चुनाव जीते हों या एक। वोटर के दीन होने से नेता वीर होता है। वोटर के दीन होने से उसका नेतृत्व काल फैलता भी है। इसके साथ जलवा यह कि कीर्तनकारों के झुंड उसे घेर लेते हैं। वे ऐसा शीश महल बनाते हैं कि चापलूसी के रंगीन शीशों में उसकी विराट छवियाँ खुद उसे, आत्म-मुग्ध करती हैं। इस अति आत्म-मुग्धता के कारण उसे लगता है कि वही इस देश का पालनकर्ता है। चापलूसी के रंगीन शीशे धूप के कारण ऐसा रंगबिरंगा बिम्ब बनाते हैं कि बाहर का चटख रेगिस्तान दिखना बन्द हो जाता है। शीशमहलों के भीतर का बसन्त जितना एकान्तिक और मोहक होता है। बाहर के रेगिस्तान की धूप उतनी ही तेज, असह्य और सामाजिक होती जाती है। नतीजा यह होता है कि बीमारी लाइलाज हो जाती है। हमारे गाँवों में लाइलाज बीमारियों का आज भी वही पुराना उपचार है। डमा लगाना। वोटर वैद अपने घर बैठा लोहे की छड़ लाल करता रहता है। यह लाल छड़ कब किस महाबली को जमीन पर उतार लाएगी। किसका लकवा ठीक कर देगी और किसका लँगड़ापन मिटा देगी। किसका मोतियाबिन्द ठीक कर देगी इसका कोई अन्दाज इन कागजी महाबलियों को नहीं होता जो मत का कागजी अधिकार पाकर पेटियों से प्रकट होते हैं।

पूरा प्रदेश इस बात से भौंचक्का था कि छिन्दवाड़ा की पूर्व सांसद, महोदया को ऐसा कौन-सा कष्ट था। ऐसी क्या विपत्ति आ पड़ी थी कि तीन-चार माह में उन्हें पदत्याग करना पड़ा। अपने चचा केसरी सीताराम जी के प्रमुख प्रवक्ता श्री विट्ठल नरहरि गाडगिल ने बताया कि माननीया अलका जी पर त्यागपत्र हेतु कोई दवाब नहीं था। उनके त्यागपत्र के बाद माननीय कमलनाथ जी को

इसलिए वहाँ से टिकट दिया गया कि वे कई बार वहाँ चुनाव जीत चुके थे। इस बयान का चाहे जो ध्वन्यार्थ हो। असलियत तो पूरा देश गालिब के उस शेर की तरह जानता है जिसमें कि यह निवेदन है–हमको मालूम है जन्नत की हकीकत लेकिन दिल के बहलाने को गालिब ये ख़याल अच्छा है।

कहते हैं कि सत्ता का नशा बहुत खराब होता है। इश्क की तरह। जैसे प्रेमी जात कुजात नहीं देखता और जहाँ उसे कोई उम्मीद दिखती है वहीं की खखरी कूद जाता है। खखरी यानी पत्थर पर पत्थर रखकर बनाई गई बाउंड्री वाल। इसके साथ यह रिस्क जुड़ी हुई है कि छलाँग लगाकर जब उस तरफ पहुँचे तो खटाक की आवाज के साथ प्रिया के पिताश्री का लट्ठ जो है सो खोपड़ी से हालचाल पूछने लगता है। चुनाव क्या है। सत्ता सुन्दरी के शयनकक्ष की ओर जाने वाले मार्ग की खखरी है। बेकरार आशिक जैसे प्रिया के कमरे की पहरेदारी पर तैनात उसके लट्ठधारी बाप को नहीं देख पाता और पिट जाता है। उसी तरह बेकरार नेता वोटर के तेवर नहीं पहचान पाता। नतीजा यह होता है कि जैसे ही चुनाव की खखरी कूदी वैसे ही खटाक की आवाज के साथ श्रीमान जो हैं सो चित्त पड़े दिखाई देते हैं। इसीलिए कहा है कि–

मरीजे इश्क पर लानत खुदा की।
मर्ज बढ़ता गया ज्यों-ज्यों दवा की।

मैं फिर कहता हूँ कि तात सारा पुराना त्याज्य नहीं होता। जैसे नीम और हल्दी को अपना प्यारा अमेरिका पेटेंट कराने घूम रहा है। वैसे ही डमा लगाने की उपचार-पद्धति को भी पेटेंट करा लेना चाहिए। पता नहीं कब माननीय बिल क्लिंटन साहब को इस उपचार की आवश्यकता पड़ जाए। भारतीय महाद्वीप में लंका हो या बंगलादेश यही असली और रामबाण उपचार है। अभी-अभी पाकिस्तान में बेनजीर साहिबा और क्रिकेट सूरमा इमरान खान साहब को इस उपचार से अत्यन्त लाभ हुआ है। नेताओं को लाभ हुआ है सो ठीक पाकिस्तान को भी इससे कम फायदा नहीं हुआ। बहकना बुरी बात है, बिना पिये बहकना और अधिक बुरा है। बसन्त पंचमी के बारे में बुन्देली की उक्ति है कि आई माघ की पाँचें। मरी डुकरियें नाचें। अर्थ यह कि बसन्त पंचमी आती है तो अधमरी वृद्धाएँ भी नाच उठती हैं। मगर साथी यहाँ तो भर बसन्त में पतझड़ दास बने बैठे हैं। चुनाव आयोग को भी लाज न आई बसन्त पंचमी के दिन चुनाव परिणाम घोषित करके गड़बड़ कर दी। उधर बुलबुल बहार के गाने गा रही है। इधर चुनाव नतीजे सुनकर अर्द्धमूर्च्छा में बड़बड़ाते हैं–

न छेड़ ए निकहत बादे बहारी, राह लग अपनी।
तुझे अठखेलियाँ सूझी हैं, हम बेजार बैठे हैं।।

❐

नहीं बदन पै लत्ता : पान खाँय अलबत्ता

बजट आया, बजट आया का हल्ला चहुँ ओर छाया। वसन्तोत्सव के पश्चात् हन्तोत्सव इस देश की जो है सो अति प्राचीन परम्परा है। टेलीविजन के प्यादे हाथ में माइक की मुठिया पकड़े-पकड़े आम आदमी की राय जानने पहुँचने लगे। एक मजदूर स्त्री ने दंतौरी चमकाते हुए कहा–बजट क्या होता है। जिससे महँगाई बढ़ जाती है वही तो बजट कहलाता है। शेयर बाजार और पूँजी लगाने वाले दिवाली मना रहे हैं। इस बजट के बाद बाजार में तेजी आ रही है। वसन्त का आगमन प्रेम के देवता कामदेव की प्रभाव-वृद्धि के लिए होता है। शिव की समाधि भंग करने गए कामदेव ने सबसे पहले ऋतुराज वसन्त को प्रकट किया था।

प्रकटेसि तुरत रुचिर रितुराजा। कुसुमित नव तरुराज विराजा।। अर्थात् तब कामदेव ने सुन्दर ऋतुराज वसन्त को प्रकट किया। जहँ-तहँ जनु उमगत अनुरागा। देखि मुएहूँ मन मनसिज जागा।। बुन्देली में इसका अर्थ यह हुआ कि जहाँ-तहाँ प्रेम जो है सो लुकलुकाने लगा और मन-मुरदों तक ने कामदेव का प्रताप अनुभव किया। कामदेव का यह नागा-नृत्य चल रहा था। उसने आम्र मंजरी, कमल, नीलोत्पल, नवमल्लिका और अशोक के पंचशर शिव के हृदय को निशाना बनाकर छोड़े। आम के पत्तों में छिपकर कामदेव अपने तीरों का प्रभाव देख रहे थे कि बजट आ गया। वसन्त का सुख समाप्त। शिव ने तीसरा नेत्र खोलकर कामदेव को घूरा।

तब सिव तीसर नयन उघारा। चितवत काम भयऊ जरि छारा। उनके नयन से नयन मिलाते ही कामदेव जी जलकर भस्म होते भए। हा-हन्त अर्थात् हाय मार डाला। प्रिय कन्त अर्थात् प्यारे कान्तानाथ यानी पति महाराज की यह दशा देखकर कुररी सदृश्य विलाप करती हुई रति वहाँ मूर्च्छा को प्राप्त होती भई। जैसे वसन्तोत्सव मनाती हुई जनता के समक्ष बजट के प्रत्यक्ष और अप्रत्यक्ष करों की लपटें धधक रही हों। जैसे सेवाकर लगा हो। चटनी, मुरब्बे, पोस्टकार्ड, लिफाफे महँगे हुए हों। इस लपट में जनता सिंककर ज्यादा खरी न हो जाए इसलिए एयर कंडीशनर सस्ते होंगे। इसे कहेंगे जनता के प्रति प्रेम और लगाव की भावना। रतिनाथ अनंग हो गए। रोती हुई रति को देखकर शिव प्रसन्न हो गए। रोती हुई सुन्दरी सबको प्रभावित कर लेती है। प्रसन्न हुए शिव ने रति को वरदान दिया कि आज से तेरा पति अनंग होगा। अनंग यानी बिन अंग के ही विचरण करेगा। अंग के जो हैं सो अनेक अर्थ हैं। ये अनेक अर्थ विद्वज्जन भली-भाँति जानते हैं। बजट यही जलवा पेलता है। वह भी जनता को अनंग बना देता है। इधर बजट आया उधर जनता विदेह हो गई। वह सरकार को ढूँढ़ने लगती है धरती से गगन तक ढूँढ़ूँ रे मेरे पिया गए तो कहाँ गए। मगर वे उस समय तक गगन बिहारी बन चुकते हैं।

और सरकार क्यों न करे गगन विहार जबकि उधार ली हुई रकम का सिर्फ ब्याज चुकाना है। अड़सठ हजार करोड़ रुपया। मेरे पड़ोस में एक सज्जन रहते थे। पान-जरदे के बड़े शौकीन। कपड़ों के नाम पर पट्ठे ने कुल दो अंडरवियरों में जिन्दगी काट दी। घुटनों से थोड़े ऊपर तक आते पट्टे के ढीले-ढाले अंडरवियर उन्हें दर्शनीय और स्मरणीय दोनों बनाते थे। वे अंडरवियर की विशेषता बताते थे। भैया खूब हवादार, आरामदेह और सबसे बड़ी बात यह कि चोरी का कोई खतरा नहीं।

इसे कहते हैं सच्चा बजट। चटनी महँगी हो या चावल। ए.सी. सस्ता होगा। वे सज्जन कपड़ों के नाम पर कुल दो अंडरवियर होते हुए भी दिन में दस पान खाते थे। उनका आप्त वाक्य था कि पान लबों की शान है। इस सिलसिले में उनके कुछ और विचार मुझे स्मरण हैं जैसे तुम्हारे पान खाने से हमारी जान जाती है। सिद्धान्त रूप में यह बात चाहे जितनी सही हो प्रायोगिक तौर पर यह मुझे कभी देखने को नहीं मिला। अंडरवियर वह अकेला वस्त्र था जो वे धारण करते थे किन्तु दिन में दस-बारह पान ग्रहण करने का उनका नित्य नियम था। इससे उनके होंठों पर निराला के कुल्लीभाट के शब्दों में 'पान क्या कहूँ रचकर तुम्हारे होंठों पर शमशीर बन जाती है।' का नियम सिद्ध होता था। जलने वालों ने देखकर यह नारा लगाना शुरू कर दिया था कि 'नहीं बदन पै लत्ता – पान खाँय अलबत्ता।' उन्होंने भी साधना का वह उच्च सोपान प्राप्त कर लिया था। जहाँ कोई गैर नहीं है सब अपने-ही-अपने हैं। दूसरों के उधार की रकम और अपने खर्च का उन्होंने कभी हिसाब नहीं रखा। जो भी मिलता उससे कहते गुरु जरा अड़चन में हूँ। देना तो एक बीस का नोट। वे आदमी की औकात देखकर उधार माँगते थे। ठीक अपनी भारत सरकार की तरह। होते-हवाते, चहुँ ओर उनके साहूकार घूमने लगे। एक बार तो उधार वसूलने वालों ने उनकी विकट बेइज्जती की। बीच बाजार में धर घेरा। गुरु मगर बिल्कुल न घबराए। दहाड़कर बोले दो-चार लात जूतों में अपनी इज्जत नहीं जाती और हजार मारने की किसी साले की हैसियत नहीं। अरे उधार का क्या है–जिसका लिया आज तक दिया नहीं। तुम्हारा क्या खाकर भग जाएँगे। मेरे पास धरा क्या है। अरे यह चड्डी अकेली है। तुझे सबर नहीं है तो यही ले जा। उनके यह कहते ही भीड़ हवा हो गई। वे इत्मीनान से पानवाले के सामने जा खड़े हुए। वीतराग भाव से बोले लगाना तो यार दो बीड़े बाबा एक सौ बीस, रत्ना तीन सौ और तुलसी साठ सब थोड़ी-थोड़ी मिलाकर। थोड़ी किमाम भी डाल देना। पान चबाकर उन्होंने एक-दो पीकें थूक और सुखी सूअर की तरह थूथन ऊपर उठाकर बोले–ऐश हैं गुरु ऐश। पीछे से किसी ने नारा लगाया–नहीं बदन पे लत्ता, पान खाँय अलबत्ता।

अब वे नहीं रहे। मगर अपनी भारत सरकार मुझे हमेशा उनकी याद दिलाती है। बजट के मौकों पर खासतौर से। जिस देश को अड़सठ हजार करोड़ रुपये केवल वार्षिक ब्याज राशि के देय हो। वह बेफिक्र है। यह देखकर हर्ष होता है मस्त रहो मस्ती में आग लगे बस्ती में। कैपिटल मार्केट की खुशी सँभाले नहीं सँभलती। इधर केयरफुली बजट हैंडलिंग करने के लिए वित्तमंत्री पी. चिदम्बरम् को भगवती बाबू के शब्दों में बधाई कि मुला खूब स्वाँग रच्यो। इस आश्चर्य के साथ कि पेट्रोलियम पदार्थों में कोई वृद्धि नहीं होगी। इसकी जानकारी हमारी हवा को कैसे मिल गई। कोई पेट्रोल-डीजल संकट नहीं हुआ। जिगर मुरादाबादी ने लिखा है–

मशवरे होते हैं शेखों-बिरहमन में जिगर।
रिन्द सुन लेते हैं बैठे हुए मैखाने में।।

मतलब यह कि इन्हें वह कैसे मालूम हुआ।

❒

रेलवे स्टेशन की लैला

इलाहाबाद विश्वविद्यालय में महाविद्यालयीन तथा विश्वविद्यालयीन शिक्षकों के एक पुनश्चर्या पाठ्यक्रम में व्याख्यान देने गया। विषय था–हिन्दी गद्य साहित्य में व्यंग्य चेतना का विकास, भारतेन्दु हरिश्चंद्र और नवजागरण के विशिष्ट सन्दर्भ में। कुल चार व्याख्यान हुए। प्रतिदिन एक-एक घंटे के दो व्याख्यान फिर प्रश्नोत्तर होते। जिज्ञासाएँ और लघु-शंकाएँ तथा उनके दीर्घ समाधान। मानसिक श्रम से थकान ज्यादा होती है। क्लान्त होकर लौटा। सुबह कामायनी एक्सप्रेस से सागर रेलवे स्टेशन पर उतरा।

सुबह उठते ही मुझे चाय चाहिए। ठेठ अघोरियों की तरह। पहले चाय फिर ब्रश वगैरह। इस कार्यक्रम में विलम्ब मुझसे बर्दाश्त नहीं होता। मन करता है कि दुर्वासा की तरह हाथ में जल लेकर शाप देने लगूँ और सारी सृष्टि को भस्म कर डालूँ। स्टेशन के बाहर श्रीवास्तव की चाय की दुकान है। मैंने आते ही फटाफट दो स्पेशल चाय का आर्डर दिया और प्रतीक्षा में पास रखी लकड़ी की बेंच पर बैठ गया। तभी वह जादू शुरू हुआ। वे आठ लोग थे। आटोरिक्शा चलाने वाले, मजदूरी करने वाले, कुली हम्माल छोटी चाय-पान की दुकान करने वाले कुल मिलाकर आठ लोग। तरुण, नौजवान, रसिक, उद्‌दंड और उद्‌ग्रीव। जिस सुन्दरी के नयनशरों से वे घायल थे। वह कभी पीछे और कभी सामने की ओर से छम-छम करती आती और सामने प्लेटफार्म में अवतरित होकर परियों की स्टाइल में मन्दगति से गमन करती। सामने से निकल जाने के बाद जैसे उसकी पीठ में दो आँखें उग आतीं जो उसकी अर्धभागीय पृथुलता और क्षीण कटि की तलवारों से हताहतों का निरीक्षण करती जाती। ये आठ लोग मय अपनी सोलह आँखों के हाय-तौबा मचाते रह जाते। वे तरह-तरह की घोषणाएँ पारस्परिक वार्ता के दरम्यान कर रहे थे। ऐसी भयानक और भीषण कि भारतीय दंड संहिता के निर्माता उन्हें सुन लेते तो थर्रा जाते। भारतीय समाज सन्दर्भों में डॉ. राममनोहर लोहिया अद्‌भुत चिन्तक रहे हैं। उन्नीस सौ सड़सठ के जनवरी-फरवरी माह के "जन" का सम्पादकीय लिखते हुए उन्होंने यह विचार व्यक्त किया था कि अष्टवर्षा भवेत गौरी। यह सूत्र किसी ऋषि ने चाहे न बनाया हो लेकिन बड़ा प्रचलित है आज तक। स्त्री को जकड़कर रखो। मन से, धर्म से, सूत्र से, समाज संगठन से और अन्ततोगत्वा समाज की प्रणालियों से और जल्दी-से-जल्दी लड़की का विवाह करके औरत को शुचशुद्ध और पवित्र बनाकर रखो। और देशों में भी औरत को जकड़ने की कोशिश की गई है लेकिन यहाँ गजब तरीकों से। उसे शुद्ध रखने के लिए जितना लांछित और अपमानित किया गया है, वह एक भारतीय मर्द की बोली में अनायास टपकता है। ऐसे लगता है मानो उसकी कभी माँ न रही हो। आज तक ऐसी जातियाँ हैं जो अपनी माँ के हाथ की बनी रसोई अशुद्ध समझती हैं और बाप या भाई के हाथ का बनाया भोजन करते हैं। और महाभारत का वह अजीब श्लोक क्षेपक है या नहीं सो पता नहीं, लेकिन दूर तक इसी उद्‌गम से प्रचलित है–"सुन्दरम् पुरुषम् दृष्टवा, भ्रातरम, पितरम, सुतम् योनिद्रवति नारीणाम्" वगैरह पता नहीं बात सच है या झूठ, अगर सच है तो जितनी औरत के लिए उतनी ही मर्द के लिए और सिर्फ कला अथवा मजाक की सामग्री हो सकती है। लेकिन समाज के गठन की गम्भीर चर्चा के समय श्लोक भारतीय मर्द के असीम पाजीपन का नमूना

है। चिन्तन की दृष्टि से लोहिया ने मुझे नेहरू से अधिक प्रभावित किया है। भारतीय स्त्री का खुद पर कोई अधिकार ही नहीं है। बाप, भाई, पति और पुत्र चारों उस पर दाखिल-खारिज होते रहते हैं।

पाठक प्रभु इस गम्भीर भाषणबाजी से व्याकुल न हों। वस्तुतः मैं इस पक्षपात की ओर ध्यान आकर्षित करना चाहता हूँ कि जो महाशय बदमाशी या बलात्कार में गिरफ्तार पुत्र रत्न की जमानत कराके उसे इस भाव से थाना कोतवाली से घर लाते हैं। जैसे भैया विश्वविजय करके लौटा है। वही सज्जन पुरुष अपनी बेटी को पड़ोसी के लड़के से बात करते देखकर आपे से बाहर हो जाते हैं। रेलवे स्टेशन की जिस लैला का मैं उल्लेख कर रहा था। वह मजनुओं के एक पूरे समुदाय को अकेली ही सँभाले हुए थी। हर मजनू हथेली पर दिल लिये उसके आजू-बाजू दरख्वास्त लिये खड़ा था। वह उनके दिलों को अपनी चप्पलों से खटपट रौंदते हुए मार्च कर रही थी। लेफ्ट-राइट। राइट-लेफ्ट। मेरे बाजू में खड़े एक प्रार्थी ने उसे देखते हुए दीनतापूर्वक आग्रह किया–एक चाय तौ पिएँ जाव। लैला मगर मुँह बिचकाकर चली गई। मैं स्वर्गीय कवि श्री चंद्रप्रकाश वर्मा का स्मरण करने लगा जो कभी मंच पर हरिवंशराय बच्चन की स्टाइल में गाया करते थे।

मेरे आँगन में भीड़ लगी, मैं किसको कितना प्यार करूँ
सब आते उर में प्यास लिये, अतृप्ति लिये, उच्छवास लिये।
मेरे समीप मधुकलश एक, मैं किस-किसका सत्कार करूँ।
मैं किसको कितना प्यार करूँ।

और प्रसिद्ध कवि श्री रमेशदत्त दुबे की टिप्पणी याद आई कि प्यार कर रहे हैं या दुकान खोलकर बैठ गए हैं श्रीमान। प्यार क्या ऐसी चीज है कि जो भी आँगन में आएगा उसी से करने लगेंगे? मैं विस्मय विमुग्ध हो गया। रसखान ने कभी प्रेम के बारे में कहा था–

अकथ कहानी प्रेम की जानत लैला खूब।
दोऊ तन जहँ एक भये, मन मिलाय महबूब।

प्रेम की अनकही कथा है। अकथ्य। वर्णनातीत। देह और मन दोनों जब प्रिय से जा मिलें तब प्रेम है। इसे लैला भली-भाँति जानती है। रेलवे स्टेशन की लैला इसे और व्यापक अर्थों में जानती है। उसे "सपनेह आन पुरुष जग नाही" का सही अर्थ मालूम है। उसे कोई भी पुरुष दूसरा या अन्य नहीं है। सभी अपने हैं।

इस बीच मैंने चाय खत्म कर ली थी। मेरा छोटा बेटा नानू मुझे लेने स्टेशन आ पहुँचा था। उसके साथ घर जाते हुए मैंने देखा–रेलवे स्टेशन की लैला एक आटो रिक्शा में बैठकर किसी के साथ खिलखिलाकर बात करती हुई–प्रातःकाल की वायु को सेवन करत सुजान हो रही थी। आठों मजनू मुँह पर गुस्से की लाली लिये तमतमा रहे थे। दूर किसी मनचले के ट्रांजिस्टर पर गालिब की गजल चल रही थी।

ये इश्क नहीं आसां बस इतना समझ लीजे।
इक आग का दरिया है और डूब के जाना है।।

❑

कभी हम उनको कभी अपने घर को देखते हैं

पाकिस्तान के राष्ट्रपति फौजी जनरल परवेज मुशर्रफ साहब गुणों के भंडार हैं। भारत-पाकिस्तान क्रिकेट-सीरीज के दौरान उन्होंने ख्वाहिश जाहिर की थी कि अगर उन्हें मैच देखने का भारतीय क्रिकेट संघ का निमंत्रण मिला तो वे मैच देखने भारत जरूर जाएँगे। यह सुनते ही भारतीय क्रिकेट संघ ने फटाफट उन्हें निमंत्रण-पत्र भेजा। भारत सरकार के विदेश मंत्रालय ने भी घोषणा कर दी कि श्री मुशर्रफ केवल क्रिकेट मैच देखने आ रहे हैं और यह उनकी राजनैतिक यात्रा तो बिल्कुल नहीं है। भारत के प्रसिद्ध शायर मिर्जा असदउल्लाह खाँ 'गालिब' का प्रसिद्ध शेर है–

वो आएँ घर हमारे खुदा की कुदरत है।
कभी हम उनको कभी अपने घर को देखते हैं।।

इस शेर पर मजाहिया तजमीन करते हुए किसी ने एक नई दिलचस्प बात निकाली है। अयोध्या प्रसाद गोयलीय ने अपने प्रसिद्ध ग्रन्थ शेरो-सुखन भाग एक में इसका उल्लेख किया है। जनाब परवेज मुशर्रफ साहब के भारत आगमन को देखते हुए लगता है कि जैसे वह तजमीन आप जनाब के लिए ही की गई हो। सो पेशे खिदमत है–

सुना है जब से चोरी की उनको आदत है।
हमें हिफाजते सामां की सख्त दिक्कत है।।
निगाहेदश्त की हर वक्त किसको फुर्सत है।
वह आएँ घर हमारे खुदा की कुदरत है।।
कभी हम उनको कभी अपने घर को देखते हैं।

हालाँकि भारतीय अतिथि-सत्कार परम्परा इसकी इजाजत नहीं देती मगर जो जनाब क्रिकेट देखने के लिए मुँह माँगा दावतनामा हासिल करें और थोड़ा-सा मैच देखने के अलावा सिर्फ राजनीति करते दर-दर आस्ताने चूमते घूमें। उन हजरत पर यह टिप्पणी बिल्कुल वाज़िब है। तुर्रा यह कि आप जनाब ने यह भी फरमाया कि भारत को बड़प्पन दिखाना चाहिए। उन्नीस सौ इकहत्तर में जब श्री जुल्फिकार अली भुट्टो पाकिस्तान के वजीरे आजम थे। तब उनके लगभग दस हजार सैनिक तो यहीं सागर के ढाना कैम्प में मजूरी कर रहे थे। जिन्होंने सत्तर की लड़ाई में हथियार डालकर भारतीय सेना के सामने घुटने टेककर आत्मसमर्पण किया था। ऐसे लगभग एक लाख पाकिस्तानी वीर सिपाही थे जो भारत के विभिन्न हिस्सों में कैद थे। ये पकड़कर लाए गए बन्दी नहीं थे। ये घुटना टेक हथियार-फेंक बहादुर थे। इसके बावजूद पाकिस्तान के तत्कालीन वजीरे आजम श्री भुट्टो ने एक बयान में कहा कि वे हजार साल तक भारत से लड़ते रहेंगे। बाद में उन्हीं के देश के जनरल जिया ने सत्ता सम्हाली और उन्हें फाँसी चढ़ाकर किस्सा खत्म किया। उन भुट्टो साहब ने जो पाकिस्तानी अवाम के निर्वाचित प्रतिनिधि थे। शिमला आकर एक समझौता किया। यह शिमला समझौता पाकिस्तान की अन्य किसी सरकार ने कभी नहीं माना। भारत ने भी उसकी कभी चर्चा नहीं की। मियाँ मुशर्रफ

साहब यह बड़प्पन नहीं है तो क्या है। भारत ने इस मुद्दे पर जो रवैया अपनाया। एक शेर उसके लिए पेशे खिदमत है–

तुम उनके वादे का जिक्र, उनसे क्यों करो गालिब।
यह क्या कि तुम कहो और वो कहें कि याद नहीं।

दो मुँहा साँप देखा है भैया? कई आदमी भी वैसे ही दो मुँहे होते हैं। बाहर से देखने में एक मुँह, मन के अंदर-अंदर दो मुँहे। लीला करते रहते हैं जीवन-भर। उस लीला के चलते लोगों के सामने एक मुँह। भीतर दूसरा अलग। एक मुँहवाले लोगों की नस्ल अब बहुत कम बची है। उँगलियों पर गिनने लायक रह गए हैं। वो निरे अकेले होते हैं। आजीवन दुःख भोगते हैं। त्याग करते हैं कष्ट झेलते हैं और दुनिया-भर के लुच्चे उनके त्याग की बदौलत मलाई मारते हैं। सागर के गुजराती बाजार का जो सिरा रेल लाइन से लगा है कभी उसके एक हिस्से में राधाकृष्ण टाकीज होती थी। उसके मालिक थे सेठ रिखबदास। सारा इलाका उन्हें रिक्खी कक्का कहता था। वे जितने रसिक थे उतने ही गुण ग्राहक। कौन कलावन्त कहाँ कमाल दिखा रहा है यह उन्हें जबानी याद रहता था। ऊँचे पूरे कद्दावर आदमी थे। बड़ी-बड़ी आँखें। कुर्ता-धोती और काली गोल टोपी पहिनते थे। उनकी बदौलत सागर के लोगों ने कई अच्छे गायकों को सुना। उन्होंने मर्दों की तरह कमाया और शेरों की तरह खर्च किया। कहते हैं कि शेर जो शिकार करता है उसे अकेले नहीं खाता। कई पशु-पक्षी उसके उच्छिष्ट पर पलते रहते हैं। कजलीवन के मैदान पर हुए एक उर्स में रिक्खी कक्का मशहूर कव्वाल इस्माइल आजाद को लेकर आए थे। वह सन् और माह तो याद नहीं रहा मगर स्मृति पटल पर वे छवियाँ आज भी ज्यों-की-त्यों हैं। कुर्ते-पजामे में जलवा फरोज इस्माइल आजाद को दो लोग आजू-बाजू से सम्हालकर स्टेज पर लाए थे। उन दिनों इस्माइल आजाद की एक कव्वाली ने भारतीय उपमहाद्वीप में धूम मचा रखी थी। दिन-भर रेडियो और रेकार्ड-प्लेयर पर बजते हुए वह कहीं-न-कहीं जरूर कान में पड़ जाती थी। उसे गुनगुनाते और गाते हुए भले घरों के अनगिनत लड़कों ने अपने बाप-दादों और भाई-चाचों से डाँट-फटकार, गाली-गुफ्तार और तमाचे-लात खाए मगर कला की आराधना नहीं छोड़ी। आज इस बुढ़ापे में भी वे पंक्तियाँ मस्तिष्क में कौंध जाती हैं। इस्माइल आजाद अब नहीं हैं। उनकी कीर्ति-काया है। वे लहकती आवाज में गाते थे–

हमें तो लूट लिया–मिलके हुस्नवालों ने।
गोरे-गोरे गालों ने काले-काले बालों ने।।

तो साहब समां बँध जाता था। मगर कजलीवन सागर में हुए उर्स के उस नायाब जलसे का मैं चश्मदीद गवाह हूँ जिसमें इस्माइल आजाद ने गाया–

फूल-सी लाश पैं काँटों का कफन डाल दिया।
उस बदजात ने धोखा मुझे हर साल दिया।।

जब उन्होंने यह गाया तो रिक्खी कक्का उठे और सौ-सौ के नोटों की एक माला इस्माइल आजाद के गले में सादर पहिना दी। हल्ला मच गया साहब। तब की बात है जब यूनिवर्सिटी के प्रोफेसरान भी सवा दो सौ रुपया महीना पाते थे। सोना नब्बे रुपये तौला था। रिक्खी कक्का जैसे गुणग्राहक अब नहीं रहे। मगर जब भी परवेज मुशर्रफ साहब कोई अच्छी बात कहते हैं तो मैं बेसाख्ता डर जाता हूँ। जनरल अय्यूब, जनरल याहया खान, जनरल जिया और जनरल परवेज मुशर्रफ सब पाकिस्तान

के बड़े जमींदारों के परिवारों से आए हुए लोग हैं। दो मुँहे और अविश्वसनीय लोग। वे लूटने और धोखा देने में माहिर लोग हैं। गोरे-गोरे मुखड़ों और काले-काले दिलवाले लोग हैं। खुद पाकिस्तान की अवाम को धोखा देकर सत्ता हथियाने वाले धूर्त हैं। वे किसी और को क्या छोड़ेंगे। वे सच्चे लोग नहीं हैं। अपने इश्के-बुतां में वे अल्लाह को भी शरीक करना चाहते हैं। दाग का एक प्रसिद्ध शेर है जिसका अर्थ है कि जब इश्के बुतां में खुदा ही शरीक हो जाएगा तो कुफ्र का खौफ ही न रहेगा–

कीजै इश्क बुतां में भी खुदा को शामिल।
क्या रहा खौफ जब अल्लाह मददगार रहा।।

दाग का यह शेर पेशे खिदमत है सरदार मनमोहन सिंह साहब जी और यह अर्ज है कि पाकिस्तान अंग्रेजी कूटनीति की धूर्तता का अंजाम है। आज इस देश की तरक्की दुनिया देख रही है। मगर कुछ देशों की आँखों में यह जरा ज्यादा ही खटक रही है। अगर मगर चीन के प्रधानमंत्री के भारत दौरे का मामला न होता तो परवेज मुशर्रफ यों भागे-भागे, बिन बुलाए भारत आते इसमें मुझे तो जनाब शक है। यह मुझे सचमुच अजीब लगता है कि कश्मीर की तो जनाब जी को भारी फिक्र है पर सिन्ध की तरफ तो कभी देखते ही नहीं। खैर इस महाद्वीप में अमन की दुआ में परवेज मुशर्रफ के साथ मैं भी शामिल हूँ–आमीन।

❒

अपने-अपने सौन्दर्य-बोध

आशिकों ने सुना तो माथा पीट लिया। उनमें इस महत्वपूर्ण समस्या पर चिन्तन प्रारम्भ हो गया। एक ने कहा–यार हद्द है। चाट के टपरे हटाकर सौन्दर्य कैसे बढ़ा लेंगे। दिन-भर कुर्सी पर बैठे-बैठे साहब लोगों को बदहजमी हो जाती है। बड़े अफसरों की फटकार सुनते-सुनते दिन काटा और घर गए सो बाई साहबों की डाँट खाई। बेचारे दो पाटों के बीच में पिस जाते हैं। जिन्दगी से ऊब होने लगती है। इसलिए कबीरदास जी लिख गए हैं–

चलती चक्की देखकर दिया कबीरा रोय।
दो पाटन के बीच में साबुत बचा न कोय।।

दूसरे ने कहा– तभी तो इन्हें कुछ समझ में नहीं आता। भला बताइए जो चाट के टपरे शाम को सौन्दर्य का थोक भंडार हो जाते थे। उन्हें हटाकर सौन्दर्य कैसे बढ़ेगा। तीसरा बोला–भैया जलन, ईर्ष्या, द्वेष के कारण ही लोगों ने ये टपरे हटवा दिए। देखो तो यार चारों तरफ का हुस्न शाम होते-होते इन्हीं टपरों पर उमड़ आता था। रंग-बिरंगी साड़ियाँ लहराते हुए तन्वंगियाँ, किशोरियाँ, छड़ी, सुडौल और डम्पलाट देहें लिये भूत, भविष्य और वर्तमान तीनों कालों को आनंदित करती थीं। टपरे क्या हटे साथी लगता है जैसे चमन ही उजड़ गया हो। मेरी तो तबीयत ही इस तरफ आने की नहीं होती। पता नहीं क्या खो गया है। मुझे क्या हो गया है। मंजिल का पता नहीं है। सखा, अल्लामा इकबाल के लिए जरूर ऐसा ही हादसा पेश आया होगा तभी वे यह फरमा गए हैं–

ढूँढ़ता फिरता हूँ अय इकबाल अपने-आपको।
आप ही गोया मुसाफिर आप ही मंजिल हूँ मैं।।

पहले ने बताया सच है। अरे जमाना शुरू से मुहब्बत का दुश्मन रहा है। जहाँ चार खूबसूरत चेहरे इकट्ठे हँसते-बोलते दिखाई दिए। वहीं पुलिसिया खूसट डंडा फटकारते हुए पहुँच जाते हैं। भाई, तुम्हें चोर-डाकुओं को पकड़ने का काम सौंपा है कि आशिकों को हड़काने का। अरे जब अकबर बादशाह अनारकली पर कंट्रोल नहीं कर पाए तो तुम क्या करोगे प्यारे। कसम ले लो–यार, जिस दिन से चाट के टपरे हटे हैं। उस दिन से आज तक हरी साड़ी वाली हसीना के दीदार नहीं हुए। वह सलवार कुर्तेवाली कलूटी तो आते-जाते मिल ही जाती है। मुझे देखकर दाँत निकाल देती है। जैसे कह रही हो–खाऊँ कि बचाऊँ।

तीसरे ने फिर हस्तक्षेप किया–यार मेरी तो किस्मत ही खराब है। मैं जिस गुलाबी मिडीवाली का दर्शनाभिलाषी था। वह हमेशा अपनी आंटी के साथ चाट खाने आती थी। मैं मिडी देखता था मगर उसके साथ आया पीला तम्बू समझता था कि मैं उसे देख रहा हूँ। जब से चमन उजड़ा। बहार विदा हुई और खिजां आई तब से आज तक गुलाबी मिडी नहीं दिखी। तुर्रा यह कि पीला तम्बू पहने वह रोडरोलर मेरे घर के आस-पास मँडराता है। बड्डे मारने दौड़ते हैं। बाप गालियाँ देता है–है कैसा नीच लड़का। वह इसकी अम्मा जैसी दिखती है। साले मर्यादा और कुल की प्रतिष्ठा का नाश कर रहे हैं, पामर। राम-राम। श्रीराम। उन्हें कौन समझाए कि मामला वह नहीं है जो वे समझ रहे हैं।

एक दिन तो दुर्वासा की तरह उँगली उठाकर बोले—अधमाधम अर्थात् नीचों में भी नीच, निकल मेरे घर से बाहर। इस घर में यह सब नहीं चलेगा। मजबूर होकर मुझे कहना पड़ा ऐसे कैसे निकल जाऊँ श्रीमान। वल्दियत में आपका शुभ नाम लिख रक्खा है। कोई मुफ्त में नहीं रहता यहाँ। वे झींकते बड़बड़ाते हुए भीतर चले गए। जहाँ से माँ की आवाज सुनाई दी कि क्यों उस नीच के मुँह लगते हो। क्या बताऊँ यार मैं तो मुफ्त में मर रहा हूँ। घरवाले दुश्मन हो रहे हैं। और उसकी आंटी के कारण बाहर निकलना मुश्किल है। चौथे सज्जन अपेक्षाकृत गम्भीर पुरुष थे। वे नियम से दो रुपयों में तीन पानी-पूरी खाते थे। पानी-पूरी यानी फुलकी। यह चाट के टपरों का सबसे सस्ता आइटम है। वे सतर्क चौकीदार की तरह एक तरफ की सड़क पर आँखें गड़ाए खड़े रहते। ज्योंहि उस तरफ से बहारें आती दिखाई देतीं। ये खटाक से तीन फुलकियों का आर्डर देते। उनके पहली फुलकी खाते ही सुन्दरियाँ चाट खाने छम्म से आ जातीं। उनका टाइम मैनेजमेंट कभी गड़बड़ाया नहीं। ज्योंहि बाई लोग भीतर आतीं। वे चाटवाले से कहते—बस रोक दो। पहले मैम लोगों को खिलाओ। मुझे कोई जल्दी नहीं है। लड़कियाँ इस त्याग और शराफत से अभिभूत हो जाती थीं। दस दिन हो गए तो वे खुलने लगी थीं। इसी बीच में प्रशासन आ कूदा। टपरे हट गए। नाटक का परदा गिर गया। खेल ही साला खत्म हो गया। वे दुःखी होकर शाद अजीमाबादी का एक प्रसिद्ध शेर सुनाने लगे—

सुनी हिकायते हस्ती तो दरमियाँ से सुनी।
न इब्तिदा की खबर है, न इन्तिहा मालूम।।

अर्थ यह कि जीवन की कहानी बीच से ही सुनी। हमें न तो उसके आरम्भ की सूचना है और न अन्त ही पता है।

यहाँ प्यारे पाठकों की अनुमति से बीच में धमकते हुए मैं यह निवेदन करना चाहता हूँ कि भैया मुझसे किसी का दुःख नहीं देखा जाता। मैंने उपर्युक्त चार चतुर चरण चंचरीकों की वार्ता सुनी तो मैं द्रवित हो गया। मैंने उन्हें साहस से काम लेने की सलाह दी। विद्वानों की भाषा में ढाढस बँधाया। और कहा कि हे प्रेमियों का नाम से तुम्हारा बल और पराक्रम सराहनीय है किन्तु बुद्धि-विवेक की कुछ कमी जो है सो आप लोगों में परिलक्षित होती है। यह सुनते ही वे चारों एकमत होकर बोले कि हे गुरो हम आप की शरण में आए हैं। आप हमारा उद्धार करने की जो है सो कृपा करें। मैंने उचित अवसर को जानकर, उन्हें सलाह दी कि आप चाट का मोबाइल टपरा लगा लो। हाथ ठेले पर यह बढ़िया जम जाएगा। कम खर्च बालानशी। यह सुनकर वे भड़क उठे। बोले आप जनाब अकल के जो हैं सो काफी अन्धे लगते हैं। का नाम से सौन्दर्य की जो समस्या है ता को आप रोजगार की समस्या में रूपान्तरित करबे कूँ जा रहे हैं। हे गुरो कोई और मार्ग बताकर हमारे दुःख को दूर करिबे की मेहरबानी फर्माएँ।

मैंने कहा भाइयों मैं खुद एक दुःखी प्राणी हूँ। मगर लोक-कल्याण के भाव से बताता हूँ। तुम लोग एक प्रार्थना-पत्र लेकर कलेक्टर और नगर दंडाधिकारी के समक्ष हाजिर होकर सौन्दर्यीकरण विषयक अपनी अवधारणा से अवगत कराओ। वे लोग बड़े अफसर हैं। गुणीजन हैं। तुम्हारे कष्ट का निवारण करने का अवश्य प्रयास करेंगे। दो रुपयों की तीन फुलकी चार घंटों में खाने वाला ज्ञानी पुरुष था। बोला—गुरु रुको यार। तुम तो हमें कुटवाते फिर रहे हो। उननें भीतर कर दओ तो बाप जमानत कराहैं फिर घर में सुटाई अलग। तब पहले ने कहा—रुको। मेरी बात सुनो। सौन्दर्य की यह परिभाषा न प्रशासन सुनेगा न ही शासन इसे मानेगा। यह तो काफिर दिल की लगी है। इसे हमने लगाया है और हम ही इसे बुझाने का मार्ग खोजेंगे।

उन्होंने बताया—धीरज। धैर्य रख सब्र और सन्तोष बड़े सद्‌गुण हैं। हमेशा सुख नहीं रहता और दुःख भी हमेशा नहीं रहता। सड़कें, डिवाइडर और फुटपाथ। फव्वारे और रोशनियाँ ही सुन्दरता नहीं बढ़ाते। यारो फिक्र छोड़ो फिर टपरे होंगे फिर रंगबिरंगे पहनावे चाट की दुकानों पर लहराएँगे। हुस्न-ओ-इश्क किसी हुक्म के मुहताज नहीं होते। मुहब्बत और आशिक-ओ-माशूक किसी नियम से भयभीत नहीं होते। फिलहाल हम डेरे बदल लें। अड्डे बदल लें। ठिए बदल लें। चलो चलें किसी ऐसे गगन के तले जहाँ प्यार-ही-प्यार पले।

प्रेम क्रान्ति का यह दुमदबाऊ अन्त देखकर मुझे भगवती चरण वर्मा की दो बाँके कहानी का वह लठैत किरदार याद आ गया। जिसने लट्ठ ले रखा था और बाँकी से कहा था—मुला खूब स्वाँग भरयौ। मुझे एक शेर बरबस याद आ गया—

मैं जान गया बस तेरी पहचान यही है।
तू दिल में तो आता है समझ में नहीं आता।।

लड़के मुँह लटकाए खड़े रहे।

❑

न जन्नत उनसे खाली है : न दोजख-उनसे खाली है

किस्मत की बात है भैया जी। मैं खुद लगभग बीस वर्षों तक विश्वविद्यालय परिसर के बंगले में रहा हूँ। कभी कोई चोर-डाकू, भइया-उठाईगीर, गिरहकट-लुटेरे इस तरह मुझे गौरवान्वित करने नहीं आए। एक बार एक लड़का आँगन में लगे आम के पेड़ पर चढ़ गया। हम लोग घर में नहीं थे। जब लौटे तो देखा कि उसने थैले-भर आम तोड़ रखे हैं। मैं बच्चों के खेलने की पिस्तौल लाया और उसे धमकाने लगा। वह लड़का डर गया। रोने लगा। घिघियाकर माफी माँगने लगा। मैंने डाँटकर नाम पूछा तो बोला–सुरेश। मैंने नाम सुना तो शर्म के मारे लात मारकर उसे भगा दिया। साले कैसा नाम और कैसा काम। अरे थैले-भर आम चुराकर नाम भी लजा रहे हो सरऊ।

अब साल-भर होने को आया यूनिवर्सिटी का घर छोड़ दिया। हीन भावना से ग्रस्त बैठा हूँ। मुँह लटकाए। प्रोफेसर विनोद दीक्षित फार्मेसी के विद्वान हैं। दिन-दहाड़े उनके घर में चोर घुस गए। दो लोग मोटर साइकिल पर आए। दरवाजा खोलने पर प्रोफेसर दीक्षित की कनपटी पर रिवाल्वर रख दिया। यह काम बताता है कि चोर समझदार टाइप का आदमी था। उसे मालूम था कि इन साहब का सारा विद्या धन इसी दिमाग की पिटारी में बन्द है। दूसरे ने घर की जमा-जथा पर नजर की। श्रीमती सुमन दीक्षित ने इस मौके पर हारी हुई बाजी उलट दी। वे अलमारी की चाभी लेने किचन में गईं और मदद के लिए चिल्लाईं। जवाब में पड़ोसियों का उत्तर सुनते ही चोर भाग खड़े हुए। मगर मेरी व्यथा दूसरी है। जिस यूनिवर्सिटी कैम्पस में मेरे घर में चोर आया था। उसी कैम्पस में दीक्षित जी के यहाँ भी यही महानुभाव आए। वे मोटर साइकिल पर आए। मेरे यहाँ साला पैदल आया था। दीक्षित जी के चोर टिपटाप थे। मेरे वाला केवल चड्डी पहने था। दीक्षित जी के चोर हर प्रकार से स्टैंडर्ड के लोग थे। मेरे वाला चोर सड़ियल टाइप का था। दीक्षित जी के चोर भाग गए। मेरे वाला पकड़ा गया था। उसका रोना-कलपना देखकर बच्चे बोले–छोड़ो पापा और बेचारे को ये आम भी ले जाने दो।

अगर दीक्षित जी भले आदमी हैं तो भई मैं भी क्या बुरा हूँ। राष्ट्रभाषा हिन्दी के सेवकों के लिए शर्म की बात है। माँ देवनागरी देख रही हो अपने तपस्वी साधकों का अपमान। चोर भी हम लोगों के घर नहीं आते। वे प्रोफेसर सुरेश व्यास के घर भी नहीं गए। व्यास जी शीघ्रकोपी हैं। अपना रिवाल्वर मय लायसेन्स के साथ रखते हैं। इससे सभी लोग उनका बहुत आदर करते हैं। अफसोस इसी सागर में एक-से-एक पैसेवाले पड़े हैं। श्री सन्तोष साहू का "द पैराडाइज" होटल बन रहा है। देखकर जी जुड़ा जाता है साहब। इसी आशा में जी रहे हैं कि जब बन जाएगा तो वहीं बैठकर चिल्ड बीयर की चुस्कियाँ लेंगे। और स्वर्गस्थ हो जाएँगे। खबरदार कोई बदकलामी न करे। पैराडाइज का अर्थ है स्वर्ग। जब स्वर्ग में स्थित होंगे तो स्वर्गस्थ कहलाएँगे कि नहीं। सैकड़ों लोग रोज होटल पैराडाइज को देखकर आनंदित होते हैं। वे सोचते हैं कि कब यह होटल बने और कब हम स्वर्गवासी हों। सो उन सन्तोष साहू को छोड़कर ये चोर महाशय विश्वविद्यालय के एक अध्यापक के घर जा धमके। मैं कहता हूँ। हे भैया चोर महोदय, यहाँ क्या धरा है। इस बड़े शैक्षणिक परिसर में बड़े-बड़े कलाकार डटे हैं। ऐसे-ऐसे गुणीजन हैं कि जिनके मूल विभाग का पता बताने वालों के लिए इनाम घोषित किया जा सकता है। यहाँ चौबीस घंटे के सेवक भी मुफ्त मकान, मुफ्त टेलीफोन और अतिरिक्त

भत्तों की मुफ्त मलाई मारते हुए, दूसरों को नैतिकता, त्याग और ज्ञान के उपदेश देते हुए प्राप्त हो जाएँगे। पुराने जमाने में कहावत थी कि ऊपर देवता अन्तर्यामी होते हैं और नीचे चोर। मैं तो कहता हूँ कि बेटा तुझे चोर-समाज से निकाल बाहर करना चाहिए, तुम किसी काम के नहीं। हैट्ट। पेट्रोल मुफ्त में फूँका सो अलग।

लोग पुण्य की चर्चा करते हैं। साहित्यकार लेखक और कलाकार भले लोगों पर ग्रन्थ और लेख, कहानियाँ और समीक्षा लिख मारते हैं। चोरों की, पाप की चर्चा कौन करेगा। एक बार हबीब तनवीर ने चरणदास चोर नाटक पेश किया था। परफेक्ट चोर लगते थे दोनों कलाकार। साथ-साथ चोरी करने जाते। गीत गाते हुए डिब्बे खोलते और जिज्ञासा करते कि कहाँ क्या रखा है–

अटकन के चटकन, दही के चटाकन,
भैया खोल मोरे ढक्कन, ये का चीज है।।

तो ये सभी महानुभाव चोरों की चर्चा से बचते क्यों हैं? क्या अपनी प्रतिच्छवि दिखने का भय होता है। प्यारे तुम कहाँ भटककर आ गए यहाँ यूनिवर्सिटी के जंगल में, यहाँ तुम्हारी क्या कदर होगी प्यारे। पुराने जमाने में हजार बार तपासकर चोर काम में हाथ डालते थे। वे ज्ञानी अब नहीं रहे। चोर और डाकुओं में फर्क होता है भई। चोर हथियार आत्मरक्षा के लिए रखता है। डाकू हमले के लिए। एक कलाकार है। कारीगर है। दूसरा हत्यारा और हूण होता है। बर्बर। कलम और तलवार वाला पुराना झगड़ा है। पहले बच्चे चोर भगाने वाली कविता को मंत्र की तरह याद करते थे–

चोर-चोरनी बाँस का पत्ता। आए चोर तो काटूँ मत्था।।
हुटुर-पटुर कान पसार। आँगन बैठा चौकीदार।।
नया हल पुराना बैल। गलियाँ गाँधी, बाँधी गैल।।
राम लखन पद नमन हजार। घूमा करें चोर सौ बार।।

बड़ी विद्या है चोरी। जिस-तिस के बस की नहीं है। यहाँ पूरा भारतीय उप-महाद्वीप माखन चोरी को पूज्य-भाव से देखता रहा है भैया। कहते हैं बगदाद के खलीफा हारून अल-रशीद अपने वजीर नाजिर के साथ रात-भर घूमकर थक गए। एक घर में घुसकर खाना ढूँढ़ने लगे। भूख से बेहाल थे। तभी घर के पन्द्रह-बीस कुत्ते उन पर टूट पड़े। जान बचाकर भागे तो एक खेत में रुके। देखा तो गन्ने का खेत था। आखिर एक ही चीज से भूख-प्यास दोनों मिट गई। तब समझ में आया कि कुत्ते समझा रहे थे कि क्या और कहीं दाना-पानी नहीं है? अन्धे मूर्खों ठीक से देखो कितना खाओगे। छोटा बनने में क्या धरा है। बनना है तो बड़े बनो। मुम्बई के उस अफसर कारीगर की तरह बनो प्यारे जिसके घर में जब्त नोटों की गिनती करने वाली मशीनें ही खराब हो गईं। ये है न मर्दोंवाली बात। कलाकारों की दुनिया में कमी नहीं है। दाग साहब ने लिखा है–

जहाँ देखो हसीनों का है मजमा आकबत में भी।
न जन्नत उनसे खाली है, न दोजख उनसे खाली है।।

❐

का बन गए कसूर : पकर बुलाई थाने में

सत्ता-सुख कौन नहीं चाहता। सारे राजनैतिक दल और सभी राजनेता इसके लिए ललाते हुए घूमते हैं। पावर पॉलिटिक्स के चक्कर में अपनी भाँति-भाँति की गतियाँ और दुर्गतियाँ कराते हुए अन्त में कभी-न-कभी पावर पाकर धन्य हो जाते हैं और परमगति को प्राप्त करते हैं। दिल्ली हमेशा से उन ड्रामों की मूक दर्शक रही है। सत्रह सौ उनतालीस ई. में नादिरशाह दिल्ली लूटकर और कत्लेआम करके चला गया। और सत्रह सौ अड़तालीस से सड़सठ तक अहमदशाह दुर्रानी ने दिल्ली पर नौ-दस धावे किए। गोयलीय ने शेरोसुखन में यह उल्लेख किया है कि तभी सैंतीस से ही मराठों के हमले भी शुरू हो गए थे। मतलब यह है कि दिल्लीवालों को हर समय लुट जाने का खतरा और कत्ल होने का धड़का लगा रहता था। उन दिनों हिन्दू-मुसलमानों में कोई कौम ऐसी न थी। जिसके घोड़े दिल्ली में न दौड़ते हों। दिल्ली शहर घुड़दौड़ का मैदान बन गया था। जो मुगल बादशाह इस समय गद्दीनशीन थे। वे प्रजा की रक्षा क्या करते। वे तो खुद लुटते और पिटते थे। नादिरशाह ने उनकी बेगमों को नचाया था। आलमशाह की आँखें भरे दरबार में उसी गुलाम रहीला ने निकाल ली थीं। मिर्जा शिकोह डरकर लखनऊ भाग खड़े हुए थे। इस वक्त बड़े-बड़े सामन्त, शायर और फनकार लखनऊ में जा डटे। तब 'दर्द साहब' अपनी शायरी की शम्मा जलाए दिल्ली में बैठे रहे। दर्द ने न कभी किसी की चापलूसी में कविता लिखी न किसी का मखौल उड़ाते हुए 'हिजो' कही। उनकी शायरी अनुभव की पुख्ता जमीन पर खड़ी शायरी है। उनका एक उल्लेखनीय शेर है–

जिनके सबब से दैर को तूने किया खराब।
ए शेख! उन बुतों ने मेरे दिल में घर किया।।

अर्थ यह कि जिन मूरतों की वजह से तूने मंदिर को भ्रष्ट किया। ऐ शेख! उन मूर्तियों ने मेरे दिल में अपना घर बना लिया है। और यह खुल्लम खुल्ला घोषित किया कि हमारी विशेषता यही है, धर्मोपदेशक महाशय कि आप मन में जो कुछ सोचते हैं। हम वह सब लोगों पर प्रकट कर देते हैं। मतलब यही कि हुजूर हम शायरों का काम ही परदाफाश करना है। उनके मुताबिक–

हमारी इतनी ही तकसीर है कि अय जाहिद।
जो कुछ है दिल में तेरे हम वो फाश करते हैं।।

ठीक समझे भगवन आप। मैं झारखंड प्रसंग पर ही आपका ध्यान आकर्षित करना चाहता था कि आखिर यह हो क्या रहा है। सरासर जूतियों में दाल बँट रही है। यह अद्भुत मुहावरा है जो अयोग्य और अपात्र लोगों की कलई खोलता है। दाल बनाने और खाने के बरतन होते हैं। एक जमाना था जब सिर्फ बड़े आदमी दाल-रोटी खाते थे। गरीब-गुरबा कभी नमक-रोटी, कभी चटनी-रोटी तो कभी प्याज-रोटी खाकर दिन काटते थे। किसी बड़े आदमी ने कभी सोचा होगा कि चलो इन गरीबों को दाल का स्वाद चखा दिया जाए। सो उसने दाल बँटवाने की घोषणा की होगी। कुछ ही देर में भारी भीड़ जमा हो गई होगी। कुछ गरीब लोगों को वहीं जानकारी मिली होगी कि म्याँ इधर मुफ्त दाल बँट रही है। अब क्या करें अल्ला। बरतन के लिए घर जाते हैं और देर से लौटे तो डर है कि

दाल बँटना बन्द न हो जाए। उन दिनों पोलीथीन का अविष्कार ही नहीं हुआ था। तब क्या करें सो जुगाड़मेंट इज द लास्ट आल्टरनेट। फटाफट किसी जुगाड़ू ने अपने जूते उतारकर उनमें दाल ले ली होगी। देखा-देखी और लोग-बाग भी अपनी-अपनी जूतियाँ लेकर दाल पर पिल पड़े होंगे कि चलो बच्चे चख लेंगे। इतनी भीषण दरिद्रता रही होगी कि बाँटने वाले ने हाथ रोकना मुनासिब न समझा होगा और नतीजा यह कि खास अपने वालों को बुला-बुलाकर उसने उनकी जूतियाँ दाल से भर दी होंगी कि लो सालो खूब दाल खाओ। जिन्हें दाल मिली वे दाल फटकार गए होंगे। जूतियाँ भर-भर पी गए होंगे और इस तरह भाषा तथा साहित्य को एक मुहावरा प्राप्त हो गया होगा कि भैया उतै झारखंड और बिहार में तो जूतियों में दाल बँट रही है। सागर के स्वर्गीय आनंद दत्तात्रेय बाखले ने कभी 'क्यू' पर एक कविता लिखी थी कि–

ले आओ जो अगर पहुँच हो।
तनिक विरोध नहीं जनता में।।
मंत्रमुग्ध वह स्वयं व्यस्त है।
क्यू में लगने की चिन्ता में।।

भैया जी आदमी अपनी बचाने के चक्कर में है–नाक। किसको पड़ी, भैया कि राजकाज के झंझटों में हलाकान हो। सबसे बेहतर शार्ट-कट निकाला गुरु जी ने। गुरु जी यानी श्री शिबू सोरेन। मेजारिटी नहीं। यानी बरतन नहीं मगर दाल बाँटने की सम्भावना पूरी थी। गुरु जी ने फटाफट वेई उतारीं और दाल प्राप्त की। अब चाहे जो परिणाम हो मगर प्यारे झारखंड के मुख्यमंत्री बनकर तो गुरु जी ने दिखा ही दिया है। सर्वोच्च न्यायालय का आदेश कि ग्यारह मार्च को सदन में शक्ति परीक्षण होना चाहिए और ऐंग्लो इंडियन सदस्यों की नामजदगी पर रोक। मतलब है कि अब पुराना भर्रा नहीं चलेगा। जूतियाँ बरतन नहीं होतीं। बरतन दिखाओ और दाल पाओ। बरतनों की छीनाझपटी चल रही है। ग्यारह मार्च को झारखंड विधानसभा सुबह ग्यारह बजे से दोपहर तीन बजे तक पाँच बार स्थगित हो चुकी। यानी राजनीति का स्थगन उर्फ स्थान की राजनीति का खेल भारतीय लोकतंत्र में एक नए हुनर, एक नई फनकारी की शुरुआत है। यह मजेदार है और भविष्य में इसके और अधिक मजेदार होने की सम्भावना जो है सो दिखाई देती है। सकल विधायक महानुभाव इस खेल को 'गेम ऑफ पेशन्स' की तरह खेल रहे हैं। धीरज धरो भैया। धैर्य का फल सदा मीठा होता है। मुझे इस खेल को देखकर भारत भाग्य विधाताओं पर बड़ा गर्व होता है। अगर स्थगन न हों तो विधानसभाएँ बेनूर ही लगती हैं। मेरी राय कोई मानता नहीं। वरना मैं तो राज्य विधान सभाओं के शाश्वत स्थगन के पक्ष में हूँ। संसद अकेली पर्याप्त है और राज्यों में केवल सचिवालय उत्तरदायी होना चाहिए। पाँच सालों के लिए चुने झारखंड के विधायकों ने विधानसभा की शुरुआत बड़े वीरतापूर्ण ढंग से की। दे स्थगन-पर-स्थगन। दे दनादन दे दनादन। इस शुभारम्भ से झारखंड विधानसभा के हश्र का अनुमान भी किया जा सकता है। मेरे ख़याल से वहाँ राज्य निर्वाचन आयोग पैंतरे बदलने लगा होगा। उन माननीय विधायक महानुभावों से मैं एक शेर पेशे खिदमत करने की इजाजत चाहता हूँ और उनकी अनुमति की प्रत्याशा में (हा-हा) उसे पेश करता हूँ। शेर अहकर साहब का है और यूँ है–

अय बुतो, इस चार दिन के हुस्न पर।
ये मिजाज, इतना मिजाज, ऐसा मिजाज।।

समझ रहे हैं न श्रीमान। अपने यहाँ बुन्देलखंड का वही ठेठ हल्ला है कि–

कब तक छिपेगी कैरी पत्तों की आड़ में।
इक दिन तो आएगी ही, बिकने बाजार में।।

झारखंड विधानसभा मंगलवार तक स्थगित करके वहाँ के प्रोटम स्पीकर ने पूरा मामला राष्ट्रपति को संस्तुत कर दिया है। कानून की बात छोड़िए। हम तो राजनीति के खेल की चर्चा कर रहे हैं। भैया पाँच निर्दलियों का अब क्या होगा। वे सोरेन के राज्य में आकर फँस गए। राजस्थान की तरकैटियाँ भूलकर झारखंड के झंझट में फँसे इन निर्दलीय विधायकों की हालत देखकर बुन्देली लोककाव्य की एक पंक्ति याद आती है। इन निर्दलीय विधायकों का समर्थन हासिल करने के लिए जो दाँव-पेंच दोनों पक्षों ने लगाए। वे अद्‌भुत थे। अन्ततः अब वे पाँच-पांडव चक्रव्यूह में फँसे बैठे हैं। झारखंड में। इनकी हालत पर बुन्देली का जो स्वाँग मुझे याद आया। वे माननीय विधायकगण कहीं किसी थानाध्यक्ष से यह निवेदन करते न पाए जाएँ–का बन गए कसूर पकर बुलाई थाने में। मतलब समझ रहे हैं न पाठक-प्रभु। जो समझ रहे हैं ठीक वही मैं निवेदन कर रहा हूँ।

❒

सन्तों की सरकारें और सरकारों के सन्त

चचा मिर्जा गालिब ने फरमाया है कि भैया हम तो फकीरों का भेस बनाकर दुनिया के तमाशे देखते हैं। मूल शेर है–

बनाकर फकीरों का हम भेस गालिब।
तमाशाए अहले करम देखते हैं।।

इधर दुनियादारी में क्या कम होशियार लोग हैं। गृहस्थों से बड़ा सन्त कौन है? गृहस्थों से बड़ा परोपकारी कौन है? गुरु ग्रन्थ साहिब में एक पद प्राप्त होता है। जिसके अनुसार भाँति-भाँति के जो ज्ञानी जन संसार त्यागकर उस परम पुरुष की सेवा में निकले हैं। वे सब मूलतः एक ही मनुष्य की जाति से हैं। उन्हें एक ही भाँति पहचानना चाहिए। उनमें कोई बड़ा भेद नहीं है। कहा है–

कोऊ भये मुंडिया, संन्यासी, कोऊ जोगी भए।
कोऊ ब्रह्मचारी कोऊ जटिया पिछानबौ।।
एक ही की सेव सब ही में गुरुदेव ए।
मानस की जात एक-एक करि जानबौ।।

अर्थ यह कि इन सन्त जनों में कोई सिर घुटवाकर घुटमुंड बन घूमता है। कोई भगवा कपड़े पहने डटे हैं। कोई योग साध रहे हैं। कोई अपने ब्रह्मचर्य का झंडा उठाए घूमते हैं। किसी ने जटाजूट रख छोड़े हैं। मार नाभि स्पर्शी दाढ़ी और पुट्ठों तक लटकते बाल। कोई चुटिया में बेलपत्र बाँधे घूम रहे हैं तो कोई माथे पर सफेद, हरी या लाल पट्टी बाँधे जलवा पेल रहे हैं। कोई चाँदी के सिंहासन पर स्वर्ण छत्र धारण करके बैठते हैं। तो कोई वस्त्रहीन नंगे-पैर नंगे सिर धड़धड़ा रहे हैं। सब उसी एक परमात्मा की प्रतिच्छाया हैं और मनुष्य होने के नाते सब एक ही हैं। इतना भीषण भाषण सुनकर कौन श्रोता होगा जो खौंखियाकर मुझे मारने न दौड़े। मगर प्रभु सुनिए तो। गर्मी का मौसम है। जरा रुकिए। ठंडे हो जाइए। शीतल जल पीजिए कृपालू। हम पर होय विशेष दयालू।। अब मेरी विनय सुनिए।

भैया सन्तों के मारे नाक में दम है। सारे ब्रह्मांड के सन्त इसी भारतवर्ष में आकर पिल गए। दे धमाधम। टीवी का जो चैनल खोलो उस पर एक-न-एक सन्त महाशय उपदेश फटकार रहे हैं। किसी-किसी चैनल पर सन्त माता विराजमान हैं। नई उमर की हैं। हुस्नोजमाल का ऐसा रुतबा कि देखकर आँखें ठंडी होती हैं। मेकअप ऐसा कि हेमामालिनी शरमाकर मुँह फेर लें। अदाएँ ऐसी की देखने वालों की नीयत खराब होती है। बस नहीं चलता वरना मैं तो टीवी फोड़कर भीतर घुस जाऊँ और माता जी को छाती से लगा लूँ। हे मेरे देश तुझे धन्य है। हे मेरे देश तुझे धिक्कार है। मुझे इसी तरह की एक घटना याद आती है। सागर के सिविल लाइन्स मुहल्ले में दो-तीन साल पहले की बात है। एक धार्मिक आयोजन के दौरान कुछ सुन्दरियाँ देवियाँ बनकर विराजमान थीं। उनमें एक सचमुच अनिन्द्य सुन्दरी थी। दर्शनार्थियों की भीड़ टूटी पड़ रही थी। एक भक्त महोदय जो थोड़ी लगाकर देवी दर्शन को पहुँचे थे। वे उन परम सुन्दरी देवी को देखते ही लोट गए। दोनों हाथ जोड़कर बोले–बाई मैं तुझसे शादी करूँगा। सच में यू आर मोस्ट ब्यूटीफुल। देवी जी परेशान हो गईं। आयोजकगण समझाने आए तो ये श्रीराम जी बोले–अरे नाटक-नौटंकी करे सैं का सच्ची की देवी हो गई। हम तो

एई से ब्यावकर हैं। जो बीच में बोले सो ओके हड्डा टोर डार हैं। यह कहकर उन्होंने एक कटार निकाली और वीरतापूर्वक यह घोषणा कर डाली कि आ जाओ निपट लो जिसकी माँ ने दूध पिलाया हो। वह आकर लोहा लेकर देखे। उनका यह रूप देखकर भक्त मंडली भाग खड़ी हुई। देवी जी बेचारी लेफ्ट-राइट-राइट-लेफ्ट होती रहीं। आखिर पुलिस ने देवी जी की रक्षा की और उनके उस भक्त से बचाया जो कि तत्काल उन्हें वरदान देने पर उतारू था। एक बार वे देवी जी मुझे बाजार में मिल गईं। मैंने कहा—देवी मैं सादर प्रणाम करता हूँ। वे अचकचा गईं। मैंने कहा सिविल लाइन्स की वह झाँकी अद्भुत थी। वे खिसियाकर—चलीं जात मरोरा चाल—की मुद्रा में टाप गेयर में निकल गईं। मेरे एक मित्र रोज टीवी में उन माता जी विशेष का कार्यक्रम देखते हैं। मैंने कहा—गुरु आजकल बड़ी भक्ति हो रही है। वे बोले अजी कहाँ की भक्ति और कहाँ के भजन। हाँ कबऊँ जा बाई अगर हमें मिल गई तो फिर देखियो हमाई भक्ति और भजन। सबेरे मँजीरा-खड़तालें टूट के माँय गिर हैं। यह फर्माकर उन्होंने ज्ञानपूर्वक गोस्वामी तुलसीदास जी का स्मरण करते हुए कहा—

कलिमय ग्रसे धर्म सब लुप्त भए सद्ग्रन्थ।
दम्भिन्ह निज मति कल्पि करि प्रकट किए बहु पन्थ।।

अर्थात् कलियुग के पापों ने सब धर्मों को ग्रस लिया। सद्ग्रन्थ लुप्त हो गए। दम्भियों ने अपनी बुद्धि से कल्पना कर-करके बहुत से पन्थ बना डाले। उन्होंने अपनी मूँछों पर हाथ फेरकर बताया कि गुरो—हमारे शहर में एक माता जी तो मुश्किल से पच्चीस बरस की थीं और भारी सुन्दर थीं। धर्म की व्याख्या करने पधारीं। रोज शाम को उनके प्रवचन होते थे। तुम्हारी कसम इलाके-भर के लुच्चे भगत हो गए यार। ऊपर से जितने भगत लोग थे। वे साले दिन-भर बाई के भूगोल और इतिहास पर रिसर्च कर-करके भाँति-भाँति के प्रयासों में जो थे सो दत्तचित्त हो गए। आखिर एक कलाकार के प्रयास रंग लाए। बाई उसके साथ निकल गई। उनके माँ-बाप, ढोलक-हारमोनियमवाले रोते-डीफते, गाली बकते चले गए। डेढ़ साल बाद माता जी उसके साथ भारत भ्रमण करके हमारे गाँव लौट आईं तो सचमुच की माता जी बन चुकी थीं। अब उसके बच्चों को खिलाते हुए उसकी रोटी-पानी कर रही हैं।

सो छोड़ें भगवन। भारतीय धर्मदर्शन जिन चार पुरुषार्थों की बात करता है। धर्म, अर्थ, काम और मोक्ष। सो सरकारें भले वोटर लोग बनाएँ। उन्हें चलाते सन्त हैं। हर सरकार के अपने सन्त होते हैं। इसी तरह हर सन्त की अपनी सरकार होती है। कई प्रदेशों में तो सन्त गण बाकायदा मंत्री बनकर बैठे हैं। तो कई राज्यों के मंत्री अपने खास सन्तों-गुरुओं-बाबाजियों वगैरह से बिना पूछे न लघु शंका का निवारण करते हैं न दीर्घ का। नित नए सन्तों के अवतार हो रहे हैं। वे गाड़ियों के काफिले लिये घूमते हैं। रुपये और रूप बटोरते हुए। वे दीनबन्धु नहीं हैं। दीनानाथ नहीं हैं। दयासिन्धु नहीं हैं। न कृपालु हैं और न ही दयालु हैं। वे धर्म से बात शुरू करते हैं। फिर मंजन और च्यवनप्राश, साबुन और कागज बेचते हैं। धर्म धन्धे में बदल रहे हैं। बिना पूँजी के धन्धे। ऐसे ही एक बड़े सन्त की रैली देखी। सड़क पर अपूर्व भीड़ के बीच भी उन्होंने स्थानीय मंत्री को पहचान लिया। उन्हें अपने साथ बिठाकर रैली में घूमते रहे। गरीब-गुरबा, दीन-दुःखी, हैरान-परेशान लोग सड़क के किनारे खड़े हाथ जोड़ते रहे—जै-हो/जै-हो/ मुझे लगा कि सचमुच सरकारें सन्त चलाते हैं और यह भी कि ज्यादातर सन्त खुद सरकारी प्रोडक्ट हैं। कबीर ने कभी कहा था—

भगवा कपड़ा पहिरकर आए चोर अनन्त।
जाके संग दस-बीस हैं ताको नाम महन्त।।

❒

दो कौड़ी के कृपालु उर्फ दयनीय दयालु

ऐसा है भई साब कि जो दया करे सो दयालु और जो कृपा करे सो कृपालु। इस दृष्टि से यह भारतवर्ष पुण्य भूमि है। यहाँ कोई-न-कोई कृपालु हरदम अपनी कृपाओं को सिर पर लादे घूमता रहता है कि कृपा करवा लो। इसी तरह अनेक दयावान घूमते हैं कि है कोई दया करवाने वाला। इन दयालुओं और कृपालुओं को बराबरी नहीं सुहाती। उन्हें या मालिक चाहिए या फिर दास। सेवक और स्वामी के सिवाय उनका कोई और रिश्ता संसार से नहीं बनता। पर असलियत यह है कि ये श्रीमान किसी काम के नहीं हैं। दो कौड़ी के हैं। कौड़ी यानी वराटिका। यह मुद्रा की सबसे छोटी इकाई रही है। इसमें भी अगर फूटी कौड़ी मिल जाए तो क्या कहने। पाजिटिव यह कि सोने में सुहागा। नेगेटिव यह कि कोढ़ में खाज। भाई जी अगर आप इनके भीतर झाँककर देखें तो पाएँगे कि दरअसल कृपालु खुद किसी की कृपा के चक्कर में हैं। दयालु भगवन भीतर से खुद दयनीय हैं। अपनी दीनता पर घूँघट डाले घूमते हैं। बन्द कमरों में जिनके पद पखारकर जलपान करते हैं। खुली सड़कों पर उन्हीं को गरियाते हैं। ऐसे विचित्र समय, नक्षत्र और मुहुर्त में पैदा हुए हैं कि न इनकी दोस्ती अच्छी, न इनकी दुश्मनी अच्छी। संसार में जिसे किसी से कुछ नहीं चाहिए। असली बादशाह वही है। वही राजाओं का राजा है।

चाह गई चिन्ता गई मनुवाँ बेपरवाह।
जाको कछु न चाहिए सो जग शाहंशाह।।

जैसे मनुष्य का स्वाभिमान होता है। वैसे ही राष्ट्रों का भी स्वाभिमान होता है जो देश इन नीति-नियमों का पालन करते हैं। वे चीन और इजराइल की तरह अपनी रीढ़ की मजबूती और आत्मविश्वास की बदौलत विश्व-इतिहास में अपना स्थान बना लेते हैं। इसके विपरीत जो देश केवल कूटनीति, छल और प्रपंच को अपनी मुख्य विशेषता बना लेते हैं। उनका हश्र पाकिस्तान और नेपाल की तरह होता है। नेपाल की अशान्ति कोई नई चीज नहीं है। उसका सिर्फ लेबल बदलता रहता है। राजतंत्र तो अपने नीच दाँव-पेंचों के लिए वैसे ही कुख्यात रहा है। अब उसे नवीनतम विज्ञान क्रान्तियों के चलते नई-नई समस्याओं से निबटना पड़ेगा। नेपाल इसका उदाहरण है और पाकिस्तान इसका सबूत है। दोनों धर्म पर आधारित देश हैं। दोनों निरंकुश-सत्तासीनों के हवाले हैं। अगर नेपाल में राजा ज्ञानेन्द्र सिंह के माथे पर अपनों के रक्त के संदिग्ध तिलक हैं तो जनरल परवेज मुशर्रफ का चेहरा पाकिस्तानी-जम्हूरियत के खून में सराबोर है। एशिया पर यूरोपीय श्रेष्ठता सिद्ध करने के चक्कर में अमेरिकी कूटनीति जैसे हास्यास्पद निर्णय लेती है। पाकिस्तान को उसका निरन्तर समर्थन, इसका सबसे अच्छा प्रमाण है। पूरी दुनिया में लोकतंत्र का सर्वश्रेष्ठ अलम्बरदार अमेरिका है। उसकी इंटरनेशनल दादागिरी की अब सीधी चुनौती खत्म है। सोवियत रूस के पराभव के पश्चात् विश्व गुंडागर्दी में उसका इक्कर रंग है। मगर भाग्य की विडम्बना देखिए विश्व के सबसे बड़े लोकतंत्र के विरुद्ध होने वाले सकल षड्यन्त्रों के सूत्रधार पाकिस्तान के प्रथम समर्थक के रूप में सबसे पहले खड़े होना अमेरिका की मजबूरी है। पूरी दुनिया पर कृपा करने को घूमते कृपालू अमेरिका की

कैसी लाचारी है। दयालु भगवन की कैसी दयनीय हालत है। पाकिस्तान के लोकतंत्र की छाती पर दनदनाते फौजी बूटों की असली ताकत वाशिंगटन में है। पर कृपालु इतने लाचार हैं कि लोकतंत्र से चुनकर आए पाकिस्तानी शासक उन्हें बेकार लगते हैं। लियाकत अली खान हों या हसन शहीदे सुहरावर्दी, मुजीब-उर-रहमान के चुनावी जीत के परचम हों या जुल्फिकार अली भुट्टो, बेनजीर हों या नवाज शरीफ। सबको दरकिनार करते हुए अमेरिका का हित एशिया में फौजी आकाओं की जनमत संग्रह का ठप्पा लगी वर्दी में है। अच्छा यह है कि इस मामले में पाकिस्तान को छोड़कर किसी अन्य एशियाई राष्ट्रों ने अमेरिका को घास नहीं डाली।

आने वाले सितम्बर में अमेरिका पर लादेनी हमले को चार साल पूरे हो जाएँगे। आज तक वह महान राष्ट्र, कूटनैतिक सम्प्रभु और सैनिक शक्ति का महाबली देश एक सामान्य लुटेरे को नहीं पकड़ पाया। करोड़ों अमेरिकी डालरों का इनामी सिर लिये वह क्रूर हत्यारा ठाट से अमेरिकी झंडे के नीचे अफगानिस्तान और पाकिस्तान की जमीन पर दनदना रहा है। मगर दयालु अमेरिका की हालत देखिए कि लादेन के पकड़े जाने या मारे जाने की खबर के साथ ही एशिया में अमेरिकी हस्तक्षेप के खत्म या कमजोर होने की आशंका ने उसे लाचार बना रखा है। कृपालु जी दो कौड़ी के हो रहे हैं। एक जमाना था जब ईरान में मुरदों पर रोने-पीटने के लिए किराए पर लोग बुलाए जाते थे। जो जितना बड़ा आदमी होता था। वह अपने निकट के लोगों के मरने पर उतने अधिक नौहागर अर्थात् शोक करने वालों को बुलाता था। गालिब का एक शेर है। जिसमें दिल और जिगर दोनों की एक साथ मृत्यु होने पर यह परेशानी है कि वे किसका शोक करें। सामर्थ्य इतनी नहीं कि किराए पर रोने वालों को बुला सकें। अर्ज किया है–

हैरां हूँ दिल को रोऊँ कि पीटूँ जिगर को मैं।
मकदूर हो तो साथ रखूँ नौहागर को मैं।।

अमेरिका क्या-क्या करे। पाकिस्तान में लोकतंत्र की मृत्यु को रोए या वहाँ फौजी शासन की अपनी लाचारी पर छाती पीटे। कृपालु की इस लाचारी को देखकर किसका जी न भर आएगा। एशियाई देशों को अमेरिकी कूटनीति ठीक ढंग से समझाने के लिए सक्रिय होने की जरूरत है। पाकिस्तान को सुपर सोलह सैनिक विमानों के आदेश के बाद बुश-प्रशासन भारत पर भी कृपालु हो उठा है। भारत भाग्य विधाताओं को यह ठीक से समझने की जरूरत है कि इसके पीछे कौन-सी कुटिलता सक्रिय है। जिस महफ़िल में हमारे पास कभी मदिरा का प्याला नहीं आया। वहीं अब इस कृपा का क्या अर्थ लिया जाए। अचानक यह मेहरबानी कैसी। भ्रा जी हमें तो दाल में काला नज़र आता है। गालिब ने लिखा है–

मुझ तक कब उनकी बज्म में आता था दौरेजाम।
साक़ी ने कुछ मिला न दिया हो शराब में।।

आलोचकों का कहना है कि ज़हर की जगह कुछ लिखने से शेर चमक उठा है। उसी तरह यह पूरा देश अमेरिकी पेशकश से चमक उठा है। क्या एशियाई देशों को लड़ाने की यूरोपीय कुटिलता पर कभी लगाम लगेगी। कौन समझाएगा यूरोप को कि कृपालु अपनी दो कौड़ी की कृपा अपने पास रखो। यह करते हुए आप कितने दयनीय दिखते हैं दयालु।

❒

रह जाना गुरु का गुड़ और होना चेले का शक्कर

कसम अल्ला-मियाँ की प्यारे भाई अपन गुनहगारी में शामिल हैं। कभी मौका मिला तो दो-चार पैग पीने से चूक नहीं। अगर मस्ती में आ गए तो अघोरियों की तरह खूब संटारी। दुनियादारी के लिहाज से थोड़ा-बहुत झूठ बोलने में कभी हिचक नहीं हुई। उड़ने वाली चीजों में हवाई-जहाज़ और चौपायों में चारपाई-कुर्सी छोड़कर सब कुछ खाया। हरिओम। कोई मार्केबुल सुन्दरी दिखी तो हमने सीटी जरूर बजाई। हमें देखकर किसी बाई ने मुस्कुराया तो हमने पूरी दंतौरी दिखाई। मतलब हम आकर्ण मुस्कुराए। जवानी के दिनों में वक्त-जरूरत थोड़ी मारपीट की। यानी किसी से ठुक गए तो बिना सूँटे सालों को छोड़ा नहीं। किसी ने अपना रुपया दाब लिया तो बेझिझक उसके पैसे छुड़ाए और वसूली की। मतलब यह कि प्यारे भाई दुनिया में आकर अगर आपने इतने से गुनाह भी न किए तो इसका मतलब कि परमात्मा की क्षमा करने की आदत पर आपका कोई विश्वास ही नहीं है। नहीं भई, हमारे प्रभु क्षमा करने वाले हैं। हमारा अल्लाह तो ग़फ़ूर है। अपने भगवान की आप जानो महाराज। एक प्रसिद्ध शेर है, प्यारे

फरिश्ते हश्र में पूछेंगे पाकबाजों से।
गुनाह क्यों न किए, क्या खुदा गफूर न था।।

मियाँ जब खुदा ने इंसान बनाया तो उसे इतना गौरव प्रदान किया कि फरिश्तों यानी देवताओं से उसे सिजदा कराया। जिस एक फरिश्ते ने उसे सिजदा करने से इंकार किया उसे स्वर्ग से निकाल दिया गया। स्वर्ग के देवता मनुष्य की उपासना करें। इससे अधिक सम्मान की बात और क्या होगी? मगर धरती पर आकर इंसान ने इतने फरेब किए, ऐसे पाखंड रचाए, इतने टंटे किए कि इंसानियत खुद से शर्मसार है। इस धरती के लिए ऐसे लोग भार तो हैं ही। गालिब ने लिखा है कि मेरे अवगुणों की नंगई मौत की वजह से ढक गई। वरना मैं हर तरह से बदनाम था। बकौल मिर्जा साहब–

ढाँपा कफ़न ने दागे-अयूबे-बरहनगी।
मैं वर्ना हर लिबास में नंगे-वजूद था।।

दागे-अयूबे-बरहनगी यानी दुर्गुणों की नग्नता। सो भैया खुल्लमखुल्ला है।

ईषणा का अर्थ कषाय के अत्यन्त निकट पहुँचता है। यह प्रमुख रूप से चार प्रकार की होती है। वित्तैषणा या धन-लोलुपता इनमें सर्वोपरि है। चाहे जैसे धन इकट्ठा करने की हाव-हाव जहाँ दिखाई दे। वहीं समझ जाइए कि प्यारे वित्तैषणा से पीड़ित हैं। लोकायुक्त और आर्थिक अपराध अन्वेषण विभाग के लोग धर-पकड़ करते हैं। लातें लगाते हैं। मगर भाई लोग डटे हैं। नोट कमाने। हराम की कमाई के इतने नोट पकड़े जाते हैं कि लजाकर गिनने वाली मशीनें ही फेल हो जाती हैं। मगर भाई लोगों के चेहरे पर शिकन नहीं आती। ऐसे दाँत-निपोरते बैठे रहते हैं जैसे स्वयंवर में दूल्हा बनकर पधारे हों। पुत्रैषणा में अन्धे आदमी को अपने सपूत के अवगुण जो हैं सो दिखाई नहीं देते। दारैषणा में बाई जी राज का हुकुम बाप-मतारी के ऊपर वीटो करा देता है। स्पेशल पावर है वह

अन्तिम लोकैषण है यानी कीर्तिकषाय। यह अद्‌भुत है। सारा संसार त्याग कर जो बाबा जी बने बैठे हैं। वे भी अखबारों में अपनी फोटो देखने ललककर दौड़ते हैं। टीवी चैनल पर अपना जटा-जूट मय मुख देखकर इन बैरागियों के चेहरे चमकने लगते हैं। सो सब छोड़ें एक घटना सुनें और आयकर अधिकारीगण कुछ ध्यान धर्म-धुरन्धरों की ओर भी लगाएँ क्योंकि यह शुद्ध वित्तैषणा का मामला है।

एक बड़े प्रवचनकर्ता एक श्रद्धालु से अभिभूत थे। वे जिस नगर में प्रवचन करने पहुँचते, वह श्रद्धालु भी वहाँ पहुँचता था। हर बार एक बड़ी रकम धर्मग्रन्थ पर अर्पित करता और सिर झुकाकर चला जाता। दस हजार रुपयों से शुरू हुई उसकी दानराशि जब बढ़कर एक लाख रुपयों तक पहुँची तो गुरु विचलित हो गए। नगद नारायण का जलवा कौन नहीं जानता भैया जी। कहा है–

जग में साँचे दो जने, दामोदर और दाम।
एक सुधारें लोक को, एक बनावें काम।।

दामोदर यानी जो अपने पेट पर गैयें बाँधने के लिए रस्सी लपेटे रहते थे। वे श्रीकृष्ण संसार से मुक्ति दिलाने के मामले में सच्चे हैं। उसी तरह नगद रुपैया संसार में सारे काम बना देता है। सो गुरु जो थे। वे सकल श्रोता समाज को नारायण की महिमा समझाते थे और खुद नकद की महिमा समझते थे। अतएव विचलित होकर उन्होंने उस श्रद्धालु को बुलाया । अपने पास चढ़ी हुई एक गुलाब के फूलों की माला उसे प्रसाद स्वरूप दी। फिर गदगद कंठ से उसे आशीर्वाद दिए। भई सदा प्रसन्न रहो। जब तक कथा आयोजन में तुम नहीं आते। मेरा मन ही नहीं लगता। श्रद्धालुओं ने हाथ जोड़कर कहा–गुरु जी मैं भक्ति के लिए नहीं आता। मैं तो एक सटोरिया हूँ। पहले आपके नाम पर फिर अपने नाम पर सट्‌टा लगाता हूँ। आपके कारण हमेशा जीतता हूँ। इसलिए आपका हिस्सा आपको देने आता हूँ। मेरे भगवान तो आप ही हैं। जब से आपके नाम पर सट्‌टा लगाया है तब से आज तक हर दाँव जीता हूँ। गुरु तो पहले से विचलित थे। अब परम विचलन को प्राप्त हो गए। उन्होंने अपने पास से कुछ रुपये उसे देते हुए एक दाँव और लगाने का अनुरोध किया। श्रद्धालु रुपये लेकर चला गया। कुछ दिनों बाद उसने अच्छी-खासी रकम देकर गुरु को बताया कि वे दाँव जीत गए हैं। जुए और सट्‌टे के विशेषज्ञ जानते हैं कि जीता हुआ हर दाँव अगले दाँव की रकम बढ़ाता है। जुआरियों और सटोरियों को लगता है कि वे इस तरह दुनिया ही लूट लेंगे। गुरु ने थोड़ी-थोड़ी रकम बढ़ाकर दाँव लगाने शुरू किए। मछली चारा निगलने लगी थी। आखिर वह दिन आ गया। जिसके लिए वह श्रद्धालु प्रतीक्षा कर रहा था। गुरु अन्तरराष्ट्रीय ख्याति के सन्त थे। पेटी से बढ़कर मामला खोका तक पहुँच रहा था। आखिर गुरु ने अपने समस्त स्रोतों से पच्चीस करोड़ रुपयों का दाँव खेला। भक्ति पूरी हो चुकी थी। महाप्रभु नगद नारायण अपनी सम्पूर्ण कलाओं के साथ वरदान देने उपस्थित थे। चेले श्रद्धालु महोदय ने रकम लेकर जो रवानगी डाली सो श्रीमान लौटे ही नहीं। वेंट सो वेंटई वेंट और ऐसे वेंट कि केमई नाट। गए सो गए-ही-गए। और ऐसे गए कि फिर आए ही नहीं। अब गुरु सड़कों पर हट्‌ट-हट्‌ट की आवाजें लगाते घूमते हैं। प्रवचन बन्द हो गए हैं। हुश्नों-जमाल भी वेंटई-वेंट हो गया। गुरु को नगदऊ के बिना संसार सूना लगता है। यानी–

हर उजाले पै अँधेरे का गुमां होने लगा।
शामे ग़म है मेरी सुबहे जिन्दगी तेरे बगैर।।

❐

अब श्रीमान बजाते रहें घंटा

घड़ी समय का एक प्राचीन मान है। भाषाविदों और कोशकारों के अनुसार दिन-रात या अहोरात्र के चौबीस घंटों को घड़ियों में बाँटें तो कुल साठ घड़ी होती है। एक घंटे में ढाई घड़ी अर्थात् एक घड़ी में चौबीस मिनिट होते हैं। अब प्रश्न यह उठता है कि श्रीमान जी यह घड़ी जो है सो क्या है? तो प्रभो बड़ा है तो घड़ा है और छोटी है तो घड़ी है। हिन्दुओं में किसी के मरने पर जो प्रेत कर्म किए जाते हैं। उनमें "घड़ी-दीवा" भी एक है। इसमें दो शब्द हैं घड़ी अर्थात् जल भरने की छोटी गगरी और दीवा अर्थात् दीपक। इस कर्म के तहत मृतक को जल देने की कामना से एक छोटे घड़े में जल भर देते हैं। इस घड़े के तले में एक छोटा छिद्र कर देते हैं। उसमें रूई की बत्ती बनाकर इस तरह सुव्यवस्थित करते हैं कि बूँद-बूँद पानी टपककर मृतात्मा को प्राप्त होता रहे। इसी छोटे घड़े के पास मिट्‌टी के एक बड़े दीये को तेल भरकर जलाते हैं। यह दीवा और वह घड़ी अहोरात्र रखने का विधान है। मृतात्मा इस तरह जल और प्रकाश प्राप्त करेगा। यह कामना करते हुए परिजन अपना शोक कुछ कम होता अनुभव करते हैं। घड़ी से चौबीस मिनिट के मानस समय मान का निर्धारण लगभग इस तरह हुआ होगा। बड़े घड़े को अर्थात् ढाई घड़ी जितना जल टपकने के बाद बाकायदा घड़ियाल बजाकर घंटा होने की सूचना दी जाती रही होगी। बाद में इसी लाइन पर चलते-चलते घड़ियों के अविष्कार हुए होंगे। जल घड़ी, धूप घड़ी, दीवार घड़ी से होते हुए आज हम डिजिटल घड़ी तक आ पहुँचे हैं। घंटा बजने की आवाज जो है सो-वर्षों दशकों तक हमें आकर्षित करती रही है। समय सूचना के लिए जो घंटे बजते हैं। उन्हें घड़ियाल कहते हैं। यह जुगल जोड़ी ही घंटा-घड़ियाल कहलाती है।

सोते हुए को जगाने का काम घंटा करता है। बुन्देलखंड में जो अनिद्रा पीड़ित होते हैं। उन्हें यह शिकायतें करते अक्सर सुना जाता है—भैया मुस्कल से आँख लगी थी कै खुपड़िया पै घंटा-घड़ियाल टनटनान लगे। फड़फड़ा कैं उठ बैठे। अपने भाग में सौबौं नई बदौ। तो हे पाठक प्रभु इतना निवेदन करके अब मैं अपनी औकात पर आता हूँ। पुराने जमाने में सरकारें समय की वैधानिक इकाई बताने के लिए घड़ियाल बजाने वाले कर्मचारी नियुक्त करती थीं। इन्हें घड़ियाली कहा जाता था। ये असावधान लोगों को समय पर सतर्क करते थे। इस सिलसिले में श्रीमान की सेवा में एक शेर प्रस्तुत है।

गाफिल तुझे घड़ियाल ये करता है सुनादी।
इक और घड़ी उम्र की फिर यूँ ही गँवा दी।।

एक घड़ी के बाद टन्न। दूसरी घड़ी के बाद टन्न और ढाई घड़ी के बाद टनाटन्न। शायद इसी क्रम में बजते रहे होंगे घंटे।

अब बड़े-बड़े मालिक, हुकुम-दरबार और बाबू-भैया-साहब-सरकार सब बैठे हैं। सिर पर हाथ रखे कि डाकू सरदार रामबाबू गड़रिया चम्बल की प्रसिद्ध लखेश्वरी मैया के मंदिर में जो एक सौ ग्यारह किलो वजनी पीतल का घंटा टाँग गया है। उसे कौन बजाए। मैं कहता हूँ आप बड़े-बड़े लोगों

को इस छोटी-सी प्राब्लम से परेशान होने की जरूरत नहीं। बात साफ है। कोई छोटी-मोटी घंटी टंगती तो हम टुच्चे लोग जाकर टनटना आते कि मैया कुशल रखना। किलो-दो किलो पीतल की घंटी नहीं है भैया जी। एक सौ ग्यारह किलो वजन का बड़ा घंटा है। इसे तो आप बड़े लोग बजाएँ। चाहे एक दिन, एक हफ्ते, एक महीने के अन्तराल से बजाएँ। लखेश्वरी मैया सबका कल्याण करेंगी। माननीय मुख्यमंत्री बाबूलाल गौर बजाएँ। उन्हें समय न हो तो गृहमंत्री महोदय बजाएँ। वे भी व्यस्त हों तो श्री गोपाल भार्गव को छोड़कर कोई भी मंत्री बजाए। इन्हें इसलिए छोड़ दिया जाना चाहिए क्योंकि वे अभी सहकारिता की घंटियाँ टुनटुनाने में अत्यन्त व्यस्त हैं। अगर माननीय मंत्रिगण इस आशंका से घंटघोष करना न चाहें कि कहीं राम बाबू गड़रिया उन्हीं का घंटा बजाने न आ धमके तो पुलिस विभाग प्रमुख यह कार्य करें। हाँ वे स्पष्ट आदेश करें कि एस. पी. रैंक से नीचे का अधिकारी इस घंटे को नहीं बजा सकेगा। अगर उसने यह जुर्रत की तो खुद उसकी घंटी बजा दी जाएगी। ताकीद जानो।

घंटा जितना ऊपर लटकता है। उसकी आवाज उतनी दूर तक जाती है। घंटा नहीं बजता। उसे उसका लोलक अर्थात् पेंडुलम बजाता है। जैसे छोटे सिपाही की वीरता पर बड़े कप्तान साहब की तारीफ होती है। उसी तरह छोटे पेंडुलम की मेहनत घंटे के नाम पर बजती है। घंटा कई तरह से बजता है। वह बजता कहीं और है और सुनाई कहीं और पड़ता है। जैसे दस्यु रामबाबू गड़रिया का एक सौ ग्यारह किलो वजनी पीतल का महाघंटा बजता तो लखेश्वरी मैया के मंदिर में है मगर दिखता पुलिस मुख़यालय में है। आवाज और रैंक के हिसाब से घंटे अलग-अलग आवाजों में बजाए जाते हैं। घंट-घोषणा, घंटध्वनि, घंटनिनाद, घंटाव्हान वगैरह। सबसे बड़ा अफसर जो कहे उसे घंट-घोषणा समझना चाहिए। उनके पी. ए. साहब या जूनियर जो कहें सो घंटध्वनि होगी। इसके नीचे वाले अफसरों की काँय-काँय मचने पर उसे घंटनिनाद समझना चाहिए फिर अपर डिवीजन के छुटभैयों का घंटाव्हान सुनाई देगा। इसके बाद पब्लिक का टुनटुनाना बचता है। सो हू केयर्स फार इट। करोड़ों रुपयों के पब्लिक मनी का धुआँ उड़ता है। उड़ने दो। आप जनाब चैन से एसी कमरे में बैठिए। ऊँघिए। लेटिए सो जाइए। अब हमारी वीर पुलिस लखेश्वरी मंदिर में जाकर बेखटके खूब तगड़ी तफ्तीश करे। रामबाबू गड़रिया अब उधर नहीं है। सो डर की कोई बात नहीं है। शाह नसीर का एक शेर पेशे खिदमत है–

खयाले जुल्फे बुतां में नसीर पीटाकर।
गया है साँप निकल अब लकीर पीटाकर।।

अर्थ यह कि प्रिया के केशों की याद में सिर पीटाकर। जब वह सामने थी तो तू कुछ कर नहीं पाया। उसके जाने के बाद सिर पीटता रह। साँप निकल गया। अब तू धूल पर उसके निकलने से बनी लकीर पर डंडे लगा। मतलब समझे न साहब वही कि अब श्रीमान बजाते रहें घंटा आमीन।

❑

बनी न बिगाड़ें तो बुन्देला काय के

भारतीय राजनीति का श्रेष्ठ ग्रन्थ महाभारत है। इसके रचयिता महाकवि वेद व्यास हैं। वेद व्यास ही गीता जैसे महत्वपूर्ण ग्रन्थ के रचनाकार हैं। गीता महाभारत का ही एक अंग है। गीता, दर्शन योग, भक्ति और ज्ञान का अद्‌भुत समन्वय है। महाभारत का पूर्व नाम जय था फिर भारत और अन्ततः महाभारत हुआ। महाभारत पढ़ने के पहले यह श्लोक पढ़ा जाता है।

नारायणम् नमस्कृत्यम् नरम् चैव नरोत्तमम्।
देवी सरस्वतीम् व्यासम् ततौ जयमुदीरयते।।

अर्थात् सबसे पहले नारायण महाविष्णु को प्रणाम करता हूँ। फिर नर अर्थात् अर्जुन को नरोत्तम कृष्ण को नमस्कार करता हूँ। भगवती सरस्वती और वेद व्यास को नमस्कार करके तब जय नामक यह काव्य पढ़ता हूँ। महाभारत नीति न्याय सिद्धान्त, धर्माचरण, सत्यासत्य सहित जीवन के लगभग समस्त पक्षों की व्याख्या, पुनर्व्याख्या और उन्हें परिभाषित करने वाला अद्‌भुत संकलन है। कहा जाता है कि जो इसमें है वही अन्यत्र देखने मिल सकता है किन्तु जो इसमें नहीं है। वह कहीं नहीं है। सत्ता संघर्ष के दाँव-पेंच जैसे महाभारत में प्राप्त होते हैं वैसे संसार के किसी अन्य ग्रन्थ में नहीं मिलते। कौरव पांडवों की पावर पालिटिक्स के चलते जब पांडव अज्ञातवास में थे। तब महाबली दुर्योधन महारानी और भाई-भावजों सहित उसी स्थान पर जलक्रीड़ा करने पहुँचे। वहाँ उनका चित्ररथ नामक गन्धर्व से विवाद हुआ, गन्धर्वों ने पलक झपकते महाराज दुर्योधन को भाइयों और महिला समाज सहित बन्दी बना लिया। अज्ञातवास भोगते युधिष्ठिर को जब यह जानकारी मिली तो उन्होंने भीम और अर्जुन को आदेश दिया कि वे गन्धर्वों से कौरवों को तुरन्त मुक्त कराएँ। अर्जुन और भीम के यह कहने पर कि इससे अच्छा क्या होगा भैया। दुर्योधन और उसके भाइयों की अकल ठिकाने लग जाएगी। उन्हें बन्दी ही रहने दें। तब क्रोधित हुए बिना धर्मराज युधिष्ठिर ने कहा हे भाइयों जब हम आपस में लड़ें तो पाँच पांडव और सौ कौरव है। परन्तु जब बाहरी शक्तियाँ हमसे लड़ें तो हम हमेशा एक सौ पाँच हैं। कहते हैं कि उन दिनों बुन्देलखंड के छतरपुर के पास भी कभी पांडवों ने अज्ञातवास किया था।

अभी-अभी मध्यप्रदेश मंत्रिमंडल के विस्तार के चलते बुन्देलखंड की जो निरन्तर उपेक्षा हुई है। उसके मूल में युधिष्ठिर की सलाह न मानना भी एक कारण है। मध्यप्रदेश में छत्तीसगढ़ हटने के बाद मध्यभारत, महाकौशल, विन्ध्यप्रदेश और मालवा के एकछत्र राजनैतिक साम्राज्य को बुन्देलखंड ने पहली बार चुनौती दी थी। यह चुनौती उमा भारती का राज्यारोहण था। खेद है कि निश्छल स्वभाव और कुटिलता की राजनीति से अनभिज्ञ उमा भारती ऊँचे राजनैतिक खिलाड़ियों के कुचक्र में फँसकर त्यागपत्र दे बैठीं और झंडा लेकर आन्दोलन करने निकल पड़ीं। इधर यार लोगों ने चटपट बाबूलाल जी गौर का राज्याभिषेक कराया और बुन्देलखंड अपना प्राप्य खो बैठा। मध्यभारत, मालवा, महाकौशल और विन्ध्य के वर्चस्व का जो खेल साठ वर्षों से जारी है। वह फिर कायम हो गया। इन इलाकों में जाकर देखिए तो आप पाएँगे कि क्षेत्रीय सुविधाओं के लिए सारे राजनैतिक दल परस्पर

एक हो जाते हैं। यों दिखाने के लिए नूरा कुश्ती चलती रहती है। बुन्देलखंड केवल शोषण के लिए है। यहाँ राजनैतिक समझ और पारस्परिक सहायता की भावना देखने को नहीं मिलती। टाँग खिंचाई की जो राजनीति बुन्देलखंड में दिखाई देती है। वह न मालवा में है न मध्य भारत में। न महाकौशल में है और न विन्ध्यप्रदेश में। एक-दूसरे की प्रगति से सुलग उठना और एक-दूसरे को नुकसान पहुँचाने की राजनीति बुन्देलखंड की ऐसी पहचान बन गई कि इस क्षेत्र के बारे में एक कहावत ही अस्तित्व में आ गई कि बनी नै बिगाड़ी तो बुन्देला काय के। इसलिए बंडा कांड में यार लोग श्री सुभाष यादव को बुलाकर लाए। मुकुल वासनिक को लाए और यह सिद्ध करने में कामयाब रहे कि यह क्षेत्र काँग्रेसी नेतृत्व विहीन है। जबकि डालचंद जैन, विट्ठलभाई पटेल, शिवकुमार श्रीवास्तव और लक्ष्मीनारायण यादव जैसे वरिष्ठ नेता यहीं बैठे हैं जिनके बारे में खुद सुभाष यादव कह चुके हैं कि इनकी वरिष्ठता और श्रेष्ठता के बारे में कोई विवाद नहीं है। गोविन्द राजपूत मुकुल वासनिक से कहाँ और किस तरह कम हैं। यह समझ के परे है। पर यह सचमुच अद्‌भुत और विचारणीय तथ्य है कि जिस देश की न्यायपालिका बाप के जुर्म की सजा बेटे को नहीं दे सकती। उस देश की राजनीति किसी का अपराध किसी के मत्थे मढ़ने में कुशलतम है। मैं हरनाम सिंह राठौर को मंत्री परिषद से हटाए जाने का विरोध करता हूँ। अगर यह मुख्यमंत्री जी का निजी अधिकार है तो श्रीमती सुधा जैन या कबीरपन्थी को मंत्री बनाकर वे बुन्देलखंड का प्रतिनिधित्व कायम रख सकते थे। उन्होंने श्री गोपाल भार्गव का सहकारिता विभाग वापस लेकर बुन्देला नेतृत्व की हेठी की है। बुन्देलखंड ने मुख्यमंत्री का पद खोया, एक मंत्री का पद खोया उसके एक मंत्री का कद कम हुआ है। यह मंत्रिपरिषद के विस्तार का उपहार है। अकेले एक ग्वालियर से ही मंत्रिपरिषद में चार मंत्री होंगे। डॉ. गौरीशंकर शेजवार का कद भी घटा। बुन्देलखंड का सागर क्षेत्र कभी परमुखापेक्षी नहीं रहा। यहाँ सागर का प्रसिद्ध तालाब लाखा बंजारे ने खुदवाया। यहाँ विश्वविद्यालय सागर के एक सपूत ने खोला। अपनी निजी धनराशि से। बाकी जगहों पर सरकार ही ये सुविधाएँ उपलब्ध कराती रही है। बुन्देलखंड में उसके देय राजस्व का कितना हिस्सा खर्च होता है? यह जानने की जरूरत है। पहले यह प्रतिशत उन्नीस था। अगर बुन्देलखंड के सारे राजनेता मालवा, मध्य भारत, महाकौशल और विन्ध्यप्रदेश से सीखें तो ये बुरे दिन जल्दी बीत जाएँगे। बुन्देलखंड के वीर बेटे हर पार्टी में बँटे रहें। पर क्षेत्रीय नेतृत्व के लिए भीतर-बाहर संघर्ष करें मिलकर वजन उठाएँ तभी इस क्षेत्र का विकास होगा। वरना अगले विस्तार में हमारे लिए चुनौतियाँ बढ़ने वाली हैं। काँग्रेस का नेतृत्व कोई कम बलवान नहीं है किन्तु टाँग खिंचाई की राजनीति की वजह से वह भी दुर्दिन देख रही है। मोमिन ने कहा है कि इतना रास्ता भूलना भी ठीक नहीं कि काबे चल पड़े। वह भी एक पारसा के साथ में।

अल्लाह री गम रही बुतोबुतखाना छोड़कर।
मोमिन चला है काबे को एक पारसा के साथ।।

❐

सरकारी नौकरी से पान की दुकान अच्छी है

कल शाम एक पान की दुकान पर डटा था। पान की दुकानें, भारतीय समाचार सेवा की निःशुल्क केन्द्र होती हैं। झगड़ों, विवादों, राजनैतिक उठा-पटकों और मुहब्बतों के बारे में विस्तृत, समीक्षात्मक और मनोरंजक टिप्पणियाँ जैसी पान की दुकानों पर मिलेंगी। वैसी अन्यत्र दुर्लभ हैं। आजकल पान की दुकान शासकीय नौकरी न मिलने पर चैलेंज के साथ खोली जाती है। इसमें यह घोषणा डंके की चोट पर की जाती है कि–

गुलामी की जंजीरों से आजादी की शान अच्छी है।
सरकारी नौकरी से तो प्यारे पान की दुकान अच्छी है।।

हिन्दी साहित्य के सूरमा भोपाली, लखनवी और दिल्लवी आदि काव्यगुण के लिए भले इन पंक्तियों को कविता स्वीकार न करें। किन्तु समस्त शासकीय कर्मचारी इन पंक्तियों से अवश्य सहमत होंगे। यही कारण है भ्राजी कि आप किसी भी दफ्तर में कभी भी चले जाइए। वहाँ जाकर यह तथ्य ज्ञात होता है कि माननीय बाबू साहब जो हैं सो पान की दुकान पर मिलेंगे। और आश्चर्य; वे वाकई वहीं मिलते हैं। मैं ऐसे कई छोटे-बड़े साहबों और प्रोफेसरों को जानता हूँ कि जिन्हें पान की दुकान पर बिठा दिया जाए तो जहाँ उनके विभाग अच्छी तरह चलने लगेंगे। वहीं पान की दुकानों की आमदनी में आशातीत वृद्धि होगी। बैठकर मजे से पान बेचेंगे और जब ग्राहक न मिला तो ठाठ से पान लगाकर खाते रहेंगे। क्योंकि कहा है–

पान खाने से लबों पर शान आती है।
तुम्हारी दिल्लगी है और हमारी जान जाती है।।

पान केवल पत्ता नहीं है भैया। वह मुहब्बत है भाभी। वह वीरता का बीड़ा है। उसे हिम्मतवाले उठा पाते हैं। पान यारी है तो दुश्मनी भी है। मध्यकाल में छलपूर्वक पान में जहर देकर हजारों हत्याएँ की गई हैं तो ईर्ष्यालुओं ने पान में सिन्दूर 'दैट मीन मर्करी आक्साइड' खिलाकर कई लोगों का ललित कंठ फटे बाँस की आवाज में बदल दिया है। मध्यकाल में पान का बीड़ा लगाकर भरे दरबार में रखा जाता था कि जो वीरता का दम भरता हो। वह इस बीड़े को उठा ले। फिर समस्या बताई जाती थी और सम्मान भी। जो नर फलां जंगल में घूम रहे आदमखोर शेर को मारकर जनता को भय मुक्त करेगा। उसे सवा लाख सुवर्ण मुद्राएँ और नर-नाहर की उपाधि से सम्मानित किया जाएगा। लोग बीड़ा उठाते और काम पर चले जाते। अक्सर नरभक्षी शेर उनका काम कर देता। यहाँ फिर नया बीड़ा लगाकर दरबार में घोषणा दुहराई जाती। कभी-कभी कोई नरकेसरी निकल आता और सोने की मुहरें जीतकर किंवदंती बन जाता।

युद्धक्षेत्र में जाने वाले वीर खुद पान का बीड़ा गाल में दबाकर जाते थे। यह पान उनकी पत्नियाँ, प्रेयसियाँ या भाभियाँ लगाकर देती थीं। पति और प्रेमी खुद पान खाकर रणक्षेत्र की ओर जाते समय यह आश्वासन देते हुए कूच करते थे–

बैठी तो रइयो हो, अरे रानी सतखंडा।
खइयो डबों के पान।
जब रन जीत के आहैं, सो तेरी मुतियन
सें भर देहैं माँग।।

समष्टि में अर्थ यह कि हे मेरी रानी तू सात मंजिलोंवाले महल में बैठकर डिब्बों में रखे पान खाती रहना। जब मैं युद्ध जीतकर आऊँगा तब तुम्हारी माँग मोतियों से भर दूँगा। सपूत युद्ध जीतते हैं और इसलिए सपूत कहलाते हैं। लोग सपूत की कामना करते हैं और उन्हें प्राप्त करके उन्हें कुल की शोभा मान बैठते हैं। बिना कहावत की भाषा जो है सो शोभा को प्राप्त नहीं होती। रात की सुन्दरता दीपक से होती है और दिन की शोभा सूरज से होती है। जैसे पुत्र से कुल शोभायमान होता है। हे तात, उसी तरह पान से मुख की शोभा होती है। कहा है–

'रात की शोभा दीप है, दिन की शोभा मान।
कुल की शोभा पुत्र है, मुख की शोभा पान।'

जहाँ ज्यादा मिठाई होती है, वहीं ज्यादा कीड़े होते हैं। इसलिए मैं हमेशा कहता हूँ कि वे लोग भाग्यवान हैं जिनके पुत्र होते हैं लेकिन वे और ज्यादा भाग्यवान होते हैं। जिनके यहाँ पुत्र नहीं होते। जैसे जवाहरलाल नेहरू आदि।

पान करने के बाद पान खाने का सुख अपूर्व होता है। इसे केवल गुणीजन ही जानते हैं। सुर यानी देवता और सुरा यानी देवताओं की चीज। इसे पाने वाले देवपद को प्राप्त होते हैं। सरकारें भी इससे प्राप्त राजस्व के द्वारा देवलोक के सुख लूटती हैं। जो राजनीतिक दल अपने चुनाव घोषणा-पत्र में मद्य निषेध की घोषणा करते हैं। वे सारे सदस्यों सहित शाम होते ही फीलगुड करने लगते हैं। मेरे एक मित्र जो कई बार मेरे साथ खुद फीलगुड कर चुके थे। मेरे बेटे के ब्याह में श्री विट्ठलभाई पटेल के साथ मेरे निमंत्रण पर कृपापूर्वक पधारे। मैं उनके स्वागत में आगे बढ़ा तो वे श्री पटैल को सुनाते हुए मुझसे बोले–काय, हमने सुनी है कै तुमाये इतै कल दारू-दंगल को प्रोग्राम है। मैंने कहा–अवश्य, आप भी सादर आमंत्रित हैं। आज का निमंत्रण असुरों को है। ससुरों का कल होगा। असुर अर्थात् वे जो सुरापान नहीं करते। सुर वे जो सुरापान करते हैं और ससुर वे जो अपनी सुरा साथ में लेकर चलते हैं कि सबेरे फिर छनेगी। यहाँ ज्ञानियों की आपत्ति जायज है कि सुरा पान होता है और विजया छानी जाती है। विजया यानी भंग। फिर भी यदि किसी भाई-बहिन को कोई सन्देह रह जाए तो माननीय पंडित अटलबिहारी जी वाजपेयी का तद्विषयक निर्णय मुझे सादर स्वीकार होगा। मगर मेरा यह विनम्र निवेदन अपनी जगह बना रहेगा कि भंग भवानी की कृपा वह आनंद नहीं दिलाती जो दो चषक अर्थात् चार पैग सुरा अर्थात् देवानामप्रिया से प्राप्त होता है। लोटा-बाल्टी लटकाए फिरने से अच्छा है कि धीरे से चार पैग संटारे और पान खाकर राजा बाबू बनकर बैठ गए। यहाँ बुन्देलखंड में शादी-ब्याह के मौकों पर कन्या पक्ष और वर पक्ष की भेंट के समय परस्पर पान खिलाने का रिवाज है। कन्यापक्ष के लोग विनम्रतापूर्वक वरपक्ष के लोगों को पान खिलाते हैं। उनके पैर छूकर कुछ रुपये भेंट करते हैं। यह मिलनी या समधौरा कहलाता है।

कभी-कभी दोनों पक्षों में ऐन इसी मौके पर विवाद हो जाता है। मिलनी से लौटने पर रिश्तेदार पूछते हैं। भैया समधी के पान कैंसे हते। लोग रस लेकर बताते हैं कि गजब यार केसर-केवड़ा,

इलायची, पिपरमेंट वाले पान खाए तो आत्मा ठंडी हो गई। मान्यवर, यह अलग बात है कि एक बार ऐसे दस्तूर के दौरान दोनों पक्षों में विवाद इतना बढ़ा कि पानों के साथ-साथ पनैयें भी चलने लगीं। ले तेरे की और दे तेरे की। एक बराती छूटकर भागे तो सीधे घर रुके। एक रिश्तेदार ने पूछा–काय भैया पान कैंसे हतै। उन्होंने कराहते हुए कहा–पानों की छोड़ो यार। मनों पनैयें अबै लौ कल्ला रई हैं। जे गूमड़े तो थथोलौ। अर्थात् ये गूमड़ तो टटोलिये श्रीमान। पान तो बड़ी चीज होती है मगर पनैयों का क्या कहना। पनैयें हमेशा पान से बड़ी होती हैं और ज्यादा असर भी करती हैं।

❐

विष रस भरा कनक घट जैसे

हमारे यहाँ नहाना भी एक कला है। डुबकी मारकर नहाने का सुख नदी-तालाब में नहाने वाले ही जानते हैं। कहते हैं सबेरे-सबेरे नहाना दिन सुधार लेना है। बुन्देलखंड में कुछ मामलों में बड़ी निर्मम कहावतें प्राप्त होती हैं। कर्ज चुकाना, कन्या की मृत्यु होना और सुबह नहा लेना आरम्भ में कष्ट देता है और बाद में सुख। कन्या इस देश में सदा बोझ मानी गई है। वहीं वज्रमूर्ख पुत्र भी कुल को तारने वाला माना जाता है जबकि आमतौर पर इसका उलटा कार्यक्रम सम्पन्न होता दिखाई देता है। बुन्देली कहावत है कि–

कर्ज चुकै कन्या मरै, भोरऊ के स्नान।
पहले तौ दुख होत है, पीछे सुख महान।।

मैं उन महानुभावों का प्रशंसक हूँ जो इसके विरोध में हैं। कर्ज देने वाला बेवकूफ होता है और लेने वाला होशियार। मैं इस मामले में इस सिद्धान्त का कट्टर समर्थक हूँ कि भैया जिसका लिया उसका दिया नहीं। आपका क्या खाकर भग जाएँगे। उधारखाऊ, रिश्वतखोर और मुफ्तखोरे इस मामले में देशभक्त हैं कि वे देश का रुपया देश में ही तो रखते हैं। कोई विदेश लेकर तो नहीं जाते। रही कन्या की बात सो भैया ऐसे हजार घर इसी शहर में मिल जाएँगे जिन्हें पढ़-लिखकर नौकरी करके लड़कियाँ चला रही हैं और कुलदीपकगण दारू कुट्टई करके बीड़ी फूँककर निहायत निर्लज्जतापूर्वक उनसे जेब खर्च प्राप्त कर रहे हैं। अगर वह कन्या मर जाती तो आज ये श्रीमान नेशनल ड्रेस में यानी केवल अंडरवियर धारण करके सड़कों पर शोभायमान हो रहे होते। रही बात सुबह नहाने की सो यार वाकई झंझट की चीज है। मैं तो कहता हूँ–सुबह क्या दिन-भर नहाने की जरूरत नहीं। बेकार समय की बरबादी करना है। मुझे तो लगता है कि सारा टंटा साबुन चलाने वालों का खड़ा किया है। और मैं क्या सागर के माननीय महापौर महोदय भी मुझसे सहमत होंगे कि यहाँ साला पीने को पानी नहीं मिलता और तुम्हें साले नहाने के चोंचले सूझ रहे होंगे। है न भाईसाब। मैं तो कहता हूँ कि जो नहाता मिल जाए उसे पानी का दुरुपयोग करने के आरोप में पकड़कर एकदम आऊ-माऊ-चाऊ कर देना चाहिए। जो वीर बिना नहाए साल-भर मजे में घूमता रहे। बुड्ढों की भाषा में जुंआ फरे हों मनों चिकनपट्टी कर के घूमे। उसका नागरिक अभिनंदन हो। पानी और समय दोनों की बर्बादी करते हैं लोग। नहाने में जो टैम बरबाद होता है भाई साब उत्ते में सबेरे मजे से पालीटिक्स की जा सकती हैगी। पानी बचेगा सो गर्मी के मौसम में काम आएगा। अब नए लड़कों में अकल तो है नहीं। आप ही बताइए गर्मी के मौसम के लिए बियर क्या बिना पानी के बन जाएगी भाई साब। अरे इस बात को तो हमारे बुजुर्ग भी समझा गए हैं। अपने रहीम कवि कहते थे कि पानी बचाकर रखना चाहिए। बिना पानी के मोती, मनुष्य और आटा काम के नहीं हैं।

रहिमन पानी राखिए बिन पानी सब सून।
पानी गए न ऊबरे मोती मानुस चून।।

ढंग की बात करो तो दस विरोध करने वाले खड़े हो जाते हैं। अच्छी और कायदे की बात तो कोई सुनना नहीं चाहता। एक साहब नदी-तालाब में नहाने की बातें करने लगे। अब भैया यार इनको कौन समझाए कि दादा भले घरों के लोग नदी-तालाबों में नहाने नहीं जाते। यहाँ बुन्देलखंड में नदी तालाबों में क्या कोई कम प्राब्लम है यार। सुन्दरियों को तो और सल्ल है। पुलिस विभाग को क्या आप सीधा समझते हैं। और ये नदी-घाटों पर जो सिपाही घूमते रहते हैं सो क्या सज्जन पुरुष हैं। भैये ये लफड़ा मत पालना। अब तो महिला पुलिस भी घूमती हैं प्यारे। बुन्देली लोकगीतों से साफ पता चलता है कि पुलिस नहाने के सख्त खिलाफ है। अपन भैया साफ कहे देते हैं कि इस मामले में अपन पुलिस के साथ हैं। सद्यस्नाता सुन्दरी के रूप का वर्णन कवि, शायर और पोयट वगैरह पुराने जमाने से करते आए हैं। वह सही किया गया है कि गलत इसकी जाँच पुलिस विभाग करता है। इसलिए नदी-तालाबों पर स्नान करती सुन्दरियों की यह शिकायत बेकार है कि स्नान करते और कपड़े बदलते वक़्त पुलिस का सिपाही खड़ा रहता है। अरे तुम अपना काम करो बाई पुलिस को अपना काम करने दो हाँ जाँच वगैरह में कोई ज्यादती करे तो कप्तान साहब काहे को बैठे हैंगे उत्ता बड़ा दफ्तर खोले। इसलिए मैं बाई लोगों की इस शिकायत को नहीं मानता जो उन्होंने लोकगीत में कही होगी–

ठंडे से पानी में डुबकी लगाई।
सपरत की बेरा ठांडो पुलिस को सिपाई।
रेसम की धोती घरी लयं ठांडी।
पहिरत की बेरा ठांडो पुलिस को सिपाई।।

बाई कानून को अपना काम करने देना चाहिए। सरकारी काम में बाधा डालना जुर्म है याद रखो। इसीलिए भले लोग घाटों पर इस काम में लगे रहते हैं। बेचारे पुलिस की मदद करते हैं। इससे पुलिस जनता के सम्बन्ध सुधरते हैं। फिर आदमी का नहाना कुदरत के खिलाफ है। इसलिए जरा बीमार हुए कि सबसे पहले डॉक्टर-हकीम नहाना बन्द करा देते हैं। कराते हैं कि नहीं कराते। मानव-मन की सफाई असली बात हैगी भैये इसलिए सन्त पुरुष तुलसीदास जी कहते हैं कि–मन मलीन तन सुन्दर कैसे। बिस रस भरा कनक घट जैसे।। यानी जिनका मन गन्दा है और शरीर नहा-धोकर चमकाया जाता है। वे ऐसे हैं जैसे चमाचम सोने के घड़े में जहर भरा हुआ हो। वही मैं समझता हूँ अरे मूरख-मन धोले। तन के धोने में क्या रखा है। मन को पवित्र कर।

मगर नहीं। कौन सुनता है। ज्ञानियों की बात संसार ने कभी मानी है जो आज मानेगा। माघ की ऐसी गजब की ठंड कि अच्छे-अच्छे अकड़कर अंग्रेजी के आठ बने पड़े रहते हैं। तब सुबह तालाब में नहाना बुद्धिमानी तो बिल्कुल नहीं कही जाएगी और चाहे जो हो। सुबह घूमने निकला तो मेरे एक मित्र सुबह तालाब में नहाकर लौटते हुए मिल गए। मुझे देखकर बोले जैसे सीसी याया रारा मामा भाभा ईई। पहले मैं समझा की ये संगीतशास्त्र में किसी नई धुन की खोज कर रहे हैं फिर दीन मुद्रा में जुड़े उनके हाथ देखकर समझा कि अरे यह तो अपने जय-जय सियाराम का उद्घोष है। मैंने उन्हें रोक लिया। बीड़ी जलाकर दी तो वे भैराते हुए उस पर लपके। दो-तीन कश लगाकर नार्मल हुए तो कहने लगे–यार नहाना जरूरी है। माघ मास और संक्रान्ति पर स्नान नहीं करने से पाप होता है। जो नहीं नहाता वह अगले जन्म में गधा बनता है। मैंने कहा–अच्छा। अब समझा। आपने पिछले जनम में माघ संक्रान्ति पर नहाया नहीं होगा। तभी यह हाल है। वे खौंखियाकर दौड़े मगर मुझे क्या पकड़ते। दाँत किटकिटाकर रह गए। उनकी तौलिया नीचे गिर गई। देखा तो कन्धे

से जनेऊ गायब था। मैं समझ गया ठंड के कारण कहीं रह गया होगा। इन्हें होश नहीं है। मुझे लगा कहीं उनकी कमर का तौलिया खुल गया तो गड़बड़ ज्यादह हो जाएगी। गालिब ने इस दीवानगी की चर्चा करते हुए लिखा है कि इश्क के पागलपन के कारण कन्धे पर पड़ा जनेऊ तक नहीं रह गया यानी बदन पर पोशाक के रूप में एक तार भी नहीं है। अब मैं क्या कहूँ सिवाय हाय किस्मत और वाय किस्मत करने के। बकौल गालिब–

दीवानगी से दोष पै जुन्नार भी नहीं।
यानी हमारी जेब में इक तार भी नहीं।।

❐

सागर के श्वान प्रथम आए

भोपाल में "आल इंडिया डाग शो" सम्पन्न हो गया। इसके आयोजक और इसमें भाग लेने वाले मेरी बधाई स्वीकार करें। हालाँकि भोपाल में कुत्तों की कमी नहीं। एक से बढ़कर एक पड़े हैं। स्टेट-भर के वहीं जाकर इकट्ठे हो जाते हैं मगर इस "ऑल इंडिया डाग चैम्पियन शो" में सागर के कुत्तों ने झंडा तान दिया। एक अच्छे सागरवासी की तरह मुझे भी अपने कुत्तों पर नाज है। सागर के गुंजन शुक्ला, कैलाश शर्मा और संजय जैन मय अपने कुत्ता-कुतियों के भोपाल पहुँचे और विभिन्न श्वान वर्गों के छह प्रथम पुरस्कार जीतकर लाए। उन्होंने सिद्ध कर दिया कि सागर के श्वान किसी से कम नहीं हैं। श्री मुन्ना शुक्ला श्वान चरित्र के विशिष्ट अध्येता हैं। वे अपने तद्विषयक ज्ञान के लिए प्रसिद्ध हैं। वे कुत्तों की नस्लों आदतों, उनके व्यवहार, चरित्र, खुराक और अन्य बिन्दुओं की बड़ी गहन जानकारी रखते हैं। इस विषय पर वे घंटों बोल सकते हैं। मेरे मित्र आनंद तिवारी बताते हैं–गुरु एक बार मैं फँस गया था। मैं अकेला बैठा था कि मुन्ना भैया आ गए। उन्होंने एक घंटे कुत्तों पर ऐसा विकट भाषण दिया कि उसे सुनकर मेरी इच्छा अपने गले में उनका पट्टा डालकर घूमने की होने लगी। थोड़ी देर बाद एक मिलने वाले आए तो मेरा मन करने लगा कि वे मुझे कूर-कूर करके बुलाएँ। जब ऐसे ज्ञानी श्वान विशेषज्ञ सक्रिय थे तो सागर के कुत्तों को उनका हक कैसे न मिलता।

कुत्तों के बारे में मेरा सैद्धान्तिक ज्ञान शून्य है। यह जरूर जानता हूँ कि कुत्तों की समस्त प्रजातियाँ मूलतः तिब्बत जैसे ठंडे प्रदेशों से विकसित हुईं। मेरे पास कुत्ते नहीं हैं। हालाँकि अक्सर कुत्ते मुझे काटते रहे हैं। वे कभी-कभी मुझे दौड़ाते भी रहे हैं। कभी स्वप्रेरणा से तो कभी अपने मालिकों के छू करने पर। कुत्ते हैसियत वाले लोग पालते हैं। बड़े-बड़े देश भी अपने कुत्ते रखते हैं। पाकिस्तान मूलतः अमेरिका के कुत्ते की भूमिका निबाहता है। कुत्ते अपने उपद्रवों के लिए उतने जिम्मेवार नहीं होते जितने उनके मालिक होते हैं। कुत्ते अपनी वफादारी के लिए प्रसिद्ध हैं। वे अपने मालिकों को नहीं काटते जबकि आदमी अक्सर काट बैठता है। कुत्ते कई प्रकार के होते हैं। बुल टेरियर, डाबरमैन, ग्रे हाऊंड, जर्मन शेफर्ड, बाक्सर, बुलडाग आदि। इनमें बुल टेरियर महा भयानक होता है कई देशों में इसे पालने पर प्रतिबन्ध लगा है। सागर के शुक्ला परिवार का सिल्वर नामक बुल टेरियर मध्यप्रदेश में इस प्रजाति का एकमात्र श्वान है। डेश हाऊंड छोटा नेपाली कुत्ता होता है। ग्रे हाऊंड दुबला-पतला आज्ञाकारी श्वान है। जर्मन शेफर्ड कुत्तों की दुनिया में सर्वश्रेष्ठ माना जाता है। यह बहुत बुद्धिमान होता है। एक अच्छे चौकीदार के रूप में तथा बर्फ में स्लेज गाड़ी खींचने के लिए तो जर्मन शेफर्ड विख्यात है ही वह अत्यन्त कुशलता के साथ भेड़ें चराता और उनकी रखवाली करता है। बाक्सर और बुलडाग एक ही प्रजाति के श्वान हैं। बाक्सर छोटी जाति का होता है बुलडाग बड़ी नस्ल है। जैसा कि नाम से ही स्पष्ट है बैल जैसा मुख होने के कारण बुलडाग कहा जाता है। डाबर मैन अच्छा शिकारी कुत्ता होता है। इसकी सूँघने की शक्ति बहुत अधिक होती है। इसलिए पुलिस विभाग इसका भरपूर उपयोग करता है। जब पुलिस ने इसका उपयोग शुरू किया तो विभाग अत्यधिक उत्साहित था। सड़ियल टाइप की चोरियों तक में श्वान-अधिकारी जाँच के लिए जाने लगे। धीरे-धीरे चोरी पकड़ने के लिए इसका व्यापक प्रयोग बन्द हो गया। पूछने पर मेरे एक

पुलिसकर्मी मित्र ने भन्नाते हुए बुन्देली में कहा—तुम तो यार गुरु जान खाँय जात। नाक में दम हो गई थी। जहाँ चोरी-भड़याई होय उते उन कुत्तों खों ले जात हतै। वे सारे उते सूँघ साँघ कैं चलें और दौड़कें थानों में घुस जात ते। पब्लिक इमेज बिगड़ने लगी सो हमोंरों ने हाँत जोर लये के—भैया आप माफ करौ। हमई ढूँढ़ लैं चोरों खों। यानी चोरों का पता लगाने के लिए तैनात पुलिस श्वान घटना स्थल सूँघकर सीधे थानों में घुसने लगे। सो कई जगहों पर हटाए गए। उनके इस व्यवहार पर तो अधिकारी विद्वान ही टिप्पणी कर सकेंगे लेकिन मुझे इस जानकारी से मजा आ गया। भोपाल के लाल परेड ग्राउंड पर हुआ यह श्वान समारोह मजेदार था। कई कुत्ते अत्यन्त भाग्यवान थे। सुन्दरियों के कंठ से लगे कीमती मोटरों में बैठकर आए। ऐसी एक-दो बाई लोगों से मैंने बात करने का प्रयास किया तो उन्होंने मुझे झिड़क दिया और अपने प्यारे कुत्तों को गले से लगाकर आगे बढ़ गईं। भारत में कुत्ते परिवार के सदस्य की तरह पाले जाते हैं। हमारे यहाँ माताएँ अपने बेटों को लाड़ में कुत्ता या कुतुआ कहकर बुलाती हैं। इससे बेटों की सामाजिक हैसियत का पता लगे हाथ चल जाता है। इस मामले में हमारे देश पर प्रभु की कृपा है कि यहाँ कुत्तों की कमी नहीं। जहाँ एक-से-एक कद्दावर, खूँखार और भयानक कुत्ते मिल जाएँगे। वहीं जरा-सा संकट देखते ही पिछली टाँगों के बीच दुम दबाकर भागते लेंडी कुत्ते भी अपनी गली में शेर बने घूमते हैं। भोपाल के डाग शो में यह मजेदार घटना हुई कि करतब दिखाते तीन श्वान शिरोमणि भयभीत होकर मैदान से सरपट भागकर अन्तर्धान हो गए। उनके स्वामी सखा इससे अत्यधिक व्याकुल होते भये और घटनास्थल त्यागकर जाते भये। इससे उपरोक्त प्रवृत्ति की जानकारी मिल गई।

सागर के श्वान समाज में इस बात से निश्चित ही प्रसन्नता की लहर दौड़ गई होगी कि सागर के प्रभारी मंत्री महोदय अपने सारे कार्यक्रमों का परित्याग कर पूरे समय श्वान प्रतियोगिता में डटे रहे। यही नहीं वे कई कुत्तों को दुलारते भी देखे गए। बुजुर्गों का कहना है कि मजनू को लैला का कुत्ता भी प्यारा था। आज भी मुहब्बत में वह मामला जस-का-तस है। अपन इस मामले में हमेशा गचट्टी रहे। जैसा किसी शायर ने कहा है—

तुम्हें चाहें तुम्हारे चाहने वालों को चाहें।
चलो बस हो चुका हमसे ये झगड़ा चल नहीं सकता।।

❒

उनकी डुगडुगी पर नाचता प्रजातंत्र

हम दोनों एक ही शहर और एक ही मुहल्ले में पैदा हुए थे। उनकी और मेरी जन्मतिथि एक ही थी। सिर्फ समय का फर्क था। ज्योतिषी ने उनके ग्रह-नक्षत्र देखकर कहा—यह बालक बड़ा मूर्ख, चरित्रहीन, पदलोलुप, भ्रष्ट और चापलूस होगा। यह सुनते ही उनके घर में खुशी की लहर दौड़ गई। उनके बाप ने मिठाई बँटवाई थी—अहा, यह बेटा जरूर मंत्री बनेगा। इधर मेरे घर आकर उसी ज्योतिषी ने बताया—यह बालक बड़ा विद्वान, चरित्रवान और ईमानदार होगा। यह सुनते ही मेरी माँ रोने लगी थी—सब साले चरित्रवान इसी घर में मरने चले आते हैं। पिता दुःखी हो गए थे। कालान्तर में ज्योतिषी की भविष्यवाणियाँ सत्य सिद्ध हुई। मैं एक विश्वविद्यालय में अध्यापक हो गया। वे प्रदेश की सरकार में मंत्री हैं। विद्वता अपनी जगह पहुँच गई, मूर्खता अपनी जगह।

बचपन में जब मैं स्कूल जाता था तब वे मदारियों के तमाशों में जमूरे का काम करते थे। मदारियों के निरन्तर साथ और सतत प्रशिक्षण ने उन्हें मजमा लगाना सिखा दिया था। धीरे-धीरे वे अच्छे मजमेबाज हो गए तो खुद मदारी बन बैठे। यह मेरा कालेज जाने का जमाना था। कभी-कभी मैं उनका तमाशा देखने रुक जाता, तो वे मुझे इस दृष्टि से देखते जैसे अमिताभ बच्चन एक्स्ट्रा आर्टिस्ट की तरफ देखता है। वे स्टेज पर खड़ी हुई लड़की को गायब कर देते। इसकी चीज उसके जेब में और उसकी चीज इसकी जेब में पहुँचा देते। स्टेज पर एक टेबिल रखते, उस पर एक सुन्दर लड़की को लिटा देते, फिर तलवार से उसके दो टुकड़े कर देते। बाद में जोड़ भी देते। कभी-कभी अपने कपड़े उतारकर सिर्फ अंडरवियर पहने खड़े रहते, फिर पेट में मंदिर बनाकर दिखाते। कई बार उन्होंने जादू से लोगों के लिंग-परिवर्तन कर दिए थे। इस कार्यक्रम के लिए एक धोती और एक कुर्ता था। वे कुर्ता इतना नीचा पहनते थे कि फिर उन्हें धोती पहनने की जरूरत नहीं रह जाती थी। इसका लाभ उठाकर मित्र लोग अक्सर उनकी धोती माँगकर ले जाते थे। भूल से एक बार वे अकेला कुरता पहने ही पेट में मंदिर बनाने का कार्यक्रम दिखा गए थे। परिणामस्वरूप उपस्थित जन-समुदाय ने तत्काल उनका अभिनंदन कर डाला था।

उपरोक्त कार्यक्रमों के दौरान उनका धारा-प्रवाह भाषण चलता रहता। गलत बात, गलत तर्क और गलत तथ्य वे बेहद आत्मविश्वास से बोलते रहते। उनके आत्मविश्वास के कारण अच्छे-अच्छे लोग चक्कर खा जाते। तर्क, सम्भावनाओं, निर्णय और प्रमाणों के बिना इतना अच्छा भाषण देने वाले वे अकेले मंचसूरमा थे।

"वो जो है" उनका तकियाकलाम था। यह तकियाकलाम वे इतनी बार दुहराते थे कि लोग उनका असली नाम ही भूल गए थे। उनका नाम अब "जादूवाले-वो जो है" हो गया था। प्रसिद्ध शायरों और कवियों के शेर और कविताओं के अंश वे अपने संशोधनों के साथ सुनाते रहते थे। बीच-बीच में नारे लगाते—बच्चा लोग सब ताली बजाओ, जोर से। और उनका भाषण तालियों की गड़गड़ाहट में डूब जाता। शेर सुनाते समय वे बीच-बीच में अपना तकियाकलाम जोड़ देते। यह भी एक तरह का जादू ही था। उनका एक प्रिय शेर देखें—"वो जो है सच्चाई वो जो है छुप नहीं सकती, वो जो है कभी झूठे उसूलों से। कि वो जो है खुशबू-वो जो है आ नहीं सकती, वो जो है

कभी कागज के फूलों से।"

मजमा खत्म होते ही वे हमेशा "कष्ट निवारण ताबीज" बेचते थे। एक रुपये में एक। इस ताबीज में बड़ा चमत्कार भरा था। इसे बाँधने से छोटे बच्चों का सपने में डरना बन्द हो जाता था बढ़ा ब्लडप्रेशर ठीक हो जाता था। व्यापार में होने वाला घाटा इसे पहनने से समाप्त होता था। यह ताबीज नौकरी में प्रमोशन और मुकदमों में जीत प्रदान करता था। प्रेमियों का तो यह परम सहायक था। इसे धारण करते ही पत्थर-दिल प्रेमिका सात समुन्दर पार करके सात ताले तोड़ती हुई सीधे प्रेमी के शयनकक्ष में आकर रुकती थी। ईर्ष्यालु उन पर मजमें के दौरान जेबें कटवाने का आरोप लगाते थे।

आखिर एक राजनैतिक दल ने उनकी प्रतिभा पहचान ली। भारी भीड़ जुटाने वाला हीरा। परम मजमेबाज। हे नरपुंगव, अभी तक तुम कहाँ थे? इन्हीं मजमों की तो हमारी पार्टी को जरूरत है। उन्होंने "वो जो है" जादूवालों को पहले अपनी पार्टी की जिला इकाई का, फिर प्रदेश इकाई का अध्यक्ष बना दिया। अपने जादुई कमालों की बदौलत "वो जो है" बड़े सफल नेता सिद्ध हुए। वे कभी कोई चुनाव नहीं हारे। जिससे वे नाराज हो गए, वह नेता कभी अपनी जमानत नहीं बचा पाया। चुनाव के समय वे जादू के ऐसे कमाल दिखाते कि निर्वाचन आयोग और वोटर दोनों भौंचक रह जाते जो वोटर चाहते हैं वह नहीं होता–जो चुनाव आयोग कराना चाहता है। वह भी नहीं होता। होता वह है जो जादूवाले "वो जो हैं" चाहते हैं। वे ऐसा जादू करते हैं कि मरे हुए लोग आकर उनके लिए वोट डाल जाते हैं। वे ऐसा जादू करते हैं कि आप घर बैठे रहेंगे और जादू से आपका वोट उनके पक्ष में गिर जाएगा। जादू से वे लिंग परिवर्तन कर देते हैं, अतः महिलाएँ पुरुषों के और पुरुष महिलाओं के वोट डाल जाते हैं। मतगणना के समय भी उनका जादू चलता रहता है। वे लगातार सात चुनाव जीते। एक बार तो मैंने वर्षों पहले मरे हुए अपने दादा जी को वोट डालते देखा। उनके नाम की चिट देखकर मैं पहचान गया। वे बेलबाटम पहने हुए वोट डाल रहे थे। मैंने उनसे कहा, दादा जी? तो वे नाराज होकर छुरा दिखाकर चले गए थे।

अगर कभी कोई मुख्यमंत्री उन्हें मंत्रिमंडल में न लेने की हिम्मत करता है तो वे भरी सभा में जादू से मुख्यमंत्री के और अपने भी कपड़े गायब करने की धमकी देने लगते हैं। आजकल यदि आप उनसे मिलने चले जाएँ तो चपरासी आपको काँच के गिलास में और उन्हें चाँदी के गिलास में पानी लाएगा। हैरत न कीजिए। वे सच्चे समाजवादी हैं, मगर चाँदी से उन्हें बड़ा प्रेम है। चाँदी का गिलास हो या चाँदी का जूता, वे बड़े प्रेम से सिर माथे पै लेते हैं। यह गिलास असल में जादू का गिलास है। इसमें पानी पीने से वे एक दिन मुख्यमंत्री जरूर बनेंगे। "असली कष्ट निवारण ताबीज" वे आज भी बेचते हैं। पहले सड़क पर खड़े होकर बेचते थे, अब बंगले में बैठकर बेचते हैं। कीमत जरूर गोपनीय है। मगर प्रमोशन, ट्रान्सफर और नियुक्ति की गारंटी है। ताबीज काम न करे तो पैसे चेक से वापस। मजमेबाजी भी जारी है। अपने जादू की बदौलत वे मंत्री हुए। बराबर मंत्री रहे और जब तक रहेंगे मंत्री रहेंगे जब न रहेंगे तब भी मंत्री रहेंगे। प्रजातंत्र के बन्दर को वे अपनी डुगडुगी पर मनमर्जी से नचाएँगे। वे कहते हैं–पूज्य बापू को बन्दरों से बड़ा प्यार था और डुगडुगी तेज कर देते हैं। लोग उनसे ईर्ष्या करते हैं, उन पर तरह-तरह के आरोप लगाते हैं, पर वे निर्विकार रहते हैं। क्योंकि बकौल उनके–

वो जो है फानूस बनके, वो जो है जिसकी हिफाजत वो जो है हवा करे, वो जो है वो शम्मा क्या बुझेगी, वो जो है जिसे रोशन खुदा करे।

❒

काटे-चाटे श्वान के दुहूँ भाँति विपरीत

हे प्रभु आनंददाता आप मुझे हमेशा एक खूँखार थानेदार की तरह भयानक लगते रहे हैं। लेना एक न देना दो। मगर बेवजह सबकी खोपड़ी पर सवार। बिना काम की चौकीदारी करते रहते हैं। सर्वव्यापक यानी हर जगह मौजूद। अरे अल्ला मियाँ कहीं तो आदमी की प्राइवेसी बचाइये। इधर धरती पर आपके बारे में प्रचलित है कि–

राम झरोखे बैठकर जग का मुजरा लेंय।
जाकी जैसी चाकरी वाको वैसा देंय।।

मैं तो कहता हूँ जिसकी जैसी चाकरी होगी उसका वैसा भुगतान खुद हो जाएगा। आपको फटे में टाँग अड़ाने की क्या जरूरत है। दूसरों के फटे में टाँग अड़ाने वालों के साथ यह दिक्कत है कि दूसरों का और कुछ फटे न फटे। अपनी टाँग-टूटने का खतरा हमेशा बना रहता है। हे परमपिता इधर दुनिया तेजी से बदल रही है। आपको कहो तो पता भी नहीं हो कि इधर नीचे क्या चल रहा है। यहाँ हम धरतीवालों ने राजा चुनने का नया तरीका निकाल लिया है। हम सब मिलकर वोट डालकर उसे चुनते हैं। फिर वे सब चुने हुए राजा मिलकर अपना महाराजा चुनते हैं। वही फिर इस "जननी जन्म भूमिश्च स्वर्गादपि गरीयसी" पर राज करता है। उन लोगों को तो दिल्ली-भोपाल में ज्यादा रहना पड़ता है सो वे इधर क्षेत्रों में अपने प्रतिनिधि छोड़कर उधर चले जाते हैं। इधर ये राज करते हैं उधर वे राज करते हैं। इन प्रतिनिधियों को जनता प्यार से डिप्टी एम. एल.ए. या डिप्टी एम.पी. कहती है। ये डिप्टी लोग असली लोगों से जास्ती पावरफुल होता। अक्खा इलाका को ठाँस देता। ये लोग बड़ी पावरफुल पालिटिक्स करता अल्ला मियाँ। ये चोर से कहता चोरी कर और पुलिस से कहता जागता रह और देखता रह। मरीज से कहता है मर जा और डॉक्टर से कहता बचा उसको। मास्टर से कहता गधों और गुंडा लड़कों की नकल पकड़। उनको फेल कर। और गुंडा-लोग से बोलने का कि काय झाला। तुम साला काय का गुंडा कि एक मास्टर नहीं सँभलता। अक्खा शहर में बावेला मचाता नई। ये डिप्टी नेता खतरनाक होताच। नेता से कहता है इतना भीड़ तेरा जैकारा बोलता तब तू चुनाव कायको नई लड़ताच। और वोटर से कहता अरे इसकू बोट देने का नई। इसकू वोट डालने से अच्छा उसे कूड़े-गटर में डालने का। समझा कि नहीं। प्रभु ये लोग डिप्टी नेता कहलाते हैं। खुद को छोड़कर किसी को आदमी नहीं समझते। इनसे अक्खा हिन्दुस्तान की नाक में दम आला। ये खुश होयगा तो पब्लिक परेशान। ये नाराज होयगा तो भी पब्लिक को प्राब्लम क्रियेट करेगा। "काटे-चाटे स्वान के दुहूँ भाँति विपरीत।" यानी कुत्ता लाड़ में आकर मुँह चाटे या गुस्से में आकर काट खाए दोनों हाल में झंझट है। इसकी बात का भरोसा नहीं। इसकी अदाएँ देखकर नेता खुद हैरान-परेशान हो जाता है। नेता खुद नहीं जानता कि उसके नाम पर क्या गुल खिलाए जा रहे हैं। कभी-कभार वह इसे गुस्से में लतिया देता है मगर दूसरे दिन यह फिर दुम हिलाते हुए सबेरे हाजिर हो जाता है। कहता है–यार दिस इज पावर-पालिटिक्स।

सो माई गाड, भगवन मेरे इधर धरती पर इन दिनों डिप्टी भगवानों की भीड़ है। इन्हें तुमने

अपाइंट किया या नहीं मगर ये डिप्टी भगवान दुनिया बदलने पर उतारू हैं। इनसे कुछ छिपा नहीं और कुछ भी ऐसा नहीं जो ये कर नहीं सकते। ऐसे एक डिप्टी भगवान के घर कल मेरा एक बेरोजगार, अविवाहित और परेशान मित्र फँस गया। उसने उनसे अपनी समस्याएँ बतलाईं। वे बोले सब ठीक हो जाएगा। मेरा मित्र जरा चालू टाइप का आदमी है। उसने सफेद झूठ बोलते हुए कहा प्रभु मेरे लड़के का ट्रान्सफर। वे बोले हो जाएगा। उसने कहा उसी लड़के की नौकरी वे बोले लग जाएगी। वह बोला–लड़के के यहाँ सन्तान। वे बोले पुत्र होंगे सुख होगा। उसने फिर पूछा–प्रभु उसी लड़के का ब्याह। वे बोले अच्छी जगह हो जाएगा। इसके बाद वह बोला–भगवान मेरा न ब्याह हुआ न नौकरी लगी न बच्चे हुए। जब बच्चे ही नहीं तो उनकी नौकरी कहाँ से आ गई और जब कोई नौकरी ही नहीं तो ट्रान्सफर कैसे हो गया।

यह सुनते ही डिप्टी भगवान तड़पकर खड़े हो गए। उनकी आँखें लाल हो गईं। चुल्लू में जल लेकर शाप देने लगे। नीच-नराधम परमात्मा का मजाक उड़ाता है। साधु पुरुषों से ठिठोली करता है। जा तेरा वंश ही नाश हो जाएगा। यह सुनते ही मेरा वह महाबेशर्म मित्र भी उठ खड़ा हुआ और दुर्वासा की तरह भड़भड़ाकर बोला–अबे जा बे इधर वंश की परवाह किसको है। यहाँ तो अपनी जान बचाने की पड़ी है। पचास के होने को आए। घर न दौर। न रोटी का कौर आज मरे कल दूसरा दिन। उसका रौद्ररूप देखकर डिप्टी भगवान घबरा गए। उसने कहा–हम तेरी डिप्टी भगवानी से नहीं डरते। मनुष्य सबसे बड़ा है उससे ऊपर कुछ नहीं। ईश्वर को मनुष्य ने ही ईश्वर बनाया है। इसीलिए सारे भगवान मनुष्य की शक्ल में दिखते हैं। नर ही नारायण है और नारायण का कोई डिप्टी नहीं होता। जिसने इस सत्य को समझ लिया उसने ईश्वर को पा लिया। दूसरे दिन डिप्टी भगवान का डेरा तम्बू उखड़ गया। वे नए शहर में चले गए। नए आश्वासन बाँटने लगे, नए नेता की तरह भाषण देने लगे कि हम जानते हैं कि हम हार रहे हैं मगर हमें विश्वास है कि हम जीतेंगे। मुझे लगता है कबीर सही कहते थे इधर-उधर फैले हुए मन को एक जगह पर केन्द्रित करो और अपनी शक्ति जाग्रत करो तब खुद को पाओगे। खुद को पाए बिना ईश्वर नहीं मिलता। जो खुद खो गए हों वे दूसरों को कैसे ढूँढ़ पाएँगे।

उलटि पाछिलो पेंड़ा पकड़ो पसरा मना बटोर।
कहैं कबीर सुनो भई साधो, तब पैहो निज ठौर।।

❐

गढ़ाकोटा बारे कक्का

मेला में गढ़ाकोटा बारे कक्का मिल गए। एक खाली थैला लिये चले आ रय हते। हमने टोंका दव-काय कक्का किते चले? कक्का ने कई–ऐंसई नाँय माँय आ जाऊत हैं। फिर वे तुरतई जात रये। छोटी बस्ती हती सो लौट कें फिर टकरा गए। अब झोला भरो हतो, हमने पूँछी–काय कक्का का लै आय? वे बोले–अरे ऐंसई अटर, सटर। हमने फिर पूँछी, का भाव परो? कक्का ने कई–अरे औने-पौने आ उठा ल्याय।

बुन्देलखंड अपने स्थानपन के लानें जगजाहर है। और ओ में गढ़ाकोटा की का कैनें। जैसे लखनऊ के बाँके बजे हैं ऐंसई, गढ़ाकोटा के स्याने बजे भये हैं। कक्का खास गढ़ाकोटा के आँय। कैत हैं बेटा सुक चैन से जीने होय तो अपनो गुड़ चुराकें खाबो सीको। अपने पेट की बात पेटई में राखनें। कबऊँ मजाल हैं के, कक्का के मारें घुड़वाँ घाँस खा जाय। अब बुन्देलखंड में ऊँसई स्याने रैत हैं। मनों गढ़ाकोटा के तो रूख लौं सियाने आँय। एक जने की बरात में जब हम गढ़ाकोटा पहुँचे तो रात के बिटियाबारे के दौरे पै एक रूख ठाँड़ों हतो। भुंसारे देखो तो गायब। अक्कल काम नें करे, ऐ मोरे दइया, वो रात बारो रूख काँ गव? ऐंसो कैंसो काट डारों के चीनों सुन्नां नईयाँ।

उतई एक सियाने ठाँड़े हते। वे हमाई बातें सुन रय हते। कैन लगे–काय कहूँ से आय हो का? इतै के नई लगत। हमने कई–हऔ हमतौ सागर से आए हैं। इतै के नोंई। वे बोले–जबई तो हम कयं–के, जो हैं कैंसो अँधरा जो सामने रूख नई दिखा रव तोरे लाने? हम केन लगे रात कें तो इतई ठाँडो हतो? वे खुँसया गए। बोले–कायरे रात-भर में चलहैं नें का? रात में बीस हाँत निंग लव सो उतै पौंच गव। हमने पूँछी–काय का पेड़ सोई चलत फिरत हैं उनने कई जो गढ़ाकोटा आय बेटा इतै रूख चलत हैं और आदमी ठाँड़े रैत हैं। तुमाई समझ में आई कैं नई? हमने कै दई-हमाई समझ में तो नई आइ। वे उतईं ठाँड़े ठाँड़े चिल्लाए–अरे ऐ रे घुटई इतै तो आ रे तनक खड़ेरूआ लेत अइए इनें समझाने हैं। मोरी जान सूक गई। भगवे को मौका ढूँढ़ रय ते कै कक्का आ गए। जैसे रामान में बजरंगबली आय हते "जिमि करुना मँह वीररस" वे सुन रय हते। आकें सीदे हमसे बोले–जैराम जी थानेदार साब आप कबै आए? बाड़ और मोंड़ा-मोड़ी सोई आए हैं का? हमें लगो के कक्का खों कछु हो गव है। हमें थानेदार काय खों कैरय? अपने तो कुटुम में कबऊँ कोऊ सिपाई सुन्ना नई भव। बूढ़े होवे खों आय अबै लो खाकी वर्दी देख कें जुर चड़ आउत है। मनो जबलों हम कक्का से पूँछे तबलौं खड़ेरूआ मँगावे बारे घुटई के दद्दा हमाय पाँव पकरकें मुस्क्याने, बोले–अरे कक्का तुमने तो मजा बिगार दओ। हम साब से मजांकें कर रये हते सो तुम आन टपके।

हम कक्का के संगे चले। रस्ता में कक्का बोले हरदयाल महराज, ने हम तुमें थानेदार बनाते, नें बो जगना छोड़तो ऊँसे कहाँ बिद गए हते। नम्बरी चार सौ बीस है। अबई दस पाँच रुपैया धरवा लेतौ। हमने कान पकरे अब कबऊँ गढ़ाकोटा नई आने। कक्का हँसन लगे, तो बिल्कुल गधा निकरे। हमने कई हओ कक्का। वे फिर मुस्कयाने काय रे, कक्का के कें हमें सोई गधा बना रओ है! हमने कई–हम काय खों बने हैं। जबलों कक्का को घर आ गव। हमारे दिल्लान में बैठें कक्का ने पूँछी, रोटी खाँकें आय हो कै जाके खै हो? हमने कई जाके खै हैं। कक्का बोले–हाँ ठीक आय। देर से

खाय से तबियत ठीक रेत है। तबई एक जनै हैरान से आ गए। कैन लगे—काय कक्का तुमाई भूरी बीमार हती सो कौन दबाई खुबाई हती। हमाई भैंस बेहाँत भई जात है। नें लगे और नें पड़ेरू खों प्याय। लगावे बैठो तो लतया देत है। कक्का केन लगे। गुंजौरा बारे सामने अरिया में धरी है बा दबाई जौन हम भूरी खों खुआत हते। गुंजौरा बारों ने दबाई उठाई और घरै चले गय। हम और कक्का में फिर बातें होन लगी।

घंटाक में गुंजौरा बारे रोत आ गए। आकें कक्का खों गरयान लगे। डुकरा है कैंसों नीच। कैसी दबाई दई के खातई सें भैंस मर गई। ई को नास हो जाय। अरे दो हजार को ठूँसा लगौ। हाँथी सी भैंस घंटा-भर में मर गई।

कक्का बोले—मर तो हमाई सोई गई हती। गुंजौरा बारों ने पूँछी—तो पैले से काय नें कई? कक्का कैन लगै। तुमने पूँछी कबै हती? अब रंज नै करौ। दुनिया कौ जोई दस्तूर आय। जो आव है सो जै है। रोब नें। एक दिनाँ हमें-तुमें सोई जानें हैं। गुंजौरा बारे रोत चले गए। कक्का मुस्क्यान लगे—हमसें बोले—ई सारे खों अपनी भैंस पै बड़ो घमंड हतो। एक दिना मठा मँगाव तौ सारे ने दओ नें हतौ। हमने तो ओई दिनां के दई हती—बेटा, बनी नें बिगारी तो बुन्देला काय के? देखत हैं कबलौं तुम जौ मठा-दूध खात हो। आज बेटा पै दाँव लगौ। छाती ठंडी हो गई। अपन तो उनमें के आँय के अपनी आँख फोर कें तुमाव असगुन करके मानें। बड़ी लाज राखी राम। कक्का भजन करने लगे। डरों के मारे हमाये बार ठाँड़े हो गय। कक्का तो जगन के बाप निकरे। हमने सोची कक्का भजन करके भगवान खों जित्तौ लिगां बुलात हुइएँ भगवान उत्तई दूर भगत हुइएँ। को जरैटों में बिद है।

जब जादां देर हो गई तो काकी दिल्लान में कड़ आई। आकें बोली—काय भइया —जौ करिया मोरी कछु कैत हुइए। सटया गओ है। हमई रे खुरचट्टे लेत रैत हैं। अब ई से निभत नईयाँ। कक्का बोले बाई भीतरै जाव, जादा छिनर घंघोटे नें दिखाव। गुस्सां के मारे काकी नचन लगी। सो हमने भगदओ। कक्का पीछे-पीछे आए। काकी ने उतई से गड़ई फेंक के मारी। मनों बच गए। कक्का केन लगे—बा गड़ई उठा लेव। जादा प्रेम में जो तौ होतई रैत है। फिर वे हमसे केन लगे। हमाई मनसा हती के तुमें गुलगुला खुआते। कनक ल्याते उधार, गुड़ माँगते परौसी से। अकेलौ तेलई नईयाँ। हमें लगौ के कक्का हमें कित्तौ चाहन लगे। हम जैराम जी करके चलन लगे। सो खबर आई के कक्का कनक उधार ल्याते, गुड़ माँगते और तेल हतो नें। तो कक्का कें हतो का? कक्का असल में कछु खुआब ने चाहत हते। नई तो उनके का कमी। रीछ के आँग में बारों के का टोटे? मनों कक्का कें सबसें जादा जो चीज है या स्यानपन है। ऐसे हैं गढ़ाकोटा बारे कक्का।

❐

न इनकी दोस्ती अच्छी : न इनकी दुश्मनी अच्छी

भगदड़ साहब मेरे पुराने परिचित हैं। उनका असली नाम कुछ और है। मगर वे हमेशा जल्दी में रहते हैं। एक विचित्र हड़बड़ी-सी मचाए रहते हैं। इसी वजह से मुहल्लेवालों ने उनका नाम भगदड़ साहब रख दिया। यह इतना लोकप्रिय हुआ कि लोग उनका असली नाम भूल गए। उनकी जल्दी भी उन गृहणियों की तरह होती है जो पड़ोसिन के यहाँ जाने के पहले अपने पति को समझा जाती हैं–देखो–मैं पाँच मिनिट में लौटकर आती हूँ। तुम आधे घंटे बाद दाल में नमक डाल देना। खैर। भगदड़ साहब आए तो इतने हड़बड़ाए हुए थे कि हमारे घर में भगदड़ मच गई। वे आकर धम्म से पलंग पर बैठे तो नीचे बैठी बिल्ली किकियाकर भाग खड़ी हुई। मैं उसे पुचकार भी न पाया था कि वे बोले–गुरु गजब हो गया। हमारे देश में अक्सर गजब होता रहता है। यहाँ गणेश जी दूध पीते हैं तो भैरव जी दारू फटकारते हैं। इसलिए मैं चुप बैठा रहा। उन्होंने बताया–भैये, सी. एम. नवरात्रि में खंडवा गए थे तो वहाँ एक दुर्गा प्रतिमा के सामने मत्था टेका। इधर उन्होंने मत्था टेका उधर फौरन दुर्गा जी ने अपने हाथ में पकड़ा कमल का फूल छोड़ दिया। मुख्यमंत्री दुर्गा जी के दर्शन कर रहे थे। बाकी उपस्थित लोग मुख्यमंत्री जी के दर्शन कर रहे थे किस्मत की बात वह फूल सीधे मुख्यमंत्री जी के सिर पर जाकर गिरा। इससे वहाँ उपस्थित फटकीबाजों में हड़कम्प मच गया। महिलाएँ तो दुर्गा जी की जय-जयकार करने लगीं। अपनी विशेष भाषा में उन्होंने कहा जै हो, मैया आपने चमत्कार दिखा दिया। काँग्रेसी फटकीबाज बोले–देवी जी ने सी. एम. को खुद आशीर्वाद दिया है, धन्य है। जै हो-जै हो। विरोधी फटकीबाजों की कोई कमी तो थी नहीं। सो उन्होंने फरमाया कि देवी जी ने सी. एम. के सिर पर कमल रख दिया। यानी की भाजपा का जलवा खिंचने वाला है। यह सुनते ही मैं घबड़ा गया। जो विद्या अपन नहीं जानते उसमें फँसने से हालत खराब हो जाती है। जैसे कीचड़ में घुसने वाली बिल्ली की गर्दन कीचड़ में धँस जाती है और पूँछ फड़फड़ाती रहती है। बुन्देली कहावत है–

जो जामें जाने नहीं, बिदन काय खों जाय।
मूंड़ गपे में घुस गई, पूँछ कुलाँटें खाय।।

इसलिए मैं पालिटिक्स में नहीं फँसता। और देवी-देवताओं के बीच में नहीं पड़ता। बेकार की झंझट। देवी-देवताओं के बारे में मेरी राय भी कोई बहुत अच्छी नहीं है। तुलसीदास ने देवताओं की हरकतों की चर्चा करते हुए लिखा है–

ऊँच निवास नीच करतूती।
देखि न सकईं पराई विभूति।।

मेरा तो मानना है कि जो देवता जितने ऊँचे स्वर्ग में रहता है। उसकी करतूतें उतनी ही नीचतापूर्ण होती हैं। वे दूसरों की भलाई तो देख भी नहीं सकते। मगर देवता सुन्दर बहुत होते हैं। वे मुग्ध भी करते हैं। मेरा सोच तो हमेशा उलटा होता है। शुद्ध बुन्देलखंडी की पहचान यही है। कहा है–"बनी ने बिगारी तो बुन्देला काय के।" सो भैया अपनी दृष्टि तो बिल्कुल निर्मल है। दिग्विजय सिंह जी

किस देवता से कम हैं। उन्हें देखकर देवी जी को हँसी आ गई होगी। उन्होंने कमल का फूल फेंककर इशारा किया होगा कि भाई खजुराहो में चतुर लोगों ने कमल का जो जमावड़ा किया था। उस कांड का क्या हुआ वही मसल हुई कि खस्सी जान से गया और खाने वालों को मजा न आया। शाकाहारी पाठकों के लिए सूचनार्थ निवेदन है कि खस्सी बकरे को कहते हैं। पूरे पचास लाख रुपयों की होली जल गई भाई। खजुराहो की फाइव स्टार होटल में ज्ञान-संस्कृति और चरित्र पर अवश्य संगोष्ठी हुई होगी। इस संगोष्ठी के समुद्र मन्थन से अन्ततः यह मन्थन निष्कर्ष प्राप्त हुआ कि श्री केशुभाई पटेल गुजरात का मुख्यमंत्री पद छोड़ देंगे और उनके स्थान पर विधानसभा अध्यक्ष काशीराम राणा नए मुख्यमंत्री होंगे। जब तक अटलबिहारी जी मौजूद रहे तब तक यह प्रस्ताव सर्वमान्य था। उनके हवाई जहाज में बैठकर हवा होते ही यह प्रस्ताव भी हवा होता भया। इसके साथ ही यह सुसमाचार प्राप्त हुआ कि केशुभाई पटेल के समर्थकों ने त्यागपत्र की धमकी देते हुए कहा कि अगर सर्वसम्मत चुनाव न हुआ तो वे पार्टी से त्यागपत्र दे देंगे। यह जो मचौना मच गयो है। तामें हमारे प्यारे नेताओं का जलवा जो है सो खिंच गया। उनका यह रवैया दिखाता है कि–हे भाइयों चाहे आप कितने ही वोटों और बहुमत से हमें जिताएँ हम अपना यह सद्‌गुण छोड़ने वाले नहीं हैं। बीच-बीच में सरकारों को उठा-उठाकर पटकते रहेंगे।

झेंपते हुए अडवानी जी का कड़क बयान आ गया। अटल जी का शालीन वक्तव्य भी आ चुका। शंकरसिंह बघेला और सुरेश मेहता, काशीराम राणा और केशुभाई की लाइन आफ एक्शन भी साफ नजर आने लगी। उठा-पटक डटकर हुई। मुझे तो अडवानी जी पर बड़ी दया आती है। भजन और भक्ति की उमर है। ऐसे में कैसे दिन देखना पड़ रहे हैं।

मैंने भगदड़ साहब को यह सुनाया तो वे ठेठ बुन्देली में बोले जा हमाई समझ में नई आ रई। मैंने कहा–और हमाई समझ में जा नई आ रई के तुमाई समझ में का नई आ रई। वे बोले–खुलके समझाओ। मैंने कहा–यार एक घर की बहू दूसरे के संगे निकर गई। घर को डुकरा फड़फड़ा गओ। चार जनों खों घेरघार के बहू खों समझा-बुझा के घर ल्याओ। जैसे अटल जी वगैरह ने बघेला खों मना लऔ। जैसे-तैसे बहू घर आई सो बिटिया भगवे तैयार बैठी है। जैसे केशुभाई के सपोर्टर विधायक धौंसा रहे हैं। बेचारी भाजपा हाईकमान परेशान है। भगदड़ साहब बोले–गुरु समझ तो गए मनों अपन का करैं। मैंने कहा अपन दूर रहें। उसी में खैर है। याद रखो वे देवतागण हैं। सुरापान में लिप्त सुन्दरियों से सेवित देवगण स्वतः कृपालु हों तो समझ लेना कि निर्वाचनकाल निकट आ गया है। वे इस पृथ्वीवासी लोगों को निर्वाचन काल में ही देखते हैं। वरना वे अपनी लीला करने में लगे रहते हैं। अभी ठहरो खजुराहो लीला से गाँधी नगर लीला तक कई एपीसोड होंगे। मगर भगदड़ साहब चैन चाहते हो तो इन हसीनों की चिन्ता छोड़ो। कहा है–

हसीनों से तो बस साहब-सलामत दूर की अच्छी।
न इनकी दोस्ती अच्छी न इनकी दुश्मनी अच्छी।।

❐

यह दुनिया है लटकमेलकम्

लटकमेलकम् का मतलब है लुच्चों का मेला। प्यारे इस लिहाज से तो सारी दुनिया ही लटकमेलकम् है। मगर लटकमेलकम् बारहवीं शताब्दी में कन्नौज के राजा गोविन्द चंद्र के शासनकाल में लिखा गया नाटक है। संस्कृत से इसके हिन्दी अनुवादकर्ता प्रो. राधावल्लभ त्रिपाठी हैं। पिछले दिनों विश्वविद्यालयीन छात्रों ने इस नाटक का मंचन किया। इसके देखने वाले भाग्यवान थे। गद्गद कंठ और अश्रु भरे नयन लिये दर्शक समुदाय की समझ में खटाक देनी आ गया कि राजनीति का अपराधीकरण अगर हो रहा है तो क्यों हो रहा है और अगर हर तरफ लुच्चत्व की प्राण प्रतिष्ठा हो रही है तो क्यों हो रही है। एक जमाना था जब सारी राजनैतिक ताकत धर्म के इर्द-गिर्द केन्द्रित थी। यह अत्यन्त हर्ष का विषय है कि हमारे पूर्वज तब भी इन कलाओं के हम जैसे उस्ताद थे बल्कि हमसे कुछ बढ़-चढ़कर ही थे। नाटक का प्रारम्भ मदनमंजरी वेश्या की अम्मा दंतुरा नामक कुटनी के भाषण से होता है। धर्म धुरन्धरों की असलियत पर प्रकाश डालते हुए माता जी कहती हैं–बसन्त की ऋतु आ गई। गाँव की अमराई में मतवाले होकर कोकिल कूज रहे हैं। दसों दिशाएँ गूँज उठी हैं उनके कूजन से। और वो दरिहडा गाँव का तपस्वी अज्ञान राशि अपना भस्म का पात्र रखकर ऐसा गया कि अभी तक छुड़ाने नहीं आया। एक गाँव के दिगम्बर साधु महाराज अपनी मयूर पिच्छिका रख गए हमारे पास। वे भी उसे वापस लेने नहीं आए। और सुंडियाल गाँव के महामहोपाध्याय सभासालि जी की तो रत्नों जैसी ग्रन्थों की पेटी रखी है हमारे पास। एक पोथी है पंडित फुंकट मिश्र की। पोथी में कोरे भोजपत्र हैं अक्षर एक भी नहीं लिखा। एक हैं जन्तुकेतु नाम के महावैद्य। वे अपनी औषधियों की पेटी छोड़ गए। उसे चूहे खा रहे हैं। एक और गाँव के मुखिया जी हैं। वे ब्रह्मचारी हैं। कुलव्याधि नाम है उनका। वे अपनी धोती गिरवी रख गए हैं। उसे छुड़ाने के लिए कोई आग्रह नहीं है उनका। राउत्तराज ने अपना कुत्ता बन्धक में रखकर तिलांजलि दे दी। अब बचे बड़उली गाँव के सेठ जिनकी बही समझ लो हमारे यहाँ आकर बह गई। अच्छे लुच्चों से पाला पड़ गया मेरा भी।

वेश्या मदनमंजरी की माता श्री के उपरोक्त उद्गार गाँव के पंडित, तपस्वी, साधु महावैद्य, ब्रह्मचारी और सेठ सभी के उन पुण्य कृत्यों की जानकारी देते हैं जो सारे ज्ञानियों-विज्ञानियों को अन्ततः उसी हालत में हमारे समक्ष ला पटकते हैं जिसमें कि वे जन्म लेने के तुरन्त बाद थे। इस लटकमेलकम के ये सारे घटक उठा-पटक के श्रेष्ठ आचार्यगण हैं। पंडित सभासालि जी बड़े विद्वान हैं। वे अपने शिष्य कुलव्याधि के साथ मदनमंजरी से मिलने पहुँचते हैं। शिष्य कुटनी को बताता है कि आज सभासालि जी का अपनी पत्नी कलहप्रिया से भयंकर कलह हुआ है। दाँत कटौअल, नखनुचौअल, हाथापाई और जूतमपैजार सब हो गई। उसके बाद करछुल से, जलती लकड़ी से, पटे से और फिर हांडी से अच्छी मरम्मत हुई गुरु जी की। घर से भी बाहर निकाल दिया। मुझे यह संवाद सुनकर लगा कि पंडितों की हालत में आज कोई सुधार नहीं हुआ है न ही कुछ बदला है। जो गति पहले थी सो आज भी है। इसी गति को प्राप्त एक परिचित पंडित से पूछने पर वे बोले–जाने ऊख मिठास तब। जब मुख नीम चबाय। बिना पिटे प्रेम का स्वाद नहीं मिलता भैया। मैंने पूछा मगर प्यारे बिना गलती के ठुकाई। मुझे नहीं जँचती। अपन तो गुरु सुटाई पर उतर आएँगे। हाँ गलती हो

तो बताइए। मैं सिर झुका लूँगा। वे बोले–यार तुम भी विकट जीव हो।

एक शेर सुनो–

गुनहगारों में शामिल हैं, गुनाहों से नहीं वाकिफ।
सजा को जानते हैं हम, खुदा जाने खता क्या है।।

मैंने कहा–गुरु तुम भले न जानो मगर सारी दुनिया हकीकत जानती है। और तुम्हारी सारी खताओं को भलीभाँति जानती है।

जन्तुकेतु नामक वैद्य पंडित सभासालि को उपचार की पद्धति बताते हैं कि चरक मुनि ने कहा है–जिस किसी भी पेड़ की जड़ को जिस किसी भी वस्तु के साथ पीसकर जिस किसी भी रोगी को दे दें। जैसा-तैसा भी फल मिल जाएगा। यह सुनकर सभासालि जी ने उनसे पूछा– आज बड़ा रोना-धोना मचा था बाजार में। क्या आपने किसी का उपचार किया था वहाँ? जन्तुकेतु–नहीं जी आपने पूजा-पाठ किया होगा वहाँ। सभासालि जी के इंकार करने पर कुलव्याधि की यह उक्ति–हे महानुभावों जब आप दोनों वहाँ नहीं गए तो वह जो वणिक पुत्र मर गया फिर उस पर कौन-सी बिजली गिरी। जन्तुकेतु वैद्य दुःखी होकर बोले–क्या करें हम बड़ अभागे हैं। इस नगर के लोग बीमार ही नहीं होते और ऐसे जंगली हैं यहाँ के लोग–कि कोई इलाज कराते हुए मर जाए तो उसकी अर्थी हमीं से उठवाते हैं। इसलिए हमने गजवैद्यक छोड़कर आजकल बालरोगों की चिकित्सा प्रारम्भ कर दी है। बच्चा मर जाए तो उसकी अर्थी उठाना सरल है। और भई हमारा नियम है कि जब तक अर्थी में आग न लग जाए हम रोगी को नहीं छोड़ते। लटकमेलकम नाटक के जिन दृश्यों को आज से आठ सौ साल पहले लिखा और खेला गया वे आज भी सुपरहिट तमाशे की तरह जलवा खींच रहे हैं। जगह-जगह लोग अपने हुनर लगाकर तुन्दिल हो रहे हैं। तुन्दिल होना यानी बड़ी तोंदवाला होना है जिसके बारे में कहा है कि–

छीले पेड़ बबूल को तो अति बाढ़े गोंद।
काटे पेट गरीब को तो अति बाढ़े तोंद।।

अब आप भन्नाकर कहेंगे कि इसे लटकमेलकम् प्रसंग में जोड़ने की क्या जरूरत थी। तो मेरा निवेदन है कि भैया लटकमेलकम का असली जलवा यही है कि आठ सौ सालों से चल रहा लुच्चों का यह मेला अभी तक न केवल उसी जोश-खरोश से चल रहा है बल्कि इसमें भीड़ खूब बढ़ रही है। उत्तर-दक्षिण, पूर्व-पश्चिम, आग्नेय-नैऋृत्य, वायव्य-ईशान और ऊर्ध्व-अधर दसों दिशाओं से इस देश में लटकगण लटकते दिख रहे हैं। हर क्षेत्र में, हर पार्टी में, हर प्रदेश में, कन्याकुमारी से कश्मीर तक लटकमेलकम चल रहे हैं। मगर कोई कुछ नहीं कहता। बकौल स्वामी अग्रदास के–

अग्र आप स्वारथ सबै परमारथ पूजा लेय।
आप न जाए सासरे औरन को सिख देय।।

यानी सब अपने स्वार्थ के लिए ही परमार्थ के नाम पर पूजा लेते हैं। जो बाई खुद ससुराल नहीं जाती वही दूसरों को सीख देती है कि बाई अपने घर जा। तो प्यारे भाई है न दुनिया लटकमेलकम।

❒

लोकतंत्र के राजवंश और राजवंशों का लोकतंत्र

देश की प्यारी काँग्रेस कमेटी ने घोषणा की और यह रहस्य खोल दिया कि श्री राहुल गाँधी और श्रीमती प्रियंका बढ़ेरा काँग्रेस के सदस्य हैं। मेरे बारे में तो खैर पाठक परिवार भली-भाँति जानता है कि पुराना ईर्ष्यालु टाइप का मनुष्य हूँ। कभी ठीक बोलता नहीं। सो सुनकर हालत यह हो गई कि लकड़ी जल कोयला भई। कोयला जल भई राख। अभी वे रायबरेली और अमेठी के दौरे कर रहे हैं। शीघ्र ही सारे देश में घूमेंगे।

मैंने टी.वी. पर दोनों नेताओं को देखा और धन्य हो गया। कितने कृपालु लग रहे थे और सच्ची कितने सुन्दर। मेरा दृढ़ विश्वास है कि वे पूरे भारत के काँग्रेसियों की यह प्रार्थना स्वीकार करेंगे कि उन्हें चुनाव लड़कर लोकसभा में पहुँचना चाहिए। काँग्रेस पार्टी तुरन्त उन्हें टिकिट देगी। और क्यों न दे। उन्होंने पूरा जीवन इस गरीब देश की जनता की सेवा में व्यतीत कर दिया है। आन्दोलन किए हैं, जेल गए हैं, सड़कें, पुल, नदी, नाले, शाला-भवन, चिकित्सालय बनवाने में बड़ी मदद की है। पूरा भारत उनका ऋणी है। अहसानमन्द है। और भारत क्या पूरा संसार टकटकी लगाए बैठा है कि कब सोनिया गाँधी के लाल आएँ और चुनाव लड़कर देश और दुनिया का भला करें। मैं तो भैया शकल देखकर ही रह गया। क्या प्यारी सूरतें हैं। जैसे उनके पाँवों के तलुए हैं। वैसी तो कई लोगों की शकल तक नहीं है। चरण कमल बन्दौं हरि राई। मैं राजा हरि के चरण कमलों की वन्दना करता हूँ और भारतीय राष्ट्रीय काँग्रेस से उन्हें टिकिट देने का अनुरोध करता हूँ। याद रखें उन्हें टिकिट न दिया तो मैं आत्मदाह कर लूँगा। ही-ही। सब जानते हैं कि आत्मा का दाह कभी हो ही नहीं सकता। इसलिए क्वाइट सेफ। देह अपनी साफ बचा गए। इसे कहते हैं पालिटिक्स। उन्हें तो टिकिट मिलना ही है यार। उन्हें न मिलेगा तो क्या श्री हुकुम चौधरी को मिलेगा। जिनकी जिन्दगी काँग्रेस दफ्तर में झाड़ू लगाते और दरी बिछाते गुजर गई। इसलिए मैं तो कहता हूँ कि काँग्रेस के वीर जवानों को तैयार हो जाना चाहिए। नारे बनाने और पोस्टर चिपकाने के लिए लेई बनाना शुरू कर देना चाहिए। मैं तो कुछ नारे तजबीज भी कर चुका हूँ। जैसे–राहुल प्रियंका आएँगे। भारत देश बचाएँगे। आइए या जाइए। भारत देश बचाइए। आप माथे पर हाथ मारकर कहेंगे–अबे भारत देश को क्या हो रहा है और उसे किससे बचाने की जरूरत है। तो मेरी विनय है कृपा निधान कि कृपया क्रोध न करें। सच्चे काँग्रेसी का भक्तिभाव इस तरह के नारों के बिना प्रकट नहीं होता। बल्कि नेता लतियाते हैं तो हम उसे अदा मानते हैं। वे डाँट के भगाते हैं तो हमें उन पर प्यार आता है। बकौल मिर्जा गालिब–

न शोले में यह करिश्मा, न बर्क में यह अदा।
कोई बताओ कि वो शोखे-तुन्द-खूँ क्या है।।

मतलब यह है कि न शोले में यह चमत्कार है। न बिजली में यह अदा है। कोई तो बताए कि वह गुस्सैल आखिर क्या है? अभी कल ही यह गोपनीयता भंग हुई है कि प्रभु काँग्रेस के सदस्य हैं और आज से ही ढोल-मँजीरे खनक उठे हैं कि जै-हो-जै-हो।

धरम हेतु अवतरेऊ गोसाईं। टिकिट देहु मोहि बाप की नाईं।।

मैं तो आपाद मस्तक यानी चुटैया से पाँवों के तलुओं तक गद्‌गद हूँ कि देखो भैया देशभक्ति में कितना फायदा है। पंडित जवाहरलाल जी नेहरू ने स्वतंत्रता आन्दोलन में भाग लिया था सो भारतीय लोकतंत्र में उनका राजवंश ही चल निकला। राजवंश के लोग राज न करेंगे तो क्या फटीचर काँग्रेसी राज करेंगे। हुँह।

न हैरत चश्मे साकी की, न सहबत दौरे सागर की।
मेरी महफिल में गालिब, गर्दिशे अफलाक बाकी है।।

न पिलाने वाली साकी की आँख का अचरज है। न मदिरा के प्यालों का दौर चल रहा है। गालिब के यहाँ तो आकाश के चक्कर काटने के सिवाय कुछ नहीं। भारतीय लोकतंत्र के राजवंश डटे रहेंगे। कभी क्वीन ऑफ इंग्लैंड के स्वागत को आतुर जवाहरलाल नेहरू को देखकर प्रसिद्ध कवि नागार्जुन ने लिखा था–

आओ रानी हम ढोएँगे पालकी।
राय हुई है यही जवाहर लाल की।।

लोकतंत्र के राजवंश छोटे, बड़े, मँझोले तीन प्रकार के हैं। वैसे ही राजवंशों का लोकतंत्र भी तीन ही प्रकार का है। अपना, अपने वालों का और दूसरों का। दो राजवंशों के लोकतंत्र की जानकारी तो मुझे है। एक राजा मांडा थे वी. पी. सिंह। वे मंडल के नाम पर अपना अलग वोटिंग ब्लाक बनाने चले थे। शीघ्र ही इतिहास के कूड़ेदान में स्थान ग्रहण करते भए। दूसरे मेरे प्यारे राजा दिग्विजय सिंह जी हैं जो "दलित एजेंडा" के नाम पर अफसर लाबी की पॉलिटिक्स के शिकार हुए। यह भी अलग वोटिंग ब्लाक बनाने का चक्कर था। बेचारे खेत रहे। लोकतंत्र के राजवंश और राजवंशों का लोकतंत्र ढोते हुए देश ने लगभग सत्तावन वर्ष निकाल दिए। लगता है कि धीरे-धीरे हम उस तरफ बढ़ रहे हैं। जिस दिन के बारे में कभी राष्ट्रकवि दिनकर ने लिखा था–

सदियों की ठंडी पड़ी धूप सुगबुगा उठी।
मिट्टी सोने का पहन ताज इठलाती है।।
उठो समय के रथ का घर्घर नाद सुनो।
सिंहासन खाली करो कि जनता आती है।।

मजूर, किसान, मास्टर, बाबू, हलवाहे, कलमकार आने वाले हैं। बाबू, भैया, राजा बेटा गेट अलर्ट। अब, केवल गप्पों से दुनिया नहीं चलेगी। काम करिए। वर्ना देख ही रहे हैं न। दो सौ तीस में अड़तीस तो पाँच सौ बयालीस में कितने? बताइए तो जरा। नहीं बताएँगे। तो ठोहोरिए न अप्रैल में हमीं बताएँगे।

❐

नहीं तुम्हारी जय का स्वर यह : इंकिलाब है इंकिलाब है

सवाल यह है कि गड़रिया बड़े कि यादव। श्री बाबूलाल गौर के अनुसार बड़े यादव ही होते हैं। वे गड़रियों के बॉस होते हैं, मालिक। गाय-भैंस-बैल आदि बड़ा गोधन यादवों के पास होता है। जबकि भेड़-बकरी के लिए लोक-व्यवहार में "गाडर" शब्द का प्रयोग होता है। गाडर का मालिक गड़रिया। इस महत्वपूर्ण विषय में यदि किसी भाई-बहिन को कोई सन्देह हो तो बैल-बकरा संग्राम कराके निष्कर्ष प्राप्त कर सकते हैं। गुजरात के भीमा जी गड़रिया एकमात्र उल्लेखनीय गड़रिया श्री हुए हैं जबकि यादवों का विशाल वंशवृक्ष प्राप्त होता है। यदुकुलनंदन उर्फ यादवों के वंश को आनंदित करने वाले छलिया जुगलकिशोर कृष्णं वन्दे जगतगुरुम कहकर अब मैं अपनी औकात पर आता हूँ। हमारे मुख्यमंत्री माननीय बाबूलाल गौर जब देश के यादव शिरोमणि श्री लालू यादव से मिले तो भरत-मिलाप का दृश्य रहा होगा। जब भरत जी चित्रकूट में राम से मिलने पहुँचे तो उन्होंने धरती पर माथा टेकते हुए श्रीराम के चरणों में प्रणाम किया।

कहत सप्रेम नाइ महि माथा। भरत प्रनाम करत रघुनाथा।
उठे राम मुनि प्रेम अधीरा। कहुँ पट कहुँ निषंग धनु तीरा।।

भरत का प्रणाम निवेदन सुनते ही श्री राम प्रेम में व्याकुल होकर इस तरह उठे कि कहीं उनके तीर-तरकश गिरे और कहीं धनुष गिरा। उत्तरीय वस्त्र भी गिर गया। परन्तु ठहरिए। यह भक्तजनों को विचलित करने वाला प्रसंग है। अब मैं राजनीति में दिलचस्पी रखने वालों के निमित्त यह कथा कहता हूँ कि जब श्री बाबूलाल गौर यदुकुल भूषण श्री लालू यादव को आदरपूर्वक प्रणाम करके सामदे हुए तो श्री लालू यादव ने कहा–यह क्या गौर-फौर लगा रखा है? सीधे यादव क्यों नहीं लिखते। बाबूलाल जी ने स्वाभाविक यादवी विनम्रता के साथ कहा होगा–बराबर है बाबू जी। आपकी आज्ञा शिरोधार्य है किन्तु दीगर वोटों का भी बड़ा महत्व है। इस सरनेम से ठाकुर मुझे हरीसिंह गौर का वंशज समझते हैं। एससी एसटी मुझे गौंड़ समझते हैं। दीगर लोग मुझे कायस्थ-ब्राह्मण वगैरह समझते हैं। इसी से मैं साठ-साठ हजार वोटों से विधानसभा चुनाव जीतता हूँ। तब लालू जी ने कहा होगा–भैरी गुड। हम यह जानकर बहोत खुश हुआ हूँ। डटे रहो। हमारा तुमको बहोत आसीरबाद है। तुम चाहो तो एमपी में पचीस-पचास ठो रेल लाइन डलवा देता हूँ। भले तुम भाजपा में हो और मैं राष्ट्रीय जनता दल में। तुम्हारी पार्टी पीले-भगवा रंग की है। मेरी राजद बिल्कुल व्हाइट-कालर्स है। किन्तु मेरे भाई बाबूलाल हम दोनों एक ही हैं। जरूरत पड़ने पर पीला सफेद सब मिला लेंगे। एकमएक कर डालेंगे। असल चीज पावर है। हमें उसमें बने रहता है। हम दोनों मिलकर एक तीसरा रंग बना डालेंगे। कबीरदास ने कहा है–

कबीरा हरदी पीयरी, चूना उज्जर भाय।
राम सनेही यों मिले, दोनों बरन गँवाय।।

पर अभी चिन्ता करने की जरूरत नहीं है। जब जरूरत होगा तब मोलायम सिंह जी से भी बात किया जाएगा।

भ्राजी अकेले यू. पी., बिहार नहीं। एम. पी. में भी यादव राज कर रहे हैं। ऐसे में मेरा दुःखी होना बिल्कुल जायज है। हमारे शहर सागर में क्या कोई कमी है। मैं चुनावी खुसुर-पुसुर नहीं करता। सीधी बात करता हूँ जो कलेजे तक जाकर कल्ला जाती है। ठाँस दी और दूर हो गए। भैया हमारे शहर के यादव वीरों पर कोई दृष्टिपात ही नहीं करता। दादा लक्ष्मीनारायण यादव का नाम क्या कुछ कम है। परन्तु बेचारे सज्जन पुरुष हैं। राजा दिग्विजय से झटका खा चुके हैं। न लालू को उनकी चिन्ता है। न बाबूलाल जी को उनकी फिक्र है। दूसरे हमारे प्यारे नेता गौरी सिंह यादव हैं। रहते सागर में हैं और सम्हालते मध्यप्रदेश हैं। वे मुलायम सिंह के तीरे-नजर के शिकार हैं। हालाँकि और भाई-बन्धु भी हैं। मगर मेरी इन दोनों से बड़ी घनिष्ठता है। इसलिए माननीय मुख्यमंत्री जी से मेरा अनुरोध है कि इन पर भी कुछ गौर किया जाए। हालाँकि मेरी बुद्धि भी एक तरह की कुबुद्धि में आती है। आप बड़े लोगों के प्रेम के बारे में तुलसीदास जी ने लिखा है–

अगम सनेह भरत रघुवर को। जहँ न जाय मन विधि हरिहर को।।
सो मैं कुमति कहौं केहि भाँती। बाज सुराग कि गाडर ताँती।।

अर्थात् राम जी और भरत का जो अगम प्रेम है। वहाँ तक ब्रह्मा, विष्णु और महेश तीनों का मन नहीं पहुँच सकता, उस प्रेम को मैं कुबुद्धि किस प्रकार कहूँ। भला, गाडर की ताँत से भी कहीं सुन्दर राग बज सकता है। आप रामबाबू गड़रिया को लेकर बिल्कुल चिन्ता न करें।

बुढ़ापे में तरुणी स्त्री जहर के समान होती है। कहा है वार्धक्ये तरुणी विषम। सत्ता सुन्दरी क्या कभी बुढ़ाती है। बब्बा वह चिर तरुणी है। महामारक। ठगिनी है। आप दूसरों पर भरोसा न करें। राम बाबू गड़रिया को तो हमारे सागर के लोग ही निपटा देंगे। आप हुकुम तो करो फिर देखो–हफ्ता-भर में दि एंड। खटिया स्टेंड। यह देश बाबू के बिना एक पल नहीं चल सकता। और अगर रामबाबू गड़रिया के नाम में बाद में बाबू आता है तो सी.एम. साहब के नाम में पहले ही बाबू डटे हैं। जो जब चाहेंगे तब रामबाबू को घाट तक पहुँचाय देंगे। सो तो तुम फिकर न करो। तुमने टास्क फोर्स बना दी है। वह रामबाबू गड़रिया को मार गिराएगी।

मगर बाबू भैया उधर टास्क फोर्स ने जिस वीरप्पन को मार गिराया है। तमिलनाडु में मुलाकाडु गाँव में उस मृत डाकू और चंदन तस्कर, हत्यारे वीरप्पन को श्रद्धांजलि देने ग्रामीणों का ताँता लगा हुआ है सो क्यों? एक रिटायर्ड टीचर की अगुआई में उसका स्मारक बनाने की तैयारियाँ चल रही हैं। वीरप्पन की कब्र के पास धूप-अगरबत्ती और मालाएँ लिए रोज हजारों ग्रामीण इकट्ठे होकर श्रद्धा-सुमन अर्पित कर रहे हैं। लोगों का कहना है कि वीरप्पन गरीबों की लड़ाई लड़ता था। सेलम्मा नामक एक महिला सपरिवार सैकड़ों किलोमीटर की यात्रा करके वीरप्पन को श्रद्धांजलि देने पहुँची और उसने वीरप्पन को एक बहादुर तथा अच्छा व्यक्ति घोषित किया। जरा गौर करें श्रीमान और साहब क्या हम रामबाबुओं और वीरप्पनों की पैदाइश रोकने के लिए कोई योजना नहीं बना सकते। फूलन देवियों और वीरप्पनों, रामबाबुओं और निर्भय गूजरों का आना-जाना बन्द किए बिना यह देश आगे नहीं जा सकता बाबू भैया। श्री राजेन्द्र अनुरागी ने पं. जवाहरलाल नेहरू के सागर आगमन पर एक कविता लिखी थी। उसकी कुछ पंक्तियाँ आपके विचारार्थ प्रस्तुत हैं–

आज देश नंगा-भूखा है, शस्य-श्यामला भिखमंगी है।
घरों-घरों में जाकर देखो, नेता, रोटी की तंगी है।।
याद करो कुछ वर्ष पुराने, तुम्हें याद हैं–तुम्हें याद है।
नहीं तुम्हारी जय का स्वर यह, इंकिलाब है, इंकिलाब है।।

जुल्मी नारी उर्फ मारा गया ब्रह्मचारी

कहते हैं संन्यासी को कामिनी और कंचन से दूर रहना चाहिए। मगर समय-समय पर स्वर्ण और स्त्री को लेकर संन्यासी संकट में पड़ते रहे हैं। नारी शरीर को केन्द्र में रखकर ही दुनिया का फैशन चलता है। मेरे गुरु कहते थे–बेटा मनुष्य से विचित्र कोई और प्राणी संसार में पैदा नहीं हुआ। जिस शरीर को ढकने के लिए वह संसार-भर के फैशनेबल कपड़े तैयार करता है। उसी शरीर को बिना कपड़ों के देखने के लिए परेशान घूमता है। आमतौर पर भोग के प्रति अति निषेध और घोर वर्जना साधु-संन्यासियों को अन्ततः उसी विलास के दलदल में ला पटकती है। जिससे कि वे निकलकर भाग खड़े हुए थे। भक्तिनों पर साधु-महात्माओं की मधुर दृष्टि अक्सर आशिकों को आगबबूला करती रही है। कबीरदास जी खूब ज्ञान-वैराग्य पेलते रहे मगर स्त्री उनकी अक्ल पर भी जादू की लकड़ी घुमाने से नहीं चूकी। उन्होंने वर्जित फल चखा और फिर उसे फेंककर भाग खड़े हुए। वे लिखते हैं–

नारी तो हमहूँ करी तब ना कियो विचार।
जब जानी तब परिहरि नारी महा विकार।।

मैं कहता हूँ कि भैया जब छोड़ना ही था तो करी ही क्यों। जिसको इस प्यारे देश में वैराग्य होता है सो स्त्री के विरुद्ध चालू हो जाता है। स्त्री इस पृथ्वी पर परमात्मा का सर्वश्रेष्ठ उपहार है। प्यारे साधु-संन्यासी, मुनि महराज, पीर, औलिया, फकीर और फादर सुनें मैं बड़े आदर से कहता हूँ इस महादेश की संस्कृति और इतिहास मेरी बात का प्रमाण हैं कि हमारे साधु-संन्यासी मेनका, रम्भा और उर्वशी का नृत्य, रूप और रंग देखकर हमेशा अपना वैराग्य त्यागते रहे हैं। इससे उनके संन्यासीपन और सामाजिक हैसियत पर कभी कोई आँच नहीं आई। उनकी सन्तानें न केवल अच्छे लोगों ने पालीं बल्कि ऊँचे कुलों में ब्याही गईं। विश्वामित्र और मेनका की बेटी शकुन्तला को कण्व जैसे ऋषि ने पाला और महाराज दुष्यन्त जैसे प्रतापी सम्राट से उसका विवाह हुआ। समाज ने इसे बहुत गम्भीरता से नहीं लिया मगर अपने मुनि महराज श्री विश्वामित्र जी अन्त तक अपने और मेनका के मधुर-रस-सम्बन्धों का खंडन करते रहे। मधुर-रस-सम्बन्धों की स्वीकृति के लिए भी कलेजा चाहिए। समाज के थानेदार अक्सर महिलाओं को डराते-धमकाते रहे हैं। ऐसा कौन प्रेमी होगा जिसने अपनी प्रेमिका से यह मनमोहक शब्द न सुने हों कि अरे कोई देख लेगा। या कोई देखेगा तो क्या कहेगा। इनका सीधा अर्थ यह है कि प्यारे कोई न देखे तो डटे रहो। नृत्य स्त्री की सुन्दरता को, उसकी सुडौलता को उभारता है। नाचती औरत ज्यादा मोहक लगती है। इसके बावजूद वह नाचती कम है नचाती ज्यादा है। नाच बना स्त्री के लिए है मगर नाचता पुरुष ही है। तुलसीदास ने लिखा है–

नारि बिबस नर सकल गुसांईं। नाचहिं नट मर्कट की नांई।।

अर्थात् सारे पुरुष स्त्रियों के वश में होकर मदारी के बन्दर की तरह नाचते हैं। स्त्री विवश नहीं होती। विवश होने का अभिनय करती है। बुन्देली में प्रसिद्ध है–हम पै न डारो दबारे,कठन घरबारे हमारे। मतलब साफ है–हे मेरे प्यारे मुझ पर दबाव मत डाल। मेरा घरवाला बड़ा कठोर है। यानी वह कठोर न होता तो कोई चिन्ता की बात नहीं थी। ❐

जोगी जी प्रेम का रोग लगा इनको

एक जमाना था जब इतने वैद्य, डॉक्टर, हकीम, अस्पताल और रोग जँचैयों की दुकानें नहीं थीं। गाँव-देहातों में ओझा-गुनी होते थे। बोली और भाषा में न बताने वाली बीमारियाँ समझना इन गरीबों के वश की बात नहीं थी। मनुष्य मूलतः दो तरह की व्याधियाँ पाल बैठता है। मानसिक और दैहिक। इन दोनों को मिलाकर मनोदैहिक उपचार अब ढूँढ़ निकाले गए हैं। पागल भी ठीक और देह भी स्वस्थ। मगर अभी पचास-साठ साल पहले कोई सुविधा नहीं थी। न बसें, जीपें न बिजली-नल न इलाज की सुविधा। तब हट्टे-कट्टे, स्वस्थ और सुन्दर नौजवान जोगी अपनी झोली टाँगे, जनकल्याण हेतु नुस्खे, टोटके और तंत्र बताते हुए सुन्दरियों का इलाज करते गाँव-गाँव घूमते थे।

जोगी जी के गाँव पहुँचते ही सुन्दरियों में शोर मच जाता। अरे, बड़े पहुँचे हुए महात्मा हैं। सन्त हैं। जिज्जी-साक्षात भगवान हैं। उन्होंने हाथ पकड़ा और मेरा बुखार उतर गया। इतिहास गवाह है कि जोगियों ने अक्सर सुन्दरियों का भरपूर इलाज किया है और सुन्दरियों ने भी जोगियों का खूब कल्याण किया है। इस सिलसिले में खाकसार चचा गालिब का यह शेर उद्धृत करने की इजाजत चाहता है–

बनाकर फकीरों का हम भेस 'गालिब'।
तमाशा-ए-अहले करम देखते हैं।।

यानी हुजूर दाता लोगों का जलवा देखने के लिए ही हम जोगी-फकीरों का वेष धरे घूमते हैं। ये जोगी लोग बाकायदा दरवाजे पर खड़े होकर खुल्लमखुल्ला घोषणा करते थे कि–न माँगे ये सोना-चाँदी। माँगे दरशन देवी। तेरे द्वार खड़ा इक जोगी। मन का रतन लाया। करके जतन आया। नयनों में दरशन प्यास। प्रेम की भिक्षा, प्रीत की शिक्षा माँग रहा ये दास। आदि-आदि। जाहिर है यह विनम्र निवेदन सुनते ही प्रसन्न होकर देवियाँ न केवल दर्शन देती थीं बल्कि जोगी जी को प्रेम की भिक्षा और प्रीत की शिक्षा इत्यादि भी लगे हाथों दे डालती थीं। जिन्हें ग्रहण कर जोगी महाशय अगले गाँव की ओर वहाँ की देवियों के दर्शन हेतु प्रस्थान करते थे।

यही नहीं सहेलियाँ एक-दूसरे के प्रेम रोग को ठीक करने के लिए जोगी महोदयों से सिफारिश और निवेदन भी करती थीं–जोगी जी, प्रेम का रोग लगा इनको, कोई इसकी दवा यदि हो तो कहो। सुनकर द्रवित हुए जोगी महाराज उपचार में जुट जाते थे। कभी-कभी सुन्दरियों के बाप-भाई या असफल प्रेमी फटे में टाँग डालते हुए आ धमकते और जोगी महाराज की ऐसी सेवा करते हैं कि जोगी जी महीनों हल्दी-चूना लगाकर हड्डियाँ सिंकवाते हुए खटिया पकड़े रहते। लोग हफ्तों ठट्ठा करते रहते कि जोगी जी बेचारे जिस भूत को उतारने गए थे। उसी ने इनकी यह दशा की है। अपने गाँव में जोगियों की कोई प्रतिष्ठा नहीं होती थी। वे बेचारे कितना ही जोग साध लें। गाँववाले उन्हें जोगड़ा कहकर मखौल उड़ाते थे। इसीलिए वह प्रसिद्ध कहावत बनी जिसमें यह स्पष्ट किया गया है कि गाँव को जोगी जोगड़ा। आन गाँव को सिद्ध। दूसरे गाँव में ही जोगड़े को सिद्ध माना जाता है।

हे पाठक परवरदिगार यह लेख किसी खास जोगी के बारे में नहीं है और छत्तीसगढ़ के मुख्यमंत्री श्री अजीत प्रमोद कुमार जोगी जी के बारे में तो बिल्कुल ही नहीं है। यह अलग बात है कि सत्ता

सुन्दरी से उनको भी गाँव के जोगड़े जैसा विकट प्रेम है और किसे नहीं है। मुझे तो भई बहुत है मगर क्या करें। वही देवी जी मुझे मुँह नहीं लगातीं। मुस्कुराती हैं, इशारे करती हैं। झमककर इतने पास से निकलती हैं कि तन कंटकित और मन पुलकित हो उठता है। अर्ज किया है कि–

किस मुँह से शुक्र कीजिए, उस लुत्फे खास का।
पुरशिस हैं और पाए सुखन दरमियाँ नहीं।।

मतलब यह कि वे बिना कोई बात किए बस आँखों-ही-आँखों में मेरे मन की बात और मेरा हाल पूछ रहे हैं। उनकी इस कृपा के लिए किस तरह धन्यवाद दूँ।

कहते हैं जोगियों और तपस्वियों को माया नहीं व्यापती। सो गलत है। माया बहिन जी का ऐसा है भैया कि वे तो सबको लग जाती हैं। माया बहिन जी जहाँ पहुँच जाती हैं। वहाँ राम जी की नहीं चलती। इसलिए समझदार लोग पहले तय कर लेते हैं कि जा बाजी रहना है या बाबा जी होना है। जो असमंजस में पड़ जाते हैं। उन्हीं के लिए यह आप्त वाक्य घोषित है कि दुविधा में दोऊ गए माया मिली न राम। बट परन्तु लेकिन किन्तु माया मिली और खूब मिली। माया बहिन जी को सताने गए सी.बी.आई. के अफसर ताल कारीडोर मामले की जाँच के लिए पहुँचे। मगर बहिन जी के भाई-भौजाइयों और खुद बहिन जी के बैंक खातों में करोड़ों रुपये डिपाजिट देखकर मूर्छा को प्राप्त होते भए। शुरू में बहिन जी बड़ी भन्नाईं, चीखीं, चिल्लाईं, मनुवादी अटल बिहारी वाजपेयी को खरी-खोटी सुनाईं। उनके पक्ष में खटाक से सोनिया जी का बयान भी आ गया। माननीय जयपाल रेड्डी भी भाषण पेल चुके तब सी. बी.आई. ने करोड़ों रुपयों के अवैध डिपाजिट खोज निकाले। माया बहिन जी और जोगी जी दोनों दलित कार्ड खेलने लगे। काँग्रेस के प्रखर प्रवक्ता जयपाल रेड्डी साहब और सोनिया जी ने भी एक भाषण पेल दिया कि सी. बी. आई. केन्द्र सरकार के इशारे पर दलितों को सता रही है। जब खातों में जमा अवैध रकमों का खुलासा हुआ और बहिन जी की नकद रकम करोड़ों में पहुँची। भैया-भाभियों के खातों में भी करोड़ों का मामला पाया गया। तब सकल नेताओं की आँखें धड़ाम की आवाज से खुलीं कि हे मूरख जिसके पास करोड़ों की नकद मुद्रा है वह काहे का दलित और काहे का कमजोर। भैया वह तो महामनुवादी है। दलित और पीड़ित लोगों से मिलना है तो उस बस्ती में जाकर देखो जहाँ गाँधी जी जीवन-भर जाकर ठहरते रहे। जिसकी दुम उठाकर देखो वहीं रस्सी बँधी निकलती है। बच्चे अक्सर चिल्लाते हैं–बड़ा शोर सुनते थे हाथी की दुम का। उठाकर जो देखा तो रस्सी बँधी थी। समझे न प्यारे। और जो समझे सो बिल्कुल ठीक समझे। छत्तीसगढ़ के बारे में बुन्देलखंड का एक स्वाँग प्रस्तुत है–

घुन हो गए शरीर। जब से बलम जोगी हो गए।

❒

गणपति बप्पा : आई लव यू

भारतीय टेलीविजन नेटवर्क पर संस्कार चैनल भक्ति और धर्मदर्शन के कार्यक्रम प्रसारित करता है। यह मेरा प्रिय चैनल है। अक्सर यह चैनल देखता हूँ। मेरी पत्नी बड़ी धार्मिक थीं। वे इतने व्रत-उपवास करती थीं कि प्रसन्न होकर भगवान ने उन्हें अपने पास स्वर्गलोक में बुला लिया। मैं इधर मृत्युलोक में फटफटाता हूँ। अविवाहित लड़कियाँ और विधुर पुरुष शायद इस देश में सर्वाधिक आरोप झेलने वाले होते हैं। दुनिया-भर के चोट्टे, भ्रष्ट, अनैतिक और चरित्रहीन लोग उन्हें उपदेश और ज्ञान देने का अधिकार खुद ही प्राप्त कर लेते हैं। अद्‌भुत देश है यह। उपदेश ज्ञान और चरित्र के कसीदे पढ़ते हुए लोग अक्सर संदिग्ध आचरण वाले होते हैं। बुन्देलखंड में एक लोकोक्ति है कि पंडित, वैद्य और मशालची इन तीनों की उलटी रीति होती है। वे आपको रास्ता बताएँगे मगर खुद दीवार कूद के निकलेंगे–

पंडित, वैद मसालची इनकी उलटी रीत।
औरन गैल बताए के आपुन नाके भीत।।

यह संस्कार चैनल भारतीय धर्म-दर्शन की शक्ति समन्वय की अवधारणा को मानता होगा। अभी पिछले दिनों से चल रहे गणेशोत्सव के सिलसिले में एक शिन्दे साहब ने अपना गाया भजन गणेश जी को समर्पित किया। उसके बोल सुनते ही मैं उठकर खड़ा हो गया। गायक महोदय ने "गणपति बप्पा आई लव यू" जैसा इंटरनेशनल भजन प्रस्तुत किया। मुझे मजा आ गया। "आई लव यू" के गुरु-गर्जन के बिना अंग्रेजी का कोई अर्थ नहीं बचता। मुझे आश्चर्य होता है कि ऐसी व्यावसायिक ऐसी प्रशासनिक और विकट साम्राज्यवादी भाषा में ये शब्द कहाँ से आ गए। पूरा भारत चक्कर में पड़ जाता है कि–ये ईलू-ईलू क्या है। ये ईलू-ईलू क्या है।।

परमात्मा से प्रेम करना अच्छी बात है। और परमात्मा से ही क्या जीव मात्र से प्रेम करना उत्तम है। मगर सचमुच 'गणपति बप्पा' उतने पॉवरफुल नहीं लगे जितनी पॉवरफुल इंग्लिश लगी। एक स्कूल में चल रहे साँस्कृतिक कार्यक्रम में अद्‌भुत नृत्य-गान देखा-सुना। पन्द्रह-बीस बरस के लड़के-लड़कियों ने राधा-कृष्ण के रास लीला नृत्य की प्रस्तुति की थी। मगर गीत लाजवाब था। राधिका जी ने मोहक मुद्राएँ दिखाते हुए गाया–डोंट टच माई बाडी, कन्हैया डोंट टच।।

सुनकर हाल तालियों की गड़गड़ाहट से गूँज उठा। तब कुछ दिनों तक मैं कन्हैया जी के बड़े प्रेशर में रहा फिर धीरे-धीरे यह बात साफ होती गई कि कन्हैया जी उतने पॉवरफुल और प्रेशरवाले नहीं थे। जितनी पावरफुल और प्रेशरफुल अंग्रेजी थी। अब आप क्या कन्हैया जी को जानते नहीं। जो लड़कियाँ गा रही थीं–'डोंट टच' वे बेचारी नहीं जानतीं कि कन्हैया डू नाट नो इंग्लिश। और जानते भी होंगे तो आपके कहने से वे क्या मानने वाले हैं। मैं कहता हूँ–बाई हिन्दी-अंग्रेजी भले न जानी मगर कन्हैया जी को तो जान लो। तुम्हारे कहने से क्या होता है। ही दोज मोस्ट अनरिलायबल फेलो। घोर अविश्वसनीय व्यक्ति हैं वे। श्री शकील बदायूँनी उन्हें ठीक से जानते थे। इसलिए उनकी नायिका सीधे शिकायत करती थी–मोहे पनघट पै नंदलाल छेड़ गयो रे। आगे और भी था कि वह

नाजुक कलइयाँ वगैरह मरोड़ गया, कंकरी मार गया और गगरिया फोड़कर जाता भया। सो वाजिब बात है।

'जी को जौन सुभाव जाय न जी सें।
नीम न मीठी होय खाव गुड घी से।।'

कोई भी अपना स्वभाव नहीं बदलता। नीम को गुड़-घी से मिलाकर खाइए तब भी वह मीठी नहीं होती।

हे पाठक, जी यह लेख यहीं तक लिख पाया था कि प्रोफेसर सुरेश गर्ग सुबह की सैर करते हुए आ मिले। बोले–शिक्षक दिवस पर क्या लिख रहे हो। मैं हैरान गणेश जी से सीधे शिक्षक पर केन्द्रित करना कठिन काम है। हालाँकि उतना कठिन नहीं है। गणेश-पर्व के चलते ही बीच में शिक्षक-दिवस आ गया। अभी-अभी जो अधिकारी ट्रान्सफर और युक्तियुक्तकरण करके 'टीचरों' को ठीक कर चुके थे। और आनंदित होकर चर्चा कर रहे थे–कि सब साले राइट हो गए। वे ही पाँच सितम्बर को मालाएँ लिये शिक्षक सम्मान समारोह आयोजित कर रहे हैं। शिक्षक दिवस और नागपंचमी एक जैसे त्यौहार हैं। नागपंचमी को जिसे देवता मानकर दूध पिलाते हैं और पूजा करते हैं। उसे साल-भर लट्ठ लिये मारते-खदेड़ते हैं। उसी तरह जिसे शिक्षक दिवस को माला, शाल और श्रीफल समर्पित करते हैं। उसे बाकी वर्ष-भर ट्रान्सफर और सस्पेन्शन के डंडे से न पीटा तो अफसरी किस काम की। इसलिए मैं बार-बार कहता हूँ–पशु गणना, जन गणना, मतगणना और जितने भी बला टाइप के काम हैं। उनसे घबराने की जरूरत नहीं। ये जो इतने शिक्षक हैं सो किसलिए हैं। ये साहबों के गधे हाँकें। उन्हें आदमी बनाएँ। ये पीर हैं, इनकी पूजा कर लो। ये बाबर्ची हैं, इनसे भोजन बनवा लो। ये भिश्ती हैं, इनसे पानी भरवा लो। ये गधे हैं, इन पर बोझ लादो। जो शिक्षकों को प्रताड़ित न करे वह सरकार निकम्मी होती है। यह हमारी सनातन परम्परा है। इसलिए कभी अकबर बादशाह ने वीरबल से कहा–हमें चाहिए ऐसा नर। पीर, बबर्ची भिश्ती खर।। तो वीरबल ने एक शिक्षक उनकी सेवा में हाजिर कर दिया था। सरकार शिक्षकों को शिक्षा-कर्मी बना रही है। मेरा सुझाव है कि राजा दिग्विजय सिंह जी चाहें तो इसे 'शिक्षा-मजूर' घोषित कर दें। इससे शिक्षक जगत काफी लाभान्वित होगा और बदले में सरकार को लाभान्वित करेगा। फिर कोई भक्त कहेगा–गणपति बप्पा आई लव यू तो गणेश जी झल्लाकर कहेंगे–मुझसे क्या कहता है। उस टीचर से इलू-इलू कर। मेरे गुरुजन सुनें–आपके शिष्यों की बिरादरी आपको याद करती है–हैप्पी टीचर्स डे–डार्लिंग इलू-इलू।

❐

माँगकर खाने में मजा : माँगकर पीने में मजे

भिखमंगे भारतीय रेलों की शोभा हैं। भिखारी न हों तो रेलयात्राएँ बेमजा हो जाएँ। रेलयात्राएँ ही क्या, मंगनों के बिना तो जिन्दगी ही नीरस हो जाएगी साहब। जिन्हें कोई नहीं पूछता उन्हें भिखारी पूछते हैं। असीसते हैं। कभी कोसते हैं तो कभी द्रवित होकर उदारतापूर्वक अपने व्यवसाय में पार्टनर बनने का निमंत्रण देने लगते हैं–कुछ नहीं है? तो चलो साहब अपने साथ चलो। दोनों माँगेंगे, खाएँगे और मस्त रहेंगे। भारतीय भिक्षुक अपनी असीम उदासीनता के लिए भी जाने जाते हैं। दे उसका भला जो न दे उसका भी भला। दे दे राम दिला दे राम और देने वाले श्री भगवान। भिखारी होने के पीछे यह सार्वभौमिक तथ्य कार्य करता है कि अल्ला देवे खाने को तो कुतका जाए कमाने को। कुतका यानी अँगूठा। कमाएँगे नहीं तो खाएँगे क्या? माँग के खाओ न यार। कौन मना करता है। तुम्हारे पास खोने के लिये कुछ नहीं है और माँगने के लिए सारा संसार पड़ा है। हालाँकि सूत्रकारों की राय यह है कि शान, सम्मान और स्नेह तभी तक कायम रहते हैं जब तक आप कोई याचना नहीं करते। आपने इधर किसी से कुछ माँगा और उधर इज्जत की मिट्टी उठी। पुराने लोग कहा करते थे–

आब गई, आदर गया, नैनन गया सनेहु।
ये तीनों जब ही गए, जबहिं कहा कछु देहु।।

भीख माँगना अलग है। कर्ज लेना अलग। दोनों में फर्क है। भीख कर्ज की अम्मा है। कर्ज इज्जतदार लोग लेते हैं। समझदार लोग कर्ज लेकर मौज उड़ाते हैं। सीधी बात है। जब तक जियो सुख से जियो कर्ज लेकर घी पियो इच्छा हो तो आप पेय पदार्थ बदल भी सकते हैं। कर्ज लेकर पीने से तबीयत ठीक रहती है। स्वास्थ्य खराब नहीं होता। और अगर खराब होगा तो उस मूरख का होगा जिसने कि आप श्रीमान को कर्ज दे रखा होगा। मैं तो कहता हूँ कि खुद चचा गालिब कर्ज लेकर शराब पीने के पक्ष में थे। उन्होंने फरमाया है–

कर्ज की पीते थे मय, पर समझते थे कि हाँ।
रंग लाएगी हमारी, फाकामस्ती एक दिन।।

उधार न मिले तो भैया बड़े-बड़े सफेदपोशों की इज्जत उतर जाए। ये बड़ी-बड़ी सरकारें, संस्थाएँ, देश और दुनियादार कर्ज के बूते पर ही जलवाफरोज हैं। नीति यह कहती है कि जो पिता अपने पुत्र पर कर्ज छोड़ जाए, जो माता दुराचारिणी हो, पत्नी अत्यन्त सुन्दर हो और जो पुत्र मूर्ख हो। उन सब को शत्रु जानें और मानें। कहा है–

ऋणकर्ता पिता शत्रुः माता च व्यभिचारिणी।
भार्याम् रूपवती शत्रुः पुत्र शत्रुः अपंडित।।

लेकिन भीख माँगने से यह लाभ है कि उसे लौटाना नहीं पड़ता। इसीलिए तो भीख कर्ज की माता है। कई लोग तो इतने प्रतिभावान होते हैं कि कर्ज लेते हैं और उसे भीख मान लेते हैं। ऐसे लोग कर्ज चुकाने का प्रश्न उठाते ही अत्यन्त विनम्रतापूर्वक निवेदन करते हैं कि जिसका लिया सो आज तक

दिया नहीं, आपका क्या खाकर भाग जाएँगे। लोग झटके में आ जाते हैं और इन्हें बार-बार उधार देकर पछताते रहते हैं। कर्ज लेना किसी वजनी गोल पत्थर को किसी ऊँचे पहाड़ से नीचे गिराना है और कर्ज चुकाना उसी पत्थर को उसी जगह पर वापस पहुँचाना है। इसलिए बुद्धिमान कर्ज नहीं लेते। वे सीधे भिक्षा माँगते हैं। देना यार एक दस का नोट। चार-पाँच लोगों से माँगकर बच्चन जी को गुनगुनाते हुए खर्च करने पहुँच जाते हैं–

शेख कहाँ तुलना हो सकती, मस्जिद की मदिरालय से।
चिर विधवा है मस्जिद तेरी, सदा सुहागन मधुशाला।।

माँगने में मजा है। माँगकर पीने में और मजा है। साहिब मँगनों की दम पर दुनिया चलती है जो आज पार्टी का टिकिट माँगता फिर रहा है। वही कल घर-घर दरवाजे-दरवाजे, गाँव-गाँव, नगर-नगर वोट माँगता फिरेगा। मुझसे तो भैया वे दीन-आँखें देखी नहीं जातीं साले इतने प्रेम से बोलते हैं कि तबीयत होती है कि मैं ही शहर-भर के वोट इनकी पेटी में डाल दूँ। बाल-बच्चों की फिकर छोड़कर अपनी जायदाद इनके नाम लिख दूँ और लँगोटी लगाकर खुद माँगने निकल जाऊँ। जा प्यारे तू मजाकर। मुझसे जैसे बनेगी सो काट लूँगा। रहीम ऐसे विकट दाता थे कि सब कुछ दान करके अन्ततः बादशाह के कोप के शिकार होकर कंगाल हो गए थे। मगर मंगनों में बड़ी रेपुटेशन थी। सो कई लोग रोज पहुँच जाते कि नवाब साहब लाइए अल्लाह के नाम पर। तब रहीम ने एक दोहा कहा–

ये रहीम दर-दर फिरैं, माँग मधुकरी खाँय।
यारो यारी छोड़िए, अब रहीम वे नाय।।

अर्थ यह कि भाइयों अब रहीम दर-दर भटकते हैं। भीख माँगकर खाते हैं। ये दोस्ती के लायक नहीं हैं। छोड़िए अब ये पुराने रहीम नहीं रहे। भाई साहब दुनिया में ऐसी कोई जगह नहीं है जहाँ भिखारी न हों। अमेरिका के बारे में यह मजाक आम है कि एक गुप्तचर की ड्यूटी भिखारियों की बढ़ती हुई संख्या का कारण जानने के लिए एक क्षेत्र विशेष में लगाई गई। उसे आदेश था कि वह भिखारी के रूप में तीन माह उस इलाके में भीख माँगे। गुप्तचर अधिकारी ने आज्ञा मानते हुए तीन माह भीख माँगी और नौकरी से अपना त्यागपत्र भेजते हुए कारण लिखा–इन तीन महीनों की आमदनी मेरे तीन वर्षों के वेतन के बराबर है अतः कृपया मेरा इस्तीफा मंजूर करें। आपसे छुट्टी और आपके इनकमटैक्स डिपार्टमेंट से भी छुट्टी। मेरी बात में भी दम है भैया। विश्वास न हो तो आजमाकर देख लो। हाँ ऐसे लोग भी इस दृश्य जगत में शोभायमान हैं जो भिखारियों को भी नहीं बख्शते। एक साहब ने एक लँगड़े भिखारी को गौर से देखा और बोले–यार लगता है मैंने तुम्हें पहले भी कहीं देखा है। लँगड़ा बोला बरोबर है साब। वो क्या है कि पहले मैं उधर इंडिया गेट पर अन्धा बनकर भीख माँगता था। तब लोग मुझे खोटे सिक्के दे जाते थे। मैं साब प्लेस बदल दिया। ये नया इलाका खरीद लिया। इंडिया गेट का प्लेस बेच दिया। अब सब अच्छा है साब। अन्धे होने से बेहतर है लँगड़े बनकर भीख माँगना। खोटा पइसा नहीं आता। इधर सब काम नक्की होता है।

पिछले दिनों एक साहित्यिक भिक्षुक महाशय से ट्रेन में भेंट हुई। वे रेल के डिब्बे में घुसे और छत की ओर देखते हुए लगभग मजमेबाजों के स्वर में बोले– बाबू को नमस्कार। दाता को नमस्कार। अन्धा हूँ लाचार। दीजिए रुपये दो या चार। आपकी मदद करे सरकार। एक हजार किलोमीटर की यात्रा में लगभग इतने ही माँगने वाले मिले। मुझे खुद और देश पर गर्व हुआ। मन द्रवित हो गया सोचा सबको कुछ-न-कुछ देता जाऊँ। मगर इस भय से रुक गया कि फिर मुझे माँगते हुए लौटना पड़ता। ❐

सभी पुरुष गायब हो जाएँगे इक दिन

भारतेन्दु हरिश्चंद्र ने अपने 'अन्धेर नगरी' नाटक में मछली बेचने वाली के मुख से एक दोहा कहलाया है। कुछ फेरबदल के साथ कहें तो अर्थ यह निकलता है कि नेत्र मछली की तरह है। रूप जाल की तरह होता है। इसलिए रूप देखते ही आँखें उसके जाल में फँस जाती हैं और विरही इसी तरह बेचैन होता है जिस तरह पानी के बिना मछली व्याकुल होती है।

नैन मछलिया रूप-जाल में, देखत ही फँस जाए।
बिनु पानी मछली सो विरही, मिले बिना अकुलाय।।

मैं अक्सर कहता हूँ कि भाई स्त्री और पुरुष एक-दूसरे के पूरक हैं। उनमें कोई भी दूसरे से अच्छा या बड़ा नहीं है और यह भी सत्य है कि वे एक-दूसरे के बिना अपूर्ण हैं। बिल्कुल अधूरे। स्त्री के नेत्रों ने ताजो-तख्त उलट दिए हैं भैया। अनारकली की आँखों ने वली-अहद-ए-सल्तनत सलीम नूरुद्दीन मोहम्मद जहाँगीर को आलीजाह महाबली जलालुद्दीन मुहम्मद अकबर शहंशाहे हिन्द के खिलाफ तलवार लेकर खड़ा कर दिया था। यह तो भैया– बाई लोगों की आँखों का कमाल था जिसके बारे में रसलीन ने बताया था कि अमृत, जहर और शराब के सारे गुण प्रिया की आँखों में भरे होते हैं। प्रेम की नजर से देख ले तो मरियल राम भी जीवन्त हो उठते हैं। घृणा की दृष्टि डाले तो अच्छे-से-अच्छे प्रेमी खुदकुशी यानी आत्महत्या करके निकल गए इस जहाने-फानी से। अगर वह मद भरी आँखों से देखती है तो आदमी गिर-गिर पड़ता है।

अमिय हलाहल मद भरे स्वेत स्याम रतनार।
जियत मरत झुकि-झुकि परत, जेहि चितवत इक बार।।

यह तो हुआ आँखों का कमाल। उधर जीभ का यह हाल है कि दशरथ और उनकी प्राणप्रिया केकैयी के संवाद के कारण ही महाराज जी स्वर्ग सिधार गए थे। तुलसीदास लिखते हैं–

निरधक बैठि कहत कटु बानी।। सुनत कठिनता अति अकुलानी।।

अर्थात् केकैयी बैठकर बेधड़क ऐसी कठोर खरी-खोटी सुनाती है कि कठोरता खुद अत्यन्त व्याकुल हो गई। उधर द्वापर में द्रौपदी महारानी ने माया महल के निरीक्षण के दौरान दुर्योधन से कहा–अन्धों के अन्धे ही होते हैं। बस इसी वाक्य ने महाभारत का युद्ध करा डाला। ये है बाई–लोगों की जबान का जलवा। घर-घर में होने वाले लंकाकांडों और महाभारतों की जड़ ढूँढ़ने जाइए। प्रभु हर जगह मूल कारण अबला-प्रबल का जलवा होगा।

हे पाठक जी आप कहेंगे कि तुम अच्छे यार, उठत-भुंसरा बाई लोगों के पीछे पड़ गए। सो बात नहीं है महराज। मैं अत्यन्त भयभीत घबड़ाया हुआ प्राणी का नाम से हूँ। क्योंकि वहाँ पश्चिम के वैज्ञानिकों का कहना है कि असली अबला तो बेचारे पुरुष हैं। आक्सफोर्ड यूनिवर्सिटी में ह्यूमन जेनेटिक्स के प्रोफेसर ब्रायन साइक्स की रिसर्च है कि कुछ सौ शताब्दियों के बाद वह दिन आएगा जब पृथ्वी से पुरुष पूर्ण रूप से गायब हो जाएँगे। शेष रहेंगी केवल स्त्रियाँ। उनका कहना है कि सवा

लाख साल बाद महिलाओं के जीवन में पुरुषों की कोई आवश्यकता नहीं रह जाएगी। पुरुषों को मर्द बनाने वाले जीन धीरे-धीरे कमजोर पड़ रहे हैं। मानव विकास और प्रजनन के ट्रेंड का अध्ययन यह बताता है कि पुरुष के 'वाई' गुणसूत्र में पाए जाने वाले सेक्स निर्धारण क्षेत्र 'एस आर वाई' के कमजोर होने के कारण कुछ शताब्दियों बाद पुरुष अनुवांशिक परिवर्तन वाली महिलाएँ बनकर रह जाएँगे। पुरुष में केवल वाई गुणसूत्र होता है। स्त्रियों में एक्स और वाई दो गुणसूत्र होते हैं। अतः वे एक-दूसरे की मदद करके स्वस्थ हो जाते हैं। एक गुणसूत्र होने से वह निरन्तर घट रहा है। नकली आशिक सावधान। एक जमाना आएगा कि आप सीटी बजाना भूल जाएँगे। मटकते रह जाएँगे और कोई पीछे सीटी बजाने वाला भी न होगा।

विज्ञान भयभीत करता है। उसकी यह घोषणा सुनकर लोग डर जाएँगे कि भैया जो कुछ करना है सो अभी कर लो। वरना कल सब एक-दूसरे से बहिन जी-बहिन जी करते घूमेंगे। फिर का कर लोगे। वैज्ञानिकों का यह भी कहना है कि महिलाएँ मानव-जाति को बचाए रखने के लिए कृत्रिम गर्भाधान का सहारा लेंगी और पुरुषों की आवश्यकता पूरी तरह नकार दी जाएगी। हालाँकि यह आवश्यकता इतनी तीव्र कभी नहीं रही। बुन्देलखंड उन प्रथाओं का गवाह है जिनमें वंश की पवित्रता बचाए रखने के लिए जवान लड़कियों की शादी दो-तीन वर्ष के वीरों से कर दी जाती थी। माँ-बाप को यह सन्तोष होता कि लड़की बड़े घर में गई है। उधर ससुराल में बारे-बालमा को देखकर नवविवाहिताएँ गाया करतीं–

काय राजा मुख डारौ रूमाल। ढाई बरस के बालमा।।
ढाई बरस के बालमा। बिल्ली लै गई चुराय।
सासू जी ढूँढ़ें, ननदिया ढूँढ़े, मोरी ढूँढ़े बलाय।।
सासू जी रोवै, ननदी मोरी रोवै, मोरी रोवै बलाय।।

सो सत्य है। ढाई बरस के बालम के लिए कौन सुन्दरी विलाप करेगी। उसे बिल्ली ले जाए चाहे कुछ और।

प्रोफेसर ब्रायन साइक्स नहीं जानते कि पंचतंत्र और जातक की कथाएँ नारी-चातुर्य से भरी पड़ी हैं। पुरुष की प्रजाति रहे या न रहे। स्त्री-प्रजाति सदैव रही है। है और रहेगी। युद्ध जीतने वाले याद रखे जाते हैं किन्तु युद्ध में हारने वाली स्त्रियाँ आज तक विजेताओं की तरह याद की जाती हैं। चाणक्य का कहना है कि पृथ्वी में गड़े खजानों, स्वर्ण भंडारों, रत्न राशियों के रहस्य और स्त्रियों के हृदयों में छिपी प्रणय कथाओं की जानकारी जिस दिन पुरुषों को होगी। उसी दिन प्रलय हो जाएगी। जब से यह सृष्टि बनी है तब से किसी पुरुष ने किसी स्त्री का भोग नहीं किया वे स्त्रियाँ ही हैं जो भाँति-भाँति के पुरुषों का सेवन करती हैं। चाणक्य भी प्रोफेसर ही थे। आचार्य ब्रायन साइक्स शायद नहीं जानते कि स्त्रियाँ सब कर सकती हैं। इसीलिए वे बची रहेंगी। तुलसी दास ने कहा है–

काह न पावक जारि सक, का न समुद्र समाय।
का न करे अबला प्रबल, केहि जग काल न खाय।।

आग किसे नहीं जला सकती। समुद्र में क्या नहीं समा सकता। मौत किसे नहीं आती और स्त्री प्रबल क्या नहीं कर सकती।

❐

बिजली खड़ी : यहाँ बिजली खड़ी

बाबू जी, जरा धीरे चलो। बिजली खड़ी यहाँ बिजली खड़ी। यह जो प्रसिद्ध टेलीवीजनी नृत्य-गान है। सो असल में हमारे मध्यप्रदेश का ही है। इसमें डांसर कम-से-कम कपड़े पहनकर नाचती हैं। कम-से-कम अर्थात् केवल उतने जिनके बिना कि काम चलना सम्भव नहीं है। उसके वस्त्र-विन्यास से पता चलता है कि एक तो इस देश विशेष में आज भी वस्त्रों का संकट है। दूसरे उसके उदार हृदय और पारदर्शी व्यक्तित्व की जानकारी भी मिलती है कि हे भाइयों, मेरे पास जो कुछ है और जैसा है वह आपके दर्शनार्थ सादर प्रस्तुत है। वह खम्भे से लिपटकर नाचती है और पछाड़े खाकर बार-बार उसी खम्भे पर गिरती है। भैंसे पर सवार सुन्दरी को देखकर डर लगता है। भैंसे पर तो यमराज विराजते हैं। भारतीय सुन्दरियाँ स्कूटर पर चलती हैं। वे मोटर साइकिल पर नहीं बैठतीं। घोड़ों पर तो बिल्कुल नहीं। इसकी वजह उनका सौन्दर्यबोध है। वे स्वभावतः आभिजात्य हैं। पुरुषों को उनके संसार की केवल उतनी जानकारी मिल पाती है जितनी वे देना चाहती हैं। उनकी जीवन-शैली टाप सीक्रेट एंड मोस्ट कान्फीडेन्शियल होती है। अब दुनिया बदल रही है। मगर आज भी भैंसे पर दोनों ओर पैर लटकाकर बैठी सुन्दरी का गान पुलकित नहीं करता। वह आश्चर्यचकित करता है। वह कहती है–बाबू जी जरा धीरे चलो– तो बाबू जी पर उलटा असर होता है। वे बगटुट भाग खड़े होते हैं। भैया जान है तो जहान है। नए जमाने की लड़कियों की इस बेवकूफी पर टिप्पणी करते हुए एक वृद्ध महिला ने कहा–इन छोकरियों ने सब उलटा-पुलटा कर दिया है। ये करती कुछ नहीं हैं मगर जताती इस तरह हैं जैसे सब कुछ कर चुकी हैं। जबकि हम लोग करते सब कुछ थे मगर जताते इस तरह थे जैसे हमने अब तक कुछ नहीं किया।

बट परन्तु लेकिन किन्तु मेरा आशय उपरोक्त विवेचन करना नहीं था। मैंने तो पहले ही यह कह दिया कि यह नाच हमारे मध्यप्रदेश का है और वह कन्या कि जिसने हमारे यहाँ कपड़ों की काफी कमी होने की कलात्मक जानकारी दी है। इस बात की प्रतीक है कि हम मध्यप्रदेश के लोग कितने खुशमिजाज और कितने स्वाभिमानी हैं। इतने कम वस्त्र धारण करके भी हम न केवल नाच-गाने में कुशल हैं। बल्कि नंग-धड़ंग होकर भी आत्मविश्वास के साथ नाचते-गाते और इधर-उधर धड़धड़ाते हुए घूम सकते हैं। राजा दिग्विजय सिंह जी कृपया नोट करें।

पाठक प्यारे यह भी उल्लेखनीय है कि नृत्य करती हुई इस सुन्दरी का उद्देश्य जो है सो अत्यन्त पवित्र है। यहाँ बुन्देलखंड में पिता को बाबू जी और माता को बाई कहने की परम्परा है। सो वह कन्या जो बार-बार टेलीविजन पर नागा नृत्य टाइप डांस करते हुए कहती है कि बाबू जी जरा धीरे चलो। बिजली खड़ी यहाँ बिजली खड़ी। सो उसका असल तात्पर्य यह है कि ओ माई डियर फादर मूव स्लोली। देयर इज नो पावर हियर। इट इज स्टिल। तेज मत दौड़िए पिताजी। यहाँ सड़कों पर बड़े-बड़े गड्ढे हैं। वर्षा ऋतु है। इन गड्ढों में पानी भर गया है। उस पानी में मिट्टी घुली हुई है। गन्दला बरसाती पानी है। बिजली शाम को एक घंटे के लिए तारों में दौड़ना बन्द कर देती है। बिजली यहाँ खड़ी हो जाती है। खटाक देनी घोर अन्धकार छा जाता है। ओ माई डियर फादर ऐसे में तुम तेज चलोगे तो गुलाटी खाकर गड़ाप से पानी भरे गड्ढे में औंधे जा गिरोगे। जब उठकर कूल्हते-काँखते

बाहर आओगे तो आइने में खुद की शक्ल देखकर पूछने लगोगे कि हे बेटी यह कौन है? क्यों है और कैसा है कि मेरे आइने में घुस गया है। इसलिए हे पूज्य पिताजी आपकी सेवा में वही निवेदन पुनः प्रस्तुत है कि आप धीरे चलें। यह मध्यप्रदेश जो है तामें बिजली खड़ी हो जाती है और सड़कें दौड़ने लगती हैं। उधर गढ़ाकोटा-दमोह रोड पर तो गड्ढे बढ़ते-बढ़ते छोटे कुओं में बदल गए हैं। उनमें पानी भर गया है अतः उस दिशा में वाटर प्राब्लम नहीं रही। इस तरफ अभी कुछ कसर है। तीन-चार माह में पूरी हो जाएगी। तब यहाँ भी सड़कों पर कुएँ-ही-कुएँ हो जाएँगे। इसलिए धीरे चलने की आदत डाल लेंगे तो आगे काफी काम आएगी। जोश में कुएँ को फाँदने का विचार न करिए। कई मोटर साइकिल चालक और स्कूटरवाले यह सोचकर कि थोड़ा बरसाती पानी सड़क के गड्ढे में भरा होगा। उसमें से मय वाहन के निकलने के चक्कर में डूब गए। बाकायदा यह फरमाते हुए कि मुझे डूबने का कोई गम नहीं है। गम है तो यह है कि जहाँ डूबकर स्वर्ग सिधारा वहाँ पानी बहुत कम था। ये सड़कें अपनों ने बनवाई हैं। इनमें से गड्ढे भी अपनों की कृपा के फलस्वरूप बने हैं। वे इतने बुद्धिमान हैं कि गड्ढे पहले बना लेते हैं और सड़कें बाद में बनाते हैं। वे भी अपने ही हैं जो कि बिजली के मेंटेनेंस को इस तरह मैनेज करते हैं कि जनरेटरों और इनवर्टरों की बिक्री बढ़ जाती है। कहा है–

मुझे अपनों ने ही लूटा, कहाँ गैरों में यह दम था।
जहाँ कश्ती मेरी डूबी, वहाँ पानी बहुत कम था।।

जलने वाले यह आरोप लगाते हैं कि इंवर्टर और जनरेटरों की बिक्री तभी होगी जब बिजली खड़ी हो जाए। रही बात कमीशन की तो वह तो पहले से तय होता है। वरना बिजनेस ही खड़ा रह जाएगा। हाँ पानी भरे गड्ढे फाँदना भी जनहित में नहीं है। यह नीति विरुद्ध है। लोक इस कार्य को मूर्खता मानता है। बुन्देलखंड चार मूर्खताओं के लिए निर्ममतापूर्वक निषिद्ध करता है।

पहलौ मूरख फाँदे कुआ। दूजो मूरख खेलै जुआ।।
तीजों मूरख बहिन के भाई। चौथो मूरख घरै जमाई।।

इसलिए नाचती हुई कन्या का यह उपदेश देना अत्यन्त उचित यानी वाजिब है कि–बाबू जी जरा धीरे चलो। बिजली खड़ी यहाँ बिजली खड़ी। पता ही नहीं चलता कि बिजली बाई कब तक खड़ी रहेंगी। कब दौड़ने लगेंगी। किसी कवि ने बुन्देलखंड के ऊर्जा संकट पर कभी लिखा था–

पता परत नई, जरै बुझै कब, दलबदलू सो आबो-जाबो।
तिरिया नई बुढ़ऊ की जैसे। कब रूठै कब होय मनाबो।
दसा देस की अपरेसन सी, चिरो मरीज परौ टेबिल पै,
जिन्हें दए औजार सम्हारौ, बेई हाथ लड़ाई करत हैं।
बिजली बारे खेल करत हैं। निसदिन बिजली फेल करत हैं।।

अंत में आपसे गड्ढेदार बरसाती पानी में डूबी सड़कों पर धीरे चलने की प्रार्थना करते हुए मैं अपना स्थान ग्रहण करता हूँ कि बाबू जी जरा धीरे चलो...

❐

तंदूर में वैश्वानर लाने वाले

हुजूर पाठक परवरदिगार की खिदमत में शायरे मरहूम जनाब जिगर मुरादाबादी का एक शेर पेश है। उन्होंने फरमाया है कि जो जीवन सुन्दरियों के बीच रहकर कट जाए। वही नर्क है और वही स्वर्ग है। अर्ज है–

उसी को कहते हैं जन्नत उसी को दोजख भी।
वो जिन्दगी जो हसीनों के दरमियाँ गुजरे।।

यानी सुन्दरियाँ दरअसल टू-इन-वन होती हैं। वे चाहें तो घर को स्वर्ग बना दें और घरवालों को स्वर्गवासी। यदि वे नाराज हो जाएँ तो घर को नरक बनाकर आप जनाबों को जहन्नुम रसीद कर डालें। नाराज होने पर सुन्दरियाँ कुछ और हसीन लगने लगती हैं क्योंकि क्रोध में बी.पी. कुछ ज्यादा हाई हो जाता है। सुन्दरियों की त्वचा कोमल होती है सो यह तमतमाना उनकी रंगत को सिन्दूरी कर देता है। इसलिए मरने वाले कुछ और ज्यादा मर मिटते हैं।

पाठक जी, अब बचाव पक्ष चाहे जहाँ अपील करें या जाएँ। दिल्ली के नैना साहनी हत्याकांड में श्री सुशील शर्मा को फाँसी की सजा सुनाई जा चुकी है। श्री सुशील शर्मा पर अपनी पत्नी नैना साहनी की हत्या का आरोप था। नैना साहनी के प्रेम ने शर्मा जी को जन्नत के नजारे भी दिखाए थे। अब शीघ्र ही वे जहन्नुम भी देखेंगे। यानी वे श्री जिगर मुरादाबादी के शेर के लिविंग एक्जाम्पल हैं। उनकी जिन्दगी जिस सुन्दरी ने जन्नत बनाई। उसी ने अन्ततः उन्हें जहन्नुम में दे पटका। ओम-शान्ति-शान्ति। मरने वालों की निन्दा का निषेध है। जीवित और निंदित लोग किसी की परवाह नहीं करते। श्री सुशील शर्मा इस मामले को राजनैतिक नजरिए से देखा गया मामला मानते हैं।

हालाँकि श्री मदन लाल खुराना इसे विधिवत राजनैतिक तन्दूर बनाकर न केवल गर्माने में जुट गए। बल्कि लगे हाथों अपनी रोटियाँ सेंकने में लग गए हैं। श्री सुशील शर्मा दिल्ली युवक काँग्रेस के अध्यक्ष रहे हैं और उन लाखों मूर्ख राजनैतिक कार्यकर्ताओं के प्रतिनिधि हैं। जिन्हें समय, इतिहास, कानून और समाज का कोई ज्ञान नहीं होता। जिन्हें लगता है कि राजनीति सत्ता का "पावरहाउस" है तथा नीति, कानून, समाज और संस्कृति उसके पिछलगुए हैं। इसके पीछे लगभग सभी राजनैतिक दलों द्वारा किए गए अतिचार हैं।

श्री सुशील शर्मा और श्री अमरमणि त्रिपाठी इसी राजनैतिक अतिचार की उपज हैं। वे समाज, साहित्य, धर्म और संस्कृति, कानून और व्यवस्था किसी की कुछ नहीं सुनना चाहते। एक मूर्ख अहंकार में डूबे "हमचुनी दीगरे नेस्त" का मंत्र जाप करते हुए। यह वर्ग पूरे भारतीय लोकतंत्र में देखा और पहचाना जा सकता है। हमारे सिवाय दूसरा कोई नहीं है। ये महाबली जिस वोट की ताकत पर इतराते हैं। उसी वोटर को धर पटकने में नहीं हिचकते।

लगभग भारतीय मेधा की तृतीय श्रेणी राजनीति में है। पहली प्रशासकीय सेवा में दूसरी व्यवसाय-व्यापार में आई। बची हुई तीसरी श्रेणी ने राजनीति में आसरा ढूँढ़ा। अब यह पहली दोनों श्रेणियों की भाग्य विधाता बनकर इतराती है। लाज नहीं, लिहाज नहीं। डेयर-डेविल। इस लोकतंत्र

के लिए हम क्या करें। क्या न करें। मुझे इस परमसुख को देखकर अक्सर दाग याद आते हैं–

ले ही तो लेंगे गुनहगारों के होते जाहिद।
ये तो दोजख के भी काबिल नहीं जन्नत कैसी।।

धर्म, अर्थ, काम और मोक्ष इन चारों पुरुषार्थों की जैसी मिट्टी भारतीय राजनैतिक दलों ने कूटी है। उनकी जैसी विकृत व्याख्याएँ की हैं। उनका जैसा सैद्धांतिक एवं प्रायोगिक विध्वंस किया है। वह अक्षम्य है। लेकिन पदलोलुपता, धन, बल, बाहुबल और लालच, बेईमानी, कपट और धूर्तता उसे नष्ट नहीं कर सकते। जनसामान्य की आँधी जब उठती है तब बड़े-बड़े कपट-कुशल योजनाकार धूल-धूसरित हो जाते हैं। मिट्टी ऊँचे और अभ्रध्वज यानी गगनचुम्बी महलों को दबाकर शताब्दियों तक बैठी रहती है।

माटी कहै कुम्हार से, तू क्या रूँधै मोय।
इक दिन ऐसा आएगा, मैं रूँधूँगी तोय।।

यानी एक विश्वास का सूरज है जो कभी-न-कभी इस लोलुप अँधेरे को दूर करेगा। फिलहाल नैतिकता की एक बड़ी कमी राष्ट्रीय परिदृश्य में नजर आती है। लेकिन यह भी सुनिश्चित है कि सच के लिए लड़ने को एक ही आवाज बहुत है। फिराक गोरखपुरी ने लिखा है–

जिन्दगी में जो इक कमी-सी है, जान लो वो कमी बहुत है मियाँ।
कौम की जिन्दगी बदलने को, एक भी आदमी बहुत है मियाँ।।

भारतीय धर्म-दर्शन में अग्नि के अनेक प्रकारों की चर्चा की गई है। हवन की और भोजन बनाने वाली अग्नि यज्ञाग्नि कहलाती है। यह परम पवित्र होती है। यह सम्पूर्ण शुभ कार्यों की आधारभूत है। दावाग्नि जंगलों में बाँसों की रगड़ से लगती है और जंगल के जंगल राखकर डालती है। महासागरों का कचरा जलाने वाली बड़वाग्नि समुद्रों में धधक उठती है। समस्त प्राणियों के उदर में जठराग्नि का डेरा है। अरबों-खरबों टन खाद्यान्न, मांस, फल, दूध और घास-तिनके, कीड़े पतिंगे सब इसमें जलकर भस्म हो जाते हैं। यही वह आग है जो भड़क उठे तो सबको खा जाती है। शैलेन्द्र जी ने लिखा है–

लेकिन भैया भूख आग है, भड़क उठे तो खा जाती है।
नहीं गोलियों से दबती है, गुपचुप जेल नहीं जाती है।।

इसे शान्त करने का काम यज्ञाग्नि से किया जाता है। हवनकुंड में, चूल्हे में, गोरसी में, सिगड़ी में और होटलों के तन्दूरों में यही अग्नि वास करती है। हाँ श्मशान में चिताएँ जलाने वाली अग्नि वैश्वानर कहलाती है। तन्दूर में वैश्वानर लाने वाले अन्ततः वैश्वानर के सीधे दर्शन करेंगे। वह उन्हें शीघ्र अपने पास बुला लेती है। कहा है–

राम-कृष्ण-गौतम कोई भी, इन लपटों से बचे नहीं हैं।
अजी हमारे जन्म-मरण के खेल इन्हें कुछ नए नहीं हैं।।
भूख प्रबल है वैश्वानर की धधक रही मरघट की ज्वाला।।

मगर भैया थोड़ा एटीकेट सीखो यार। उसे वहीं रहने दो। तन्दूर में उसकी जगह नहीं है।

❒

चलने लगी तलवार मुहल्ले में

हाजरीन खादिम एक शेर पेशे खिदमत करता है–

'जिस दिन से आई है गुलनार मुहल्ले में।
चलने लगी उस दिन से तलवार मुहल्ले में।।'

यानी जो कुछ झगड़ा है सो बाई की वजह से है। पन्द्रह अगस्त उन्नीस सौ सैंतालीस को भारतीय स्वतंत्रता के शुभागमन के साथ ही राजनीति का कैबरे शुरू हुआ। नए लड़के इस सुन्दरी को पछियाते हैं, अधेड़ दाँत निकालकर देखते हैं। बूढ़े ताक-झाँक करते हैं। अटल जी कहते हैं–अगले चुनाव में अडवानी जी के नेतृत्व में विजय की ओर प्रस्थान। अडवानी जी भाग खड़े होते हैं नहीं हमारे नेता अटल जी हैं और पार्टी उन्हीं के नेतृत्व में चुनाव लड़ेगी। उधर लालू और नीतिश कुमार में नूरा कुश्ती चल रही है। वे पाकिस्तान का चक्कर लगाकर मुस्लिम वोटिंग ब्लाक पक्का मानते हैं तो ये फर्जी त्यागपत्र देकर जलवाफरोज होते हैं। राजनीति की गुलनार कभी इधर मटकती है कभी उधर। वहाँ झमकती है तो वामपन्थी तीसरे मोर्चे की कल्पना में डूब जाते हैं। सोनिया गाँधी को भोजन पर आमंत्रित करते हैं। सत्ता सुन्दरी सबको झाँसा देती है। वे एक-दूसरे को फूटी आँखों देखना नहीं चाहते। पर साथ-साथ बैठकर नाश्ता करते हैं। हँसते हैं। मजाक करते हैं। धन्य है।

राष्ट्रीय विज्ञान अकादमी इलाहाबाद के नए भवन का उद्‌घाटन करते हुए मानव संसाधन मंत्री मुरली मनोहर जोशी ने कहा–हमारे वैज्ञानिक जोखिम लेकर कोई नया अनुसन्धान नहीं करना चाहते। वे असफलताओं से डरते हैं। उन्होंने कहा आश्चर्य की बात है कि देश में दस वैज्ञानिक भी नहीं मिल पा रहे हैं जिन्हें स्वर्ण जयंती फेलोशिप से सम्मानित किया जाए। श्यामा प्रसाद मुखर्जी फेलोशिप के लिए देश में पच्चीस छात्र नहीं मिल सके।

लानत-लानत धिक-धिक मैं कहता हूँ हमारे बुन्देलखंड में कहावत है कि 'घर में बैठे नाग न पूजें बामी पूजन जाएँ।' सो हाल आपका है पंडित जी। हालाँकि आपसे भी शिकायत नहीं है। क्योंकि दूसरी कहावत भी है–'बामन साठ बरस तक पोंगा इहिके बाद जाए सठियाय।' अर्थ यह कि विप्र महोदय जो होते हैं सो साठ वर्ष की आयु तक पोंगे रहते हैं। इसके बाद सठिया जाते हैं। अब आप कहेंगे–क्यों जी यह पोंगा क्या होता है? तो हे नर-पुंगव सुन्दरियों की भाषा में यह वह होता है जो–'वो ले आया कद्‌दू जो नीबू मँगाए।' यानी कहिए कुछ तो श्रीमान जी करेंगे कुछ। सामने खड़ा आदमी नहीं देखते और चिल्ला-चिल्लाकर आसमान सिर पर उठा लेंगे कि–थे इधर पर गए किधर? इसलिए धर्मानुसार कहता हूँ कि हे पंडित प्रवर यहाँ हैं वैज्ञानिक। यहाँ हैं, अविष्कारक। भारतीय टेलेंट दुनिया में बेहतर है। भैया मेरी तो तमाम अमेरिकियों, अंग्रेजों और रूसियों को चुनौती है। ऐसा ओरीजनल अविष्कार करके बता दें। यूरिया, शैम्पू और तेल फेंटकर दूध में मिलाकर इतने गाढ़े, मलाईदार दूध का निर्माण दुनिया में कौन कर सकता है। ये हैं हमारी भारत माता के लाल जो भारत रत्न के हकदार हैं। एक तसला और एक बाल्टी के सहारे नकली दूध बनाने वालों ने क्या कोई छोटा प्रैक्टिकल किया है? न कोई लैब, न एपरेटस यानी बिना प्रयोगशाला और उपकरणों के

जलवा पेल दिया कि लो बाबू और जँचवा लो दुनिया-भर की मशीनों से। हर मशीन रिपोर्ट दे रही है कि परफैक्ट मिल्क, प्योर, एक्सीलेंट मगर जलन भी कोई चीज होती है। कोई मानता नहीं। उलटे साले जेल भेजने की तैयारी कर रहे हैं।

हालाँकि मेरा भी विज्ञान पर ज्यादा भरोसा है। मगर दादा मशीनों में अकल नहीं होती। अकल होती है आदमी में। उधर पश्चिम में लोगों ने वाशिंग मशीन बनाई। कपड़े जल्दी और साफ धोने के लिए। अरे कपड़े धोती हुईं सुन्दरियों के दिव्य दर्शन किए होते तो कभी वाशिंग मशीनें न बनाते। खैर! बना ही डाली तो लो बेटा हम वाशिंग मशीन से हिन्दुस्तान के गाँव-गाँव में मक्खन निकालते हैं। दूध-भर के चलाओ वाशिंग मशीन और फर्रर-फर्रर मक्खन ऊपर। तो हे पंडित मुरली मनोहर जोशी जी आपका भाषण पढ़कर सोया तो रात में सपना आया कि राष्ट्रपति महोदय दीन नेत्रों से देखते हुए यूरिया, शैम्पू और देशी चिकनाई से दूध बनाने वालों का सम्मान कर रहे हैं कि हे भारत माता के लाल तुझे धन्य है। और धन्य है वह माता जिसने तुझ जैसे नर रत्न को जन्म दिया। बहराम चोट्टे और सुलताना डाकू आज होते तो तेरे चरणों में लोट जाते कि यह ही उस्ताद हैं अब हम इन्हें छोड़कर कहीं जाने वाले नहीं हैं। यह भयानक सपना देखकर नींद टूट गई और मैं घबड़ाकर उठ बैठा। उठते ही तुलसीदास याद आए–

यह सपना मैं कहऊँ पुकारी।
हो अहि सत्य गए दिन चारी।।

❑

तुम्हारी भी जय-जय : हमारी भी जय-जय

विश्व हिन्दू परिषद की इज्जत बच गई और मुलायम सिंह यादव भी 'हेयर-हेयर सेव्ड' अर्थात् बाल-बाल बचे। जो चक्के जाम हो गए थे। वे फिर से धाड़-धड़ा-धड़ चलने लगे। विश्व हिन्दू परिषद के अध्यक्ष श्री अशोक सिंघल को गिरफ्तार करके मुलायम सिंह ने अपने वोटिंग ब्लाक में अपना चेहरा चमकाया तो इसी गिरफ्तारी के माध्यम से अशोक जी के वोटिंग ब्लाक में उनका मुख उज्ज्वल करके दिखा दिया। दोनों आनंदित हैं। दोनों मगन-मन हैं। दोनों की ओर से भाषण, बयान और नारे चल रहे हैं। पब्लिक चकित है। राम जी भ्रमित हैं और राजनैतिक कार्यकर्ता ठगित हैं। विश्व हिन्दू परिषद और मुलायम सिंह जी के बीच डुएट यानी 'दो गाना' चल रहा है–

तुम्हारी भी जै जै : हमारी भी जै जै।
न तुम हारे, न हम हारे।।

इस ड्रामे को देखने रात-भर टी. वी. के सामने बैठा रहा। सुबह होने को थी कि आँख लग गई। देखा कि घबड़ाते हुए रामचंद्र जी खड़े हैं। मय सीता, लक्ष्मण के हैं। पीछे हनुमान जी अपनी गदा लिये चिन्तित होकर इधर-उधर हो रहे हैं। वानर स्वभाव है न इसलिए। मैं आदत के अनुसार हाथ जोड़कर स्तुति करने लगा–प्रभु आपकी जय हो। श्री रामचंद्र कृपालु भज मन। हरण भवभय दारुणम। अर्थात् हे मन कृपालु रामचंद्र का भजन कर जो संसार के दारुण भय का हरण करने वाले अर्थात् उससे बचाने वाले हैं। उन्होंने हाथ हिलाकर कहा–अभी यह सब फालतू बातें छोड़ो। तुम लोगों की इन्हीं हरकतों ने मेरी नाक में दम कर रखा है। और तो और अब तो हनुमान जी भी मुझे देखकर मुस्कुराते हैं। इधर तुम लोग नारे लगाते हो–राम लला हम आएँगे। मंदिर वहीं बनाएँगे। तो सीता जी, लक्ष्मण और हनुमान सब घबड़ा जाते हैं। कहते हैं–प्रभु लगता है फिर कहीं चुनाव होना है। वे लोग फिर आपका मंदिर बनाने की बातें कर रहे हैं। सब दाएँ-बाएँ होने लगते हैं। मैंने कहा–भगवान मैं तो यहीं डटा हूँ। अपना तो टपरा तक बैंक लोन से बना है उसका कर्ज नहीं पटा। आप तो संसार के पालनकर्ता हैं। कहा है–कि हे रावण वे राम ऐसे हैं कि पालत, सृजत, हरत दससीसा। मेरी औकात आपका मंदिर बनाने की नहीं है। बैंक से तनख्वाह मिलती है। वे मकान के कर्ज की किस्त पहले काट लेते हैं। तब खाने-पीने के लिए छोड़ते हैं। मेरा मन तो बैंक लोन में लगा है प्रभु फिर राज्य सरकार यू. जी.सी. से हमारे वेतन के एरियर्स वसूल करके दबाए बैठी है। सो मेरा मन तो उसी बकाया राशि के इर्द-गिर्द मँडराता है। ऐसा न हो कि मैं मंदिर बनवाने के चक्कर में अयोध्या पहुँचूँ और इधर हमारा एरियर बँट जाए। मैं रह जाऊँगा भगवन् 'निजाम' नामक एक शायर ने कहा है कि मैं सैकड़ों बार मंदिरों का रहवासी बना मगर मेरी तबियत उसकी गली के सिवाय कहीं नहीं लगती।

"जुज उस गली के दिल नहीं लगता कहीं निजाम।
सौ बार हम तो साकिने दैरो-हरम हुए।।"

उन्होंने कहा–छोड़ो भई तुम साँसारिक लोगों को सिवाय रकम-रुपया और कविता-कहानी के काम ही क्या है? ईश्वर होते तो जानते कि दुनिया चलाना कितना कठिन काम है। मगर यह जरूर है कि

संसार हमसे जितना प्रेम दिखाता है हम उतना ही प्रसन्न होते हैं।

न काष्ठे विद्यते देवो, न पाषाणे, न मृण्यमये।
भावो हि विद्यते देवो तस्मातः भावो हि कारणम्।।

भई, देवता न लकड़ी में हैं न पत्थर में। न ही वे मिट्टी की मूर्ति में हैं। भावना में ही देवता होते हैं और उनका कारण भी भाव ही है। संसार के प्राणियों को मैंने बनाया। अब वे मुझे बना रहे हैं। ज्यों-ज्यों उनका प्रेम बढ़ता है। त्यों-त्यों हमारी चिन्ता बढ़ती है। डींग हाँके बिना पालीटिक्स नहीं चलती। राजनीति के शेखीबाजों को प्रेम प्रदर्शन की ज्यादा जरूरत होती है। अब तुम लोगों के अयोध्या आने की बात सुनते हैं तो हमारा रंग उड़ जाता है।

आखिर को वे भगवान ठहरे। क्या नहीं जानते सो उन्होंने भी एक शेर दे मारा कि बेटा सुरेश आचार्य–कायम नाम का एक शायर हुआ है जो अब कायम नहीं है। उसका एक शेर है–

"हविस है इश्क की अहले हवा को हम तो मियाँ।
सुने से नाम मुहब्बत का जर्द होते हैं।।"

प्रभु तो आखिर प्रभु ठहरे। उन्होंने मुझे मेरे ही हथियार से मार दिया। मैं सीधे श्री चरणों पर जा गिरा। उन्होंने हँसकर कहा–मुझे तुम लोगों की अक्ल पर रोना आता है। तुम लोग मेरा मंदिर बनाओ या न बनाओ। मुझे फर्क नहीं पड़ता। हाँ–हो सके तो एक-दूसरे के घर बचाओ। पवित्र हृदय में ईश्वर सदैव मौजूद रहता है। भगवान तो इतना कहके अन्तर्ध्यान होते भए। मगर मुझे मध्यप्रदेश के राजा दिग्विजय सिंह जी दिखाई देने लगे। वे एक कार्यक्रम में एक बाबा जी की आँखों से पट्टी खोल रहे थे। और उसी पट्टी को जनता की आँखों पर बाँध रहे थे। मैंने पूछा–भाई ये माजरा क्या है? राजा के एक संगी ने बताया–मासाब ये बड़े चमत्कारी बाबा हैं। राजा दिग्विजय सिंह ने चार महीने पहले इन बाबा नामदेव भारती जी की आँखों पर पट्टी बाँधी थी कि जब तक मध्यप्रदेश में वर्षा न होगी। तब तक बाबा जी पट्टी नहीं खोलेंगे। अब बरसात हो चुकी है अतः सी. एम. खुद पट्टी खोल रहे हैं। मैंने कहा भैया सी. एम. तो वे श्रीमान् दस वर्षों से हैं। अगर पट्टी बाँधने से कोई वर्षा करा सकता है तो मार्च से मई तक पट्टी बाँधकर वर्षा करके दिखाए। फिर दस सालों में इलेक्शन-ईयर में ही यह पट्टी बाँधने की क्या जरूरत थी। वे सज्जन बड़े हार्डवर्कर थे। नाराज हो गए। बोले–अबे है कैसा बेवकूफ। वही पट्टी जनता की आँखों पर बाँध रहे हैं कि नहीं। नजर की ओट सो दिमाग की ओट। 'आऊट ऑफ साइट सो आऊट ऑफ ब्रेन।' सड़कें नहीं हैं। बिजली नहीं है। पानी नहीं है। चिकित्सा सुविधाएँ नहीं हैं। शिक्षा है स्कूल नहीं है। टीचर नहीं है। यह सब दिखना बन्द करने के लिए पट्टी चाहिए। वही पट्टी बाबा जी ने दी है। इसे माननीय मुख्यमंत्री जी जनता की आँखों पर बाँधेंगे। जिसे चुनाव आयोग खोलेगा कि लो बेटा, अपना करा-धरा देख लो और भुगतो। इतने में मेरी आँख खुल गई। टी.वी. पर देखा तो कार सेवक रामभक्त रिहा किए जा रहे हैं।

❐

कसम खुदा की : खुदा से कम नहीं

हालाँकि अल्लाह वाले सुनेंगे तो भिनककर कहेंगे कि इस नामाकूल काफिर की बख्शीश नहीं होगी। एक तो रमजान का माहे-मुबारक ऊपर से खुदा की खुदाई से बराबरी की बातें। तौबा-तौबा कहकर वे लाहौल पढ़ने लगेंगे। मगर मियाँ जरा सब्र कीजिए। हर मामले में दीनी मदाखलत ठीक नहीं। मेरी इस बातचीत से मुँह बाकर बैठे पंडितों को ताव खाने की जरूरत भी नहीं है कि बिना बात के मुझे शाप देने लगें कि हे ब्राह्मण कुल-कलंक तू घोर कुम्भीपाक नरक में जाएगा। जहाँ यमदूत तुझे कुम्भ अर्थात् घड़े में भरकर पकाएँगे। सो हे उभय धर्मों के महामहिमावानों आप मेरी चिन्ता छोड़ दो। भले मेरी बख्शीश न हो और साले यमदूत मुझे घड़े में भरकर पकाएँ। मगर मैं अपनी औकात से बाज आने वाला नहीं हूँ। शायरों और साहित्यकारों को तो यहाँ नीचे और वहाँ ऊपर दोनों जहाँ में नर्क भोगना तय है। हाँ, आप जनाबों से जो सवाल जवाब होंगे। उसे किसी शायर ने इस तरह पेशे खिदमत किया है–

फरिश्ते हश्र में पूछेंगे पाकबाजों से।
गुनाह क्यों न किए, क्या खुदा गफूर न था।।

इतना मंगलाचरण प्रस्तुत करके, अब मैं पंडित रामचंद्र शुक्ल के उस आप्त वाक्य का उल्लेख करना अपना परम कर्तव्य समझता हूँ। जिसमें वे यह घोषणा कर गए हैं कि जो पकड़ी जाए सो चोरी और जो छिपी रहे सो चतुराई। अच्छा चोर और सच्चा चोर कभी पकड़ा नहीं जाता। पकड़ गया सो कच्चा है अभी वो छोटा बच्चा है। मुझे लगता है। अब आप जरूर कहेंगे–अच्छा बेटा, जूदेव के कथित रिश्वतकांड पर बात हो रही है। सो श्रीमान जी बरोबर है। टनाटन है। सौ फीसदी सच है। और पकड़े जाने से आप क्या समझते हैं कि लोग क्या लेन-देन छोड़ देंगे। गालिब ने कहा है कि अगर वे धर्माधिकारी महाराज लोग हमें धर पकड़ें तो क्या हम अपनी आदतें छोड़ देंगे। पुलिस अपना काम करेगी। हम अपना काम करेंगे। फिर हमारे और पुलिस के बीच जो भाईचारे के ताल्लुक हैं। वे क्या घाले में चले जाएँगे। शेर अर्ज है–

गर किया नासेह ने हमको कैद, अच्छा यूँ सही।
यह जुनूनेइश्क के अन्दाज छुट जाएँगे क्या।।

तो हे भ्रात, तात, महागात इत्यादि, आप सभी महानुभाव बराए मेहरबानी इस प्रकरण से निराश न हों। बिल्कुल न घबड़ाएँ। और लगे रहें यानी डटे रहें। जब इस मुआमले पर यहाँ तक लिख चुका था। तभी कक्का प्रेमकुमार पधार गए। उनका आना एक उत्सव ही होता है। बाहर से ही ढोल-नगाड़ों टाइप हल्ला करते हुए आते हैं। काय महाराज-जियत हौ कै मर गए। कछु सुनौ कै नई सुनौ। बे दिलीप सिंह जू देव पकर गए हैं। रुपैया लेत में फिल्म बनी है उनकी। हत्तेरे की और धत्तेरे की। वे हाथ मलते हुए भीतर आए और माथा पीटकर बोले–अरे कछू तौ कओ।

मैंने कहा–क्या कहूँ। अभी जीवित हूँ। आप से पहले नहीं मर सकता। पहले आपकी सद्गति करूँगा तब जाऊँगा। वरना आपकी बड़ी कुरदच्छना होगी। मौड़ा-मौड़ी कड़ोर के घाट पै डार दै हैं।

कक्का ने मेरा यह उत्तर सुना तो दीन हो गए। बोले छोड़ो यार सारों की बातें। दिन-भर ईमान और नीति बर्रात हैं सारे कोई काम के नइयाँ। मैंने उन्हें धैर्य दिया। छोड़िए शेर के बच्चे हैं। चाहे जो हो जाए घास तो खाने से रहे। कक्का इस चापलूसी से प्रसन्न होकर बोले—खैर जा बात तौ तुमाई ठीक है। मनों हमने इनई हाथों से करोड़ों रुपैया इतै को उतै कर डारौ। मजाल है कि कोऊ खों हवा लग जाए। बताओ दिलीप सिंह जू देव खों जा ने दिखानीं कै टी.वी. के पास कैमरा लगो है। हम होते तो पैलें ओई पै गमछा डार देते। कै ले बेटा अब कैसी फिल्में लैनें हैं सो लै डार। उन्होंने मुस्कुराकर कहा—पूरे पचास वर्ष नोट लिये हैं। वजन देखकर गिनती तो आज भी बता देता हूँ। उन्होंने चुनावों का उल्लेख करते हुए कहा सिर्फ एक इसी गुण के कारण हमें वोट मिलना चाहिए। हम कभी पकड़े नहीं गए।

मैं सहमत हो गया। सुन्दरियों को सदा मिनी-स्कर्ट पहनना चाहिए। इससे दौड़ने में बहुत सुविधा होती है। दूसरे मिनी स्कर्ट पहनने से दौड़ने के अवसर भी खूब प्राप्त होते हैं। इसी तरह अच्छे नेता को रकम चीरना चाहिए क्योंकि उससे नेतृत्व भी बना रहता है। कक्का गए तो मैं उन्हें छोड़ने घर के बाहर तक आया। सड़क से लगा घर। देखा तो चार-पाँच नौजवान लड़के हा-हा-ठी-ठी करते चले आ रहे हैं। वे आपस में जो वार्तालाप कर रहे थे। वह कुछ इस तरह था।

अपने जू देव भी बड़े प्रेमी जीव रहे होंगे।

हाँ रे देख पालीटिक्स में रह के भी क्या धाँसू डायलाग बोला है। लवली यार।

—कसम से आज तो मैं उस नकचढ़ी से यही कहूँगा कि कसम खुदा की, तुम खुदा तो नहीं मगर खुदा से कम भी नहीं।

—अबे शर्म कर शर्म। जहन्नुम जाएगा। बदनामी अलग होगी।

—गाली और बदनामी से डरे मेरा ठेंगा। मुझे कोई इलेक्शन तो लड़ना नहीं है।

—पूरे देश में सनसनी है। सुख है। निषिद्ध आह्लाद का मजा है। मैं जानता हूँ इस घटना का कोई राजनैतिक प्रभाव पड़ने वाला नहीं है। पब्लिक सब जानती है और खूब जानती है कि इस हमाम में सब नंगे हैं। एक-दूसरे की नंगई का मजाक उड़ाते हुए। वोटरों से बेपरवाह नियम-कायदों और बदनामी से बेफिक्र। बकौल दाग—

ए दाग बुरा मान न तू उसके कहे का।
माशूक की गाली से तो इज्जत नहीं जाती।।

❐

कैसे कैसों को दिया है : ऐसे वैसों को दिया है

कहते हैं कि जिसका नहीं दुनिया में कोई, उसका खुदा है। ऐसे भाग्यवानों के लिए यह भी कहा है कि बाल न बाँका कर सकै जो जग बैरी होय। पूरी दुनिया लटक जाए मगर श्रीमान जी का हेयर रिमूव नहीं कर सकती। रामभरोसे जे रहें सो पर्वत पै हरियाएँ। यह सारे उपदेश अपनी जगह ठीक हैं मगर भैया आदमी पहले से सोच-समझकर बोले तो ज्यादा दिक्कत खड़ी नहीं हो पाती। कुछ लोगों को यह गलतफहमी रहती है कि दूसरे उनकी बात सुन रहे हैं सो मार दिन-भर बकर-बकर करते रहते हैं। मैं कहता हूँ बाबू श्रीमान मुरली मनोहर जोशी को प्रेस के सामने यह बयान देने की क्या जरूरत थी कि अगर रायबरेली केस में आरोप तय हुए तो पद से त्यागपत्र दे दिया जाएगा।

बताइए तो कोई इन्हें पढ़ा-लिखा आदमी कहेगा? अरे भले आदमी चाहे प्राण चले जाएँ पर पद नहीं जाना चाहिए। पद से प्रतिष्ठा है। दाना है पानी है। सुख है आनंद है और मजा है। इसीलिए हर पार्टी और सरकार में पदाभिलाषियों की भीड़ बिलबिला रही है। जिसे पद न मिले वह बाप की पार्टी छोड़कर उनके बैरी की पार्टी में दनदनाकर शपथ लेते हुए दिखाई देता है। मुस्कुराता है और कनखियों से देखता है कि भाई लोग कैसे भुनकर भुरते में बदल रहे हैं।

सारे संसार को मालूम है कि पद का सीधा सम्बन्ध खाना-खुराक से है। पीने, पिलाने से है। जब पास में कोई पद न हो तो मनुष्य आकुल-व्याकुल होकर घूमता है। पदाधिकारियों की निन्दा करता है। उन्हें बेवजह गाली देता है। पद प्राप्त होते ही वही मनुष्य कैसा शालीन और विनम्र होकर हाथ जोड़कर फोटो खिंचवाता है। जिस पदाधिकारी को कल तक गाली देता था। उसी के पैर छूता है और दाँत निपोरकर कहता है कि दादा मेरे लायक सेवा हो तो बताइए। वह सबकी सेवा करता है। मगर खाता केवल खुद है। इसीलिए कहा है कि जिसके पास पद नहीं है उसकी जिन्दगी बेकार है। अतएव कोर्ट कहे, कचहरी कहे, जनता चाहे मारने खड़ी हो जाए मगर भले लोग कभी किसी पद से त्यागपत्र नहीं देते। उन्हें तो गर्दन पकड़कर निकालना पड़ता है।

अभी विधानसभा के चुनाव निकट हैं। अगले साल लोकसभा के चुनाव होना है। नेता लोग तांत्रिक, मांत्रिक, ज्योतिषी, सिपाही, गुंडों और मठ-मढ़ियों में स्थित अपदेवताओं तथा देवताओं को मनाने में जुटे हैं सो किसलिए भैया? पद के लिए ही ना। ऐसे में हाथ की बिल्ली छोड़कर म्याऊँ-म्याऊँ करते घूमना क्या बुद्धिमानी होगी। कौन प्रधानमंत्री ऐसे संक्रमण काल में किसी का इस्तीफा मंजूर करेगा। करेगा सो खुद टंटे में फँसेगा इसलिए बारह दिनों तक जोशी जी की जान साँसत में रही। भला करे भगवान कि इलाहाबाद कोर्ट ने नीचे की अदालत के विरुद्ध स्टे देकर जगह दिखाई और भाई लोग फौरन पतली गली से निकल गए। पद स्थायी नहीं होते इसलिए भले आदमी पद प्राप्त होते ही बीसों नाखून और बत्तीसी दाँत फौरन काम में लगा देते हैं।

बहादुर शाह ज़फ़र को शायरी का बड़ा शौक था। वे भारत के अन्तिम बादशाह थे। उनका कहना है कि भाई यह मालो-दौलत, यह पद और प्रतिष्ठा चंद रोज के लिए हैं। सब खेल यहीं तलक है। हुकूमत और शोहरत भी मिट्टी में मिल जाने वाले हैं।

तू आ कि याँ से फिर नहीं रहने का हुक्मरां।
है चंद रोज तेरी हुकूमत यहीं तलक।
जाएगा तेरा नाम भी कोई न जेरे खाक।
है तेरे वास्ते तेरी शोहरत यहीं तलक।।

इसलिए समझदार कहते हैं कि भैया जब सब कुछ यहीं तलक है तो फटाफट यहीं का यहीं निपटा डालो। तीरन्दाजी का शौक है तो तरकश भरा हुआ होना चाहिए। बीन-बीन कर तीर चलाने वालों की गिनती मूर्खों में होती है। कहावत है–

घर घोड़ा पैदल चले, तीर चलावै बीन।
थाती धरै दमाद घर, जग में भकुआ तीन।।

बहुजन समाज पार्टी छोड़कर आए विधायकों में से चार को उत्तरप्रदेश सरकार में मंत्री पद प्राप्त हो चुका है। इसे कहते हैं अकल और इसे कहते हैं पालीटिक्स। पंडित मुरली मनोहर जोशी को इन महानुभावों से प्रेक्टिकल पालीटिक्स का ज्ञान प्राप्त करना चाहिए।

इनसे क्या माननीय मुलायम सिंह जी से भी यह ज्ञान प्राप्त किया जा सकता है कि सत्ता पाते ही लत्ता-पत्ता बाँटकर हर ललत्ता को पीछे-पीछे कैसे घुमाया जाता है। नए विस्तार के साथ ही उनके मंत्रिमंडल की संख्या सत्तानवे हो गई। नाइंटी सेवन। बताइए तो भला जिस सरकार में सैकड़ा-भर मंत्री होंगे उस सरकार का कोई क्या उखाड़ लेगा। और उस प्रदेश का विकास कैसे रुकेगा। वहाँ तो हरा-ही-हरा है। हमारे मध्यप्रदेश के विधायकों ने सुना तो पुलकित हो गए। हिश्ट एम. पी. भी कोई स्टेट है। चलो हम भी यू. पी. चलते हैं। वहीं पालीटिक्स करेंगे। वहीं मिनिस्टर बनकर जिन्दगी के बाकी बचे चार दिन गुजार देंगे। छोटे राजनेता आनंद से अभिभूत होकर गाते हैं। मुलायम सिंह जी आपको धन्य है।

कैसे-कैसों को दिया है। ऐसे वैसों को दिया है।।
मुझको भी तो लिफ्ट करा दे। बंगला मोटरकार दिला दे।
एक नहीं दो-चार दिला दे। मेरी इतनी मान ले मौला।।

सो सही है कहते हैं नवनीत यानी मक्खन से मुलायम और कुछ नहीं होता। मगर मान्यवर मुलायम सिंह जी ने यह सिद्ध कर दिया है कि उनसे मुलायम और कुछ नहीं है तथा और कोई नहीं है। उन्होंने पंडित अटल बिहारी वाजपेयी का हुनर सीख लिया है। एन डी ए अर्थात् नेशनल डेमोक्रेटिक अलाएन्स दैट मीन राष्ट्रीय जनतांत्रिक गठबन्धन का असली आधार यही है। इसी फार्मूले से पहली बार कुल तेरह दिन प्रधानमंत्री रहे अटल जी अब पाँच साल से डटे हैं। और लगता है डटे रहेंगे। उनके तबेले में जया अम्मा और करुणानिधि दोनों के शिष्य खीर खा रहे हैं। वे दिल्ली में मौन रहते हैं प्रान्तों में लड़ते हैं।

भैया देश का क्या बिगड़ना है। जहाँ हिमालय पर्वत है वहाँ ही हिमालय पर्वत रहेगा। जहाँ गंगा है वहीं गंगा रहेगी। जहाँ दिल्ली है वहीं दिल्ली रहेगी। लाज-शरम की मिथ्या बातों को छोड़ो भैया। पद है तो प्राण है। पद नहीं तो अपन मरे बराबर हैं। यानी प्रलय ही है। कहा है कि दुनिया मरे तो प्रलय और खुद मर गए तो महाप्रलय। इसलिए तात प्रलय भले हो जाए संसार को महाप्रलय से बचाना चाहिए। पालीटिक्स में रहें तो केन्द्र बिन्दु बनकर रहें। कुछ इस तरह–

मेरी ही नजर की मस्ती से, सब शीशा-ओ-सागर रक्सां थे।
मेरी ही नजर की गर्मी से, सब शीशा-ओ-सागर टूट गए।

सभी सुराहियाँ और पैमाने मेरी नजर की मस्ती की बदौलत नाच रहे थे और मेरी नजर की गर्मी की बदौलत सारी सुराहियाँ और प्याले टूट गए। देखते जाइए डटे रहेंगे तो हर विधायक मंत्री होगा। इंशा अल्लाह।

❐

मुन्ना मोबाइल बोलता है बाप

साहब ने उस नम्बर पर फोन किया तो उधर से किसी टपोरी की आवाज आई। हाँ–मुन्ना मोबाइल बोलता हूँ। ये सन्न चुप रह गए। फिर वही आवाज आई–अरे बोलने का बाप। धन्धे का टैम खोटी करने का नई। साहब ने घबड़ाकर मोबाइल बन्द कर दिया और सिर पकड़कर बैठ गए।

पिछले एक हफ्ते से उनकी नींद उड़ी हुई थी। न खाने में मन लगता। न सोने में। तबीयत होती बैठे-बैठे पीते रहें। तसव्वुरे जानां किए हुए। बवाल की जड़ उनका मोबाइल था। पिछले हफ्ते वे अपना मोबाइल घर भूल गए थे। रात में यों ही देखा-भाला तो पाया कि उससे एक खास नम्बर पर दो-तीन बार फोन किया गया है। घर में अनिन्द्य सुन्दरी पत्नी के सिवाय कोई दूसरा प्राणी नहीं था। नई-नई शादी। साहब को लगा कि कोई-न-कोई जरूर है जिसे उनकी गैरहाजिरी में फोन किए जा रहे हैं। मोबाइल घर न भूलते तो कभी मालूम ही नहीं होता। नई नौकरी, नया शहर। उस पर ये कहर। वे बार-बार पत्नी पर शक करते। साहिर को याद करते–

जी में आता है कि मैं ये चाँद तारे नोच लूँ।
इस किनारे नोच लूँ और उस किनारे नोच लूँ।
एक-दो की बात क्या सारे-के-सारे नोच लूँ।
अय गमे दिल क्या करूँ अय वहशते दिल क्या करूँ।।

बैठे-बैठे अँधेरा घिर आया। पत्नी ने कमरे में आकर बत्ती जलाई तो उन्हें इस तरह बैठे देखकर ठिठक गई। लाड़ से उनके बाल सहलाती हुई बोली–क्या हुआ? सिर में फिर दर्द है क्या? वे टकटकी लगाकर उसे देखने लगे। पत्नी हँसने लगी। उन्हें लगा सन्तों ने नारी की निन्दा-विषयक जो भी बातें कही हैं। वे सौ-फीसदी सत्य हैं। उन्हें तुलसीदास याद आए–

साहस, अनृत अशिक्षा माया। छल अविवेक असौच अदाया।
अवगुन आठ सदा उर रहहिं। नारी सुभाव सकल कवि कहहिं।।

सारे कवि, शायर याद कर लिये। सन्त-महन्त-साधु-संन्यासी खंगाल डाले। स्त्री के पक्ष में कोई न मिला। उन्हें लगा इस पूरे संसार में वे अकेले हैं। स्त्री किसे फोन करती है? उन्हें पता लगाना होगा। ये मुन्ना मोबाइल कौन है? खैर मैं पता लगाकर ही रहूँगा।

सुबह वे एक पुराने मित्र से मिले। रात-भर सोए ही नहीं। लाल आँखें और खड़े बाल लिये उन्होंने उसके सामने अपना दुखड़ा रोया। मित्र फास्ट फ्रेंड टाइप का हरामी आदमी था। वह उन्हें एक तांत्रिक बाबा के पास ले गया। बाबा पिए बैठे थे। वे तंत्र पर भाषण पेल रहे थे। मदिर मदिरा की मधु गन्ध आस-पास मलय समीर की तरह प्रवहमान थी। वे भीषण थे मगर उनका भाषण और भीषण था। डर भी उन्हें देखकर डर जाता। वे सच्चे अर्थों में–"भयानां भयं, भीषणं भीषणानां" थे। तुर्रा यह कि बाबा उन्हें कबीर का एक पद सुनाने लगे। समझाने लगे। जाड़ों में मरती है। पति को नहीं पहचानती। गृहिणी पागल हो गई है। शाम होने से पहले ही दीया जला देती है। पति को छोड़कर पीछा करने वालों को याद करती है। बाबा गाने लगे–

जाड़ों मरै सफेदी सौरी, खसम न चीन्हें हो गई बौरी।
साँझ-सकार दिया लै बारै, खसम छोड़ि सुमिरै लगवारे।।

साहब को लगा। दुनिया में तंत्र-मंत्र अमोघ और अजेय शक्तियाँ हैं। घर लौटे तो विचारों में गोते लगा रहे थे। सिर नीचे पैर ऊपर।

टी. वी. खोला तो अति आनंद को प्राप्त हो गए। पटना में आयोजित तंत्र-मंत्र का एक कार्यक्रम दिखाया जा रहा था। लाइव टेलीकास्ट। भारत के शैक्षणिक संसार के नियन्ता डॉ. संजय पासवान राज्यमंत्री मानव संसाधन भारत सरकार अद्‌भुत धजा के साथ मंच पर थे। वे एक सफेद अलीगढ़ी पाजामे को घुटनों तक मोड़े उस पर एक ढीला-ढाला पीला कुरता धारण किए थे। माथे पर तिलक लगा हुआ। हाथ में एक नंगी तलवार लिये वे एक तांत्रिक मुद्रा में नृत्य कर रहे थे। वह एक अद्‌भुत दृश्य था। माननीय मंत्री महोदय ने फरमाया कि वैद्य देह की चिकित्सा करता है। ओझा-गुनी मन-मस्तिष्क का इलाज करते हैं। वे इस निश्चय पर दृढ़ थे कि दरभंगा और पटना में तंत्र-मंत्र का रिसर्च सेंटर बनवा कर रहेंगे। उन्होंने नंगे पैर आग पर चलकर दिखाया फिर दो मोटे हरे बाँसों के सहारे लटके एक भगत को धरती से आकाश तक झूला झूलते दिखाया। मंत्र-तंत्र डाकिनी-शाकिनी, पटा-बनैटी, नींबू-मुर्गों का प्रदर्शन, बलि और ओम फट का स्वर नाद सुनकर तो मैं खुद इतना उत्तेजित हो उठा कि मेरी तबीयत उसी तरह नाचने की होने लगी। मैं अपने बचपन में लौट गया। जब सागर की सड़कों पर "होड़छा" की आवाजों के साथ तांत्रिक-मांत्रिक नवदुर्गा की अष्टमी-नवमी को नाचते चलते थे। गालों में एक त्रिशूल का मध्य शूल छिदा हुआ जिसे वे बाना कहते थे। वे आशीर्वाद बाँटते चलते थे। हे पाठक प्रवर आप खीझकर कहेंगे अबे तू यहाँ बीच में कहा घुस गया। अपने साहब का क्या हुआ, उनकी कथा सुना। तो सुनिए श्रीमान। चलिए वहीं साहब के पास चलिए। वे देवदास की मुद्रा में बैठे थे। सच्चे नेता जैसे पीते हुए देश की चिन्ता करते हैं। उसी तरह वे उदास बैठकर मध्यप्रदेश के प्रसिद्ध कवि भवानी प्रसाद मिश्र की पंक्तियाँ गुनगुना रहे थे–

बहुत प्यारे बंधनों को आज झटका लग रहा है।
टूट जाएँगे कि मुझको आज खटका लग रहा है।।

अचानक उनके मोबाइल की घंटी ने तन्द्रा भंग की। चौंककर उन्होंने नम्बर देखा। वही संदिग्ध नम्बर था। वे फोन कान से लगाकर बैठ गए। उधर से आवाज आई–मैम साहब अपुन मुन्ना मोबाइल बोलता है। कल सुबह काहे को फोन बन्द कर दिया था अम्मा क्या और रद्‌दी इकट्‌ठा हो गया है। कुछ कबाड़ हो तो और अच्छा। आज हम उस तरफ आएगा तो खरीद लेगा मैम। रेट वही पुराना देगा अम्मा। इधर धन्धा मंदा चल रहा है न। साहब ने सुना तो खुशी से घबड़ाकर स्विच ऑफ कर दिया। उन्हें पत्नी पर प्यार उमड़ने लगा और खुद पर शर्म आने लगी।

अभी तक उन्हें मोबाइल स्टेटस सिम्बल लगता था। उन्हें लगा वे और मंत्री जी दौड़ में पिछड़ गए हैं। वे शिक्षा और संस्कृति के ठेकेदार बने बैठे हैं–मोस्ट बैकवर्ड फेलो। वह कबाड़ी मुन्ना मोबाइल उन दोनों से बहुत आगे निकल गया है। उसने विकास और आधुनिक होने का सही अर्थ समझ लिया है। टोने-टोटके छोड़कर स्वाभिमान और आत्मविश्वास से दीप्त वह आवाज बार-बार उनके कानों में गूँजने लगी–हाँ–मुन्ना मोबाइल बोलता हूँ। टैम खोटी करने का नई।

❐

एक में कुफ्र अगर एक में ईमां होता

जिस वैज्ञानिक महानुभाव ने वाशिंग मशीन का अविष्कार किया है। उनके पुरखे भी कभी यह न सोच पाए होंगे कि भारतीय प्रतिभाएँ इस मशीन का उपयोग अपनी गाय-भैंसों के दूध से मक्खन निकालने में करेंगी। गाँव-गाँव फैली वाशिंग-मशीनें देखकर वे सकल वैज्ञानिक हर्ष से अभिभूत हो जाते कि अरे–वाह भाई-वाह ! आखिर हमारी मेहनत काम आई और कपड़े धोने के झंझट से छूटकर भारतीय ग्राम्य सुन्दरियाँ आखिर बेफिक्र होकर कंडे थापने चली गई हैं। जिन करकमलों में साबुन-सोड़ा और मोंगरी की मूठ होती। वाशिंग मशीन की कृपा से उनमें अब मुलायम साफ्ट और कोमल-कोमल गोबर है। यहाँ बीच में धड़ाम की गुरू गर्जना के साथ बीच में कूदते हुए मेरा निवेदन है कि माननीय वैज्ञानिक महानुभावों आपका अनुमान गलत है। सोच जो है सो भ्रामक है और विजन यानी दृष्टि तो है ही नहीं। हे तात भारतीय ग्रामीण अंचलों में जो वाशिंग मशीनें हैं। वे सुन्दरियों की सेवार्थ नहीं हैं। अपितु दूध विक्रेताओं की हुनरमन्दी का सबूत हैं और इस भारतीय शक्ति का प्रमाण है कि अगर तुम ठान लो,तारे गगन के तोड़ सकते हो। मान्यवर, प्रेम करना क्या है? गगन के तारे तोड़ना ही है। इस अकेली मूर्खता में वह डिमांड है जो विश्व युद्ध करा सकती है कहा है–

मुझको रातों की सियाही के सिवा कुछ न मिला।
मैंने चाँद और सितारों की तमन्ना की थी।।

भैया, प्रेम का क्या है। मालिक, वह तो सब करते हैं। आदमियों से लगाकर कुत्ते-बिल्ली तक प्रेम करते हैं। मगर यह अंधेर है देवियों और सज्जनों कि आप चाँद-सितारों पर कब्जे की बात करें। भ्रा वे चंदा-सितारे आपकी पैतृक-सम्पत्ति नहीं हैं। दादा मेरे, भैया जी, बाबू भैया आपको चंदा-तारे वसीयत में नहीं मिले। इन पर सकल संसार का कब्जा-ए-नज़र और राइट है। एक जमाना था जब प्रेम-प्रसंग के प्रमुख खलनायक बाबू जी होते थे। किसने सुन्दरियों के यह पवित्र उद्‌गार नहीं सुने–हाय बाबू जी सुनेंगे तो मार डालेंगे। या फादर को पता लग गया तो गोली मार देंगे। अब दुनिया बदल गई है। एक प्रेमी महाशय जब सीढ़ी के जरिए प्रेमिका की खिड़की में झाँक रहे थे तो घबराई सुन्दरी ने कहा– बाप रे, पापा देख लेंगे तो गजब हो जाएगा। प्रेमी ने कहा– घबराओ मत तुम्हारे पापा जी खुद नीचे सीढ़ी पकड़कर खड़े हैं। चतुर पिताओं ने अपनी कन्याएँ बिना खर्च किए उत्तम घरों में भिजवाई हैं। वे वहाँ राज्य कर रही हैं और ये यहाँ निश्चिन्त सुख भोगते हैं। मैं कहना चाहता हूँ कि हे राजा दिग्विजय सिंह जी महाराज किसी के प्रेम-प्रसंग को लेकर लांछन भरे इशारे करना घटिया बात होती है। मुख्यमंत्री के जिस सलाहकार को लेकर आप दो-तीन बार ओछे बयान दे चुके हैं। उन्हें उमा भारती ने एक बार में ही निबटा दिया है। उन्होंने अपने भाई स्वामी प्रसाद लोधी और खुद श्री गोविन्दाचार्य जी की उपस्थिति में पूर्व प्रधानमंत्री चंद्रशेखर के सामने मंच से पूरे प्रकरण को जिस तरह स्पष्ट किया। वह प्रशंसनीय है। और हाँ अगर भारतीय रजवाड़ों के प्रेम-प्रसंग, जबरदस्तियों और रसिकता तथा विलास की कथाएँ बाँचने कोई बैठ जाए तो महाराज मंच कालिख से भर जाएँगे। हुजूर जो संसार में प्रेम करते हैं वे डरते नहीं हैं। उसे सार्वजनिक रूप से स्वीकारते हैं। प्रेम पुण्य है

श्रीमान जी छल पाप है। इंसान प्रेम न करे तो वह इंसान ही नहीं है। देवता जिस मानव-जीवन के लिए ललचाते हैं। वह प्रेम से भरा है जबकि देवताओं का जीवन छल-कपट से भरा है। सरस्वती तो इसे विधिवत् सर्टिफाई कर चुकी हैं—ऊँच निवास नीच करतूती। देखि न सकहिं पराई विभूति।। दाग साहब ने इस मसले पर एक शेर में कहा है जो श्रीमान की सेवा में प्रस्तुत है—

क्या ग़ज़ब है नहीं इंसान को इंसान की कद्र।
हर फरिश्ते को ये हसरत है कि इन्सां होता।

सो हुकुम निवेदन यह है कि जरा कुछ रुक लिया जाए। देखिए आप तो खुद घोषित कर चुके हैं कि दस वर्ष तक कोई पद ग्रहण नहीं करेंगे। राजा दुनिया के मजे और धर्म के नियम-कायदे साथ-साथ नहीं चल सकते। हाँ संसार और परलोक दोनों देखना है तो दो दिल रखो। राजनीति में प्रेम कहाँ और प्रेम में राजनीति कैसी।

कहो रहीम कैसे निभे केर-बेर को संग।
जे डोलें रस आपने उनके फाटें अंग।।

राजा केले और बेर कभी साथ नहीं रहते। जब बेर अपने काँटों के साथ झूमता है तो केले के कोमल पत्तों का सर्वनाश हो जाता है। हे तात! राजनीति के बेरों के बीच कदलीवन नहीं लगता। लगता है तो जीवित नहीं रहता। दोनों अलग हैं। दोनों के आनंद के लिए दो दिल चाहिए। दाग ने लिखा है—

दीन-ओ-दुनिया के मजे जब थे कि दो दिल होते।
एक में कुफ़्र अगर एक में ईमां होता।।

जैसे वाशिंग मशीन से लोग मक्खन निकाल लेते हैं वैसे ही भारतीय कूटनीति प्रेम को उछालकर बैर निकाल लेती है। सो जानबी। रसीद लिख दी कि सनद रहे और वक्त पर काम आवे।

❐

गरजत बरसत सावन आयो री

प्यारे भाइयों और उनसे ज्यादा प्यारी बहिनों, आखिर मनभावनी सुहावनी और प्रेमियों की प्यारी-प्यारी तीन लोक से न्यारी हमारी वर्षा ऋतु आ गई। जैसा कि बाबा तुलसीदास ने लिखा है–छुद्र नदी भरि चलि उतराई। जस थोरे धन खल बौराई।

अर्थात् छोटी-छोटी नदियाँ जरा से पानी में इतराती हुई बाढ़ की फटकी खींचने लगी हैं। जैसे दुष्ट आदमी जरा-सा धन पाते ही पगलाय जाता है। जबकि होशियार और भले लोग लाखों रुपए की रिश्वत खाकर भी शान्तचित्त बने रहते हैं। बिल्कुल व्याकुल नहीं होते और लोकायुक्त वगैरह को हवा भी नहीं लगने देते। सीता वियोग का कष्ट उठाते हुए राजा रामचंद्र जी जो हैं सो बादलों के गरजने से डरने लगते हैं–घन घमंड नभ गरजत घोरा। डरपत प्रियाहीन मन मोरा। वर्षा ऋतु के जल से भरकर क्यारियाँ फूटकर बहने लगी हैं जिस तरह स्वतंत्र रहकर स्त्रियाँ बिगड़ैल हो जाती हैं। देवियों अगर बुरा लगे तो मुकदमा श्री तुलसीदास जी पर चलाएँ। बन्दे ने केवल इस कविता का अर्थ स्पष्ट किया है–

बरसा रितु चली फूट क्यारी।
जिमिं स्वतंत्र होहिं बिगरहीं नारी।।

जैसे रामविलास जी पासवान और माननीय रेलमंत्री लालू यादव की प्रीति स्थिर नहीं रहती। उसी तरह मेघों के बीच कभी-कभी बिजली चमकने लगती है–दामिनि दमक रही घन माहीं। खल की प्रीत जथा थिर नाहीं। भाइयों, वीर प्रसविनी भारत-भूमि कीचड़-काँदो और केंचुओं से भर गई। चहुँओर मेढकों के मंगलगान आरम्भ हो गए हैं।

विरह-व्याकुल नायिकाओं को यह बैरिन वर्षा ऋतु फूटी आँख नहीं भाती। बरसता हुआ पानी उसके जियरा बटे हियरा में जो है सो आग लगाने लगा है। इसे रोकने में लाचार बुन्देली के लोक कवि ईसुरी की नायिका वर्षा ऋतु के हमदर्दों से निपटने का इन्तजाम करने लगी है। ईसुरी के हिसाब बड़े क्लियर हैं।

हम पै बैरिन बरसा आई। हमें बचा लेव भाई।
चढ़ कै अटा घटा न देखें। पटा देव अंगनाई।।
बारादरी दौरियन में हो। पवन न जाने पाई।
जे द्रुम कटा छँटा फुलबगिया। हटा देव हरयाई।।
पिय जस गाँव सुनाव न ईसुर जो जिय चाव भलाई।

अर्थ यह कि हमारी जान की दुश्मन वर्षा ऋतु आ गई भाइयों, हमें इससे बचा लो। कोई अपनी अटारी पर चढ़कर घटाएँ न देखे। अँगनाइयों के ऊपर भी छप्पर डलवा दिए जाएँ। बारहदरी के दरवाजों और खिड़की दालानों से हवा न जाने पाए। फूलों के बाग छँटवा दो, वृक्ष कटवा दो और सारी हरियाली हटा दो। ईसुरी कहते हैं कि सुन्दरी नायिका प्रिय की कीर्ति कथा भी सुनना नहीं

चाहती। जो अपना भला चाहे वह इसे न सुनाए। श्रीमान यह बाई की ठेठ नादिरशाही है। अरे संसार में अकेली आप ही नहीं रहतीं माता। और भी भाई-भावज रहते हैं। जो सावन के गरजत बरसत आने का समाचार पाते ही भजिए बनाने सहित अन्य काम-काज में जुट जाते हैं। बाई तेरे प्रिय के बाहर होने की अब चिन्ता नहीं है। अपने समोसों में आलू सर्कस में भालू और बिहार में लालू जो हैं सो अब रेलमंत्री हैं। वे फास्ट-ट्रेन चलवाए कै तुम्हारे प्यारे से तुम्हें खटाक दैनी मिलवाय देंगे। बी अम्मा फिकर नाट। हालाँकि तुम्हारी तकलीफ भी मुझे समझता। जब अपना दिल ही खुश न हो तो जी कहाँ की सैर और कैसा तमाशा। हजरत दाग ने लिखा है–

अपनी नज़र में हेच है, सारे जहाँ की सैर।
दिल खुश न हो तो किसका तमाशा कहाँ की सैर।।

अगर भर बरसात में परस्पर झगड़ा हो जाए तो भी मौसम की दुम ठुक जाती है। कहाँ की मस्ती और कहाँ की मौज। जैसे शिवसेना के बाल ठाकरे ने अटल बिहारी वाजपेयी का भोजन का निमंत्रण ठुकरा दिया हो। ऊपर से तुर्रा यह कि शिवसेना के कार्यकारी अध्यक्ष महोदय बयान दे रहे हैं कि बाल ठाकरे साहब बिजी हैं इसलिए नहीं आए। यह भी कि नरेन्द्र मोदी का मामला भाजपा का अंदरूनी मामला है और शिवसेना के कार्यकारी अध्यक्ष को उस पर कोई टिप्पणी करना ठीक नहीं लगता। मीर तकी मीर ने अपने को एक शेर में इस हालत पर काफी तेज रोशनी डाली है।

'आए हैं मीर मुँह को बनाए खफ़ा से आज।
शायद बिगड़ गई है कुछ उस बेवफा से आज।।'

पर सिर्फ यह नहीं है कि वर्षा में केवल खुद की फिक्र हो। कई परोपकारी सज्जनों को दूसरों की ही चिन्ता लगी रहती है। जैसे मध्यप्रदेश के पूर्व मुख्यमंत्री राजा दिग्विजय सिंह ने उमा श्री भारती पर सलाहकारों को लेकर एक ओछा आरोप लगाया। अपने घर और भाई की फिक्र करना छोड़कर राघवगढ़ के राजा को दूसरों के घरों के टपके दिख रहे हैं। हुकुम बजाय इसके अपने मूर्ख सलाहकारों पर कंट्रोल करते तो न आज तुम दुःखी होते न हम। झूठ तो खैर होता ही है। यह ठठकर्म करने वाले गाँधी जी बनें तो अच्छे नहीं लगते। पानी से भरे बादल पृथ्वी के निकट आकर बरसते हैं जैसे विद्या पाकर विद्वान नम्र हो जाते हैं। उमा भारती ने आपकी बातों का उत्तर नहीं दिया। उन्हें चुपचाप सह लिया। वर्षा वर्णन करते हुए तुलसीदास ने लिखा है–

बरषहिं जलद भूमि निअराएँ। जथा नवहिं बुध विद्या पाए।
बूँद अघात सहहिं गिरि कैसे। खल के वचन संत सह जैसे।।

लोग आजकल हर बात में लाभ-हानि की राजनीति करने लगे हैं। कोई सैद्धांतिक चर्चा नहीं करता। राजन दूसरे किससे सलाह ले रहे हैं। इसे छोड़िए यह ख़याल रखिए कि आपने जिनसे सलाह की थी और परिणामस्वरूप विधानसभा में काँग्रेस की अड़तीस सीटें करके बैठ गए। वे सलाहकार कैसे थे। छोड़ो हुकुम उस बरसात ने तो सब कुछ बहा दिया।

सखा, यहाँ वर्षा जल भरे हुए गड्ढों से सरपट, मोटर साइकिलें दौड़ाते हुए नए कन्हैया खुद कीचड़ की होली खेल रहे हैं और आस-पास जाने-आने वालों पर भी कीचड़ उछाल रहे हैं। नलों में माटी मिला पानी आने लगा है। उसमें छोटे केंचुए मुफ्त वितरित हो रहे हैं। लोग वाटर सैम्पल

लेकर अधिकारियों को भेंट करते घूम रहे हैं। राजा मुझे आपके बयान हैरान नहीं करते। आप को आँय-बाँय बकना जायज है। आपकी सेवा में मीर तकी मीर का एक शेर प्रस्तुत है। यानी पेशे खिदमत है–

अपने ही दिल का गुनह है, जो जलाता है मुझे।
किसको ले मरिए मियाँ और किसे तोहमत दीजे।।

राजा बात समझ रहे हैं न?

सो ठीक समझ रहे हैं हुकुम।

❐

अंदर से बड़े जालिम बाहर से बड़े भोले

बालम शब्द कैसे बना यह पता लगाने की मैंने बड़ी कोशिश की। नाकाम रहा। जब भाषाशास्त्रियों ने हाथ खड़े कर दिए तो मैं जुगाड़ की तरफ झुका। हे भाइयों यदि हम थोड़ा-सा ध्यान दें तो यह तथ्य स्पष्ट हो जाएगा कि बालम वही बनाया जाता है जिसमें थोड़ा बल हो। यानी क्या 'बलम' ही 'बालम' हो गया है। इसकी सम्भावना अधिक दिखाई देती है। जैसा कि सुन्दरियाँ अक्सर गाती हुई दिखाई और सुनाई देती हैं कि मेरे भोले बलम। अर्थात् तू ताकतवर है सो ठीक है किन्तु तेरा भोला अर्थात् मूर्ख टाइप होना ज्यादा जरूरी है। हालाँकि यह मूर्खता बहुत अधिक भी नहीं होनी चाहिए। वरना यह आरोप अपरिहार्य हो उठता है कि मेरा नादान बालमा न जाने दिल की बात। अर्थात् यह जो मेरा मूर्ख बलमा है सो मेरे दिल की बात बिल्कुल नहीं जानता। वो कुछ मँगाने पर कुछ और ले आता है अर्थात् वो खरबूजा लाया जो नीबू मँगाए। बालम, बलम और बलमा तीनों सम्बोधन एक ही लल्लू के लिए हैं। इनसे जुड़े हुए कुछ संस्मरण तो इतने अछाप्य, गोप्य और अप्रकाश्य हैं कि क्या कहूँ। यदि किसी भाई-बहिन की उन्हें जानने में रुचि हो तो कृपया मुझसे निकट सम्पर्क स्थापित करें।

उत्पाती छोकरे धोबी के गधे को भी 'बालम' नाम से पुकारते देखे जाते हैं किन्तु इसे अबालमीय ईर्ष्या कहकर खारिज किया जा सकता है। बल से स्वामित्व स्थापित होता है। स्वामी शब्द साईं के मूल में हैं। लाड़ में यही शब्द 'सैंया' जैसे सम्बोधन में बदल जाता है कि–

बेदर्द मेरे सैयां, शबनम हैं कभी शोले।
अंदर से बड़े जालिम बाहर से बड़े भोले।।

अर्थात् मेरे जो निर्दयी स्वामी हैं। और जो कभी ओस की तरह शीतल दिखाई देते हैं तथा कभी लपट जैसे गर्म हो जाते हैं। वे अंदर से अत्यन्त दुष्ट और जुल्म करने वाले हैं। मगर बाहर से जो हैं सो भोले दिखाई पड़ते हैं। बट-परन्तु-लेकिन-किन्तु यह सृष्टि का शाश्वत तथ्य है कि 'बलमा' जितना मूर्ख और अज्ञानी हो उतना ही प्रिय होता है। इसलिए कहा है कि–

बलमा अनाड़ी मन भाए। हाए। सो सकल पाठकवृन्द जानते हैं कि मूर्ख बालम जो है सो फालतू की जिज्ञासा नहीं करता। शंकाएँ नहीं करता। पूछताछ नहीं करता और चुप्पचाप तनखा लाकर हाथ पर धर देता है कि लो बाई यह रुपया और रख लो जहाँ तुम्हारा जी चाहे। इससे श्रीमान जी कृपया यह अर्थ बिल्कुल न निकालें कि माननीय प्रधानमंत्री श्री मनमोहन सिंह जी ने शपथ लेते ही वेतनभोगी समुदाय पर जो आयकर सरचार्ज ठोंकने की धमकी दी है। उससे बिलबिलाकर यह अल्ल-बल्ल बकी जा रही है। ना ही यह कि इस सरकार के आरम्भ में जो जूतम पैजार होते-होते बची। उसका कोई प्रभाव बन्दे के स्वास्थ्य पर पड़ा है। छोड़िए, भाई साहब यहाँ दस-पाँच जूतों में किसी का कुछ नहीं बिगड़ता और हजार जूते लगाने की किसी की हैसियत नहीं है। भारतीय लोकतंत्र की सबसे मज़ेदार बात यही है कि यहाँ वोटर जितने होशियार हैं नेता उतने ही 'वो' हैं। 'वो' समझते हैं न। होशियार के जस्ट अपोजिट वाले। दिल्ली में नई केन्द्रीय सरकार बनाकर वोटर प्रसन्न हुए कि अब कुछ काम होंगे। मगर बालम अगर बेवकूफ न हों तो किस काम के हैं। इसलिए खटाक से श्री प्रणव

मुखर्जी का बयान आ गया कि पुराने रक्षा सौदों की जाँच कराई जाएगी। हम इसे जेल में भेजेंगे और उसे सजा दिलाएँगे। हम किसी को नहीं छोड़ेंगे। और हम सबको राइट कर देंगे। जब तक कि जनता खुद हमें राइट न कर दे। मगर हम काम हर्गिज न करेंगे। सड़कें ठीक न कराएँगे। नल न सुधरवाएँगे। हमें तो हवा में उड़ना है। सड़कें सुधरवाने की क्या जरूरत है। हम बिसलरी वाटर पिएँगे तो पानी की प्राब्लम हल कराने की क्या जरूरत। अब हम भारत भाग्य विधाता हैं। जो चाहेंगे करेंगे।

मतलब यह कि न खुद कुछ करेंगे। न किसी को करने देंगे। कोई कुछ करेगा उसकी जाँच कराएँगे। जाँच-जाँच-जाँच। हम जाँच के डर से भागकर चुनाव लड़े। जाँच करते हुए पाँच बरस काट देंगे। तब पब्लिक हमारी जाँच करेगी और पिछली सरकार की तरह हमें उठाकर फेंक देगी। फिर नई सरकार बनेगी। वह हमारी जाँच करेगी। काम छोड़कर हम बस जाँच करते रहेंगे। अब हम स्वामी हैं। साईं हैं। सारी लोकतांत्रिक शक्ति समेटकर बैठे बलाधिकारी हैं। हम ही बलम हैं। बालम हैं। बलमू से शुरू हुई यात्रा अब बलाधिकारी तक हो आई है। एक अरब लोगों की तकदीर लिखेंगे बैठकर। अतीत की जाँच हम कराएँगे। भविष्य हमारे वर्तमान की जाँच करेगा। न वे हमसे ज्यादा हैं न हम उनसे कम हैं। वोटर अकबकाकर देखता है कि हे मैया हम तो तुम्हारे मंदिर पर मत्था टेककर आए थे। ये सारी दुनिया हाँकने वाले बड़बोले लांगूल यहाँ कहाँ से आ कूदे। मगर यारों क्या कीजे। ये इश्क नहीं आसां, बस इतना समझ लीजे। इक आग का दरिया है और डूब के जाना है। भोजपुरी का एक गीत पृष्ठभूमि में सुनाई देता है–

इश्क करे ऊ जिसकी जेब मां माल बारे बलमू।
इश्क करे क्या जो खुद है कंगाल बारे बलमू।।
इश्क करे ऊ जो दिल का दिलदार बारे बलमू।
राजे इश्क क्या समझे चुगल गँवार बारे बलमू।

अभी आम आदमी के लिए दिल्ली दूर है भैया।

❒

चोर : मधुकर स्याम हमारे चोर

भले आदमियों की बात छोड़िए, भले आदमियों की परवाह करने की जरूरत न सरकार को है न अपन को। फिक्र करना है, तो चोरों की करिए। इतना बड़ा जो पुलिस विभाग बना है सो क्या भले आदमियों के लिए बना है? पीएचक्यू से लेकर गाँव-गली तक जो थाने-चौकी हैं। डीजीपी से लगाकर गाँव के कोटवार तक जितने अमले-अधिकारी तरकैटियाँ उड़ा रहे हैं सो किसके बूते पर। मैं तो कहता हूँ बापू कि चोट्टे न हों तो ये सारे दफ्तर बन्द हो जाएँ। सर्वोच्च न्यायालय से लगाकर ग्राम न्यायालयों तक का तिलिस्म किसके बल पर कायम है बाबू। मैं कहता हूँ और छाती ठोंककर सरे आम कहता हूँ कि यह सब चोरों का जलवा है। भड़यों का हुनर है और डकैतों का शौर्य है। गँठकटों की होशियारी है। कारीगरों की कला है। बटमारों की मेहनत है। उठाईगीरों का परिश्रम है। लुटेरों की दिलेरी है। ठगों का सेवाकार्य है और चुरकटों की विनम्रता है। चुरकट वह छोटा और विनम्र सेवक है जो चोरों के पीछे लगा रहता है।

चोरों के माल में चुरकट और चांडालों की हिस्सेदारी जरूरी है। नीति की दृष्टि से और सामाजिक समानता के लिए ऐसा मजेदार उदाहरण और न मिलेगा। मुम्बई पुलिस अपना जो आप्त वाक्य सिद्धान्त के रूप में घोषित करती है, वह है 'सद् रक्षणाय खल निग्रहणाय'–अर्थात् भलों की रक्षा और दुष्ट निग्रह के लिए–हम हैं। बापू! सकल भारत वर्ष जानता है कि कौन किसकी रक्षा के लिए है। अखिल भारतीय चोर समाज न हो तो धरी-की-धरी रह जाएँ सारी अदालतें-पुलिस-कचहरी-वकील-मुंशी-हाकिम-अमले-चपरास और दलाली। सब लकवाग्रस्त। टोटली पैरालाइज्ड।

और भाईजान दुनिया अब इतनी प्रगतिशील हो गई है कि पता करना मुश्किल है कि कौन श्रीमान जी चोर है और कौन महाशय पुलिसवाले हैं कभी मीडिया और कभी मामला न पटने पर नाराज पुलिसवालों से पता चलता है कि जिन श्रीमान जी को हम संभ्रान्त जन मानते थे, वे तो पहुँचे हुए कलाकार निकले। पकड़ गया सो चोर है वरना तो चतुराई है। यानी–

जिसको समझे थे खमीरा वो भसाकू निकला।
जिसको समझे थे पुलिसवाला वो डाकू निकला।

खमीरा अच्छे किस्म की तम्बाकू होती है। भसाकू तम्बाकू की निकृष्टतम श्रेणी है।

प्राचीनकाल में चौंसठ कलाएँ जानना स्टैंडर्ड की बात मानी जाती थी। चौर्यकला भी इनमें से एक थी। चोरी के बिना राज नहीं चलता। राजनीति भी नहीं चलती। गुप्तचर और उनके पीछे लगे प्रतिगुप्तचर क्या है? अधिकृत चोर ही हैं। राज्याभिषेक के पूर्व राजा को चौंसठ कलाएँ जानना जरूरी होता था। चोरी इनमें से एक थी। जैसे चोरों के कई प्रकार हैं। वैसे ही चोरी भी कई प्रकार की होती है। इसलिए हे भ्राता यह निवेदन किया गया है–चोरी-चोरी। ओ बाँकी छोरी। कभी मेरी गली आया करो। सुन्दरियों के विचारार्थ इस तरह के प्रस्ताव सदैव आते रहते हैं किन्तु उस पक्ष का यह उत्तर प्रशंसनीय है कि गोरे-गोरे। ओ बाँके छोरे। चाहे रोज बुलाया करो। प्रभु-प्रेम-व्रेम को मारिए गोली। प्रतिपक्ष का यह आत्मविश्वास तो देखिए कि बेटा तुम्हारी दम हो तो बुलाओ। हम तो चोरी-चोरी आने में इतने कुशल हैं कि रोज आ सकते हैं।

यहाँ मैं बिहारी कवि की कृष्णाभिसारिका और शुक्लाभिसारिका नायिकाओं के श्री चरणों में सादर प्रमाण निवेदन करता हूँ जो अँधेरे पखवाड़े में काले कपड़े और उजाले पाख में सफेद वस्त्र धारण करके अपने प्रेमियों को धन्य, कृतार्थ और सफल मनोरथ करते हुए पूर्णकाम करती थीं। जिस बाँकी छोरी का मैंने उल्लेख किया है। हो सकता है, कुछ फिल्म विशेषज्ञ कहें कि बाबू वह गोरी-गोरी बाँकी छोरी है। चोरी-चोरी नहीं है। तो मेरा निवेदन है कि होगी यार। मैंने हेराफेरी की है जो जाति-व्यवस्था की दृष्टि से भले चोरी के निकट हो। मगर एक बिल्कुल अलग बात है। भैया अगर आप इतने बड़े साहित्यकार हैं तो बताइए कि अपने प्यारे भगवान श्रीकृष्ण जी महाराज माखनचोर के नाम से क्यों जाने जाते हैं। और महाकवि सूरदास जी ने जो यह लिखा है कि मधुकर स्याम हमारे चोर–सो क्यों लिखा है। और लिखा है तो यह डायरेक्ट एलीगेशन है कि नहीं? वकील साहब आप ही बताइए इसके लिए कोई मुकदमा वगैरह चल सकता है कि नहीं। अगर चल सकता है तो चलिए फिर चंदा वगैरह कर लिया जाए। मैं कहता हूँ–बाबू भैया कि जिसने इस हुनर में हाथ जमा लिया। उसका सिर कढ़ाई में बने रहने की काफी सम्भावना है।

चोर शिरोमणि इकबाल मिर्ची का भोपाल में जो बंगला है। वह तीन करोड़ रुपयों का है। ऊपर से ठाठ तो देखो प्यारे कि वह मुख्यमंत्री निवास के ठीक पीछे है। जैसे गा रहा हो कि जरा आगे-आगे चलो मोरे साजना कि हम भी पीछे हैं तुम्हारे। और क्यों न हों। समाजशास्त्रियों का मत है कि पहला चोर-डाकू-हत्यारा ही पहला राजा हुआ होगा। हाँ यह सारे शुभ कार्य चुपचाप और गम्भीरतापूर्वक किए जाते हैं। हल्ला-गुल्ला हुआ तो फिर जय श्री राम के अलावा और कोई गति शेष न बचेगी राजा भैया। घाघ ने कहा कि साधु को दासी, चोर को खाँसी और बुद्धि को बासी रोटी नष्ट कर देती है।

सधुवै दासी, चोरै खाँसी, प्रेम विनासै हाँसी।
घग्घा उनकी बुद्धि बिनासी खाय जो रोटी बासी।।
चोरी मौन व्रत है और ठकुराई अकड़ का काम है।
कहा है–हँसना ठाकुर, खँसना चोर।
घग्घा गहरे जल में बोर।।

यानी जो चोर खाँसता हो और जो ठाकुर हँसता रहे। उसे घाघ कवि के अनुसार गहरे जल में डुबो देना चाहिए।

❒

वे बहू नहीं है : अम्मा हैं

बहुओं की परेशानी क्या कम है भाई। अब तो फिर भी गनीमत है। पचास-पचीस साल पहले तो बहू बनने की बात सुनते ही लड़कियाँ रोने लगती थीं। लड़कियाँ ही क्या उनकी माताएँ रोने लगती थीं। बाप रोते, भाई रोते। काका और मामा रोते। बुआ और भाभियाँ भी रोती थीं। मगर अक्सर इन दो श्रेणियों का रुदन नकली होता था। जिसे वे तो जानती ही थीं सुनने वाले भी भाँप जाते थे। जरा सोचिए जो लड़की रो-पीटकर अपने जीवन का शुभारम्भ यानी श्रीगणेश अर्थात् बिसमिल्लाह करेगी। वह अन्य पक्षों का हास्य कैसे बर्दास्त कर लेगी। इसलिए वह विवाह के महीने-पन्द्रह दिनों के बाद ऐसे बौद्धिक कूटकौशल दर्शनार्थ प्रस्तुत करती। ऐसे-ऐसे द्रविड़ प्राणायाम प्रस्तुत करती थी कि सम्पूर्ण श्वसुर-आलय अर्थात् ससुराल शीर्षासन करने लगता। यही बहुएँ अपने मैके में ननद कहलाती थीं। अतः दोनों तरह के अर्थात् सत्ता पक्ष और प्रतिपक्ष के दाँव-पेंचों की अच्छी जानकार होती थीं। ननद शब्द यहाँ 'नंद' शब्द के रूप में प्रयुक्त होता है। न यानी नहीं नंद अर्थात् आनंद, सुख यानी जो सुख या आनंद न देखे, सुने और न किसी को देखने, सुनने दे। वह। बाबा रे कैसा भयानक चित्रण है। विवाहित सहेलियाँ अक्सर अपनी ननदों को इसलिए अन्तरंग बातचीत में शूपनखा, सूर्पनखा आदि आदरसूचक उपाधियों के साथ स्मरण करती हैं। मेरे पड़ोस में मेरी एक बहिन की घनिष्ठ-सहेली बहू बनकर आ गई। कभी-कभार वह मेरी बहिन से मिलने आती। मैं उनसे इतना छोटा था कि वे दोनों मेरा नोटिस ही नहीं लेती थीं। नान परसन। कि जैसा है वैसा नहीं है। एक दिन एक पड़ोसिन बहू मेरी दीदी के पास बैठी थी। पन्द्रह-बीस मिनिट बाद जब उठकर जाने लगी तो दीदी ने कहा–अरे बैठो, इतनी जल्दी क्या है। अभी आई हो। चली जाना। पन्द्रह-बीस मिनिट ही तो हुए हैं। वह बोली–नहीं दीदी, जल्द जाऊँगी। वे आ गई हैं सूर्पनखा रंडो। खा जैहैं। वह चली गई। मैं वहीं खड़ा था खड़ा रह गया। तीसरी कक्षा का विद्यार्थी। रामकथा पढ़ी-पढ़ी थी। साहब, मेरे तो रोंगटे खड़े हो गए। भारी थ्रिल, उत्तेजना, रोमांच और भय मेरे भीतर लहरें मारने लगे। अब तो हृदय पिट-पिटकर पाषाण हो गया है अतः कोई भी बात वैसी व्याकुल नहीं करती। मैंने किसी तरह राम-राम करके दिन काटा, शाम को बहुत अलर्ट होकर उनके घर गया। बच्चे को कौन रोकता। भीतर वह अपनी ननद के साथ बातें करते हुए खिलखिला रही थीं। मैं सीधे उसके पास पहुँचा। उसे हँसता देखकर मेरी जान में जान आई। मैंने उससे कहा–दीदी सूर्पनखा ने आपको छोड़ दिया। मैं भी सूर्पनखा देखूँगा। मुझे दिखाइए। वह तो साहब दाएँ-बाएँ होने लगीं। मगर उसकी ननद ने मुझे लाड़ करते हुए पूछा–मुन्नू मेरे पास आ। मुझे बता क्या बात है। मैंने रामकथा का ज्ञान बघारते हुए बताया कि मुझे आपके घर में सूर्पनखा के आने की जानकारी प्राप्त हुई थी। विस्तार से पूरा घटनाक्रम उसे बताकर मैंने इस बात पर सन्तोष व्यक्त किया कि घर की बहू सूर्पनखा से बच गई थी और यह जिज्ञासा भी व्यक्त की कि सूर्पनखा कैसी दिख रही थी। लक्ष्मण जी ने उसके नाक-कान काट लिये थे। इसलिए वह बहुत भद्दी लगती होगी। यह सुनकर उसने तुरन्त रोना शुरू कर दिया। वह मुझे अपनी माँ के पास ले गई। मीठा खिलाया और पूरी घटना मेरे श्रीमुख से अपनी माताजी को श्रवण करवाई। बस साहब मैं उनके घर से बाहर आया ही था कि भीतर 'रोदन-विलाप' आदि मय हाहाकारी शब्दों के साथ

प्रारम्भ हुए। थोड़ी देर में वह घर रामायण की जगह महाभारत का मंच बन गया। मेरी बहिन की उस सहेली का मेरे घर फिर आना न हुआ। उसे मैके जाने से रोक दिया गया और सूर्पनखा जी ने अपने मैके आना छोड़ दिया। पड़ोसी और हम लोगों के परिवारों में बोलचाल बन्द हो गई। बुन्देलखंड में बहुओं के चातुर्य को रेखांकित करते हुए उन्हें 'घूँघट-माता' कहकर ताना दिया जाता है। दक्षिण तो सबको अम्मा कहकर हाथ जोड़ लेता है। बंगाल में 'बऊ माँ' भी यही दर्शाता है कि भैया बहू आखिर अम्मा ही है। घरों के बँटवारे पर केन्द्रित कूटनीति के मूल में तो बहू जी की जो विशेष भूमिका होती है उसे लोक ने सादर स्वीकार किया है। बुन्देलों का एक लोकगीत विचारार्थ प्रस्तुत है–

गोरी धना के कहबे में आ कें।
बाँध लओ डेरा पुटरिया में।
डार दऔ तारौ कुठरिया में।।

समष्टि में इसका अर्थ है कि उस गोरी मालकिन की बातों में आकर इस मूर्ख ने पोटली में सामान बाँधकर एक कोठारी में ताला डालकर अपना कब्जा कर लिया है।

आम चुनावों के दौरान मुझे कुछ महानुभावों की भलमनसाहत और बुद्धिमानी ने बहुत प्रभावित किया। भा.ज.पा. की बात छोड़िए। वह मामला तो खुला था। मगर जैसे ही काँग्रेस-सरकार की जीत की सम्भावनाएँ दिखीं। तत्काल श्री सुरजीत, श्री वी.पी. सिंह, श्री लालू यादव, शरद पवार आदि महानुभावों को सोनिया गाँधी का बहू नजर आना और तेज हो गया। बड़ी दौड़ा-पदौड़ी मची। ज्योति बसु साहब तेज-तेज चलने लगे। लालू जी डंका बजाने लगे और वी.पी. सिंह के सूत्र सुनाई देने लगे। बहू घर की आनरेरी मेम्बर होती है। उसे वोटिंग पावर नहीं होता। बहू अगर जरा भी तेवर दिखाए तो लालू-पवार मिलकर 'थ्रेट' करने लगते हैं। बहू जब तक नई-नई रहती है। तब तक बहू है। धीरे-धीरे वह वंशबेल को आगे बढ़ाती है। तब वह अम्मा हो जाती है। बहू जरा-जरा-सी बात में डर जाती है। अम्मा नहीं डरती। वह डराने वालों को ठीक करती है। वह अपने बच्चों के भविष्य की चिन्ता करती है। इसलिए मैं कहता रहा हूँ कि भैया सोनिया जी के नाम में भले 'रा' न हो। मगर राहुल के नाम में 'रा' भी है और राजीव गाँधी की तरह ही है। सोनिया गाँधी इसे जानती हैं। बहरहाल, उन्होंने डॉ. मनमोहन सिंह की विद्वता, कर्मठता, ईमानदारी, सरलता और दृढ़ता को न केवल पहचान दी है बल्कि उन्हें प्रधानमंत्री मनोनीत करके यह सिद्ध कर दिया है कि त्याग महानता की सबसे महत्वपूर्ण सीढ़ी है। छोटे-छोटे पदों के लिए श्वान संग्राम उन्होंने एक झटके में खत्म कर दिए हैं। बड़े-बड़े खूसट, काइयाँ और धूर्त इस एक निर्णय से ढेर हो गए हैं। जिसे कुछ नहीं चाहिए वह शहंशाह ही हैं और दुनिया-भर का राज उसे हेच है। पाकिस्तानी मीडिया ने उन्हें भारतमाता कह डाला है। मैं कहता हूँ और गर्व से कहता हूँ कि वे इस देश की सम्मानित बहू हैं। वे सचमुच बड़े घर की बेटी हैं। उन्हें पाकर गाँधी परिवार तो धन्य हुआ ही था। यह देश भी धन्य हुआ है। जब वे प्रधानमंत्री बनने को तैयार नहीं हुईं तो कई लोग आत्महत्या करने को तैयार हो गए। आत्महत्या करने में जान जाने का खतरा न होता तो मैं भी कर डालता। चाहे जो हो। श्रीमती सोनिया गाँधी ने सिद्ध कर दिया है कि अब वे बहू नहीं हैं। अम्मा हैं।

❒

हम जो समझ रहे हैं : वो उसने लिखा नहीं

साहबान, सुबह उठते ही जो अखबार हाथ में आया तो तबियत भन्ना गई। ये कोई तरीका है। भई अखबारनवीसी भी कला है। उसे कला की तरह तवज्जो दीजिए। हुआ यह और हुआ क्या रोज ही होता है। दुनिया-भर के ऊसटों-खूसटों की तस्वीरें फ्रंट पेज पर छापेंगे। मुद्दत हो गई खूबसूरत शक्लें अखबार में देखे हुए। भैया रोजनदारी यानी दिनमजूरी पर काम करने वालों की सेवामुक्ति को लेकर उमा भारती जी ने जो आमरण अनशन शुरू किया था उसे भोपाल में खत्म किए बिना वे गायब हो गई थीं। पुलिस उन्हें गिरफ्तार करने पहुँची और काँग्रेसी विधायक कल्पना परूलकर को अरेस्ट करके लौटी। इधर सकल पाठक समाज व्याकुल है कि यार न कल्पना जी का क्लोजअप देखने को मिला। न उमा भारती जी की फोटू कि अनशन के बाद कितनी दुबली हो गई हैं बहिन जी। सच में यह देश महिलाओं का घोर शत्रु है। किसी साले को परवाह नहीं है कि बहिन जी का क्या हाल है। एक मूर्ख टाइप के साहब बोले–अजी जब आमरण अनशन पर बैठी थीं तो मरी क्यों नहीं। और पुलिस को देखकर भगी क्यों? मैंने कहा यार अजब बाँगड़ू आदमी हो। अरे संन्यास लेने के पहले आदमी को खुद का श्राद्ध करना पड़ता है। इसका मतलब ही है कि वह दुनिया में नहीं रहा। तो भ्रा जी आदमी एक बार ही मरता है। बहिन जी साध्वी हैं। उनके जीवन में आमरण अनशन के सौ-दो सौ, अवसर आएँगे भैया। रही बात पुलिस को देखकर भगने की तो भैये यह बुद्धिमानी का कार्य है। तीन बजे रात में किसी सुन्दर साध्वी को पुलिस अरेस्ट करने पहुँचे तो उसका पलायन सर्वथा उचित है। पुलिस को देखकर अच्छे-अच्छे महारथी भागना ही उत्तम प्रक्रिया मानते हैं तो बहिन जी का निर्णय जो है सो उसे अतिउत्तम ही कहना चाहिए।

एक जमाना था जब लोग अनशन, सत्याग्रह और आन्दोलन को पवित्र अस्त्रों के रूप में इस्तेमाल करते थे। अब ये हथियार नहीं रहे। जेलों में डाकू, चोर और हत्यारे भी सुविधाओं के लिए अनशन फटकार देते हैं। अनशन उत्तम है। अन्न का त्याग करके अपनी माँग पर जोर देते हुए स्वास्थ्य सुधारना श्रेष्ठ दवा है। राजनीति में खुराक बढ़ जाती है। तरह-तरह की अंट-शंट चीजें ठूँस-ठूँसकर खाना पड़ती हैं। मैंने राजनीति में सक्रिय कई थैलों को बोरों में बदलते देखा है। कई लताएँ मेरे देखते-देखते वटवृक्षों में परिवर्तित हो गई हैं। कभी अपच, बदहजमी की शिकायत होती है तो डॉक्टर हकीम कुटिलता से मुस्कुराकर कहते हैं–साहब एकाध अच्छा इशू ढूँढ़कर अनशन सूँट दीजिए। सात दिन भी चल गया तो मजा आ जाएगा। लोग सूँट देते हैं। अनशन से स्वास्थ्य सुधरता है। भूख से कम लोग मरते हैं अधिक खाकर ज्यादा मरते हैं। अनशन से पहला फायदा तो यह है कि पब्लिसिटी बढ़िया हो जाती है। दूसरे चौबीस घंटे मंच पर डटे रहने से जी लगा रहता है। तीसरे सी एम खुद स्वास्थ्य का हाल-चाल पूछते-फिरते हैं। चौथे अपन खुश अपना डॉक्टर भी खुश। गैस्ट्रिक-ट्रबल के चलते जो इधर-उधर शंखनाद करते घूमते थे सो भी बन्द। किसी को पता ही नहीं चलता कि भैया बाजू से निकल गए। बेकार की पों-पों बन्द। ये जरूर है कि राजनैतिक अनशन में माँग पूरी नहीं होती। सरकारें कभी झुकती नहीं हैं। वे टूट सकती हैं। जो सरकारें झुक जाती हैं वे शीघ्र भूतपूर्व हो जाती हैं। अनशन शुरू होने के एक-दो दिन तक सब चलता है। तीसरे दिन से पता चलना शुरू हो जाता है कि कवि शैलेन्द्र जो कहते थे सो ठीक कहते थे–

लेकिन भैया भूख आग है, भड़क उठे तो खा जाती है।
नहीं गोलियों से दबती है, गुपचुप जेल नहीं जाती है।।

चौथे दिन समझ में आ जाता है कि जितने समर्थक इस अनशन का ढोल पीट रहे हैं, वे इस चक्कर में हैं कि जितना उलझा सके उतना मामला उलझा दें। उधर अनशनकर्ता स्वर्ग सिधारे और इधर ये उसकी मजार बनवाकर उस पर कव्वालियाँ कराने के लिए चंदा करें। समझदार नेता उठकर हवा हो जाते हैं। भागो रे भैया कहाँ की माँग और कहाँ का अनशन। जान है तो जहान है। मैं तो कहता हूँ कि विधायकों, सांसदों और निर्वाचित नेताओं को अनशन-फनशन के लफड़ों से दूर रहना चाहिए। जैसे दिखनौटा बच्चों को नजर लग जाती है वैसे ही निर्वाचित नेताओं पर उपचुनाव के इच्छाधारी नाग नजर गड़ाए रहते हैं। वे अनशन जैसे टंटों में फँसवाकर अति आनंदित होते हैं। खुदा अपने नेताओं को नजरे बद से बचाए।

एक बार मेरे एक मित्र जल संकट को लेकर इतने नाराज हुए कि आमरण अनशन पर बैठ गए। बदमाशों ने उन्हें धर घेरा। रोज आठ-दस लोग सुबह से उनका साथ देने एक दिन का सांकेतिक अनशन करने लगे। बराती बदलते रहे। दूल्हा वहीं था। मैं तफरीहन देखने पहुँचा तो वे रोने लगे। बोले–यार तू मेरी जान बचा। ये हरामी मिलकर मुझे मरवा डालेंगे। मैंने कहा भैये तू तो खुद आमरण अनशन पर बैठा है। टिल-डैथ हंगर स्ट्राइक। वे रोने लगे यार अब कुछ करो। मैंने दूसरे दिन एक लड़के से एक बन्द लिफाफा भिजवाया। खुद पहले से जाकर वहाँ बैठा। उसे पढ़ने के लिए खोला और कहा भई सरकार ने आश्वासन दिया है। अब कोई जल-मल संकट नहीं रहेगा। वे हर्षित होकर उठते भए। जैसे उनके दिन फिरे वैसे सभी अनशनकारियों के दिन फिरें। इस आशीर्वाद और मंगलकामना के साथ मैं अपना स्थान ग्रहण करता हूँ। हाँ प्रिय बहिन उमा भारती जी अब आप मध्यप्रदेश लौट आओ। आपको कोई कुछ नहीं कहेगा। हो सकता है कि किसी पाठक के मन में यह लघु शंका बनी रहे कि सरकारी बन्द लिफाफे में क्या लिखा था तो प्यो जी उस बारे में इक शेर पेशे खिदमत है–

सौ बार खत निकाल के देखा है जेब से।
हम जो समझ रहे हैं, वो उसने लिखा नहीं।।

❐

उधर भी अभिनंदन : इधर भी अभिनंदन

अब ठीक से याद नहीं रहता। बुढ़ा रहा हूँ। यहाँ बुन्देलखंड में कहावत है– बामन साठ बरस तक पोंगा, इसके बाद जाय सठियाय। लगता है किसी ने मुझे देखकर ही बनाई हो। मगर सच में आज भी उस घटना को याद करता हूँ तो मस्तक गर्व से ऊँचा उठ जाता है। आखिर यह आर्यावर्त है। वीर भूमि है। यह धर्म क्षेत्र है। कुरुक्षेत्र है। तो सज्जनों और देवियों–अब ऐसे एक नरनाहर की मैं कथा सुनाता हूँ। यानी जिस देश में मैंने जन्म लिया मैं गीत उसी के गाता हूँ। मगर ठहरिए। विद्वानों का कहना है कि जो कथा गाकर सुनाई जाती है वह गाथा कहलाती है। इसके विपरीत जिसे कहा जाता है वह कथा होती है सो अब सज्जनों चित्त से यह अद्भुत, दिव्य यानी देवताओं के बारे में मनोरंजक प्रसंग सुनिए। इसे सुनने से छपास की बीमारी से मुक्ति मिलती है और लौंक छूटना जो है सो परमात्मा की कथा से मिट सकता है। कथा का तो भ्राजी नाम है। वरना घटना तो सच है और सच के सिवाय कुछ नहीं है। अगर आप सत्पुरुषों और सन्नारियों से झूठ कहूँ तो मुझे किसी अखबार में छपना नसीब न हो। कभी मेरी लाटरी न खुले और कलारी-रोड पर मुझे कभी एक पैसा भी पड़ा न मिले। मगर शुरू करने में बड़ी दिक्कत होती है। इसीलिए यहाँ बुन्देलखंड में सुबह सबेरे के लिए यह जीवित कहावत प्राप्त होती है कि ऐंसे-ऐंसे और करें कैसे। सो जैसे बनता है वैसे ही शुरू करता हूँ। यानी आखिर में शुरू से ही शुरू करता हूँ।

उन्नीस सौ उनहत्तर की घटना है। अमेरिका ने दुनिया सिर पर उठा ली थी कि आखिर चंद्रमा पर अमेरिकी चंद्रयात्री नील आर्मस्ट्रांग और एल्विन आल्ड्रिन ने कदम रखकर चंद्रमा पर विजय प्राप्त कर ली। कान पक गए साहब सुनते-सुनते। आँखें सूज गईं पढ़ते-पढ़ते। मीडिया छा गया पूरे संसार के दिलो-दिमाग पर कि धन्न है प्यारे धन्न हैं। तुमने चंदामामा से मिलकर दिखा दिया। चंद्रमुखियाँ इस समाचार से शरमा गईं कि चंद्रमा पर गड्ढे और नालियाँ बहुत हैं। सारा संसार जानता है कि अमेरिका, रूस, लन्दन और फ्रांस सब हमारे देश से जलते हैं इसलिए अमेरिका ने इस घटना को दुनिया की नजर से छिपा लिया जैसे कुमारियाँ अपने गुप्त सम्बन्ध छिपाए रखती हैं। परम गोप्य सर्वथा अछाप्य और एकदम टाप सीक्रेट। मगर इधर जब क्लिंटन साहब भारत आए और मैंने उनसे कहा कहिए साहब? तो वे हँसकर बोले–अब गुरु आप से क्या छिपा है। बात सच थी। तो देवियों, लोक-कल्याण की कामना से मैं इस रहस्य को सुनाता हूँ–सुनिए, असल में हुआ यह था कि जब नील आर्मस्ट्रांग और एल्विन चंद्रमा पर उतरे तो देखा कि सामने एक बड़ी भीड़ है। चंद्रमा के वासियों का जमघट ठाठें मार रहा है। मंच पर भारत से आए गुरु डटे हैं। और समझा रहे हैं कि हे चंद्रलोक के नर-नारियों आज मेरा अभिनंदन करके तुम लोग इतिहास की रचना कर रहे हो। न केवल इतिहास बना रहे हो बल्कि खुद भी इतिहास बनने जा रहे हो। एक चंद्रमा वासी ने पूछा कि गुरु यह अभिनंदन कैसे होता है। गुरु ने कहा तुम लोग शाल और श्रीफल मुझे भेंट करोगे फिर अभिनंदन पत्र दोगे।

एक श्रोता बोला–महाराज यहाँ चंद्रमा पर शाल नहीं होते। श्रीफल नहीं बनते। यहाँ आक्सीजन की कमी है। अतः अभिनंदन पत्र भी नहीं होते। गुरु हँसने लगे, फिर कृपा करके बोले–मेरे होते तुम्हें

किस बात की चिन्ता है। मैं सब कुछ साथ लेकर चलता हूँ। यह कहते हुए उन्होंने अपना ब्रीफकेस खोला और शाल, श्रीफल तथा चंद्रमा के नागरिकों की ओर से लिखा हुआ खुद को समर्पित अप-टू-डेट अभिनंदन पत्र निकाला और तब चंद्रमा पर गुरु का भव्य अभिनंदन समारोह हुआ। ठीक उसी क्षण अमेरिका के नील आर्मस्ट्रांग और एल्विन आल्ड्रिन ने चंद्रमा पर कदम रखा। गुरु का जलवा देखकर वे भी मान गए कि सचमुच भारत वीरभूमि है। भारत जगत का गुरु है। इधर पृथ्वी पर जो मान-कषाय है। जो ईर्ष्या है जो जलन है। उसके कारण आज तक अमेरिका ने इस घटना को प्रेस और मीडिया से छिपाए रखा। मगर आखिर इस बार क्लिंटन साहब ने मुझसे कहा कि बात तो सही है। इसीलिए किसी शायर ने लिखा है–

कि सचाई छिप नहीं सकती, बनावट के उसूलों से।
कि खुशबू आ नहीं सकती, कभी कागज के फूलों से।।

मेरे मुख से यह घटना सुनकर एक पुलिस अधिकारी ने कहा कि सच है। हम पुलिस वाले भी श्रीमानों के कभी सार्वजनिक और कभी गोपनीय अभिनंदन करते रहते हैं मगर मजाल है जो मीडिया को पता चले। जिन्हें यह प्रसंग समझ में न आए परमात्मा उनका अभिनंदन कराएँगे। अस्तु इतना कहकर मैं अपना स्थान ग्रहण करता हूँ।

❒

वा मथुरा काजर की कोठरि : जे आवहिं ते कारे

इसे कहते हैं अकल घास चरने जाना। चारा खाकर जेल चले गए। मुझे आश्चर्य कम और दुःख अधिक हुआ। दो-पाँच मिनिट दुनियादारी पर अफसोस किया मगर जल्द ही रो-रुवाकर चुप हो गया। नाश्ते का टेम था। रोने को तो अक्खा लाइफ है न। हुआ यह कि पटना में केन्द्रीय जाँच ब्यूरो की विशेष अदालत ने श्री लालू प्रसाद यादव को जेल भेज दिया। उनकी धर्मपत्नी और बिहार की मुख्यमंत्री को जमानत पर रिहा कर दिया। बिना उस प्रसिद्ध पंक्ति का उल्लेख किए, जिसे सुनकर प्रौढ़ाएँ प्रसन्न हो जाती हैं और जिसमें कहा गया है खंडहर बताते हैं कि इमारत बुलन्द थी। मैं कहता हूँ कि भाई जज साहब ने जो है सो सोलह आने ठीक काम किया है। सुन्दरियों का इतना लिहाज तो होना ही चाहिए। विशेष न्यायाधीश श्री सुधांशु कुमार लाल इसके लिए बधाई के पात्र हैं। वे इस निर्णय के लिए मेरा धन्यवाद स्वीकार करें। फैसले से सहमत होकर मैं उनके इस विचार से घोर असहमत हूँ जिसमें उन्होंने कहा–राबड़ी देवी एक गृहणी हैं और एक महिला का क्रिया-कलाप पति के निर्देशानुसार ही होता है। भैया जज साहब आप सारे कानून जानते हैं मगर तात आप न तो स्त्रियों को जानते हैं और उनकी ताकत को, कहा है राजा कोई भी हो शासन स्त्री करती है। इस ताकत के बारे में अपने गोस्वामी तुलसीदास जी कह गए हैं कि–नारि बिबस नर सकल गुसाईं। नाचहिं नर मरकट की नाईं। अर्थात् समस्त पुरुष पुंगव जो हैं सो स्त्री के वश में रहेंगे और वे उसके इशारों पर उसी तरह नाचेंगे जैसे कि वानर उर्फ बन्दर जो है सो मदारी के इशारों पर नाचते हैं। और यह कि–सुत मानहिं मातु-पिता तब लौं। अबलापन दीख नहीं जबलौं। यानी–बेटे माँ-बाप की बात उस वक्त तक मानेंगे जब तक कि प्यारी अबला यानी स्त्री का मुख न देख लें। जो कि बिल्कुल ठीक है। उसका मुख देखेंगे तो उसकी बात मानेंगे कि आपकी और आप ही कौन बड़े आज्ञाकारी रहे हैं अपने माँ-बाप के। बहरहाल मैं प्रसन्न हूँ। अगर इस अबला को जेल भेजते तो वह विकट बला जो है सो बनी दिखाई देती। लालू क्या दुनिया के सारे पुरुष इस मामले में निर्दोष हैं। भई नौकरी से, व्यापार से, मजदूरी से, रिश्वत से, चोरी से या डकैती से, चाहे जैसे यानी चारा घोटाले से, बोफोर्स-कांड से रुपया कमाया गया हो। अगर कमाने वाला पुरुष है तो सारा रुपया वह स्त्री पर खर्च करेगा। स्त्री की आज्ञा से खर्च करेगा। यहाँ तक कि उसके खुद के कपड़ों के रंग और डिजाइन तक उसकी श्रीमती जी तय करती हैं। तो भैया जज साहब जरा समझाइए कि लालू कैसे और क्यों भीतर हैं? और माननीया मुख्यमंत्री साहिबा कैसे सारे बिहार में दनदनाते हुए घूम रही हैं। आदमी अपनी कुल कमाई का शायद पाँच प्रतिशत ही खुद पर खर्च करता है। दो-ढाई करोड़ रुपये अपनी पुत्री मीसा भारती के विवाह पर खर्च करने वाले महान समाजवादी लालू यादव बेचारे कुरता-लुंगी में जिन्दगी काटें। आलू खोदें और मछली तलें। पान खाएँ और रिक्शे पर चलें। और उनकी कमाई से रौब जमाने वाले परिवारजन ऐश करें। मौका आए तो जेल जाएँ लालू। चारा खाएँ लालू। अल्लाह मियाँ यह कैसा इंसाफ है।

धर्मप्राण सज्जनों और भक्त देवियों तथा देवी-भक्तों। इनमें कोई सन्देह नहीं कि प्रभु कृष्ण जो थे सो गोपाल थे। यानी गैया पालने वाले। लालू भी उसी यादव वंश के चश्मो-चराग और नूरे-नजर

कहे जाएँगे। बलराम जी की परम्परा में दाऊ और कृष्ण की परम्परा में कहें तो ब्लैकी कलूट कालिया वगैरह। ये गैया-गोरू और गोपाल जी का मामला है। इसके बीच में कोर्ट-कचहरी, पुलिस-अदालत की क्या जरूरत है। बल्कि यह तो साफ-साफ धार्मिक हस्तक्षेप का मामला बनता है। माखनचोरी हमारा धार्मिक अधिकार है और हम इसे लेके रहेंगे। गाँव-देहात से जब राजधानी जाइएगा तो ज्यादा माखन खाइएगा कि नहीं। वृन्दावन का विलेज-ब्यूटी छोड़कर, गोकुल गाँव का माखन त्यागकर जब छलिया-जुगलकिशोर राजधानी मथुरा पहुँच गए तो वहीं डट गए। कुब्जा की कूबड़ ठीक करने लगे महाप्रभु। इससे वृन्दावन–गोकुल में कृष्णप्रिया गोपियाँ जो थीं सो अति व्याकुल होती भईं। तासैं विनके समझाइबे कूँ श्रीकृष्ण जी ने अपने सखा उद्धव जी को ब्रज भेजा कि जाइए तो जरा और इन मूरख गोपिकाओं को जो है सो ज्ञानयोग की शिक्षा दीजिए। उद्धव जी झटके में आ गए। वे फटाफट ब्रज पहुँच गए, गोकुल वृन्दावन की गोपियों को ज्ञानयोग पढ़ाने। पहुँच तो गए मगर वहाँ जाकर क्या-क्या देखते हैं कि सकल गोपियाँ प्रेममार्ग की डॉक्टरेटधारी विदुषियाँ हैं। उन्होंने उलटे उद्धव जी को समझाया कि तात वह राजधानी मथुरा जो है सो काजल की कोठरी है वहाँ से जो आते हैं। वे भी काले हैं। तुम काले हो, अक्रूर जी काले हैं। तुम्हारे कृष्ण खुद भी काले हैं। सूरदास जी ने लिखा है–

तुम कारे, सुफलक सुत कारे, कारे स्याम तुम्हारे।
वा मथुरा काजर की कोठरी, जे आवहिं ते कारे।।

एवरी वन इज ब्लैक। मथुरा क्या संसार में जितनी राजधानियाँ हैं वे सब। काजल की कोठरी में कैसो हूँ सयानो जाय। एक लीक काजर की लागि है पे लागि है। राजनीति का खेल ही यह है सब एक-दूसरे का मुँह काला करते हैं और हँसते हैं। श्रीमती राबड़ी देवी अगर बिहार की मुख्यमंत्री न होतीं तो सीधे जेल जातीं और बिल क्लिंटन यदि पाकिस्तान होकर अमेरिका न जाते तो नवाज शरीफ साहब फाँसी चढ़ते। सारा संसार इन तथ्यों को समझता है। पाकिस्तान का कोर्ट केवल वही तर्क समझता जो जनरल मुशर्रफ उसे समझाते और जनरल मुशर्रफ केवल वही समझते जो क्लिंटन साहब उन्हें समझाते। धन्यवाद बिल क्लिंटन सर जो आप पाकिस्तान गए वरना शरीफ साहब के मजारे शरीफ पर उर्स भरवाने का इन्तजाम था। अदालतों का भी ऊँचा काम है। बोर्ड लगा है न्यायालय पर होते हैं निर्णय। फैसले और डिसीजन्स। हमें इंसाफ चाहिए। न्याय चाहिए। जस्टिस चाहिए। इंसान अगर निर्णय ही करता रहेगा। तो एक दिन कुदरत खुद न्याय करेगी। इंसाफ करेगी। चोर के माथे पर चोर का ठप्पा लगाएगी। यह तो राजनेताओं ने ऊँचा वितान बना रखा है। वे कभी राजनीति का धन्धा करते हैं और कभी धन्धे की राजनीति करते हैं। यह ज्यादा दिन चलने वाला नहीं है। गड़बड़ी की शुरुआत बिहार से हुई थी। सुधार भी वहीं से आएगा। बिगाड़ न हो तो सुधार कैसे होगा। जो कहते हैं–बिगाड़ नहीं है। वे झूठ बोलते हैं–

बेखुदी बेसबब नहीं है जमील।
कुछ तो है जिसकी पर्दादारी है।।

❒

खंजर चले किसी पै-तड़पते हैं हम अमीर

मैं सुबह से मुँह लटकाए बैठा था। जब से यह समाचार मिला कि दिल्ली में पुलिस ने वकीलों की बुरी तरह पिटाई की। तब से रंज के मारे न कुछ खाया न कुछ पिया। तभी वकील साहब आ गए। मैंने लपककर उनके चरण छुए और पूछा कि हे प्रभु आप कृपाकर अपने आगमन का कारण बताएँ। मैं डॉक्टरों और वकीलों का बहुत आदर करता हूँ। इन दो महाशयों में से कोई भी मिले मैं तुरन्त उसके चरणों में गिर जाता हूँ। वकील साहब प्रसन्न थे। उनका मुखकमल खिला हुआ था। खुशी से आँखें चमक रही थीं। मुझे मुँह लटकाकर बैठे देखा तो बोले प्यारे तुम्हारा मुख गाय के मुख की तरह क्यों लटक रहा है। सुनकर मुझे दुःख हुआ। वकील साहब कहने लगे–उधर दिल्ली में यार वकीलों से बड़ी मारपीट हुई है। गजब हो गया। सी.पी.सी. में संशोधनों का विरोध करते वकीलों पर पुलिस ने भयानक लाठीचार्ज किया है। विकट सुटाई हुई। सत्तर-अस्सी घायल हैं। हाथ-पाँव तोड़ दिए पुलिस ने। मैंने कहा–दादा मैं इसी वजह से रंज में बैठा हूँ। आप तो जानते ही हैं कि मैं कितने नरम दिल का हूँ। कोई पिटे और कहीं पिटे तकलीफ मुझे होती है–

'खंजर चले किसी पै, तड़पते हैं हम अमीर।
सारे जहाँ का दर्द हमारे जिगर में है।।'

मैं रोने लगा मगर वकील साहब कठकरेजी थे। यानी काठ के दिलवाले। हँसकर बोले–तुम महाबेवकूफ हो। अरे अच्छे पिटे सारे। सुनकर छाती ठंडी हो गई। ये सुप्रीम कोर्टवाले हम डिस्ट्रिक्ट-लेबिल के वकीलों को मुंशी समझते हैं। सुनकर मैं अचकचा गया। मैंने पूछा–वकील साहब वहाँ दिल्ली में वकीलों की इतनी दुर्गति हो गई और आप यहाँ आनंद मना रहे हैं। वे खुश होकर बोले–आनंद तो है ही। बेटा, जो वकील दूसरे वकील की दुर्गति से प्रसन्न नहीं होता। उसे वकील होने का अधिकार नहीं। अरे वकील होते किसलिए हैं। दूसरे पक्षकार के वकील की थुक्का-फजीहत करने के लिए न। वकील न कभी मुकदमा हारते हैं। न कभी जीतते हैं। हार-जीत तो मुवक्किलों की होती है। हम तो सिर्फ मुकदमा लड़ना जानते हैं। लड़ना और लड़ाना हमारा पेशा है। बच्चे अगर द्वापर-युग में अदालतें और वकील होते तो कौरव-पांडवों के बीच अभी तक जमीन की मालिकी के मुकदमे चल रहे होते।

आचार्य रामचंद्र शुक्ल ने हिन्दी साहित्य के इतिहास पर एक प्रसिद्ध ग्रन्थ लिखा है। इस ग्रन्थ में उन्होंने ईस्वी सन् 1826 के 'उदंत मार्तण्ड' अखबार का जिक्र किया है। हिन्दी के इस आरम्भिक समाचार-पत्र की एक सम्पादकीय टिप्पणी इस प्रकार उद्धृत है–"एक यशी वकील वकालत का काम करते-करते बुड्ढा होकर अपने दामाद को यह काम सौंप के आप सुचित हुआ। दामाद कई दिन काम करके एक दिन आया और बोला–हे महाराज, आपने जो फलाने का पुराना और संगीन मोकद्दमा हमें सौंपा था सो उसका आज फैसला हुआ। यह सुनकर वकील पछता करके बोला–तुमने सत्यानाश किया। उस मोकद्दमें से हमारे बाप-बूढ़े थे। तित पीछे हमारे बाप मरती समय हमें हाथ उठाकर दे गए थे और हमने भी उसको बना रखा ओ तब तक भली-भाँति अपना दिन करा।

वही मोकद्दमा तुमको सौंपकर समझा था कि तुम भी अपने बेटों-पोतों-परोतों तक पलोगे। पर तुम थोड़े दिनों में उसे खो बैठे।" वकील साहब उठकर चले गए। मैं मुँह लटकाए पूर्ववत् बैठा रहा।

सचमुच जंगल तभी कटते हैं जब कुल्हाड़ी में लकड़ी का हत्था लग जाए। बेंट कहते हैं उसे। किसी पेड़ की टहनी से लकड़ी काटकर कुल्हाड़ी में लगाई जाती है। जहाँ घर का भेदी साथ लगा। वहाँ फिर क्या देरी, कुल्हाड़ी फटाफट पूरा जंगल साफ कर देती है। मेरा तो मानना है। मानना क्या पक्का यकीन है कि अगर वकील शिरोमणि भाई राम जेठमलानी जी केन्द्रीय कानूनमंत्री न होते तो माननीय अधिवक्ताओं की इतनी बेरहमी से पिटाई न होती। राम जेठमलानी साहब खुद इस कार्यक्रम का प्रभाव देख चुके हैं। अनुभव से ही आदमी सीखता है। मुझे एक घटना याद आती है। जब श्री राम जेठमलानी जी पूर्व प्रधानमंत्री माननीय चंद्रशेखर जी के आवास पर अनशन करने जा बैठे। पाँच-दस घंटे तो नाटक भली-भाँति चलता रहा। फिर शाम हुई और अध्यक्ष जी अर्थात् चंद्रशेखर जी के खास सेवक प्रकट हुए। निराट बलियाटिक यानी खास बलिया डिस्ट्रिक्ट के लठैत। उन्होंने आते ही अनशनकारी साहब को चार लातें लगाईं और दे लात-जूते। माता-बहिनों से निकट सम्बन्ध स्थापित करने की गुरू-गर्जनाएँ सुनकर अनशनकारी मय समर्थकों के भागे। सच में चिल्लाते-रोते-पीटते जान बचाकर भागे। उसी समय कहीं से भूला-भटका कोई दूरदर्शन, फोटोग्राफर जो था। सो उधर आता भया। उसने पूरा 'एपीसोड' रिकार्ड कर लिया और दूसरे दिन विशेष समाचारों में सारे भारत ने देखा कि अपने राम जेठमलानी साहब अनशनकारी मुद्रा त्यागकर अरे बाप रे बचाओ माइ्डा सालों ने टाइप के उद्घोष करते हुए रणछोड़ी लाल होते भए। दूसरे दिन माननीय चंद्रशेखर जी ने अत्यन्त गम्भीर मुद्रा में अज्ञात लोगों द्वारा घटित इस कांड पर भारी अफसोस प्रकट किया। जिससे मेरी लोकतांत्रिक आस्था अत्यधिक दृढ़ हुई। तभी से मैंने कसम खाई कि भैया अपन अनशन करने के बजाय अनशनकारियों को उठाने और भगाने के कार्य में विशेषज्ञता प्राप्त करेंगे। सो प्राप्त की और अनेक अनशनकारियों को उठाकर प्रसिद्ध होता भया। वकीलों के साथ जो सुटाई समारोह संसद के समीप सम्पन्न हुआ। उसमें पुलिस का रोल उतना नहीं है जितना कानून मंत्री महोदय का है। ये भी वकील हैं और वे भी वकील। घटना के बाद एक कार्टून देखा जिसमें जेठमलानी जी वकीलों से पूछ रहे हैं—कहो कैसी रही। यह देखकर मुझे एक पुराना शेर याद आया। जिसमें यह इरशाद किया गया है कि—

हमीं को कत्ल करते हैं, हमीं से पूछते हैं वो,
शहीदे-नाज, बतलाओ, मेरी तलवार कैसी है?

क्या कहूँ। मैं मुँह लटकाए बैठा हूँ।

❐

उठो मुरदों खीर खाओ

खीर का मुरदों से जैसा सम्बन्ध होता है वैसा जीवितों से नहीं होता। जिन्दा रहते जिनको मोटा भात भरपेट खाने को नहीं मिलता। उनके मरने पर खीर-पुड़ी और रबड़ी-मालपुए का भोज होता है। हिन्दुस्तान कई बातों में अद्‌भुत है। यहाँ खाद्य-अखाद्य सब हजम हो जाता है। हमारी खाद्य-चेतना मुरदों को केन्द्र में रखकर चलती है। मुरदे हमारे आदर्श हैं। एक-से बढ़कर एक चोर गिरहकट, स्मगलर, रिश्वतखोर, बेईमान, झूठे और मक्कार लोग मरते ही स्वर्गीय हो जाते हैं। स्वर्ग शायद लोभी और लालची लोगों को आकर्षित करने के लिए की गई परिकल्पना होगी। ठीक वैसे ही जैसे डरपोक किस्म के बेईमानों को भयभीत करने नर्क का काल्पनिक प्रावधान किया गया होगा। यमराज एक खूँखार किस्म के पुलिस-अफसर लगते हैं और नर्क उनका टार्चर-रूम। मगर प्यारे। जेबकटी का हुनर करने वाले, सेंध लगाकर सीधे मालभत्ते पर गिरने वाले कारीगर और अन्य प्रकार से ठगने वाले गुणीजन, फर्जी बिल लेकर नकद खड़ा करने वाले कलाकार भी बिना डरे नया रास्ता खोज निकालते हैं। इसीलिए हमारे यहाँ बुजुर्ग यह सिद्धान्त सुनिश्चित कर गए हैं कि परान्नम दुर्लभम लोके देहे च पुनः-पुनः। संसार में दूसरे का माल दुर्लभ है, शरीर तो बार-बार मिलता है। समष्टि में यह कि दूसरों का माल खाओ और खूब खाओ चाहे मर जाओ। मनुष्य देह बार-बार मिलती है। दूसरों का माल कब-कब मिलता है। भारत कोई यों ही जगतगुरु नहीं कहलाता। हमने दुनिया को अनेक मूल्यवान गुण, नीतियाँ और सिद्धान्त दिए हैं। महाभारत के बारे में यह टिप्पणी उल्लेखनीय है कि 'यन्नेहास्ति तदन्यत्र'। अर्थात् जो यहाँ है वही अन्यत्र है। जो यहाँ नहीं है वह और कहीं नहीं है। महाराज युधिष्ठिर जब जुआ खेलने कौरवों की सभा में पहुँचे तो युवराज दुर्योधन ने कहा हमारी ओर से मामा शकुनि खेलेंगे। मामा शकुनि के पाँसे उनके स्वर्गीय पिता महाराज सुबल की अस्थियों से बने थे। आज जिसे अफगानिस्तान कहते हैं उसे तब गान्धार कहते थे। इसीलिए सुबल की बेटी गान्धारी थी। भीष्म ने सुबल को जीतकर गान्धारी का विवाह अपने अन्धे भतीजे धृतराष्ट्र से कर दिया था। गान्धारी ने अन्धा पति पाकर जीवन-भर आँखों पर पट्टी बाँधे रखी और उनकी मदद के लिए भैया शकुनि यहीं डट गए। शकुनि के पाँसे उसकी आज्ञा मानते थे। शकुनि पाँसे फेंककर कहता—छह तो छह ही आते। जब युधिष्ठिर उन्हीं पाँसों को फेंकते तो शकुनि कहता चार और चार ही आते। जुआ खेलने का अपना एक विशिष्ट मनोविज्ञान होता है। जुआरी श्रेष्ठ पुरुष होता है। श्रेष्ठ पुरुष हमेशा भविष्य की ओर देखता है। जैसे हर स्त्री का एक अतीत होता है वैसे ही हर पुरुष का एक भविष्य होता है। यह अलग बात है कि स्त्रियाँ पुरुषों का भविष्य बन जाती हैं किन्तु अपना अतीत सुरक्षित रखती हैं और इसीलिए वे मूलतः अतीतजीवी होती हैं। भविष्य पर नजर होने से पुरुष के बारे में यह कहा जाता है कि पुरुष के भाग्य को देवता भी नहीं जान सकते मनुष्य तो लगते कहाँ हैं। अच्छे पुरुष अपना भाग्य खुद ही बनाते हैं। भाँति-भाँति से बनाते हैं। मैच फिक्सिंग का जो इतना हल्ला मचा है दुनिया में सो क्या है। भाग्य बनाने का प्रयास ही है। युधिष्ठिर और मामा शकुनि के बीच जो हुआ खेला गया उसमें पहले ही मैच फिक्सिंग हो चुकी थी। युधिष्ठिर का हारना फिक्स था। इस कला में जब दुनिया क्रिकेट की मैच फिक्सिंग को लेकर हाय-तौबा मचा रही है तब हमारा प्यारा भारत देश

इस कला में ऊँचाइयाँ छू रहा है। हम सब कुछ फिक्स कर सकते हैं। वोटर निर्वाचन अधिकारी और चुनाव आयोग मुँह बाए रह जाते हैं और हमारे नरपुंगव राजनेता चुनावी नतीजे फिक्स कर देते हैं। अदालतें मुँह बाए देखती रह जाती हैं और हमारे वीर मुकदमेबाज गवाहियाँ फिक्स करके मूँछे ऐंठते चले जाते हैं। गवाहियाँ फिक्स होते ही वे मुकदमे की जीत-हार भी बता देते हैं। यह जादूगरी हर क्षेत्र में, हर विषय में और देश के हर हिस्से में देखने मिल जाएगी। मैट्रिक की परीक्षा में थर्ड क्लास पास होने वाले छात्र उच्च शिक्षा के दौरान अचानक विद्वान हो जाते हैं। वे ठीक उसी विषय में प्रथम श्रेणी में प्रथम आ जाते हैं जिसमें कि उनके पिताश्री अध्यक्ष के रूप में विराजमान रहते हैं। यह रिजल्ट फिक्सिंग होता है। पूरे सद्गुणों का वर्णन करूँ तो मगर जगह नहीं है। तुलसीदास ने लिखा है–

जो अपने सब अवगुन कहहूँ।
बाढ़हि कथा पार नहीं लहहूँ।।
ताते मैं अति अलप बखाने।
थोरे महि जानहहिं सयाने।।

अपने अवगुन गिनाने लगूँ तो रामकथा पूरी नहीं हो पाएगी। इसलिए थोड़े में कहता हूँ उतने में ही ज्ञानी सयाने समझ जाएँगे और न समझ पाएँ तो साले काहे के ज्ञानी और काहे के सयाने। हिन्दी के प्रसिद्ध आलोचक आचार्य रामचंद्र शुक्ल का कहना है कि बेईमानी और चतुराई में कुल इतना भेद है कि छिपी रहे तो चतुराई और खुल गई तो बेईमानी। हम ज्ञानी देश के लोग हैं हमीं ने विश्व को नूरा कुश्ती सिखाई। आपस में जूते चलाने वाली और एक-दूसरे के खून की प्यासी पार्टियों को मिल-जुलकर लड़ते हुए सरकारें चलाने का जादू दिखाने वाले हम हैं। चुनावों में डमी कैंडीडेट लड़ाने वाले हम और विज्ञापित सरकारी पदों पर साक्षात्कारों के पहले नियुक्ति की सूची फिक्स करने वाले हम, बाजार बैठकी से बाजार बन्द तक हमारी फिक्सिंग है। मुरदों का कार्यक्रम फिक्स है। कौन मुरदा जलाया जाएगा और किसे दफनाया जाएगा यह सब फिक्स है। सो हम सकल भारतवासी जान दाँव पर लगाकर रुपये कमाते हैं। कमाते हैं खूब कमाते हैं। लोकलाज त्यागकर, नीति-सिद्धान्त, मर्यादा और ईमान बेचकर खा जाते हैं। सड़कें हम खा गए। सरकारी भवन हम खा गए। ये खा गए, वो खा गए। ठेके की गिट्टी खा गए और मिट्टी खा गए। अस्पतालों की दवाइयाँ खा गए और कितना लोहा-लक्कड़ खा गए इसका हिसाब नहीं। कोई कंस्ट्रक्शन हो कमीशन फिक्स है। कोई खरीद हो कमीशन फिक्स है। जाँच कमेटी हो कमीशन फिक्स है। रेल का टिकट हो, चुनाव का टिकट हो, कोई सर्टिफिकेट हो कमीशन फिक्स। इसे कहते हैं फिक्सिंग। हर काम और हर चीज के रेट फिक्स हैं। हम हमेशा कमीशन खाते रहे हैं। सब कुछ हजम कर जाते हैं। नतीजतन कई बार बिना शरमाए जूते खा जाते हैं और मुस्कुराकर फिर आ जाते हैं काम पर। फिक्सिंग करने के लिए तैयार। इसी सब के दौरान हम मर जाते हैं। तब हमारे लड़के यह कहकर हमें याद करते हैं–उठो मुरदों खीर खाओ। यह पिंडदान लो। यह श्राद्ध स्वीकार करो। तो दुनिया के ये देश बच्चे हैं जो मैच फिक्सिंग से दुःखी हैं। हर चीज फिक्स है। मस्त रहो प्यारे। फिकर नाट रोज कमाओ एक के आठ।

❐

राजनीति से संन्यास और संन्यास की राजनीति

कोई सबेरे से दरवाजा भड़भड़ाने लगा। खोलो गुरु दरवाजा खोलो। अरे खोलो यार। मरवा डाला हम इतनी ठंड में सुबह से नहाकर आ गए और ये श्रीमान अभी सोकर नहीं उठे। उन्होंने जोर से दरवाजा भड़भड़ाया। इस बार किसी ने गुस्से में किवाड़ पर लात मारी प्रेशर में साँकल खुल गई और धड़ाक की आवाज के साथ दरवाजा भी खुल गया। देखा तो चमत्कृत रह गया। सामने तीन-चार लोग गेरुआ वस्त्र धारण कर दंड कमंडल हाथ में लिये खड़े थे। मैं धन्य हो गया। एकदम भू पर परै लकुट की नाईं होकर मैंने उन्हें दंडवत प्रणाम किया। अभी भी अच्छे गृहस्थ संन्यासियों को देखकर श्रद्धा विगलित हो जाते हैं। अपने गृहस्थ धर्म का पालन करते हुए मैंने पूछा–प्रभु आप कौन हैं। मैं श्रद्धा से गाने लगा धन्य भाग हमारे जो दर्शन हुए तुम्हारे। मेरा भक्ति-भाव देखकर वे संन्यासी हँसने लगे और बोले–अरे गुरु हम वैसे बाबा जी टाइप संन्यासी नहीं हैं। हम तो ऐसे जा बाजी टाइप लोग हैं। हम तपस्या करने केदारनाथ जा रहे हैं। सुश्री उमाश्री भारती वहाँ एक माह तपस्या करके कैबिनेट मंत्री बन गई हैं। वे हमारी प्रेरणास्रोत हैं। हम भी लौटकर मंत्री-वंत्री हो जाएँगे। सोचा–आपसे थोड़ी आत्मीयता है। आखिरी बार मेल मुलाकात कर लें फिर मिनिस्टर हो जाएँगे तो आपको न पहचान सकेंगे। मैंने आँखें मलकर देखा। सचमुच सामने काँग्रेस के कई नेता खड़े थे। श्री गोविन्द राजपूत, श्री सुरेन्द्र चौधरी, अरुणोदय चौबे, रफीक गनी वगैरह साफ पहचान में आ रहे थे। मैंने कहा–भाइयों-हे भाइयों–यह क्या अंधेर कर रहे हो। तुम लोग भाजपा और काँग्रेस के फंडामेंटल याद कर लो। मुझे लगता है ऐन चुनाव के वक्त तुम्हें संन्यास के जरिए आगे बढ़ने का झाँसा देकर कोई वृद्ध काँग्रेसी तुम्हें पार्टी से बाहर करने पर तुला है। सावधान-जागते रहो उठो और यह गेरुआ वस्त्र त्यागकर खादी के कुरते-पाजामे फटकारो। इतर-फुलेल लगाकर एकदम स्मार्ट और बिजी बिदाउट वर्क बन जाओ। वरना इसी क्षण से काँग्रेस में पिछड़ने लगोगे। खैर खुदा की। उन्होंने मेरी राय मान ली और संगठन के चुनाव लड़ने चले गए वरना राजनीति का क्या होता।

भैया, कहाँ उमा बहिन जी और कहाँ ये नेता। उमा बहिन जी सच्ची साध्वी हैं। पहले दुनिया से संन्यास लिया और राज्यमंत्री का पद प्राप्त किया, फिर आमरण यानी मरने तक अनशन घोषित किया और बिना मरे राजनीति से संन्यास ले लिया। पहले संन्यास से संन्यास लेकर राजनीति में सक्रिय हो गईं फिर राजनीति से संन्यास लेकर तपस्या करने केदारनाथ जी पहुँच गईं। बेचारी बहिन जी को चैन नहीं मिलता। आखिर हिमालय पहुँचकर केदारनाथ जी को अपना दुःखड़ा सुनाया। भोले भंडारी एकदम प्रसन्न हो गए। बोले जा पुत्री कैबिनेट मंत्री पद को प्राप्त हो जा। बहिन जी चट दिल्ली लौटीं सो मंत्री पद का लाभ होता भया। कई बार संन्यास नहीं लिया जा सकता। इसी तरह आमरण अनशन भी एक-बार ही होता है। इस सिलसिले में मुझे स्व. दर्शन सिंह फेरूमान का नाम याद है। जिन्होंने अपने लक्ष्य के लिए आमरण अनशन किया और इस लोक में बिना कोई सुख भोगे परलोक सिधारे। अब लोग वैसे सरल नहीं रहे। पचास-पचास आमरण अनशन और सौ-सौ संन्यास लेकर झंडा लगी गाड़ी में बैठते और आनंद लाभ करते हैं। वे जमाने गए जब कहते थे कि–

सिंह लगन कदली फलन साधु वचन एक बार।
तिरिया तेल हमीर हठ चढ़ै न दूजी बार।।

शेर का मिलना केले का फलना और सज्जन पुरुषों का वचन एक बार ही होता है। स्त्री को विवाह मंडप में एक ही बार तेल चढ़ता है उसी तरह राणा हमीर सिंह दुबारा कोई हठ नहीं ठानते। अब दुनिया बदल गई है। शेरों के अनेक मिलन समारोह चिड़ियाघरों में हो जाते हैं। नए अविष्कारों से केले बार-बार फल देने लगे हैं। सज्जन पुरुष भी सुबह कुछ कहते हैं शाम को कुछ कहते हैं और करते कुछ और हैं। तिरिया के तेल की बात छेड़कर कौन रिस्क ले। हमीर रहे नहीं और उनका हठ भी नहीं रहा। जय श्री राम। संन्यासी कोई कम खतरनाक होते हैं। कई बार वे गृहस्थों से ज्यादा स्वार्थी सिद्ध होते हैं। लगते शुद्ध पारलौकिक हैं मगर होते हैं घोर इहलौकिक। ऊँचे लोग ऊँचा खेल करते हैं। पूरी भाजपा में सन्नाटा है। गजब है यार बहिन जी ने क्या जलवा दिखाया। जलवा देखने वाले जल रहे हैं। काँग्रेसी उत्साहित हैं—यार गजब इसे कहते हैं पालिटिक्स। बहिन जी ने क्या धोबी-पछाड़ मारा है। एक ही दाँव में सब चारों खाने चित्त पड़े हुए हैं। और पब्लिक कहती है—यार हम सब जानते हैं सरकार। मगर हम खुश हैं। अभी दुनिया से धरम-पुण्य उठा नहीं है। एक माह की तपस्या से बहिन जी मंत्री हो गईं। साल-भर करती तो प्रधानमंत्री हो जातीं। खैर जैसे उनके दिन फिरे भगवान करे सबके फिरें। बहिन जी आप जहाँ रहो प्रसन्न रहो और जैसी रहो सुखी रहो। आमीन। हाँ कभी मौका मिले और फुरसत में रहो तो हम गरीब वोटरों को याद किया करो। आमिल का एक शेर है—

कभी जिक्र मेरा किया करो, कभी फिक्र मेरी किया करो।
कभी इस तरफ कभी उस जगह, कभी राह चलते मिला करो।।

हम इतने में ही खुश हैं।

❑

जयललिता का हाथी दान

श्री गुरुवयूर मंदिर में जाकर तमिलनाडु की मुख्यमंत्री मान्या जयललिता जयराम जी ने अपनी मनौती पूरी होने पर उन्नीस साल का एक हाथी मंदिर को दान किया। इस हाथी को सात लाख रुपयों में खरीदकर पुण्य किया गया। जयललिता जी ने यह उत्तम कार्य किया। उनके स्वास्थ्य के हिसाब से भी हाथी दान उचित है। हम टुटपुँजिए करेंगे तो बकरी दान करेंगे। मे-मे करती मंदिर में घूमेगी और लेंड़ी करेगी। भगवान नाराज, पुजारी नाराज और मंदिर में जाने वाले भक्त नाराज सो अलग। भगवान की बड़ी चाँदी है। इधर लोकतंत्र में भी छोटे-छोटे डिप्टी और असिस्टेंट भगवान हैं। वे छोटे भक्तजनों से चढ़ावा खाते हैं और बड़े भगवानों के चरणों में लोट जाते हैं। हाथी दान करने का बड़ा फायदा है। मील-भर दूर से लोग देख लेते हैं कि अम्मा का हाथी है। वह मंदिर में रहे चाहे बाहर घूमे दान की महिमा का ठप्पा लग गया है उस पर। जहाँ जाएगा अम्मा का हाथी कहलाएगा। आमतौर पर अम्माएँ अपने गधों को हाथी बताती हैं। बुन्देली कहावत है कि 'तुमाओ हाथी गधा-हमाओ गधा हाथी।' कई चतुराओं ने तो अपने गधे हाथी के मोल निकाल दिए। नोट खरे किए और रास्ता लिया। यह बात अलग है कि अब गधे हाथी का वजन देखकर लीद करते हुए रोते हैं। अम्मा यानी जयललिता जी का नाम हो गया। पूरा संसार जान गया कि वे हाथीवाली अम्मा हैं। फिर हाथी फिरे गाँव-गाँव जे को हाथी ते को नाँव। लोग उसे गुरुवयूर का हाथी नहीं कहते। मंदिर का हाथी भी नहीं कहते। उसे अम्मा का हाथी कहते हैं जैसे भोपाल में बिड़ला मंदिर है। विधायकों के आवासीय भवनों के पीछे ऊपर पहाड़ी पर बिड़ला मंदिर है। बड़ी तारीफ सुनी तो मैं भी दर्शनों के लिए पहुँचा। मंदिर में शंख, चक्र, गदा और पद्म यानी कमल पुष्प लिये बिड़ला जी विराजमान थे। मैंने कहा—यह क्या पाखंड है। बिड़ला जी को भगवान का रूप धारण करने की क्या जरूरत थी। पुजारी जी ने स्पष्ट किया—नहीं भाई यह लक्ष्मी नारायण जी का मंदिर है। इसे बिड़ला जी ने बनवाया था। वे बड़े सेठ हैं। धमस में यह बिड़ला मंदिर कहलाने लगा मगर भीतर भगवान ही विराजमान हैं। वे बिड़ला जी नहीं हैं। मगर मेरे मन में बैठी हुई बात लेट गई और फिर निकलने को तैयार नहीं हुई।

जिस मनौती को लेकर जयललिता ने हाथी दान किया। अब पूरी दुनिया उस मनौती को जान गई है। मेरा दृढ़ विश्वास है कि शीघ्र ही कई भूतपूर्व और अभूतपूर्व मुख्यमंत्री गुरुवयूर के मंदिर पहुँचकर हाथी-घोड़े-ऊँट-बकरे आदि दान करने के लिए मनौतियाँ मानेंगे। भारतीय राजनेता एक तरह के मानसिक बीमार हो गए हैं। उन्हें लगता है कि वे न रहे तो यह देश न चलेगा। वे सुबह उठकर अखबार में अपनी न्यूज देखना चाहते हैं। विरोध उन्हें शत्रुता लगता है। उन्हें खुद के सिवाय कोई न बुद्धिमान लगता है न कर्मठ। मैंने कहीं पढ़ा था कि यह 'नारसीसिज्म' है। ग्रीक माइथालाजी में नर्सिसस नामक साहब का उल्लेख है। वे हमेशा नदी के किनारे बैठे पानी में अपना मुखड़ा देखते रहते थे। यह प्रवृत्ति ही नारसीसिज्म कहलाती है। महिलाओं में यह कुछ अधिक ही होती है। इसे आत्मरतिका या स्वयंमुग्धा कहा जा सकता है। जया जी मुझे इस रोग की पीड़ित लगती हैं। उनकी बीमारी ने चाहे जो गुल खिलाया हो। वे चाहे जितनी प्रसन्न हों और राजा प्रसन्नम् गजभूमि दानम्। आदि कर लें। मगर सच बात तो यह है कि फातिमा बी बेचारी उनके नारसीसिज्म की बलि चढ़ गई।

अस्सी वर्षीय करुणानिधि भाग्यशाली थे। जया की पुलिस से पिटकर धन्य हो गए। सुन्दरियों की पुलिस पीटे यह सौभाग्य की बात होती है। सुन्दरियाँ खुद पीट दें तो परम सौभाग्य होता है। इस लिहाज से करुणानिधि थोड़े कम किस्मतवाले थे। हालॉकि वे भी पिटे कम, चिल्लाए ज्यादा, अच्छे राजनीतिज्ञ की यह पहचान भी है। इतने कम समय में इतना अच्छा राजनैतिक पुनर्वास भाग्यवानों को ही प्राप्त होता है।

हिन्दुओं में मरने के पूर्व गोदान की परम्परा है। एक गाय इस भाव से दान की जाती है कि स्वर्ग के पहले वैतरणी नामक जो नदी पड़ती है—दान की गाय की पूँछ पकड़कर दाता उसे पार कर जाता है। यहाँ भूलोक में चुनाव की एक वैतरणी नदी ही है। जो उसे पारकर लेता है। वह सत्ता के स्वर्ग में पहुँचकर सुख भोगता है। सई-संजा से बियर की बोतलें खोलकर जनकल्याण पर चिन्तन करने लगता है। सुश्री जयललिता जयराम ने हाथी दान करके चाहे जितना पुण्य लूटा हो मगर यह निश्चित है कि उनके सामने अगले चुनाव की विकट वैतरणी है। इस वैतरणी का पाट उन्होंने खुद चौड़ा किया है। राजनेताओं की गलतफहमियाँ वोटर हमेशा दूर करते रहे हैं। सत्ता के सिंहासन से घसीटकर पराजय के घूरे पर ला सकते हैं। बार-बार लगातार। मगर इनकी गलतफहमी नहीं जाती। इन्हें देखकर मुझे दया आती है। ये बेचारे सो नहीं पाते। चैन नहीं। रात में नींद नहीं दिन में आराम नहीं। इस दुनिया में इन-सा कोई नाकाम नहीं। हमेशा-बैर-क्रोध-मिथ्या संघर्ष और सफलता-असफलता। हार-जीत के बीच लटकते हुए हाथी-दान करके अपनी राजनीति के नियम ईश्वर के यहाँ भी चलाने में लगे रहते हैं बेचारे। जया जी किसी ने कहा है—

न जिनकी नींद है अपनी, न जिनके ख्वाब हैं अपने,
उन्हीं को इसका दावा है, हमीं दुनिया पै काबिज हैं।

❐

तहलका डॉट काम उर्फ नंगों को डाँटते हुए नंगे

हमाम यानी स्नानागार। दैट मीन्स बाथरूम सो भैया कहावत बन गई कि हमाम में सब नंगे-ही-नंगे होते हैं। कहावत भले बन गई हो मगर जरूरी नहीं कि हमाम में सब नंगे ही नहाएँ। बुन्देलखंड में सदैव यह चिन्ता का विषय रहा है कि नंगे नहाएँ निचोड़े क्या? अन्य चीजें न निचोड़ना पड़े इस दृष्टि से लोग तौलिया लपेटकर या अंडरवियर इत्यादि पहनकर नहाने लगे होंगे। यही लोग हमाम में घूमते नंगों को डाँटते भी होंगे—शरम नहीं आती। इत्ता बड़ा धींगड़ा नंग-धड़ंग घूमता है। मेरी तरह तौलिया ही लपेट लेता। नंगे उलटकर तौलिया छीनकर फेंक देते होंगे—भग साले अधनंग। न हियों में न शियों में। हे पाठक प्रभु, यहाँ कृपया हियों को अंग्रेजी के ही शब्द का बहुवचन तथा शियों को 'शी' का बहुवचन मानने का कष्ट करें। ऊपर हुई नंग-चर्चा से शरमाने की जरूरत नहीं है। क्योंकि आज तक कोई भाई-बहिन कपड़े पहनकर पैदा नहीं हुए। सब नंग-धड़ंग ही इस धरा-धाम पर धम्म से पधारते हैं। वैसे भी कपड़ों के भीतर हम सभी नंगे हैं। ज्यों-ज्यों हम सभ्य होते जाते हैं त्यों-त्यों हमारी देह के कपड़े कम होते जाते हैं। मोस्ट माडर्न लेडी वही है जो कम-से-कम कपड़े पहने। इस दृष्टि से अभी आधुनिक होने की अनन्त सम्भावनाएँ हैं। हिन्दू और मुसलमान दोनों नंगों के महत्व को स्वीकार करते हैं। ये कहते हैं कि नंग बड़े परमेसुर से तो वे फरमाते हैं कि अजी छोड़िए नंगा खुदा से बड़ा होता है। नंगों को भारतीय लोकतंत्र में बड़ा आनंद है। राजनीति के इस हमाम में सब नंगे-ही-नंगे हैं। ऊपर से सब-के-सब कृष्ण मुख। वे एक-दूसरे को देखकर हँसते हैं। अजी मुँह तो देखिए कम्बख्त का। कैसा काला कलूटा हो रिया हैगा। दूसरे इन्हें देखकर हँसते हैं अजी विकट करिया है साला। वे एक-दूसरे की नंगई पर शर्मिन्दा होते हैं। लानत-मलामत करते हैं। भर्त्सना के दौर चलते हैं। पब्लिक दोनों को देखकर हँसती है। वे उधर अविश्वास प्रस्ताव लाते हैं। पब्लिक इधर धुलाई करने के लिए तैयार हो जाती है। लगता है फिर मध्यावधि चुनाव होंगे। खैर आने दो सालों को।

बंगारू लक्ष्मण, जार्ज फर्नांडिस, जया जेटली, नीतिश कुमार, दिग्विजय सिंह सभी के इस्तीफे हो चुके। आबकारी अधिकारी निलम्बित हो चुके। तहलका डॉट काम ने अपना फर्ज पूरा कर दिया। जो बोफोर्स में दलाली खाकर बदनाम हुए, जो चारा घोटाला में लिप्त रहे, जो इस या उस आर्थिक बेईमानी से धनाढ्य हुए। वे अपने काले चेहरे पर सफेद दाँत दिखाकर चमका रहे हैं। हम तो पब्लिक हैं भैया। बुरा न लगे तो साफ-साफ कहते हैं कि आप सब एक से बढ़कर एक हो प्रभु। कोई यूरिया खा गया। कोई टेलिकाम घोटाले में डूबा। कोई शक्कर की चासनी में गोता लगा गया। भई वाह। लोकतंत्र की माया है। हर तरफ रेशमी छाया है। मगर हाजमा खूब है भाई लोगों का रुपया खा गए। सड़कें खा गए। अस्पतालें खा गए। घास खा गए। खाने में ऐसा स्वाद है कि लोग जूतों से पिटते नहीं हैं। जूते खा जाते हैं। बंगारू लक्ष्मण तो नए आदमी थे। हरिजन हैं वे। मात्र एक लाख रुपये के लिए बदनाम हुए। कई पार्टियों के अध्यक्ष हैं जो करोड़ों रुपये खा गए किन्तु हल्ला तक नहीं हुआ। इस अवसर पर मैं अखिल भारतीय काँग्रेस कमेटी के पूर्व कोषाध्यक्षों को सादर प्रणाम

करता हूँ। जिन्होंने भारतीय लोकतंत्र को मजबूत करने के लिए भाँति-भाँति के त्याग और भाँति-भाँति के ग्रहण कार्यक्रम किए।

मैं कहता हूँ भाइयों आप दोनों सत्यवादी हैं। जब शासन कहता है कि विपक्ष के नेता बेईमान हैं और घोटालों में लिप्त रहे हैं तो वह सत्य कहता है। जब विपक्ष कहता है कि सरकार में चोर-ही-चोर भरे पड़े हैं तो वह भी सत्य ही कहता है। सारे नंगे एक-दूसरे को डाँटते हुए घूम रहे हैं।

जनता बिल्कुल व्याकुल नहीं है वह तो सरकार हटाने के लिए सभी सम्भावित सज्जनों और साथियों के प्रयास देख रही है। जोर लग रहे हैं कि ये जाएँ तो हम आएँ। इनका तहलका खत्म हो तो हम अपना तहलका मचाएँ। पब्लिक दुष्यन्त कुमार त्यागी की पंक्तियाँ याद करती है–

कहाँ तो तय था चरागां हरेक घर के लिए।
कहाँ चराग मयस्सर नहीं शहर के लिए।।
यहाँ दरख्तों के साये में धूप लगती है।
चलो यहाँ से चलें कहीं और उम्र भर के लिए।।

❒

इनका होना आपरेशन घुटनों का और उनका आना आगरे की ओर

आगरे में खुश आमदीद जनाब परवेज मुशर्रफ साहब स्वागतम और वेलकम। आगमन-शुभ-आगमन। मुझे तो आपका आना ही एक जादू भरी परीकथा जैसा थ्रिलिंग लगता है। अल्ला-कसम सच्ची। जादुई तो आपको भी लगता होगा। सोचिए तो आप उस देश के 'हिज एक्सीलेन्सी प्रेसीडेंट' हैं—महामहिम राष्ट्रपति—हैं जिस देश ने कभी आपको 'वार्ड मेम्बर' तक नहीं चुना। हाँ, पाकिस्तान की पैदाइश चौदह अगस्त सैंतालीस है। आप सन् तैंतालीस में हुए थे। इस लिहाज से आप अपने मुल्क से बड़े हैं। खैर मियाँ दुनिया के सबसे बड़े लोकतंत्र में आपका खैर मकदम है। बस मियाँ आप पुलाव-बिरयानी उड़ाइए। खाने की लज्जतें लीजिए मगर म्याँ आपके पहले मरहूम जुल्फिकार अली भुट्टो, साबिक वजीरे-आला-ए पाकिस्तान भी यहाँ शिमला समझौता कर गए थे। आज वहाँ उसे न आप मानते हैं न आपके दुश्मन और विरोधी उसे स्वीकार करते हैं। एक डर और है आप यहाँ आए और कोई वहाँ तख्ते पाकिस्तान पर जाकर न डट जाए। अल्ला झूठ न बुलवाए हुजूर वहाँ तो यही सब चलता है न। इसलिए बेहतर है न आप हमारी बात मानें न हम आपके झाँसे में आएँ मगर बातचीत चलती रहे। इससे आपको यह फायदा होगा कि लोग यह भूल जाएँगे कि आप एक फर्जी राष्ट्रपति हैं। अपाइंटेड बाइ बुलेट एंड नाट बाइ बैलेट। वोट से नहीं बन्दूक से नियुक्त।

इधर इस तरफ भी वहाँ जैसी सहूलियत होती तो जब हमारे वजीरे आला हजरत जनाब अटल बिहारी वाजपेयी अपने घुटने दुरुस्त करवा रहे थे तो कोई बन्दा खुद आप जनाब की तरह आकर डट जाता। मियाँ कसम से मेरा दिल करता है कि आपके साथ पाकिस्तान चला जाऊँ और कुछ बनके लौटूँ। इधर तो पंच तक बिना चुनाव के नहीं बनते हैं। उधर जलवा यह है कि सुप्रीम कोर्ट ऑफ पाकिस्तान के चीफ जस्टिस आपकी हलफ दिलाने भगे-भगे आए कि कहीं लेट हो गए तो आला हुजूर नाराज न हो जाएँ। सरकार हो तो ऐसी हो और सुप्रीम कोर्ट हो तो ऐसा हो। हुकुम होयगा सरकारी तो वहीं पकेगी तरकारी। उस डॉक्टर की काबिलियत तो देखिए मियाँ कि ऑपरेशन वाजपेयी के घुटनों का किया और अकल आप हुजूर को आ गई।

मेरी तो तबियत करती है कि उसके पैर पकड़ लूँ और कहूँ डॉक्टर साहब पाकिस्तान के घुटने जरूर ठीक करिए। उन्नीस सौ इकहत्तर में पाकिस्तान के जनरल नियाजी ने अपने एक लाख फौजियों के साथ भारतीय ब्रिगेडियर जगजीत सिंह अरोरा के सामने घुटने टेक दिए थे। मैंने खुद वह न्यूज-रील देखी थी जिसमें पाकिस्तानी जनरल नियाजी ने ब्रिगेडियर अरोरा को फौजी सैल्यूट किया फिर उनकी टेबिल पर अपना रैंक, कैप, बेल्ट और वैपन रखा तथा सामने जमीन पर घुटनाटेक हो गए। इसके बाद जनाब भुट्टो गिड़गिड़ाते हुए शिमला पहुँचे और इन्दिरा गाँधी के सामने पैरीपौना करके उन्हें छुड़ा ले गए थे। तीस बरस होने को आए तब से आज तक पाकिस्तान के घुटनों का इलाज नहीं हुआ। कारगिल युद्ध के असली हीरो तो आप जनाब ही थे। वह दर्द भी जरा ज्यादा ही होगा।

आगरा में ताजमहल है मियाँ एक अमर मुहब्बत की यादगार है वह। दुनिया-भर के प्रेमी ताजमहल देखने आते हैं। उसकी सराहना करते हैं। आप भी उसे देखने का इरादा रखते होंगे।

अभी-अभी खबर मिली है कि आपने अजमेर शरीफ जाना रद्द कर दिया है। बेहतर किया। एक मेहरबानी और करें। ताजमहल देखने का प्रोग्राम भी रद्द कर दें। मुहब्बत और अकीदत की जगहों पर न जाएँ तो बहुत मेहरबानी होगी। ये जगहें जज्बाती लोगों के लिए हैं। फौजी बूट इन्हें रौंदे तो हम दुनिया-भर के जज्बाती लोग दुःखी होते हैं। हालाँकि प्रेमी भी एक तरह के पागल ही होते हैं। इस लिहाज से आप आगरा अवश्य आइए।

आगरा में हुजूर आपके देखने लायक एक चीज और है। उसे सरकारी और सियासती लोग आपको न दिखाएँगे। मौका मिले तो आप वहाँ जरूर जाइए। आगरे में बहुत पुराना और प्रसिद्ध पागलखाना है। वहाँ हो आएँ। दुनिया के पागलों की ओर से आपका आगरा में स्वागत है। आगरा सम्मिट से आपको कुछ हासिल न हुआ तो वहाँ पाकिस्तान में लोग गुस्से से पागल हो जाएँगे। तीन-तीन युद्ध हारकर बैठे और फिर कारगिल में चौथी लड़ाई में पिटकर भगे आपके फौजी साथी आपको बहुत कष्ट देंगे और अन्ततः पागल कर देंगे। उस हालत में आगरे का यह दौरा आपको फायदेमन्द हो सकता है। इंशा अल्लाह।

पाकिस्तान में आप फौजी हुक्मरानों की राजनीति का आधार ही भारत-विरोध है। लाहौर बस के वक्त आपके अनुयायी मीनारे पाकिस्तान को धोकर पवित्र कर रहे थे क्योंकि वहाँ अटल बिहारी वाजपेयी खड़े हुए थे। मियाँ शर्म करो यार शर्म। अल्ला मियाँ ने तुम्हें बनाया और हमें बनाया। तुम कैसे पाक और हम कैसे नापाक। पाकीजगी का फैसला तो रोजे महशूर होगा। तब पता चलेगा कि अल्ला मियाँ के कौन कित्ता नगीच है। इस बार आपकी अदा कुछ डिफरेंट है। युद्ध क्षेत्र में हारकर बातचीत की टेबिल पर जीतना आप लोगों का असली हुनर है। इस पर हिन्दी के कवि बेधड़क जी का कहना है–

कहीं डंडों से लड़ते हैं कहीं झंडों से लड़ते हैं।
कहीं पिचके टमाटर और सड़े अंडों से लड़ते हैं।।
कहें क्या बेधड़क लड़ते सभी अपने तरीकों से।
मगर वे ही सफल होते जो हथकंडों से लड़ते हैं।।

हालाँकि हमें कोई फिकर आपकी ओर से नहीं है। हमें युद्ध में जीतने के लिए लोहे का कलेजा चाहिए। जो आपके पास नहीं है। हाँ झूठ-दगा-फरेब और वादाखिलाफी से हम डरते हैं मियाँ। पाकिस्तान की रंजिशों का हमें कोई डर नहीं है। मगर इस बार जिस स्टाइल से आपने अज़मेर शरीफ की जियारत रद्द की और हुर्रियत को न्यौता। उससे हम शंकित हैं कि देश को बड़े युद्ध के लिए तैयार रहना चाहिए। हमें गालिब याद आते हैं–खबरदार करते हुए–

बारहा देखी है उनकी रंजिशें।
पर अब के कुछ तर्जेगानी और है।।

इस बार मामला कुछ और है खुदा खैर करे। आमीन।

❒

नागा नृत्य देखकर गंगा नहाती विदेशी सुन्दरियाँ

इलाहाबाद में महाकुम्भ चल रहा है। लोग दौड़ रहे हैं पर्व-स्नान के लिए। मैं नहीं गया। ज्यादा झूठ बोलता नहीं। बेईमानी में रुचि नहीं। जीवन में कुछ ज्यादा गड़बड़ी नहीं की। चादर पुरानी हो रही है पर मैंने मैली नहीं होने दी। क्या धोने गंगा तट जाऊँ। उधर श्रद्धालुओं की दौड़ जारी है। ट्रेन में बिना टिकिट यात्रा करके गंगा नहाने वाले प्रफुल्लित लौटते हैं। माला धारण कर चंदन-तिलक लगाए बेटों-बहुओं को उपदेश देते हैं। कबीर तीर्थयात्रा के सख्त खिलाफ थे। चंचल हृदय और चोर मनवालों को तीर्थसेवन निषिद्ध है। वे अपने पाप बढ़ाकर लौटते हैं।

तीरथ चाले दोऊ जन, चित चंचल मन चोर।
एकऊ पाप न उतरया, दस मन लाए और।।

न जाने से अपना प्लस-माइनस बराबर रहेगा। कहते हैं ऊपर एक चीफ एकाउंटेंट बैठे हैं। चित्रगुप्त जी। वे दुनिया के हर जीव का खाता रखते हैं। उसमें पुण्य जमा होते हैं और पाप नामें। आदमी के जीवन-काल में उसके पुण्य-पाप का हिसाब चलता है और मृत्यु के पश्चात् उसकी आत्मा बचा हुआ नफा-नुकसान भोगती है। उसी हिसाब से स्वर्ग या नरक भोगो बच्चा। गंगा स्नान करते ही पाप नष्ट हो जाते हैं। महामना साधु पुरुष, सती साध्वी सन्नारियाँ सब दौड़ रहे हैं। महाकुम्भ के गंगास्नान से एकदम चमाचम हो जाएँगे। मैली कुचैली चादरें लहराती हैं गंगातट पर। दुनिया के मजे लूटकर धर्म, अर्थ, काम और मोक्ष चारों पुरुषार्थों के लिए ललकते लोग महाकुम्भ में इकट्ठे हैं। उपदेश है, त्याग है, ज्ञान है और भक्ति है। मन में पाप का मैल जमा है। झूठे लोग ईश्वर को लोकल जज समझते हैं। परमात्मा को भी बुत्ता देते हैं। इन्हें कौन समझाए कि भैया अर्थ या काम के लिए भले तीर्थ सेवन कर लो मगर धर्म और मोक्ष का मामला तो चादर देखकर ही होगा। मैली चादर गंगा नहीं धोती। कुलबोरनों का गंगा स्नान फलित नहीं होता। कबीर कहते थे कि मेलों-ठेलों में धक्का खाने से धर्मलाभ नहीं होता।

घूँघट मँह सतुआ भसकत जायँ, खसम की मूडी वजन धरायँ।
पाँच-पचीस के धक्का खाय कै, चली कुलबोरन गंगा नहाय कै।।

असल खेल मन का है। मन में मैल का भंडार भरे बैठा है आदमी। झूठ, छल, कपट, पाखंड, बेईमानी और ठगी। सारा करेंट इसी पावर हाउस में है। प्लस-माइनस दोनों यहीं है। यह ठीक नहीं तो कुछ ठीक नहीं।

मन के हारे हार है, मन के जीते जीत।
परब्रह्म को पाइए, मन की ही परतीत।।

इसलिए तो कहता हूँ कि बाबा मन की आँखें खोल। मन चंगा तो कठौती में गंगा मगर सुनता कौन है। सो ठीक भी है। हम ही किस खाँ की सुनते हैं। उधर इलाहाबाद में मजमा लगा है। तरह-तरह के जोगी, जती, तपसी अरु सिद्ध इकट्ठे हैं। भाँति-भाँति के लोग हैं—भाँति-भाँति के भोग। एक पवित्र

आत्मा से मेरा परिचय है जो नित्य नियम से शाम को बोतल में उतर जाती है। धोखे-धड़ी में सच बोलती है। कभी नींद में या कभी बेहोशी में मुख से सत्य निकल जाए तो अलग बात है वरना ठप्पे से आत्मविश्वास से झूठ बोलती है और सकल जगत को सत्य बोलने का उपदेश देती है। सो भी गंगा तट पर जमी है। वहाँ धर्म-अधर्म, सच-झूठ, पाप-पुण्य सब कुछ डुबकियाँ ले रहा है।

तो हे पाठक प्यारे अगर नहीं गए तो जाओ और नहीं जाना है तो टी.वी. देखकर आनंद लो। नृत्य तो आनंद का उत्स और स्रोत है ही। नागानृत्य महा आनंद का कारणभूत है। जिन्होंने नागा नृत्य देखा है। वे साधु पुरुष ही उसका सुख जानते हैं। वे मेरी इस बात से अवश्य सहमत होंगे कि नागा नृत्य देखने में उतना मजा नहीं है जितना कि उसे स्वयं करने में है। पश्चिम का कैबरे हमारी साँस्कृतिक चोरी ही है। नागा संन्यासी भारतीय साधु-परम्परा की महत्वपूर्ण पहचान हैं। वे देह पर कोई बाह्य आवरण नहीं रखते। जैसे हैं और जितने हैं अपने भक्तों को वैसे ही दर्शन देते हैं कि लो सालो जहाँ से और जितने दर्शन करना है सो कर लो। उनके अनेक अखाड़े हैं। कुम्भ और महाकुम्भ के अवसरों पर वे पवित्र स्नान करने पधारते हैं। जटाएँ धारण किए त्रिशूल लिये नाचते-गाते वे गंगा स्नान करने पहुँचे तो उनकी देह में लगी राख देखकर सुन्दरियाँ पाउडर भूल गईं।

दुनिया-भर से आए लोग गंगा नहा रहे थे। विदेशों से आई सुन्दरियाँ इस मेले को चकित होकर देख रही थीं। मेला भी चकित होकर सुन्दरियों को देख रहा था। नागा नृत्य करते हुए नग्न संन्यासी अपने चिमटे-त्रिशूल लिये गंगा में कूदने लगे तो विदेशी सुन्दरियाँ अति प्रसन्न होती गईं। उन्होंने आव देखा न ताव-अपने कपड़े उतार फेंके और नग्न होकर चट गंगा में कूद गईं। यह देखकर सकल भक्त समाज जय-जय करने लगा। नहाते हुए एक-दो स्वयं सेवक उनकी पीठ मलने लगे। पुलिस दौड़ी और कानून की रक्षा में जुट गई। जो पुलिस थाने में नर-मादा का भेद किए बिना सबको नागा नृत्य करने पर विवश कर देती है—वही पुलिस दौड़ी और उन सुन्दरियों को समझा-बुझाकर वहाँ से ले गई। हालाँकि कुछ वृद्धजनों ने इसे धार्मिक मामलों में हस्तक्षेप माना मगर पुलिस न मानी। विदेशी सुन्दरियों ने कहा कि जब नागा लोग इस तरह नहाते हैं तो हम क्यों नहीं नहा सकते। इस पर पुलिस पक्ष ने बताया कि ये संन्यासी वस्त्रों को जीवन-भर धारण नहीं करेंगे यदि आप शेष जीवन नग्न विचरण करें तो हमें आपत्ति नहीं है। यह सुनकर सुन्दरियों ने अपने समस्त प्रशंसकों को निराश करते हुए वस्त्र धारण कर लिये। महिलाओं के लिए समान अधिकार माँगने वाले नारी संगठनों और एतदर्थ संघर्षरत देवियों से मेरा अनुरोध है कि वे कृपया इस दिशा में भी सम्भावनाएँ खोजें। इससे विश्व का कल्याण होगा, मानवता की विजय होगी। धर्म की जय होगी और अधर्म का नाश होगा। प्राणियों में सद्भावना होगी। हे पाठक प्यारे आप तो जानते ही हैं कि ठीक राह सुझाना अपना जो है सो परम कर्तव्य है। बाकी कोई माने या न माने। महिला अधिकारों के हम जैसे समर्थकों को तो हर जगह परेशानी है। किसी ने कहा है—

सिर से पेट तलक, पेट से पाँवों पे कभी।
इक जगह हो तो कहूँ दर्द इधर होता है।।

भाई अफसोस यह है कि इस मामले में भी विदेशी सुन्दरियाँ बाजी मार ले गईं।

❐

ये सड़कें न देखीं तो कुछ भी न देखा

अमेरिकी राष्ट्रपति बिल क्लिंटन की भारत-यात्रा पूरी हुई। वे वाया-पाकिस्तान लौट गए। इधर सारा भारत गद्‌गद है। उनके आने-जाने-नाचने और नचाने के सभी कार्यक्रम सादर सम्पन्न होते भए। सुबह-सुबह जब उनके जाने की खबर मिली और उनकी पंचायत यानी पाँच दिनों की अगवानी निबट गई तो मैंने रामचरन से पूछा—कहो, भैया रामचरन क्लिंटन साहब की भारत यात्रा कैसी रही। वह हँसने लगा। बोला—भैया की बातें। हम का जानें। आप बताओ। रामचरन शेरो-शायरी और बीड़ी पीने का शौकीन है। उसने बीड़ी जलाकर एक लम्बा कश खींचा। फिर रेल के डीजल इंजिन की तरह धुआँ उगलकर कहने लगा—भई वाह, क्या कहने क्लिंटन साहब के। शेर अर्जे-खिदमत है—

वह आज इस तरह पहलू नशीं रहे।
जब तक रहे, वही रहे, हम नहीं रहे।।

मैंने कहा—क्यों रे रामचरन क्या तू भी प्रगतिशील हो गया रे। जिधर लड्डू देखता है उसी की तरफ हो जाता है। वह उखड़ गया। बोला—भैया बने तो ठीक-ठीक बोलो। गाली मत दो। न तो मैं पढ़ा-लिखा हूँ। न प्रोफेसर हूँ जो कभी रिटायर ही नहीं होता। न प्रगतिशील हूँ कि चक्कर काट-काटकर मिनिस्टरों के बंगलों की धूल साफ कर डालूँ। अरे भैया अपुन कामन मैन। मैं आम आदमी हूँ। साहित्यकारों को मसाला देने वाला अपुन राजनीतिज्ञों का वोटर हूँ। अपुन इंडिया हूँ। भारत का मिडिल क्लास पर्सन। मध्यवर्गीय जिसे वामपन्थी दोगला कहते हैं। दक्षिणपन्थी मूर्ख और बाकी नान-पर्सन यानी बिना औकात का आदमी। मैंने तुरन्त पैंतरा बदलकर कहा—अरे यार तुम इतनी जल्दी हत्थे से उखड़ जाते हो। अरे भई, मैं बिल क्लिंटन का विरोध थोड़े ही कर रहा हूँ। मुझे तो वे बड़े अच्छे लगते हैं। जो हैं सो खुल्लम-खुल्ला हैं। जैसे हैं सो सबके सामने हैं। वह शान्त हो गया। थोड़ा खुलकर बोला—भैया माफ करो। वैसे मैं ऐसे लोगों को लिफ्ट नहीं देता जिनका कैरेक्टर डाउटफुल हो। पूरी दुनिया में जिनके आचरण का हल्ला मचा रहा उन्हें आप पाँच दिन घर में घुसेड़े रहे। उधर अपने अटल जी ने भी अमेरिका का निमंत्रण स्वीकार कर लिया। अरे, आप डूबते पांडे जी और लै डूबे जजमान। कल को उधर कुछ ऊँच-नीच हो गया तो क्या जवाब देंगे। क्लिंटन के पीछे-पीछे तो उनकी सास रखवाली के लिए लगी रहीं। अटल जी अनमैरिड आदमी इन्हें कौन रखाएगा। ऊपर से उधर अमेरिका इंग्लैंड में एक से बढ़कर एक सुन्दरियाँ कुछ गड़बड़ हो गई तो इधर के अखबारों में फोटो तक न छप सकेंगी। यानी वैसी वाली फोटो मोनिका लेवेंस्की और पाउला जोन्स की कथाएँ अब प्राचीनकाल की बातें हो गई हैं। तात मगर काँग्रेस अध्यक्ष से क्लिंटन साहब का यह प्रश्न अत्यन्त हृदय विदारक था कि लोकसभा में काँग्रेस के सदस्य इतने कम क्यों हो गए। कभी इसी लोकसभा में काँग्रेस के चार सौ दस सदस्य थे। अब वे घटकर एक सौ दस कैसे रह गए। यह प्रश्न पूछने के लिए दुनिया में अकेले क्लिंटन साहब ही बचे थे। काँग्रेस में यह सवाल करने वाले को छह साल के लिए पार्टी से निकालने की माँग होने लगती। सचमुच पार्टी के बुरे दिन लगे हैं। जब किसी के बुरे दिन आते हैं तो दरिद्र चापलूस उसे घेर लेते हैं। वे अपनी गप्पों से चापलूसी का ऐसा विकट

शीशमहल बनाते हैं कि बेचारे उसमें अपनी रंगीन छवियाँ देख-देखकर आत्म-मुग्ध हो उठते हैं। जब ज्ञान-कपाट खुलते हैं तो यह देखकर शरमा जाते हैं कि इस शीशमहल में परछाइयाँ-ही-परछाइयाँ हैं। पाकिस्तान में श्री परवेज मुशर्रफ साहब की इन दिनों यही गत है। पाँच दिन भारत में रहकर और लगभग चार अरब डालर के व्यापारिक समझौतों के बाद चार घंटे पाकिस्तान में रुककर बिल क्लिंटन परवेज के शीशमहल को डेमोक्रेसी के पत्थर से चकनाचूर करते भए। जिस अमेरिका की दम भरता रहा पाकिस्तान। जिसे अपना फ्रेंड, फिलासफर और गाइड समझता रहा। उसी का यह सलूक। हाय किस्मत और वाय किस्मत। रामचरन बोला–पंडित जी, इधर अपुन को एक शेर अर्ज करने का है। सुनिए। खास अमेरिका और अक्खा योरोप के काम का शेर है। कहा है–

गिला कुछ नहीं बेवफाई का तेरी हर्गिज।
शिकवा जब करें तूने किसी से भी निबाही हो।।

मैंने कहा– यार यही तुम्हारी बुरी आदत है। जहाँ मौका मिला शेर ठाँस देते हो। सुनने वालों की तबियत कल्ला जाती है। वह हँसने लगा। बोला अपुन कोई मध्यप्रदेश का लोक-निर्माण मंत्री नहीं है भैया कि हमेशा मीठा बोलने का। इधर तो हाल यही है कि बात उट्ठेगी तो कलेजा कल्लाएगी। हाँ अपना लोक-निर्माण मंत्री इतना स्वीट बोलता है कि कान में उँगली डालो तो शहद लग जाता है। सच्ची सो स्वीट। विधायक सुरेन्द्र चौधरी के एक सवाल के जवाब में उन्होंने बताया कि सागर जिले में सड़कों की हालत ठीक है। सुनकर लगा कि उन्हें कलेजे से लगा लें। जीप में बिठाकर जिले की सड़कों पर टाप-गेयर में घुमाया जाए। भैया जिस जिले के ऊपर से उड़ते हुए हवाई जहाजों और हेलीकाप्टरों में बैठे लोग बेल्ट बाँधने लगते हैं कि बाप रे इतने दचके। लगता है सागर जिले की सड़कों के ऊपर उड़ रहे हैं। उन रद्दी बल्कि महारद्दड़ यानी रद्दरेस्ट सड़कों की हालत को ठीक बताने वाले मंत्री जी को सत्यनिष्ठा के लिए भारत रत्न न मिले तो बेचारों का दुर्भाग्य ही है। देखो तो भैया टेलेंट की इस देश में कभी कदर ही नहीं होती। वो तो अच्छा रहा कि क्लिंटन साहब मध्यप्रदेश नहीं आए वरना इन मंत्री जी को माँगकर अमेरिका ले जाते। वहाँ अपना प्रचार मंत्री बनाते। वे भले नहीं ले गए। मगर हमारा भी कोई दायित्व है। राजा दिग्विजय सिंह हमारे प्यारे मुख्यमंत्री–प्लीज लिसिन सर। अपना यह मिनिस्टर तो क्लिंटन साहब को भेंटकर ही डालिए। ये ऊँची बल्लम, ये टाप की चीज अपने बैकवर्ड स्टेट के लायक नहीं है। ये अमेरिका के लायक हैं। क्लिंटन साहब सारी। हम आपको इस तरह की कई नायाब चीजें नहीं दिखा पाए। बट वी होप योर नेक्स्ट विजिट सून। अब मध्यप्रदेश जरूर आएँ और आएँ तो सागर जिले की सड़कों से भोपाल जाएँ। आपको अच्छा लगेगा। दैट्स रियल इंडिया। सच्ची, आई लव माई इंडिया।

❑

खुशदामनों से होना हमजुल्फों का

रोना यह है कि रिसर्च कोई करना ही नहीं चाहता। रिसर्च का मतलब साफ है। 'री' यानी फिर से 'सर्च' यानी खोज। जो कौआ पहले से सबको पता हो वही फिर से दिखाना कि देख बेटा–यह कौआ है। यही रिसर्च है। 'रिसर्च' का आधार यह सिद्धान्त है कि दुनिया उतना ही देखती है जितना उसे दिखाया जाता है। संसार का मानना है कि राम, लक्ष्मण, भरत और शत्रुघ्न इन चारों भाइयों में बड़ा प्रेम था। भैया की बातें। अरे भाइयों में कभी प्रेम होता है? जिन्हें देखिए और जहाँ देखिए एक-दूसरे के लिए लट्ठ लिये घूमते हैं। निन्दा अभियान और गाली-गुफ्तार तो आवश्यक नित्यक्रिया होती है। रिसर्च यह है भैया जी कि महाराज दशरथ के इन चारों पुत्रों में परस्पर जो अखंड प्रेम था। उसका मूल कारण यह है कि ये चारों सगे साढ़ू भाई भी थे। भाइयों में वह प्रेम कहाँ? जो साढ़ू-भाइयों में होता है।

भारत में जितनी रिश्तेदारियाँ होती हैं। उतनी दुनिया में और कहीं न मिलेंगी, अभी एक विवाह से लौटा हूँ। जिस कन्या का विवाह था। मेरा पुत्र उसका मौसा है। यानी कन्या का पिता मेरे पुत्र का साढ़ू भाई है। वहाँ आमंत्रितों में मेरी बड़ी आवभगत हुई। जब तक जावभगत नहीं हुई। तब तक बड़ी तरकैटियाँ उड़ीं। एक-से-एक लजीज खाने, ऊपर से बीस-पचीस नाजबरदार आगे-पीछे–पापा जी ये लीजिए। पापा जी ये और लीजिए। बड़ा आनंद रहा। मगर मैं अभी तक यह नहीं समझ पाया कि उस कन्या से मेरा रिश्ता क्या है। वह मेरे बेटे के साढ़ू भाई की बेटी है। यह साढ़ू शब्द मुझे हमेशा खटकता है। सुनकर लगता है जैसे बैलों के भाईचारे और रिश्तेदारी की चर्चा हो रही हो। उर्दू में इसके लिए बेहतर लफ्ज है। वहाँ साढ़ू भाई जो है सो हमजुल्फ कहलाते हैं। ये हुई न बात। इसी तरह सास शब्द मुझे बड़ा भयानक लगता है। इसके बावजूद कि सासें अपने दामादों को लड़कों से ज्यादा चाहती हैं और गुप्तदान की तरह कुछ-न-कुछ मालमत्ता लड़कों की चोरी से उन्हें सरकाती रहती हैं। भैया सास शब्द डरावना लगता है। जो बहुएँ इसकी भीषणता की प्रमुख प्रचारक हैं वही हमेशा लालायित रहती हैं कि इस महा-भयानक पद पर उनका राज्याभिषेक कब होगा। मुझे सास का उर्दू पर्याय अधिक लुभाता है। सास जी उर्दू में खुशदामन कहलाती हैं। खुशदामन यानी जिसका दामन खुशियों से भरा हो। जिसके आँचल में खुशियाँ-ही-खुशियाँ हों। साले तो साले इतने बेकार होते हैं कि उन सालों की तो चर्चा ही छोड़िए। चार भले आदमियों के साथ बैठने के लायक नहीं होते। मगर साहब सलहजों का क्या कहना। अगर साले बिल्कुल पास न आएँ, मगर सलहजें-ही-सलहजें चारों ओर हों तो सचमुच इन्द्र-बापुरो कौन की स्थिति हो जाती है। यहाँ यह स्पष्ट करना आवश्यक है कि बापुरो यानी बेचारा। निराला जी ने कुल्ली भाट, उपन्यास में अपनी सलहज का उल्लेख करते हुए लिखा है–सलहज साहबा अब तक दो-तीन बच्चों की माँ हो चुकी थीं, इसलिए इच्छा होने पर बातचीत छेड़ देता था। घूँघट के भीतर से श्रृंगार-साहित्य के उत्तर बड़े भले मालूम पड़ते थे। एक दिन कहा भी कि महात्मा जी पर्दे के खिलाफ प्रचार कर रहे हैं, तुम उनकी भक्त भी हो फिर मेरे सामने क्यों घूँघट काढ़ती हो? उन्होंने कहा– "यों मेरी इच्छा नहीं, लेकिन यहाँ के आदमी कुछ ऐसे हैं कि कुछ-का-कुछ सोच लेते हैं। मैंने कहा–तो अपनी आँखें ढककर दूसरों की आँखों पर परदा डालना चाहती हो?–रहस्यवाद अच्छा है। अन्दाजन यह वाकया सन् उन्नीस सौ सैंतीस के आस-

पास हुआ होगा। लगता यह है जैसे अभी घटित हुआ हो। हाँ अपनी आँखें ढककर दूसरों की आँखों पर परदा डालने का कार्यक्रम आज भी उसी तरह जारी है। जब तक दुनिया है तब तक जारी रहेगा।

सलहजें बँधी तो सालों से ही रहती हैं। मामा क्या हैं। पिताजी के साले ही तो माननीय मामा जी हैं। और बच्चों के मामा जी जो हैं सो अपने परमप्रिय हैं। यानी वही भाइयों से अधिक प्रियजन। बट, परन्तु, लेकिन, किन्तु यदि इनके साले भी आ जाएँ तो प्यारे उन महानुभावों के लिए घर में कोई स्थान नहीं होता। जहाँ प्रथम वर्ग के लिए आप्त-उद्घोष है कि जिसकी बहन अंदर। उसका भाई सिकन्दर। वहीं दूसरे वर्ग के लिए सिद्धान्त वाक्य निर्दिष्ट है—मामा के साले हमारे कौन? साले के साले बिचारे कौन? यानी वही द पुअर मैन बेचारे लोग। मगर रिश्तेदारियाँ हैं कि सब भारतीय राष्ट्रीय जनतांत्रिक गठबन्धन सरकार की तरह निभती जाती हैं। कोई एक-दूसरे की शक्ल देखना नहीं चाहते। प्राणों के प्यासे रिश्तेदार मिलने पर इतने प्रेम से हालचाल पूछते हैं कि उन्हीं पर जान न्यौछावर कर देने की तबीयत होने लगती है। सारे प्रेम के बावजूद नीति सालों का गृह प्रवेश निषिद्ध करती है। यहाँ बुन्देलखंड में कहावत प्रसिद्ध है—

दीवाल में आला, खेत में नाला, छप्पर में जाला।
घर में साला हो तो निकला दीवाला।।

रिश्तेदारी अपनी जगह और धन्धा अपनी जगह। धार के महाराजा भोज अपनी गुणग्राहकता के लिए प्रसिद्ध रहे हैं। एक बार एक भिखमंगे ने उनके दरबार में खबर भेजी कि वह महाराज का साढ़ू भाई है और उनके दर्शनार्थ आया है। महाराज ने तुरन्त उसे बुलवा भेजा और रिश्तेदारी पूछी। भिखमंगे ने उत्तर दिया—महाप्रभु सम्पन्नता और निर्धनता सगी बहनें हैं। राजा इनमें से सम्पन्नता ने आपको ब्याह लिया है और निर्धनता ने मुझे। इस नाते हम परस्पर साढ़ू भाई हुए। राजा भोज ने उसका वैसा ही सत्कार किया जैसा साढ़ू भाइयों का किया जाता है। सचमुच यह अद्भुत रिश्तेदारियों का देश है। अगर ये रिश्तेदारियाँ न होतीं तो धर्मनिरपेक्ष काँग्रेस मुस्लिम लीग जैसी फिरकापरस्त पार्टी से कैसे मिल जाती। घोर प्रगतिशील कुमार मंगल जैसे वीर धुर दक्षिणपन्थी भारतीय जनता पार्टी की नीत सरकार में कैसे शामिल हो जाते। बिहार के चुनाव में चाहे जो नतीजे हों। उड़ीसा के मतदान से चाहे जो नेता निर्वाचित होकर निकले। मेरा दृढ़ विश्वास है कि विजय आखिर साढ़ू-भाइयों की ही होगी। एक ही सरकार में शामिल सारे नेता अन्ततः सत्ता सुन्दरी के हमजुल्फ ही हैं। वे लड़ेंगे, झगड़ेंगे पर फिर मिलेंगे। गलबहियाँ डाले हुए।

एक-दूसरे को मनाएँगे। रहीम ने कहा है—

रूठे सुजन मनाइए जो रूठें सौ बार।
रहिमन पुनि-पुनि पोहिए टूटे मुक्ताहार।।

सत्ता-सुन्दरी के बन्दरबाँट के लिए साढ़ू-भाइयों की एकता जरूरी है। महाभारत विजय के पीछे एक कारण यह भी था कि पाँचों पांडव साढ़ू भाई भले न रहे हों मगर वे हमजुल्फ तो थे ही। जब महाभारत विजय हो चुकी तो भारत विजय में क्या देर है। डटे रहो साढ़ू भाइयों डटे रहो।

❒

दंत कटाकट किम् करतव्यम्

लड़के ने रिजल्ट पर नजर डाली और अपना रोल नम्बर गायब देखा तो मूर्छा खाय भूमि पर औंधा गिर गया। यह दृश्य देखकर माता विलाप करने लगी। पूज्य पिताजी चिन्ता को प्राप्त होते भए। इस घोर संकट के समय कक्का ने यह गाते हुए गृह प्रवेश किया कि–'जो हरिगुन गाएगा। सो परमपद पाएगा।' स्थिति वाकई गम्भीर थी। मगर उतनी गम्भीर भी नहीं थी। जितनी कि वह चतुर बालक प्रदर्शित कर रहा था। वह बढ़िया अदाकारी के साथ विधिवत् मूर्च्छित था और मन-ही-मन यह अफसोस भी कर रहा था कि कपड़ों की क्रीज नाश हुई जाती है। पर इन कम्बख्त बुड्ढों को इतना तमीज नहीं कि उठाकर पलंग पर लिटा देते। हेयर स्टाइल का सर्वनाश हो रहा है मगर इनकी बकर-बकर चल रही है। कक्का भी मगर कक्का ही थे। उठाना-लिटाना छोड़िए उन्होंने बाअदब बेहोश पड़े बालक को एक जोरदार लात मारते हुए कहा–अबे उठ, जे छिनरघंघोटे छोड़। बालक तत्काल आँखें मलता हुआ उठ बैठा। हे पाठक प्रभु यहाँ आदत के मुताबिक दखलन्दाजी करते हुए शब्द 'छिनरघंघोटे' की व्युत्पत्ति पर थोड़ा विचार करने का निवेदन करूँगा। छिनाल स्त्री को घूँघट की जरा ज्यादा आवश्यकता पड़ती है और यह कि वह उसे रक्षा कवच की तरह ऐसी चतुराई से इस्तेमाल करती है कि बड़ी-बड़ी सन्नारियाँ मुँह बाए रह जाती हैं। इसलिए यह निवेदन प्राप्त होता है कि 'कड़ गई सकरी खोर, चुरियों के करके इसारे।' अर्थ यह कि सँकरी गली दैट मीन नैरो स्ट्रीट की ओर चूड़ियाँ बजाते हुए उन्होंने गमन किया। इस इशारे से जिसे जो समझना था समझ गया और जैसे संसार महाजनों का अनुकरण करता है। वैसे ही आशिक मियाँ उठे और देवी के पीछे-पीछे जाते भए। घूँघट का घूँघट रहा आया और 'वर्क डन' हो गया। सो कृपानिधान इसे कहते हैं 'छिनर घंघोटे' दिखलाना। बहरहाल बालक उठकर बैठा तो कक्का ने एक और लात उसके प्रदेश विशेष पर लगाई। लड़का पिटकर हँसने लगा और बोला–कक्का लगता है कि आप भी खूब फेल होते थे? कक्का ने गर्व से कहा–बेटा हमने पढ़ा ही नहीं। इसलिए फेल नहीं हुए। हमारे जमाने में रटने का रिवाज था। रट्टू तोता टाइटिल हमारे जमाने की उपाधि है। तब लोग तोते पालते थे। उन्हें भजन रटवाते थे। तोते अर्थ न जानते थे मगर आदमी की आवाज हू-ब-हू नकल उतारते–मिट्ठू पढ़ो सीताराम। पढ़ो चित्रकोटी दूध रोटी पढ़ो। रटन्त विद्या का जमाना था। हमारे पल्ले न पड़ी। हमने पढ़ने-लिखने की मूर्खता की जगह इधर का माल उधर और उधर का माल इधर किया। आज अपने बीस स्कूल हैं। बहुत से पढ़े-लिखे सबेरे से दरवाजे पर झाड़ू लगाने आते हैं। हमारे गुरु जी कहते थे–

जो पढ़तव्यम् सो मरतव्यं,
जो न पढ़तव्यं सो भी मरतव्यं।
फिर दंत कटाकट किमकरतव्यम्।।

बेटा जो पढ़ेगा सो मरेगा। जो न पढ़ेगा सो भी मरेगा तो व्यर्थ रट-रटकर दाँत कटाकट क्यों करता है। बालक यह सुनकर अत्यन्त प्रसन्नता को प्राप्त हुआ और कक्का के चरणों में लोट गया। कक्का ने आशीर्वाद का हाथ उसके सिर पर रखा और प्रेम से बोले बेटा तेरा टेलेंट मैं समझ गया। पढ़ने-

लिखने की तुझे जरूरत नहीं। जिस अदा से तू बेहोश पड़ा था। वह बरसों की प्रेक्टिस से आती है। तू बेटा पालिटिक्स में जा। तू मेरा अपने बाप का और शहर-भर का नाम रोशन करेगा। सारे पढ़ैया और लिखैया तेरे दरवाजे हाथ पसारे खड़े रहेंगे। कबीर ने कहा है कि साधु और चोर का अन्तर न करने वाले अन्धों से देश भर गया है। बिना परखे नाश निश्चित है अतः विचारपूर्वक सबसे भिन्न यानी अलग हो जा।

साधु चोर चीन्है नहीं, अन्धा मति का हीन।
पारख बिना बिनास है, कर विचार हो भीन।

नौकरी नीड्स क्वालिफिकेशन, बिजनेस नीड्स कैपिटल, बट पालिटिक्स नीड्स न थिंग। बालक ने कक्का की बात सुनी। उठकर मुँह-हाथ धोया। कंघी की। कुरता-पाजामा पहिना और पालिटिक्स में चला गया। कभी इस भैया के कभी उस बहिन जी के यहाँ गया। अब वह खुद स्थापित और अच्छा नेता है। चार अफसर और चालीस गुंडे रोज नमस्कार करते हैं। वह मास्टरों को देखता है तो डाँटने लगता है। क्या गुरु जी आपको कुछ नहीं आता। अब उसकी जबान का भरोसा नहीं रहा। कहता कुछ है, करता कुछ है, बताता कुछ है और होता कुछ है। बहुत अच्छे। कब कहाँ पहुँच जाए इसका कोई ठिकाना नहीं। हजरत दाग के दो शेर हैं–

दिल भी कहीं जमे तो हमारा कदम जमे।
इक पाँव बुतकदा में तो इक खानकाह में।।
क्यों दाग देहलवी की जुबां मुसतनद हो।
पैदा किया खुदा ने उसे तख्तगाह में।।

यानी तबीयत कहीं जमे तो हम रुकें। एक पैर मंदिर में रखते हैं और एक मस्जिद में। दाग देहलवी की जबान प्रामाणिक क्यों नहीं होनी चाहिए। उसे अल्लाह ने खुद राजधानी में पैदा किया है। यानी समझे न पाठक प्रभु ठीक समझे।

❐

लेना फिर से संन्यास : उस सुन्दर संन्यासिन का

दुनिया मूर्खों और बदसूरत लोगों के लिए है। भले आदमियों के लिए इसमें जगह नहीं है। जो पुलिस फूलन देवी को सैल्यूट मारती है। वहाँ भले घरों की महिलाओं को हथकड़ी पहनाकर गर्व और गौरव का अनुभव करती है। इस हालत में दीदी उमा भारती का राजनीति से संन्यास लेना सर्वथा उचित निर्णय कहा जाएगा। इस देश को या तो रंडवे चला सकते हैं या संन्यासी। इस अर्थ में संन्यासी भी एक तरह के रंड़वे ही हैं। हे प्रभु पाठक जी संन्यास केवल एक बार लिया जाता है। संन्यासी पहले अपना श्राद्ध करता है फिर नया जीवन प्रारम्भ करता है। वह एक गाँव में चौबीस घंटे से अधिक नहीं रुक सकता। उसे गृहस्थों के भवनों में रात्रि बिताने का निषेध है। वह अग्नि और धातु का स्पर्श नहीं कर सकता। उसे हाथ पर भिक्षा में प्राप्त अन्न का सेवन करना चाहिए। अंजुली से पानी पीना चाहिए। अगर वह ऐसा नहीं करता तो उसे संन्यासी नहीं माना जा सकता। यह देश भगवा कपड़े पहनने वाले संन्यासियों को देखते ही उनके चरणों पर जा गिरता है। पीरों और फकीरों को हलुआ-मांडे-खिलाना हमारे स्वभाव में है। घर में बीवी-बच्चों को भूखा रखकर लोग साधु-संन्यासियों को मालपुए खिलाते हैं। इसलिए दुनिया-भर के चोर-उचक्के, ठग-लुटेरे और भड़या-डकैत भगवा धारण करना जो है सो अधिक सुविधाजनक मानते हैं। कबीर यह जानते थे और कहते भी थे। वे ठेठ आदमी थे। फक्कड़ और नीचट। उनका यह कहना था कि भैया मन को दुनियादारी में लगाकर भगवा कपड़े पहनने से कोई संन्यासी नहीं बनता। न ही जटा और दाढ़ी बढ़ाने से कोई बाबा जी हो सकता है। जब तक साँसारिक चीजों में दिल लगा है तब तक आप जा बाजी ही हैं। कबीर ने लिखा है–

मन न रंगाए रंगाए जोगी कपड़ा।
दाढ़ी बढ़ा के जोगी हो गइल बकरा।।

दुनिया मगर रंगत पर जाती है भ्रावे। तुलसीदास जी लिख गए हैं कि भाई जिसके नख और जटाएँ बड़ी-बड़ी होंगी वह कलियुग में प्रसिद्ध तपस्वी होगा–

जाके नख अरू जटा बिसाला।
सो तापस प्रसिद्ध कलिकाला।।

जिसकी औरत मर जाएगी और घर तथा धन नष्ट हो जाएगा वही खटाक से मुंडी-मूँड़ कराके संन्यासी हो जाएगा।

नारि मुई गृह सम्पत्ति नासी।
मूँड़ मुंड़ाए होहि संन्यासी।।

फिर मजे से "नो प्राब्लम का जश्न" मनाइए कभी साक्षी महाराज बनकर इहलौकिक सुखों का भोग करिए। कभी सरकारी सन्त बनकर मंत्रियों-विधायकों-नेताओं के घर जाकर आनंद को जो है सो प्राप्त कीजिए। राजनीति के शंकराचार्य और सन्त अलग हैं और धर्म के शंकराचार्य और सन्त अलग हैं। अतः हे बहिन उमा भारती जी महाराज आप तो स्वतः विदुषी हैं। जानती हैं कि परम प्रेमी कृष्ण

जब वृन्दावन का त्याग करके राजधानी मथुरा गए तो वहाँ से अपनी प्रिय गोपियों को सन्देश भेजकर ज्ञानयोग का उपदेश देने लगे। ऊधौ उनके सन्देशवाहक थे। ऊधौ और सुफलकसुत अक्रूर जी को फटकारते हुए गोपियों ने कहा कि वह मथुरा काजर की कोठरी है। वहाँ सभी कलूटे भरे हैं। जो आता है काला आता है और श्याम तो महा कलूट है।

'बा मथुरा काजर की कोठरि जे आवे ते कारे।
तुम कारे, सुफलकसुत कारे, कारे स्याम तुम्हारे।।'

तो उमा दीदी तुम संन्यास लेकर राजनीति में क्या करने आई थीं। इधर दुनिया-भर के वे लोग आए थे जो अब ये बन गए। कहा है–

ऐसे-वैसे कैसे-कैसे हो गए।
कैसे-कैसे ऐसे-वैसे हो गए।।

सो आखिर अपना-सा मुख लेकर फिर लौटीं न यहीं संन्यासियों की दुनिया में वापिस। मगर बहिन सुनो, राजनीति के लफंगों ने आमरण अनशन जैसे अस्त्र को नष्ट कर दिया। जिसे देखो वह आमरण अनशन करता है और फिर किसी-न-किसी के करकमलों से सन्तरे का रस पीकर उन्हीं के चरणकमलों में जा गिरता है। अनेक बार आमरण अनशन करता है और धन-धान्य तथा दीर्घायु प्राप्त करता है। आप ही बताइए क्या एक ही आदमी दो बार मर सकता है? या एक ही आदमी बार-बार संन्यास ले सकता है। अगर यह सही है तो फिर गलत क्या है? यह सब देखकर तो साधु पुरुषों और सदाचारियों से आस्था ही उठने लगती है। बकौल हजरत दाग–

जाहिद मजा तो जब है अजाबे सवाल का।
दोजख में बादाकश न हो जन्नत में तू न हो।।

❐

हाथ झारि जस चलै जुआरा

भारतीय धर्म-दर्शन अपनी अद्भुत सामाजिक चेतना के कारण अत्यन्त समृद्ध और लौकिक है। जो विद्वान ऋग्वेद को केवल धर्मग्रन्थ मानते हैं उन्हें दरअसल पता नहीं होता कि उसमें सामाजिक सौन्दर्य की कैसी छटा बिखरी पड़ी है। जुआरियों को यह जानकर हार्दिक प्रसन्नता होगी कि ऋग्वेद के दसवें मंडल का चौतीसवाँ सूक्त जुआरी की दिनचर्या का वर्णन करता है। जुआरी बारम्बार जुआ न खेलने की कसम खाता है मगर पाँसों की मदिर ध्वनि उसे मस्त कर देती है और फिर दाँव लगाकर सब कुछ हार जाता है। इस सूक्त का देवता जुआ ही है और उसका ऋषि भी अंशतः जुआरी है। सूक्त के अनुसार जुआघर के सार्वजनिक हाल में उसके खम्भे की तरह जुआरी दिन-रात खड़ा रहता है। टेबिल पर गिरने वाले पाँसों को देखकर उसकी बाँछें खिल जाती हैं उसके मद से वह उन्मत्त होता है—प्रावेपा मा बृहतो मादयन्ति प्रवातेजा दूरिणे वर्वृतानाः (ऋग्वेद 10, 34, 1) अर्थात् पाँसे उस पर वैसा ही असर डालते हैं जैसा कि पियक्कड़ पर शराब। लगातार दाँव हारकर वह रोने लगता है "अश्वस्येव जरतो वस्त्यस्य नाहं विन्दामि कितवस्य भोगम्" (ऋग्वेद 10, 34, 1) अर्थात् जैसे बूढ़े और कमजोर घोड़े किसी काम नहीं आते वैसे ही जुए से मुझे कोई लाभ नहीं। जुए में हारकर वह बार-बार कर्ज लेता है। यहाँ-वहाँ-जहाँ से सम्भव हो उधार लेता है और सूदखोरों का शिकार बनता है तब माँ-बाप भाई सब उसे त्याग देते हैं। उसे पकड़ने आए साहूकारों से वे स्पष्ट कहते हैं कि उसे बाँधकर अपने साथ ले जाओ। उससे हमारा कोई सम्बन्ध नहीं—पिता-माता, भ्रातर एवं माहुर्न जानीमो नयता बद्धमेतम (ऋग्वेद 10, 34, 1) अब टंटा नया रूप धारण करता है। वह जुआ न खेलने की कसम खाता है तो जुआरी मित्र उसे त्याग देते हैं। वह फिर जुआ घर की ओर दौड़ पड़ता है। वह लाचार है फिर खेलता है, हारता है। हारकर फिर खेलता है और फिर हारता है। क्रोध और लालच उसे विमूढ़ बनाते हैं। उसकी हार ही उसे बार-बार खेलने को लाचार करती है वह सब कुछ हार जाता है निराशा और भय से त्रस्त सूदखोरों द्वारा खदेड़ा जाकर वह घर लौटता है। दरवाजे भड़भड़ाता है पर अब वे नहीं खोले जाते। घर का द्वार बन्द है वह बाहर पड़ा पछताता है। ऋग्वेद का ऋषि उसे उपदेश देता है। अक्षैर्मा दीव्यः कृषिमितिकृषस्व चित्ते रमस्व बहुमन्यमानः। तत्र गावः कितव तत्र जाया तन्मे विचष्ट सवितायमर्यः (ऋग्वेद 10, 34, 13) अर्थात् जुआ न खेल, मत खेल जुआ। अपनी खेती कर। प्राप्त धन को बहुत मानते हुए उसी में मन लगा। उसका सुख उठा। वे तेरी गाएँ हैं और वह तेरी पत्नी उसमें रम। ऋग्वेद के ऋषि की यह सलाह मगर कोई नहीं मानता। पौराणिक कथाएँ भी अनेक जुआरियों का उल्लेख करती हैं। राजा नल जैसे जुआरी लम्बे समय तक जुआरियों के प्रेरणा पुरुष रहे हैं। किन्तु असली जुआरी युधिष्ठिर हैं। वे अपना राज्य, धन, सम्पत्ति हाथी-घोड़े हारकर अपने भाइयों और पत्नी को भी हार जाते हैं। पर जुआ खेलना नहीं छोड़ते। धृतराष्ट्र द्वारा सब लौटाए जाने के बाद वे फिर बुलावे पर जुआ खेलने पहुँचते हैं और फिर बारह वर्ष वनवास तथा एक वर्ष का अज्ञातवास करने का दाँव हारकर सपरिवार जंगल जाते हैं। यही वह अद्भुत जुआ था जिसने महाभारत जैसा भीषण रक्तपात कराया। कौरवों और पांडवों की कुल अठारह अक्षौहिणी सेना नष्ट हुई। अपनी रक्त-पिपासा के लिए विख्यात समन्त पंचक इस युद्ध के

बाद कुरुक्षेत्र कहलाने लगा। यदि वह ऐतिहासिक जुआ न होता तो यह युद्ध भी न होता। जुए का अन्त सदैव युद्ध होता है। हाथ झारी जस चले जुआरी। आदि कार्यक्रम के पश्चात् केवल लट्ठ ही वार्ता का माध्यम रह जाता है। दोनों पक्ष उसी जबान में बोलते हैं।

उन्नीस सौ अड़तालीस, उन्नीस सौ पैंसठ, उन्नीस सौ इकहत्तर और अभी उन्नीस सौ निन्यानबे के युद्धों में निरन्तर पिटते हुए भी पाकिस्तान की नीति नहीं बदली। आदत नहीं सुधरी। जुआरी की तरह दाँव-पर-दाँव लगाते हुए और हर बार हारकर अब श्री परवेज मुशर्रफ ने काश्मीर का दाँव फिर संयुक्त राष्ट्र संघ की मेज पर लगाया और खुद अपने देश में लोकतंत्र का गला घोंटने का कलंक अपने माथे पर लगा पाया। आतंकवाद के चलते भारत द्वारा वार्ता से इंकार की नीति दुनिया के सामने रखकर श्री अटल बिहारी वाजपेयी ने यह स्पष्ट कर दिया कि इस टेबिल पर अब वे पाँसे नहीं चलेंगे। वे लोग गए जो तुष्टिकरण के लिए चाहे जब और चाहे जहाँ वार्ता के लिए तैयार हो जाते थे। अटल जी के घुटनों में तकलीफ है। वे अमेरिका में उसका इलाज भी कराएँगे। पाकिस्तानी सैनिक शासन भी घुटना ही है तब क्या दोनों घुटनों का इलाज अमेरिका में ही होगा। कूटनीति और अन्तरराष्ट्रीय नीति के माहिर लोग जानते हैं कि दरअसल दोनों घुटनों की बढ़िया दवा अमेरिका में ही है। परवेज मुशर्रफ इस बार फिर संयुक्त राष्ट्र की टेबिल से खाली हाथ लौट रहे हैं। निराश, दुःखी और सूदखोरी से पछियाए जाते हुए—हाथ झारि जस चलै जुआरा।

❐

हत्तीसगढ़ का छग

बुढ़ापा बुरी बला है। अकल काम नहीं करती। हाथ-पाँव ढीले होने लगते हैं। आँखों से ठीक-ठीक दिखता नहीं है। चश्मों पर चश्मे बदलते हैं फिर भी ठीक दिखाई नहीं देता। बच्चे मजाक उड़ाते हैं। सुन्दरियाँ चिढ़ाती हैं। फणीश्वरनाथ रेणु ने अपने एक उपन्यास में सुन्दरियों की आपसी वार्ता का उल्लेख किया है। जिसमें एक वृद्ध के अनुराग और प्रेम-प्रयत्नों तथा देह-लोलुपता को अँगूठा दिखाते हुए लड़कियाँ ठिलठिलाती हैं–"मार मुँहझौंसे बुढ़वा वानर को।" बेचारा बुढ़ापा। इसे कहीं ठौर-ठिकाना नहीं मिलता। सुन्दरियों मुझे क्षमा करना। बाल सफेद होने लगे हैं। वे जमाने गए जब तर माल खा-खाकर बूढ़े 'साठा सो पाठा' कहलाते थे। मतलब असली पट्‌ठा आदमी तभी बनता है जब वह साठ साल का हो जाता है। इधर जिन्दगी झंड हो गई। जाति से ब्राह्मण हूँ। पूरा बुन्देलखंड इस कहावत को धर्मवाक्य की तरह दुहराता रहता है कि "बामन साठ बरस तक पोंगा इहिके बाद जाय सठियाय"। अर्थात् ब्राह्मण साठ वर्ष की आयु तक बौड़म ही रहते हैं और साठ के होते ही सठिया जाते हैं। यह मुझे सत्य ही लगता है। पहले अगर समझ में आ जाता तो आज छत्तीसगढ़ का मुख्यमंत्री होता। रोमन कैथोलिक गिरिधर गोमांग जैसे उड़ीसा में काँग्रेस के मुख्यमंत्री होकर गए थे। वैसे ही श्री अजीत जोगी जो मध्यप्रदेश इन्दौर के सपत्नीक वोटर हैं और एक भले रोमन कैथोलिक भी हैं। वे छत्तीसगढ़ के मुख्यमंत्री होकर रायपुर में विराजमान हैं। गिरिधर गोमांग ने उड़ीसा में काँग्रेस का कफन-दफन किया और पार्टी का सत्यानाश करके इन दिनों दिल्ली दरबार में झाड़ू लगाते हैं। श्री अजीत जोगी भी सम्भवतः इसी गति को प्राप्त होंगे। मुझे सच में सोनिया जी की धर्मप्रियता पर गर्व है। इसे कहते हैं सच्ची धर्मनिष्ठा। चाहे साला एक विधायक न चाहे। चाहे प्रदेश के वोटर भी न हों मगर धर्म पर आस्था हो तो गॉड की हैसियत हो या न हो मगर अपनी गॉडेस सीधे सी.एम. बनाकर भेज देती है। भैया सीधा खेल है। आज धर्म-कर्म करो और कल ही सी.एम. बनकर स्वर्ग सुख लूटो। मुझे कोई पीड़ा नहीं होती। कोई ईर्ष्या नहीं होती। आनंद आता है। मैं कोई जितेन्द्र प्रसाद तो नहीं हूँ मगर मुझे लगता है कि जब भी धर्म की हानि होती है। तभी प्रभु मनुज शरीर धारण करके दुष्टों का दमन करते हैं और भक्तजनों को मुख्यमंत्री बनाते हैं। सो भैया अजीत जोगी जी मुबारक हो प्यारे। उत्तरप्रदेश में 'य' का उच्चारण 'ज' हो जाता है। यमुना का जमना और यमराज का जमराज हो जाता है। योगी जी जोगी हो जाते हैं और जोग-फोग त्यागकर सत्ता का भोग करने छग दौड़ पड़ते हैं। बाकी चाहने वाले भोपाल या शहडोल में बैठकर गाते रह जाते हैं कि–जोगी हम तो लुट गए तेरे प्यार में। जाने तुझको खबर कब होगी। जोगी को कुछ सुनाई नहीं देता। उन्हें कुछ भी याद नहीं रहता है। वे आनंद में हैं। शुक्ला जी को छत्तीसगढ़ के इतिहास में जाने से रोक दिया और साथ ही अपने पुराने प्रतिद्वन्द्वी मध्यप्रदेश के मुख्यमंत्री को अपमानित भी करा दिया। राजा दिग्विजय सिंह मैं तुम्हारे साथ दुःखी हूँ। देवी-देवताओं के पाप अक्सर भक्तजनों को भोगने पड़ते हैं। देवता अपने-अपने बैकुंठों में बैठकर पाप करते हैं। वे दिल्ली से लक्षद्वीप तक एयरकंडीशंड कमरों में दनदनाते हैं। इधर पृथ्वी पर भक्तों को उनके लिए पिटना पड़ता है। राजा आई नाट ओनली लाइक यू, आई लव यू टू। तुम्हारे लिए पिटकर मुझे खुशी होगी। तुम जहाँ कहोगे वहाँ चला जाऊँगा। जैसे सोनिया

जी के कहने पर तुम चाहे जहाँ चले जाते हो। वैसे ही तुम्हारे कहने पर चाहे जहाँ चला जाऊँगा। चाहे जिससे पिट जाऊँगा। भले बुढ़ा रहा हूँ। मगर पिटने के लिए जवानी की क्या जरूरत। जवानी पीटने से सार्थक होती है। बुढ़ापा पिटकर निखरता है। जैसे इधर खुरई में एक वृद्ध शिक्षक श्री रामभाऊ चौबे तरुणी और सुन्दरी एस.डी.एम. से पिटकर धन्य हो गए। गुरु जी का बुढ़ापा सुधर गया। मेरी तो कलेक्टर साहब से अर्ज है कि मैडम का तबादला इधर सागर की तरफ कराएँ ताकि हमें भी वह शुभअवसर प्राप्त हो। सुन्दरी से पिटकर जीवन सार्थक होता है। यह चिन्ता जरूर रहती है कि–धन्या कहीं तेरे कोमल करों को चोट तो नहीं आई। अखबारोंवाले भी महादुष्ट हैं। मास्टरों से जलते हैं सो बिना फोटो का समाचार छापते हैं। कुछ नहीं तो कम-से-कम मैडम की फोटो छाप देते। खैर कभी हमें भी भगवान यह अवसर देगा। अभी तो भैया रामभाऊ चौबे, कांग्रेचुलेशन्स। बधाइयाँ। मुबारक।

इस बुढ़ापे का काला मुँह हो। अखबारों में छत्तीसगढ़ छपता था मुझे दिखाई देता था–हत्तीसगढ़। 'छ' का 'ह' लगता था। बहुत दिनों तक छम्मा-छम्मा की जगह हम्मा-हम्मा गाता रहा। क्या करूँ न ठीक से सुनाई देता है। न दिखाई देता है। अब अखबार वाले पूरा छत्तीसगढ़ नहीं लिखते कि मैं हत्तीसगढ़ पढ़कर बच्चों की डाँट खाऊँ। वे शार्टनेम बनाकर 'छग' लिखते हैं। आप बिल्कुल ठीक सोचते हैं पाठक प्रभु अभी भी मुझे छग–के 'छ' की जगह 'ह' ही दिखाई देता है। मेरी छोड़िए मैं कुछ भी देखूँ क्या फर्क पड़ता है। जैसे गिरिधर गोमांग उड़ीसा को गुड़ीसा बनाकर सामदे होकर बैठे हैं। वही हाल अजीत जोगी जी छग का करके मानेंगे। फिर मैं क्या सभी 'छ' को 'ह' पढ़ेंगे। माननीय दिग्विजय सिंह जी के साथ रायपुर में जो दुहरी राजनीति हुई है। उसे देखकर लगता है कि वहाँ यह प्रक्रिया शुरू हो चुकी है। हाँ मैं राजा के साथ दिल्ली में होता तो सोनिया जी को यह शेर जरूर सुनाता–

'तुम्हें चाहें, तुम्हारे चाहने वालों को चाहें।
मेरा दिल फेर दो, मुझसे ये झगड़ा चल नहीं सकता।।'

❐

कहता हूँ सच कि झूठ की आदत नहीं मुझे

इस शहर में मेरे कुछ वकील दोस्त हैं। मुद्दतों हम लोग शाम को मिल-बैठकर एक-दूसरे की टाँग खींचते रहे हैं। एक दिन वे लोग बोले—गुरु अब तुम अपनी वसीयत कर डालो। यह सुनते ही साहब, मेरे तो मुखकमल से लपटें निकलने लगीं। मैंने पूछा—काय खों कर दो। अबै का हम मर या रय हैं। दोस्तों ने कहा—नहीं रे नीच आदमी जल्दी नहीं मरते। मगर वसीयत करने में हर्ज ही क्या है? बाप बिना वसीयत करे मर जाए तो भ्राता श्री राम और भैया भरत में लट्ठ चलने लगते हैं। मूड़ाफोड़ी हो जाती है और फिर मुकदमे चलते हैं। मैंने कहा—जिस बाप के मरते ही बेटों में जूतम पैजार न हो। उस बाप के जीवन को धिक्कार है। वे पिता धन्य हैं जिनकी मिट्टी मरघट पहुँचने से पहले उनके पुत्र आपस में सिरफुटौव्वल करके अस्पताल में भरती हो जाते हैं। मरने के पश्चात् ऐसे बाप का स्वर्ग पहुँचना तय है। यार-दोस्तों ने यह सुना तो बोले—मर साले। और चले गए।

इसी शहर में कुछ साहित्यकारों से मेरी मित्रता है। एक दिन एक मुरारी नायक मिल गए। मुझे देखते ही कहने लगे—ठहर रे पाखंडी। नराधम पामर। मैं भी उन्हें नीच-हरामी-कमीन आदि उपाधियों से विभूषित करने लगा। सुनकर वे अत्यन्त प्रसन्न हुए। पुलककर बोले—यार तुमने व्यंग्य लिख-लिखकर हिन्दी साहित्य का सत्यानाश तो कर ही डाला है। अब लगे हाथों अपनी आत्मकथा लिखकर उसका सर्वनाश भी अपने कर कमलों से ही सम्पन्न कर जाओ। मैंने कहा—प्यारे तुमने भी कविताएँ लिख-लिखकर माँ भारती की गोद भर डाली है। अपने लेखन में तुमने हिन्दी साहित्य की बड़ी सेवा की है। हालाँकि आप यह सब न लिखते तो हिन्दी साहित्य की और बड़ी सेवा करते। कह तो दिया मगर हे पाठक प्रभु जी तुम चंदन हम पानी। सो सबकी आज्ञा मानकर यह वसीयत-कम-आत्मकथा उर्फ आटोबॉयोग्राफी-कम-बिल लिख रहा हूँ। इसके पहले का लिखा सब झूठ माना जावे और इसे सच्चा और सर्टिफाइड माना जाए। जैसे भारतीय अदालतों में गवाह हमेशा सच बोलते हैं। उसी तरह मैं भी जो कहूँगा। सच कहूँगा और सच के सिवाय कुछ न कहूँगा। मोरे प्यारे भाइयों और सदा की तरह उनसे ज्यादा प्यारी भाभियों मैं एक अनाथ बालक हूँ। न मेरी माता हैं न मेरे पिता हैं। अगर इस शहर में कुछ कृपालु महिलाएँ न होतीं तो मैं कब का मर-मरू गया होता।

अपने जीवन के जिस रहस्य को मैं बरसों अपने सीने में छिपाए रहा। आज सबके सामने उसे खोल देता हूँ। मेरी प्यारी बहिनों, बचपन में मेरे साथ फिल्मी स्टाइल की ट्रेजिडी हुई। सारे भारत को मालूम है कि श्रीमन्त सेठ डालचंद जैन के एक सपूत श्री सुरेश जैन हैं। मैं आज इस गलतफहमी को दूर कर देना चाहता हूँ। दरअसल वे श्रीमन्त सुरेश जैन नहीं हैं। वे असली सुरेश आचार्य हैं। और इसी तरह मैं सुरेश आचार्य बिल्कुल नहीं हूँ। मैं ही असली श्रीमन्त सुरेश जैन हूँ। जब हम लोगों का जन्म हुआ तो नर्स की लापरवाही से अस्पताल में बच्चे बदल गए। मैं इधर पंडितों के खानदान में आ गया और वे महाशय उधर जाकर मेरी जगह डट गए। इसीलिए कहा है—दो फूल साथ फूलेः किस्मत जुदा-जुदा है। कुछ ओछे, ईर्ष्यालु और नासमझ लोग कह सकते हैं कि यह बात पहले क्यों नहीं बताई। अरे भैया, यह बात खुद सुधा मम्मी ने मुझे बताई थी। भाई अब्दुल गनी मेमोरियल पार्क और बोट क्लब के उद्घाटन के समय सारे अतिथियों को तालाब में नौकाविहार कराया गया

था। तब सुधा मम्मी मेरी नाव में आकर बैठ गई थीं। तभी रोते हुए बोलीं–बेटा मेरे असली सुरेश तो तुम्हीं हो। अस्पताल में बच्चे बदलने की घटना याद करके तुम्हारे दादा तो आज भी जार-जार रोने लगते हैं कि बताओ अपना असली सुरेश कहाँ होगा? कैसा होगा? अपनी इस धन-सम्पत्ति में उसका भी तो हक है। मैंने उन्हें हिम्मत बँधाई और कहा माताराम आप जी छोटा न करो। आज सुधा मम्मी नहीं हैं मगर यदि डालचंद जी न्याय करना चाहें तो मेरे हिस्से की नकद रकम आचरण के सम्पादक श्री सुनील जैन के पास जमा करके रसीद ले लें। अगर वे मेरा हिस्सा बिल्कुल भी देना न चाहें तो अपने उन्हीं सुरेश जी को सब ठुँसा दें। मुझे कोई गिला नहीं होगा क्योंकि सब जानते हैं कि अपन दिलेर आदमी है और रुपए-पैसे की अपन ने कभी धेले-भर परवाह नहीं की। हो सकता है मेरे कुछ दुश्मन कानून बघारने लगें कि गवाह कौन है। तो मैं कहता हूँ कि श्री अशोक कक्का, नवीन सेठ, नरेश सेठ और स्वदेश जैन यह जानते हैं। और वे सब लोग मेरे गवाह हैं। अगर उन सुरेश जी से कुछ नगद लेकर मेरे ये गवाह होस्टाइल हो जाएँ तो अपना दावा छोड़ता हूँ। क्योंकि सब जानते हैं कि अपन दिलेर आदमी हैं।

प्यारी बहिनों अब मैं बिन्दु क्रमांक दो पर आता हूँ। ढोलक बीड़ी फर्म के श्री प्रकाश जैन जिन्हें सारा मध्यप्रदेश ढोलक के नाम से जानता है। वे मुझसे नजरें चुराकर जब–देखो तब न्यूयार्क भागते हैं। अगर भारत में रहते हैं तो सागर में कम ही रहते हैं। इसका असली कारण यह है कि उन्होंने मुझसे काफी बड़ी रकम उधार ले रखी है। माँगने पर कहते हैं कि सुरेश भाई इन दिनों हाथ जरा तंग है। मगर ईमानदारी से मुझे ब्याज देते रहते हैं। मेरी शकल देखते ही मनीबैग निकालकर तुरन्त दस रुपये ब्याज देकर अपनी जान छुड़ाते हैं। पहले केवल पाँच रुपये ही देते थे। लगता है अब आर्थिक स्थिति कुछ सुधर रही है। मैं भी अब ब्याज-फ्याज का चक्कर छोड़कर कहता हूँ कि मेरी एक मुश्त रकम लौटा दें। इस प्रकरण में भी मैं उनके भाइयों श्री मोतीलाल जी, डॉ. जीवनलाल जी, प्रो. जवाहर जैन और डॉ. आजाद जैन को गवाह बनाता हूँ। उनके भतीजों सुखनंदन जैन, शैलेन्द्र जैन और सुनील जैन, आनंद जैन और मनोज जैन को गवाह बनाता हूँ। उनके बेटे श्री अनूप जैन, अभय और योगेश मेरे गवाह हैं। ये लोग छाती पर हाथ रखकर कह दें कि मेरी शक्ल देखते ही प्रकाश जी मुझे तुरन्त दस का नोट नहीं देते तो मैं यह रकम छोड़ता हूँ और अपना दावा वापस लेता हूँ। अरे भाई मैं भी आदमी हूँ कोई कसाई तो हूँ नहीं। हाँ यदि प्रकाश भैया मेरी रकम लौटाना चाहें तो वे भी आचरण के सम्पादक श्री सुनील जैन के पास मेरा रुपया जमा करके रसीद ले लें।

अब थोड़ी साहित्य चर्चा हो जाना चाहिए वरना आलूचना बेचने वाले अर्थात् आलोचकगण मुझ पर लोभी होने का आरोप लगाने की कोशिश करेंगे। प्यारे भाइयों मैंने पहले ही यह निवेदन किया था कि मेरा पालन-पोषण पंडितों के परिवार में हुआ। जब मैं स्कूल से गोल मारकर फिल्म देखने पहुँचता था तो पिताजी, प्रक्षेपणास्त्र की तरह अपनी खड़ाऊँ फेंककर मुझे निशाना बनाते थे। एक-दो बार तो खोपड़ी पर खटाक की ध्वनि से वे मुझे आड़ा करने में सफल हुए फिर मैं दक्ष क्रिकेटर की तरह उन्हें रोक लेता था। फिर फिल्मों के घोर शत्रु पिता श्री पीछे-पीछे। मैं आगे-आगे। ऐसे परिवार में रहकर फिल्मी गाने लिखना बिल्कुल सम्भव नहीं था। मैंने अपने तमाम गाने विट्ठलभाई पटेल के नाम से लिखे हैं। कॉंग्रेस के नेता और पूर्वमंत्री श्री विट्ठलभाई पटेल इन्हें अपना मानते हैं। मानें मुझे कोई एतराज नहीं है। मगर जो रायल्टी वे प्राप्त कर चुके हैं वह मेरी है। विट्ठलभाई जी कर्मठ और ईमानदार व्यक्ति हैं। उनसे आग्रह है कि वे भी मेरी रायल्टी की रकम आचरण कार्यालय में जमा करके रसीद प्राप्त कर लें। अगर वे यह न करें तो भी मुझे कोई उज्र नहीं है। क्योंकि सब जानते हैं कि अपन आदमी दिलेर है। मैं वे सब गीत उन्हीं के लिए समर्पित करता हूँ। प्रौढ़ होने पर

मैंने शिवकुमार श्रीवास्तव के नाम से दो उपन्यास, अनेक कविता-संग्रह और कुछ निबन्ध लिखे हैं। सागर विश्वविद्यालय के पूर्व कुलपति श्री शिवकुमार श्रीवास्तव इन रचनाओं को अपनी कृतियाँ मानकर फूले नहीं समाते। मैं भी उनका दिल तोड़ना नहीं चाहता। वे इस सारे लेखन को अपना मानते रहे हैं। मानें मुझे कोई आपत्ति नहीं है। हाँ अगर वे बदले में कुछ नकद देना चाहें तो आचरण कार्यालय में रकम भिजवा दें। रसीद शीघ्र पहुँचा दी जाएगी। कान्तिकुमार के नाम से वसुधा और हंस में मैंने कई संस्मरण लिखे हैं। जो कान्तिकुमार जी विद्यापुरम मकरोनिया में रहते हैं। वे इन संस्मरणों को अपना कहकर प्रचारित करते हैं। मैं उनसे भी अनुरोध करूँगा कि ठीक है। आप उस लेखन को अपना ही समझें मगर श्रीमन रायल्टी का कुछ दर्शनलाभ तो हमें भी कराइए। अगर वे भी अन्य लेखक-कवियों की तरह रायल्टी का नाम सुनते ही बिचक जाएँ तो मुझे कुछ नहीं कहना है। सारा शहर जानता है कि अपन दाम और नाम दोनों के लिए नहीं मरते। हाँ अगर वे कुछ नकद ट्रान्सफर करना चाहें तो आचरण के पते पर भिजवा दें और रसीद प्राप्त कर लें। हे पाठक प्रभु इस लेखन को होली से जोड़कर बिल्कुल न देखें। बकौल साहब–

सादिक हूँ अपने कौल में, गालिब खुदा गवाह।
कहता हूँ सच कि झूठ की आदत नहीं मुझे।।

एक बार कान्तिकुमार जी से किसी ने पूछा था कि आप कौन-से जैन हैं श्वेताम्बर कि दिगम्बर? उन्होंने बताया कि वे पैगम्बर जैन हैं। और स्पष्ट किया कि जो अम्बर अर्थात् खुले आसमान के नीचे पैग भरकर मजे उड़ाए। वह पैगम्बर जैन। मेरे ज्यादातर मित्र इसी वर्ग के हैं। खासतौर पर श्री सुनील जैन एंड कम्पनी इसलिए सतर्क करता हूँ कि खबरदार। मेरी काफी रकम आपके पास इकट्ठी हो चुकी है। पैगम्बरी के चक्कर में भूले तो न्यायालयीन कार्यवाही के हकूक सुरक्षित रखता हूँ। ताकीद जानो। आज तारीख छब्बीस मार्च दो हजार पाँच दिन शनिवार को होश-हवास में पढ़कर-लिखकर, समझकर हस्ताक्षर कर दिए कि सनद रहे या वक्त पर काम आवे। अँगूठा निशानी फकत–सुरेश आचार्य (?) हाल विद्यापुरम मकरोनिया सागर (म. प्र.)

❒

उधर के रहे न इधर के रहे

कलिकाल हे प्रभु! पुराने फिल्मी गानों के रीमिक्स देखकर अचकचा गया। रीमिक्स में यार लोग पुराने फिल्मी गानों में लेटेस्ट डांस और म्यूजिक डालकर एक तरह का गड्डमगड्डा बनाकर उसे नई पीढ़ी के लिए पेश करते हैं। इसमें पोल-डांस नामक एक महाभयानक नृत्य होता है। जिसका उद्देश्य दर्शकों को भयभीत करना है। आप भले न डरें कृपानिधान मैं तो डर गया। नाचने वाली बाइयों की लीडर जो थीं सो परम सुन्दरी थीं। सुडौल देहयष्टि वाली इस नर्तकी की मूल शिकायत थी कि उसका लाल दुपट्टा जो कि मलमल का है। हवा में उड़ता जा रहा है।

मैं तो साहब मुँह बाए देखता रह गया। हाफ-अंडरवेयर और पाव-चोली पहने हुए यह नर्तकी जो थी सो नृत्य के नाम पर एक ही तरह की विचित्र पहलवानी टाइप कसरतें कर रही थी। उसके वस्त्र-विन्यास का हाल यह था कि हे भाइयों मेरे पास जो कुछ है और जैसा है सो आप श्रीमानों की निरीक्षणार्थ सादर प्रस्तुत है। उसके कपड़ों का किसी दुपट्टे से कोई सम्बन्ध नहीं था। दुपट्टा जिस भारतीय मर्यादा का, शालीनता का और लज्जा का प्रतीक है। उसका इस बाई से बैर भाव ही दिखाई दे रहा था। मुझे लगा कि मोहतरमा यह स्वीकार कर रही हैं कि मेरी मर्यादा, लज्जा और शालीनता अब हवा में उड़ती जा रही है और मैं इसे क्रान्ति समझ रही हूँ। तथा नाम मात्र इन वस्त्रों में जो डंडा-नृत्य कर रही हूँ। सो इसलिए कि सनद रहे और वक्त पर काम आए।

हे पाठक जी आप हम लिखैयों के लिए परमात्मा ही हैं। पढ़ैयों के बिना लिखैये मुरदा ही हैं भगवन। सो आपकी अदालत में जो कहूँगा सो सच कहूँगा। सच के सिवाय और कुछ न कहूँगा। प्रभु उस कन्या के नृत्य से मुझे माननीय रामविलास जी पासवान की बड़ी याद आई। बिहार विधान सभा में पासवान जी की लोक जनशक्ति पार्टी के उन्तीस विधायक निर्णायक सत्ता-सन्तुलन की पोजीशन में आ गए।

बस इसके बाद पहली घोषणा उनके श्रीमुख से यही हुई कि सत्ता की चाबी उनकी जेब में है। इसके पश्चात् उनकी लोकतांत्रिक जनशक्ति पार्टी से तीन-तीन गुना अधिक सदस्य संख्या वाले दलों को निरस्त करते हुए उनका भीषण नाच शुरू हुआ। चटपट उन्होंने लज्जा लोकतांत्रिक मर्यादा और सामाजिक मूल्यवत्ता के वस्त्रों को कूड़ाघर में फेंका। अपने उन्तीस विधायकों की हाफ-चोली और पाव-अंडरवेयर पहनकर ऐसा गजब का पोल-डांस फटकारा कि राज्यपाल सहित सभी राजनैतिक दल हक्के-बक्के रह गए। वोटर खुद भौंचक्के कि भैया इनके उन्तीस विधायक सब कुछ और बाकी सैकड़ों कुछ नहीं। इस नृत्य-नाटिका के चलते श्री रामविलास पासवान ने अपना लोकतांत्रिक चेहरा नोच फेंका और एक भयादोहन करने वाली शक्ल लेकर जनता के सामने आ डटे–कि हैट्ट जो हम कहूँगा सो होगा। बिहार में दो बरस तक राष्ट्रपति शासन कराऊँगा। मैं किंग मेकर। हम सी एम बनाऊँगा। बिहार नीड्स मुसलमान सी एम। हम धर्मनिरपेक्ष दलों की नान बीजेपी और नान आरजेडी गवर्नमेंट बनाऊँगा। दो-तीन महीनों में उन्हें याद आया कि गिनती भी कोई चीज होती है और उन्तीस की संख्या बहुत बड़ी नहीं होती। इस बीच उनकी पार्टी के विधायक भी आपस में बातचीत करने लगे कि भैया पगलाय गए हैं का? सबको नाराज कोरिएगा तो कैसे काम चोलाइएगा।

भला बोताइए तो बाल सफेद हुए जा रहे हैं। साला सपोथ तक नहीं होने दिया। नो ओथ नो मनी। तनख्वाह नहीं भत्ता नहीं। उधारवाला रोज-रोज गुडमानिंग बोल के जगाता है। रामविलास जी तो सेंट्रल मनीस्टर हैं। हमारा तोकलीफ जानने नई सकता। एक मिनिट में खुश दूसरा मिनिट में नाराज। हमें तो रुपिया चाहिए भाई रुपिया। इसलिए विधायक हुआ हूँ न। रामविलास जी का कौनो ठिकाना नहीं। कहा है—

क्षणे रुष्टा क्षणे तुष्टा-रुष्टा-तुष्टा क्षणे-क्षणे।

एक क्षण में नाराज, एक क्षण में राजी। क्षण-क्षण में राजी और नाराजीवाला मेजाज पाय है रमबिलसवा ने। लोक जनशक्ति पार्टी के विधायकों की मनीलैस पोजीशन को जे.डी.यू. ने समझ लिया। इधर उन्तीस सुन्दरियों को पैसे-पैसे के लिए मुहताज देखा तो नीतीश कुमार उनके चक्कर काटने लगे। रुपिया ले लो रुपिया। लोक जनशक्ति वालों से करारे लाल-गुलाबी हजार-हजार के नए नोट लेकर आया रे रुपियोंवाला। खोलो रे ताला—अँगूठा लगाकर रुपिया ले लो बाई। नकद रुपया। यह आवाजें सुनकर जिनके बलम विदेस जा बसे थे। दिल्ली में डटे थे। वे सुन्दरियाँ बहक गईं। उचक-उचककर नीतीश कुमार को देखने लगीं। सुन्दरियाँ नीतीश कुमार के साथ निकल गईं। महामहिम बूटा सिंह जी राज्यपाल बिहार के कान खड़े हो गए। राबड़ी मैडम की गैया की पूँछ खड़ी हो गई और रामविलास पासवान जी तो खुद ही खड़े हो गए। नो-नो दैट इज़ नाट पासिबिल। हमारे यहाँ नो हार्सट्रेडिंग घुड़खरीद हमारा पार्टी में नहीं चलता। यह सुनकर नीतीश बाबू ने कहा होगा। सच्ची बात है। घोड़ खरीदी नहीं हुआ है। हम गधऊ खरीदी किया हूँ। बिहार का सी.एम. हम बनूँगा न। फिर कोई झारखंड गया। कोई जमशेदपुर और सब अपना-अपना सिस्टम जमाने में लग गए। उखाड़-पछाड़, ले-लपक, खरीद-फरोख्त का ऐसा जलवा खिंचा प्रभु कि भारत सरकार घबड़ा गई। सरदार जी डर गए कि बताइए लोग क्या कहेंगे। प्रेमिकाओं का पहला वाक्य यही होता आया है कि कोई देख लेगा। अर्थात् अगर कोई न देखे तो नैतिकता की वैसी बाधा नहीं है। मैं तो तुम्हारी ही हूँ। सरदार बूटा सिंह जी और सरदार मनमोहन सिंह जी ने जब विचार किया कि इस कार्यवाही से जो बड़ा गल्त मैसेज़ जा रहा है तो बिहार विधान सभा भंग करने का फैसला हो गया, दुकानदारों की दुनिया दंग रह गई। यह किसी भी सदन का सबसे कम समय में होने वाला भंगीकरण था। विधायकों ने अपने भूत होने की खबर सुनी तो पछाड़ खाकर जो है सो भूमि पर जा गिरे। हाथों की हल्दी भी न छूट पाई थी कि विधाता ने यह दिन दिखाया। रामविलास बाबू हँसने की कोशिश में रोना भूल गए।

खुदा ही मिला न विसाले सनम।
उधर के रहे न इधर के रहे।।

पूरी पब्लिक आनंद में है। गली-चौबारों पर भीड़ इकट्ठी है। ठिलठिलाते हुए लड़के तानाकशी करते हैं कि लौट के बुद्धु घर को आए। इस तरह का माहौल है और इधर हर कोई रंज में है। पहली बार उम्मीद से हों और यह हो जाए तो कोई कैसे जी को सँभालेगा। रामविलास जी अब इस संकट में हैं कि ये विधायक शपथ भी नहीं ले पाए। ये भूतपूर्व नहीं ये वर्तमान भी नहीं। इन्हें क्या कहेंगे। तो प्रभु व्याकरणाचार्यों ने झख नहीं मारी है। वे एक व्यवस्था कर गए हैं। जो होते-होते रह जाए। उसे व्याकरण की दृष्टि से हेतु-हेतु मतभूत कहते हैं। उदाहरणार्थ यह है कि बाई बहुत बीमार हो जाएँ। मरोंय हो जाए मगर बच जाएँ तो कहा जाएगा—होत-होत रंडुआ बचे : हेतु हेतु मतभूत। यानी नीतीश बाबू कह सकते हैं कि होत-होत सी. एम. बचे, हेतु हेतु मतभूत। मुझे लगता है कि पूरे देश में पावर-

पालिटिक्स के लिए पोल डांस चल रहा है। सबने अपने कपड़े उतारकर फेंक दिए हैं। मलमल के हों या मखमली सब घूँघट और दुपट्टे हवाओं में उड़ गए हैं। न कोई नीति है न मर्यादा। न शर्म है न लिहाज। सब अपने-अपने गधों को घोड़े डिक्लेयर करके रेस के मैदान में दौड़ा रहे हैं। बाबू रामविलास जी रंज छोड़कर आपने अच्छा किया। अपना गम भुलाने के लिए सबसे अच्छी चीज है काम में जुट जाना। वरना यह दिल जो है सो गम उठाने के लिए ही बना है। यह सच है कि इश्क का गम प्राणलेवा है। जां गुसल है। पर गमे इश्क न होता तो दुनियादारी के झगड़े परेशान करते। चचा गालिब ने फरमाया है–

गम अगर्चे जां गुसल है, पै कहाँ बचें कि दिल है।
गमे इश्क गर न होता, गमे रोजगार होता।।

इसलिए आप तो डटे रहिए।

❒

पहाड़-गाथा
गोंडवाना की संघर्षगाथा
जनार्दन
अनुज्ञा

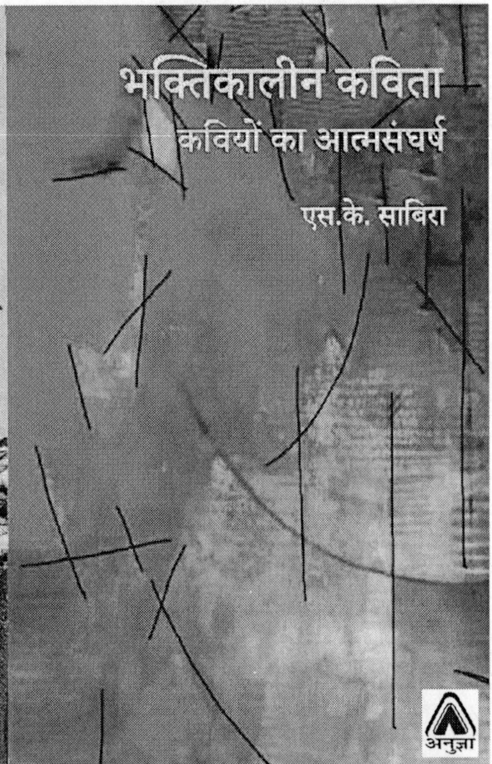
भक्तिकालीन कविता
कवियों का आत्मसंघर्ष
एस.के. साबिरा
अनुज्ञा

कुहुकि-कुहुकि मन रोय
विश्वासी एक्का
अनुज्ञा

कोठी भर धान
(स्त्री और आदिवासी जनजीवन की कहानियाँ)
विश्वासी एक्का
अनुज्ञा

अजित सिंगनर
सेर होंगथोम
अनुवाद : दिनकर कुमार
अनुज्ञा

न्याय, नैतिकता और मानवाधिकार के सवाल
ओमप्रकाश कश्यप
अनुज्ञा

भारत में किसान आंदोलन और उसके नेता
व्रज कुमार पांडेय
अनीश अंकुर
अनुज्ञा

आधुनिक भारत के इतिहास पर एक विहंगम दृष्टि
व्रज कुमार पांडेय
अनुज्ञा

शताब्दी पुरुष
राजेन्द्रमोहन भटनागर
अनुज्ञा

रास्ता यह भी है
राजेन्द्रमोहन भटनागर
अनुज्ञा

प्रगतिशील आंदोलन
और नयी कविता का
वैचारिक अंतःसंघर्ष
ज़वरीमल्ल पारख
अनुज्ञा

फेमिनिज़्म
के. वनजा
अनुज्ञा

लेफ़ तलस्तोय
युद्ध और शान्ति
(1 से 4 खण्ड)
अनुज्ञा

लेफ़ तलस्तोय
आन्ना करेनिना
(दो खण्डों में)
अनुवादक
मदनलाल 'मधु'
अनुज्ञा

फ़्योदर दसतायेव्स्की
अपराध और दण्ड
अनुवाद
मुनीश नारायण सक्सेना
अनुज्ञा

संपूर्ण प्रामाणिक पाठ
लेफ़ तलस्तोय
पुनरुत्थान
मूल रूसी से अनुवाद : भीष्म साहनी
अनुज्ञा